社区党建工作高质量发展报告

A Report on the High Quality Development of Community Party Building Work

刘海泉　秦淑娟◎主编

中国经济出版社
CHINA ECONOMIC PUBLISHING HOUSE
北　京

图书在版编目（CIP）数据

社区党建工作高质量发展报告 / 刘海泉，秦淑娟主编. -- 北京：中国经济出版社，2024. 1

ISBN 978 -7 -5136 -7579 -6

Ⅰ. ①社… Ⅱ. ①刘… ②秦… Ⅲ. ①中国共产党 - 社区 - 党的建设 - 工作 - 研究报告 Ⅳ. ①D267. 7

中国国家版本馆 CIP 数据核字（2023）第 239300 号

责任编辑　赵静宜
责任印制　马小宾
封面设计　久品轩

出版发行　中国经济出版社
印 刷 者　北京富泰印刷有限责任公司
经 销 者　各地新华书店
开　　本　710mm × 1000mm　1/16
印　　张　20. 5
字　　数　367 千字
版　　次　2024 年 1 月第 1 版
印　　次　2024 年 1 月第 1 次
定　　价　148. 00 元
广告经营许可证　京西工商广字第 8179 号

中国经济出版社　网址 www. economyph. com　社址 北京市东城区安定门外大街 58 号　邮编 100011
本版图书如存在印装质量问题，请与本社销售中心联系调换（联系电话：010 -57512564）

目　录

CONTENTS

疫情下社区党建软硬件设施对比研究

——以广东省北江社区和广西壮族自治区城东社区为例 …………… 1

新时代党建在社区治理中的功能实现研究

——以山东省济南市乐山社区为例 ………………………………… 12

党的基层组织推进“让党的创新理论飞入寻常百姓家”调查研究

——以浙江省温州市平阳县为例 …………………………………… 27

党建引领聚合力　“医”路前行守健康

——哈尔滨市荣市街道医大一院社区调研 ………………………… 41

党建引领城市基层社会治理的运作逻辑与实践路径探析

——以岳阳街道长桥社区为例 ……………………………………… 51

城市社区党建人才队伍建设状况调研

——以上海市松江区文翔名苑社区为例 …………………………… 61

构建“党建＋”社区治理新模式，跑出新时代发展加速度 ………… 71

疫情防控下的上海与南昌社区“党建＋服务”融合发展状况调查 ……… 78

社区党建促进社区治理水平和能力不断提高

——原野社区疫情防控实践调查 …………………………………… 88

“第一水乡，最美党建”

——对昆山市周庄镇下辖社区特色党建的实地调研 ……………… 98

芜湖社区党组织功能调研

——以芜湖市疫情防控静态管理为例 ……………………………… 109

探究疫情之下党建发展新思路，推动城市社区开拓党建新篇章

——以广西壮族自治区南宁市邕宁区蒲庙镇红星社区、贵港市

港北区荷城社区、桂林市全州县全州镇前进社区为例…………………… 118
基层党组织功能建设现状调研及发展道路探索报告
——以贵阳市溪湖社区为例……………………………………………… 128
走南湖社区　看党建发展
——新时代嘉兴南湖社区党建调研……………………………………… 136
东中西部社区基层党组织功能建设调研及多元治理的调研……………… 144
传承红色基因，书写时代新画卷
——疫情时代会宁县将红军精神融入社区党组织功能建设………… 153
开放先锋三十载，红色筑梦续华章
——上海浦东桃园社区党建体制创新模式…………………………… 161
传承红色文化　推动党建工作
——遵义会议纪念馆将红色文化融入党建工作的探索……………… 169
新冠疫情期间城市社区保障经费流向调研
——以上海斜土路街道为例……………………………………………… 177
后疫情时代党建人才与基层管理
——基于上海市部分社区的调研………………………………………… 183
疫情下社区党组织开展心理疏导情况调查
——以上海、长沙、合肥、盐城为例…………………………………… 189
疫情“桥头堡”
——疫情下城市社区党组织为服务群众、凝聚人心发挥的作用…… 200
打造党建特色，凝聚抗疫力量
——以上海市、郑州市、柳州市和长治市基层党建为考察中心…… 205
“红色引擎”如何推动兴边富民
——以崇左市龙州县为例看基层党建…………………………………… 225
社区党组织引领旧区改造的成果调研
——以黄浦区外滩街道宝兴居委会为例………………………………… 236
城市社区党建软硬件基础设施与基层党组织发展协同关系……………… 244
党建引领　以民为本　服务至上
——以贵阳市观山湖区世纪城街道下辖社区为例……………………… 256

党组织建设下城市社区老年大学的发展路径探究
——基于南宁、贺州老年大学的走访…………………………… 264
关爱老弱群体　共筑疫情屏障
——疫情背景下上海市社区党组织作用发挥情况的调研…………… 286
党建引领，走访无疫社区，共筑社区防疫…………………………… 298
人才建设与城市党建
——来自西安市高新区五星街道的探索……………………………… 311

疫情下社区党建软硬件设施对比研究
——以广东省北江社区和广西壮族自治区城东社区为例

作者：张沁　李艳潇　韩璇　姚欣茹　孙雨欣　李嘉熙　杨倩
指导老师：冯正龙

一、引言

在疫情防控常态化的当下，基层党组织充分落实责任、切实做好疫情防控工作，发挥了战斗保垒作用，但疫情常态化也对基层党组织建设产生了诸多不利影响，比如线下组织生活难开展、党组织忙于抗疫工作忽视理论学习等。习近平总书记曾指出，基层事务很多很繁杂，单靠政府是干不了，也干不好的，要充分发挥社会各方面作用，通过社区党建工作等基层工作来激发普通民众的活力。

本次调研旨在了解疫情下基层社区党建的硬件与软件建设情况，以广东省北江社区和广西壮族自治区城东社区两个社区为例，通过实地调研和线上对满意度等数据的对比分析，提出了一些建设性的意见。

二、主体

（一）实地调研社区现状简述

在本次暑期实践中，为探索不同地区社区党建软硬件建设情况，调研组最终选取广东佛山北江社区和广西壮族自治区城东社区进行实地调研。首先，对两个社区的硬件设备使用情况、党建活动展开情况等基本情况进行介绍。

1. 广东省佛山市三水区北江社区情况简述

张沁同学对广东省佛山市三水区北江社区进行了实地调研。首先对该社区党建软硬件建设现实状况进行简要的说明。

该调查社区所在党建中心设有政务处、图书馆、群团吧、初心堂以及音乐厅五个主题区域，共 50 多个功能场堂。根据向社区居民以及党建中心工作人员进行问卷调查的结果，这些功能室的使用情况比较理想，其中，图书馆阅览室、文化体育活动等场所使用率高达70%。同时，这些功能场堂中的设施也比较全面理想，比如政务处的会议室，国防科技模型展览馆，悦书馆内的朗读亭、电子阅读室，VR智能体验区以及少儿兴趣班等，设备较为齐全且使用状态良好。另外，该社区一个非常突出的亮点是在社区党建中心设有爱心驿站，且在驿站内配有饮水机、休息桌椅、应急医疗箱等设备，该休息室面向环卫工人、建筑工人以及快递员等户外劳动者开放。此爱心驿站的建设充分体现了党建中心为群众居民服务的赤诚之心，值得称赞和鼓励。除此之外，在新冠疫情常态化管理的情况下，社区党建中心还设置了便民核酸检测点，以及在公众号发布核酸采样点和每月的疫苗接种预告，方便社区居民进行核酸检测以及疫苗接种，体现了北江社区具有与时俱进和创新改善的能力。

除此之外，北江社区党建中心也经常开展各种有意义的党建活动。例如“实景探秘”亲子活动——基于LBS实景定位技术、七一服务进小区——免费义诊、七一服务耆老——在演艺厅观看电影《邓小平小道》、生日会、悦爱夏日营——暑假期间面对青少年开展科技班等一系列活动。通过问卷调查可知，这些活动的宣传途径主要为相关公众号，线下宣传力度不大，但是居民参与度比较理想。

在疫情常态化管理期间，北江社区已有许多喜人的创新政策，切实提高了居民生活质量。例如，结合“粤居码”以及小区人脸识别功能，充分运用大数据和信息化手段，提高对外来人口信息的管理能力，积极推进平安小区建设；社区组织活动均设立了签到区、测温区与酒精消毒区，参加人员需佩戴口罩，并配合出示粤康码、行程码及健康申报卡；在公众号向群众推送新冠病毒变异株的科普知识，向大家提出防范建议；专车上门接送60岁及以上老人接种新冠疫苗等。

在“数字党建”建设方面，北江社区努力向前迈进。如探索“智慧党建”平台，创建“红色e站”，努力筹备三水“全科网格”的小程序等。

2. 广西壮族自治区城东社区情况简述

李艳潇团队将调查的实体社区对象锁定在广西壮族自治区，并以平果县城东社区作为核心代表和重点调查研究对象。

目前城东社区包括东方国际、一品天下、龙江花园、城市假日等多个离散分布的小区，大小共20~30个支部，300~400个党员，已配备有大小型党员服务中心：农家书屋、新时代文明实践站，面对党员开放的还有人大会议室，并选择性地在三个小区建立了党建基地，设有图书阅读室供党员和群众享受。另外，社区党员主要由原居民区党员、辖区内改制党员、破产国有企业党员、复退军人党员、大中专毕业生党员和个体工商户党员、务工人员党员等构成。

目前有空调、桌椅和图书等传统硬件设施。社区负责人员表示，目前正处于建设初期，党建工作需要社会资助才能更好地开展；相应地，折旧方面的建设开销或者保险支出也就相对较少。

近几年来，该社区党建设施较好地发挥了在服务经济发展、服务居民生活、促进社会和谐等方面的积极作用，取得了一定成效，但社区与驻区单位党组织互不隶属、行政上互不关联、管理上条块分割的现状，在一定程度上影响和制约了社区工作的全面发展。

党组织每年至少召开四次党员大会，每个季度开展一次党课，相关管理人员按照具体情况安排时间，也包括中途的选举或者重大事件、重大议事，2022 年截至目前已举办三场。具体的活动形式一般为：围绕新时代建设开展大小型党课，围绕党的十九大和二十大的召开，为群众以及内部党员宣讲等，主要采取线下方式，且形式较为传统和单一。

目前设施管理模式的关键词为“网格化管理”，即每个网格都由一个单位来负责。可以看出，城东社区的党建设施发展总体上缺乏数字化管理，尤其是在当今疫情不稳定的现实社会背景下，谈到对“数字党建”的看法时，社区负责人员表示，数字化的管理很有前景和发展空间，但考虑到本社区党员年龄因素，“数字党建”仍具有一定的不可行性。

（二）调查研究方法介绍

本调研组成员深入北江社区以及城东社区，采取听介绍、看现场、发问卷、访群众等方式，对如何加强社区党建工作进行了深入调研，对社区的设施进行了积极的探索和实践。同时，运用掌握的信息和所学知识进行小组讨论以及更深入的学习。

（三）成就与问题及问题出现原因分析

该部分将分别详细介绍两个社区在党建软硬件建设方面取得的具体优秀成果，以及暴露出的问题，同时结合相关调查，运用所学知识对产生问题的原因进行探讨与分析。

1. 广东省佛山市三水区北江社区成就与不足

根据实地调研可知，佛山市北江社区在党建软硬件建设方面较为成熟，在硬件设施、开展活动和“数字党建”等方面都有着不错的成绩，当然同样也存在需要解决的问题，分析问题出现的原因也是解决问题的关键。

首先，北江社区在党建软硬件建设方面取得的成就最为突出的当属“数字党建”建设。该部分的建设取得的成绩主要为“红色 e 站”智慧党建 App，该软件以党员教育管理、社会民生服务、基层社会治理、民主自治监督等多项内容为重点，集党课在线、直联群众、党群微心愿等 10 多个主体功能于一身。在辖区内 11 个社区、澳盈商务楼宇、三水广场商圈等地安装了支持手写、视频会议等多功能的中心终端设备，开创了三水“互联网 + 党建”新模式。“红色 e 站”平台涵盖了党务公开、在线学习、党员教育、个人中心、统计分析等 10 余个党建模块，党员可以通过智慧平台高效便捷地开展组织生活活动、收看党课，群众也可以在户外大屏看到党建新闻，党员群众能时时处处听到党的声音。同时，“红色 e 站”还注重整合职能部门、驻点单位、“两新”组织、社会团体等多方资源，实时公示各类服务信息，努力满足党员群众多样化、个性化的服务需求。比如，该平台在主界面设置有群众“微心愿”发布栏，并以积分奖励形式鼓励党员认领“微心愿”，让党员在线上能随时发挥服务群众的作用。

其次，开发三水“全科网格”的小程序。这一信息平台将通过信息化、智慧化举措保障群众诉求有效反馈，真正实现“街社吹哨、部门报到”。该小程序计划实现在“全科网格”范围内“双群联动”，畅通“党员楼长群 + 业主群”的信息反馈渠道，动员党员楼长加入或牵头成立本楼栋业主群，集中收集反馈相关资源和需求；网格党组织书记牵头成立本网格党员楼长群，协调各楼栋之间的资源和需求，畅通采集信息、解决问题的渠道，实现信息在网格采集、需求在网格发现、服务在网格开展、问题在网格解决。三水建强网格党群服务站，梳理整合网格范围内“爱心驿站”、公园广场等公益场所，构建“综合场所 + 公益场所”的党群服务阵地网络，依托网格党群服务站，开设周末党群便民服务“大集市”，常态化开展义剪、义诊、义修等志愿活动。

除此之外，北江社区在党建硬件设施上也努力寻求创新，如引进智能硬件产品、打造智慧党建阵地；建设数字党建 VR 展厅、大屏互动应用、党建 VR 互动学习区、党建电子宣传区、拥有滑轨互动展示系统和动态展示墙的党史党建历程区；建设了可以实现全过程会议管理、一键生成二维码、App 应用、视频会议、多终端无线投屏、触控手写白板、远程视频沟通等的党建智能会议区以及党建智能阅读区。

当然，一个走在发展进步之路上的党建中心也一定存在不足之处和提升的空间。例如，北江社区居民参与党建活动的积极性仍有提升的空间，且参与活动的居民范围仍有局限性，通过对该社区居民问卷调查得知这些问题存在的原因可能为：北江社区宣传途径较为单一，需要多元化发展，尤其对于社区中不擅长使用智能手机的老年人需加大线下宣传力度，帮助他们更好地参与党建活动。除此之外，通过分析问卷调查结果可知，北江社区居民普遍认为党建中心的场所建设缺乏制度性保障，北江社区应该重视这部分民生诉求，逐步健全相关制度。

2. 广西壮族自治区城东社区成就与不足

广西壮族自治区城东社区党建软硬件建设方面取得了优秀成果，但也暴露出了一些问题。

首先，党建工作动力小。主要体现在社区党组织生活的硬件设施形式单一，不够丰富，无法满足新形势下党员的多种文化需求。并且由于社区工作涉及综治维稳、计划生育、民政救助、宣传文化、环境卫生、社会保障、社区服务等方方面面，在繁重工作任务压力下，社区干部不得不身兼数职，疲于应付，大部分精力放在完成上级下达的任务方面，这也意味着因为设施不足，他们将付出更多的精力。

其次，党员队伍老龄化。随着国有企业改革的深入，大批下岗职工党员转入了社区，社区党员数量增加，以城东社区为例，300 多名社区党员的平均年龄达到 50 岁。同时，全市 100 多名社区干部中 45 岁以上的占总人数的 47%，且大专及以上学历的人员较少。社区干部年龄偏大，且中年人居多，家庭压力大，难以全身心地投入社区工作，社区工作人员素质参差不齐，很难满足现代社区软硬件设施建设的需求。

最后，党建工作经费不足。调研组了解到，绝大部分社区没有经济实体，上级拨款仅维持社区干部的基本工资和办公费用，一部分社区很难通过其他方式，比如，拉赞助或争取辖区单位和企业的支持，维持工作的正常运转。社区党建工作经费严重紧缺，社区工作运转困难。缺少必要的人员、资金等基本要素，发展社区本级经济也是心有余而力不足，面对新的挑战很难实现自给自足。

以上三种因素间接导致的结果是：工作设施建设不足，综合服务功能弱。由于社区自身办公经费紧张，党建活动经费少，对设施建设投放力量不足，无法支付党员教育所必须购买的学习资料和电教设备等资金，加之办公场所有限，导致党员学习教育工作效果不佳。另外，个别社区由于办公硬件设施相对落后，缺乏计算机、打印机等现代化办公资源，在开展党员教育活动时，给社区党员教育学习工作带来了诸多不便。

3. 对两社区进行对比分析

广东佛山北江社区和广西壮族自治区城东社区由于相似的人群分布，具有以下相同的特质：两地居民的党建参与度大致相同，但同时两个社区都存在党建相关硬件设施较为丰富，软件建设存在不足的问题，在规划落实、执行力、工作保障方面都有不足。

通过实地调研以及问卷调查，两广社区党建设施的差别主要体现在以下两个方面：

第一，在软硬件设施使用率方面。由调查结果可知，各种设施都比较受欢迎，其中小区体育锻炼设施、活动室、纳凉亭最盛，在城东社区，其余设施使用率相差不大，但都不及50%，而在北江社区中，图书馆阅览室、文化体育活动设施等使用率高达70%，对比可见北江社区的软硬件设施使用率更高。究其原因，这跟社区人群的年龄结构、居民接收党建活动等信息的主要方式有一定的关系。首先不同地区社区的人群年龄结构不同。城东社区中18～22岁人群约占一半，但北江社区中22～30岁和30～50岁两个年龄层受众最多，并且城东社区居民主要通过街坊邻居了解到党建活动，而北江社区主要通过线上的微信公众号来宣传，更活跃稳定的受众以及更积极的宣传造就了北江社区软硬件设施的使用频率更高。同时，对比各个活动场所可以发现，北江社区各场所的使用频率比城东社区频繁、受欢迎，所以城东社区需要更加鼓励居民使用活动场所。

第二，关于“数字党建”的看法。针对对于数字化党建设施的期望和自身发展的欠缺之处，调研组采访了居民对于各“数字党建”设施的期待值，各设施都被寄予厚望，但对比两社区仍能发现，北江社区的居民对各个设施的期待值都明显高于城东社区，这也和北江社区现有党建设施居民接受程度有很大关系。对于如何实现进一步发展，北江社区最严重的问题是形式、内容不够丰富，缺乏吸引力，需要经费和场所建设的制度性保障；而根据城东社区居民的反映，最严重的问题是模式较为固定，缺乏创新。可见，在城东社区中，党建设施建设需要与居民的需求接轨，以补充对党建设施建设重要性认识的不足。特别是在城东社区年轻人比例较高的情况下，注重软件设施的普及是发展的重要一环。

（四）提出解决问题的方法、对策或改进建议

通过分析实际调研信息以及对相关领域进行更加深入的了解和学习后，本调研组对不同发展情况下的社区提出如下改进建议。

首先，在疫情常态化管理的大环境下，社区党建软硬件建设应与时俱

进，积极重视“数字党建”工作，推动“党建网”与“治理网”双网合一，建立起组织共建、资源共享、机制衔接的“全科网格”体系，探索线上与线下相结合的新模式。

其次，从党建工作人员的视角来看，为进一步开展党建工作，应该积极发展党建设施网络化建设，按工作量的大小、内容的必要性等因素合理安排任务实施地点，分配和建设相应设施，结合数字化的管理，减少不必要的工作量和成本，控制各个小区在内部完成一部分工作，减少大型聚集场面。

最后，聚集人民的力量，共建和谐社区大家庭。搞好社区服务，满足居民群众的基本物质需求。以社区党员群众服务中心“五务合一”示范建设工程为契机，全面整合社区服务资源，着力建设“党员幸福之家”“群众阳光驿站”，使之成为社区党组织服务党员、服务群众、凝聚社会的工作平台，广泛动员和依靠社会力量共同参与社区服务，为社区群众享受改革发展的成果提供有力的物质支撑。

三、调查结论与总结

为研究疫情下社区党建软硬件建设情况，调研小组以广东省北江社区和广西壮族自治区城东社区为例，进行实地调研。

广东省北江社区党建相关功能室较为齐全、丰富且使用效率比较理想，而且长期开展丰富的党建活动，居民参与度较高；同时，对于“数字党建”工作也在不断探索优化。在疫情期间更是紧跟居民需求，采取了多项创新政策，为当地居民生活提供了很多帮助。但仍存在宣传方式较为单一、居民参与度不高的问题，且党建相关场所缺乏制度性保障，相关制度仍有待完善。

广西壮族自治区城东社区的党支部及党员数量比较可观，而且充分配备了大小型党员服务中心；社区党建偏向于硬件设施，虽深知“数字党建”的重要性和优越性，但限于人员组成老龄化，不能有效推动实施。除此之外，该社区也存在硬件设施单一、任务繁重、党建工作资金保障不足的问题，导致社区党建工作效果不理想。

对比两社区党建软硬件建设可看出，两社区在规划落实、执行力、资金保障方面都有不足，虽然居民参与度和党建硬件设施大致相同，但两社区之间仍然存在差距，可见各社区党建软硬件建设水平参差不齐，并未达到理想效果。针对现有不足，各社区要紧跟社会发展步伐，积极推动“数字党建”工作，探索线上线下相结合的新模式，合理安排人员工作，搞好社区服务，满足居民基本需求，聚集人民力量共同推动社区长久发展。

四、学生收获与感悟

姚欣茹：这次的实践活动让我明白实践调查需要尽心做好前期准备工作，明确实践活动的主题和调查方式、调查内容、组员的任务安排等。全体组员一起商讨，在讨论的过程中存在很多分歧，我们采取了少数服从多数的方法，根据优劣选出最好的方案。而在组员任务分配上，我们也是各取所长，充分利用自身资源。虽做好了前期准备工作，但在这几周的实践中，也出现了不合理的地方，比如修改了一些调查内容，又在报告内容中增添了一些新的想法，等等。实践活动并不是一蹴而就的，它的完成需要根据实际情况进行反复的修改，这都需要我们的耐心和互相支持。

韩璇：在这次暑期实践活动中，我和热情、有趣、充满活力的队员们一起度过，留下了开心的回忆。更重要的是积累了宝贵的实践经验，学习了丰富的知识。通过这次实践活动，我才明白原来在社区中党建软硬件建设也存在这么多学问与奥秘，我们所享受到的党建服务原来耗费了这么多人力、这么多心血。在这次暑期实践中，我的头脑与情感都得到了充实。这是一次美好的经历！

李嘉熙：这次的暑期社会实践活动，我虽然没有参与实地调研工作，但在和相关同学沟通了解之后，我意识到，实地考察是一件很不容易的事情，不仅要顶着火热的太阳在各个小区之间穿梭，还要无条件接受当地人的不解与拒绝，采访、发放问卷等都不是能轻易完成的。除此之外，从问卷结果来看，社区的党建软硬件建设并未达到预期效果，所以作为大学生，不仅要从网络上了解社会情况，更要积极进行实地采访，真正了解现实中的情况，才能在以后更好地回馈社会。

杨倩：在这次暑期实践活动中，我实地参与了疫情下广西平果城东社区的社区党建软硬件设施的调研。在调研过程中，城东社区党建中心的工作人员非常热心地配合我们采访，介绍社区的党建软硬件设施情况……通过这次调研，了解到在保证不妨碍疫情防控工作的前提下，城东社区党建工作人员为了正常进行党建活动采取了很多创新措施。让我感受到在疫情下，在党建工作人员的引导下，社区的党建设施、党建活动仍能有条不紊正常进行。

张沁：本次暑期实践活动围绕着社区党建软硬件建设展开，由于疫情，队员所处省份较为分散，因此经过队员的协商，决定选取两个党建设施差异较大的社区，从而进行对比分析，总结经验。我负责的是广东省北江社区的党建软硬件调研，在调研过程中，了解到“数字化智能化”“互联网+”与党建活动的丰富融合，信息互联网平台不断发挥自身优势，对传统行业进行着升级优化。但针对广西的城东社区的调查结果说明智慧党建在全国范围内还不够普及。通过这次调研，我认为，对于队内组织、安排事项应提前做好规划，规定好截止日期，才能提高效率；在尊重队员想法的同时，也要有快速清晰做出决定的能力。

孙雨欣：经过一个假期对社区党建情况的调查研究，我对社区的工作内容第一次有了如此深入的了解与体会。这段时间，通过接触这种平时容易忽略的社会细节，我发自内心地认同在基层重视党建的必要性，很敬佩身处一线的党建工作者，他们的工作复杂，需要排除万难，他们的专业与耐心是社区群众的后盾。

李艳潇：在本次的暑期社会实践当中，我深刻地认识到基层工作者的不容易以及基层软硬件设施的基本状况和问题所在，特别是软硬件设施不完善以及保护与更迭工作效果没有那么理想，基层工作资金少、人员少，面临着许多困难，我们应该给予基层社区更多的关注，以此帮助基层工作人员和老百姓。

附件：

疫情下社区党建软硬件建设调查问卷

广大市民：

您好！

我们是上海对外经贸大学暑期社会实践小组，为了解社区党建软硬件建设情况，疫情常态化环境下党建软硬件建设过程中的困难、解决方案以及创新之处，同时针对不同地区仍然存在的难题进行记录并提出建议以及解决方案，我们开展了这次关于社区党建软硬件建设情况满意度调查。本次调查问卷不记名，对您提供的答案绝对保密。您的真实意见和建议对我们非常重要。希望能得到您的支持和协助。谢谢！

填表说明：

（1）在填写问卷之前，恳请您务必阅读前面的“封面信”和本说明；

（2）所有的答案没有对错之分，您只需按照自己的真实情况和第一感觉填写即可；

如有不清楚之处请向访问员询问。

1. 请问您所在的社区是？（单选题）

A. 广西壮族自治区城东社区　　B. 广东省北江社区

2. 您属于下列哪个群体？（单选题）

A. 社区工作人员　　B. 社区居民

C. 其他______________

3. 您的年龄是？（单选题）

A. 18 岁以下　　B. 18～22 岁

C. 22～30 岁　　D. 30～50 岁

E. 50 岁以上

4. 您是通过什么途径了解社区党建活动的呢？（多选题）

A. 社区文化栏　　B. 社区工作者

C. 街坊邻居　　D. 微信公众号

E. 其他______________

5. 您对于社区党建活动的参与程度如何？（单选题）

A. 积极参与　　B. 偶尔参与

C. 很少参与　　D. 从不参与

6. 您经常使用下列哪些社区党建活动场所？（多选题）

A. 党团活动室　　B. 图书馆

C. 音乐厅　　D. 文化活动室

E. 体能训练室　　F. 电子阅览室

G. 其他______________

7. 您认为目前社区的党建形式、内容如何？（单选题）

A. 形式新颖，内容丰富，很感兴趣

B. 形式较以往有改善，偶尔会浏览

C. 形式单一，内容较为枯燥乏味，很少关注

8. 作为社区工作人员（社区居民），您认为社区经费（社区服务）的安排是否合理？（单选题）

A. 很合理　　B. 比较合理

C. 不合理

9. 相比疫情前，目前您所在社区的党建活动开展是否受到影响？（单选题）

A. 有所退步，党建工作有所怠慢

B. 无变化，和疫情前情况一样

C. 有所改善，但变化不大

D. 有很大提高，社区党建活动更加多样，民众关注度提高

10. 您对所在社区党建软硬件建设是否满意？（单选题）
A. 十分满意
B. 部分满意，存在一些小问题
C. 不满意，存在的问题较多
D. 不了解
11. 您经常使用下列哪些软硬件设施？（多选题）
A. 小区体育锻炼设施、活动室、纳凉亭
B. 志愿服务中心、卫生服务中心
C. 图书馆阅览室、文化中心
D. 文化体育活动、文化讲座、兴趣娱乐活动
E. 社区安防系统、网络基础建设、综合服务平台
12. 您期待下列哪些“数字党建”设施？（多选题）
A. VR 党建互动学习
B. 党建教学直播
C. 滑轨互动展示党建历程
D. 虚拟翻书
E. 图书有声学习、专业解读
F. 会议大屏协同、触控手写白板
G. 其他______________
13. 您认为所在社区党建软硬件建设存在的主要问题是：（多选题）
A. 模式较为固定，缺乏创新
B. 规划落实不到位，执行力不足
C. 形式内容不够丰富，缺乏吸引力
D. 党建工作保障不力，经费不足
E. 其他______________
14. 您认为所在社区党建软硬件建设存在问题的主要原因是：（多选题）
A. 对党建软硬件建设的重要性认识不到位，重业务、轻党建
B. 党建软硬件建设与居民需求脱节
C. 党建软硬件经费和场所建设缺乏制度性保障
D. 对党建软硬件建设的研究与探索不够深入
E. 其他______________
15. 您对我们问卷有什么建议吗？（填空题）

____

新时代党建在社区治理中的功能实现研究
——以山东省济南市乐山社区为例

作者：孙艳　陶也婕　王婧婷
指导老师：张耿庆

一、引言

（一）调研背景

党的十九大报告指出："党的基层组织是确保党的路线方针政策和决策部署贯彻落实的基础。要以提升组织力为重点，突出政治功能，把企业、农村、机关、学校、科研院所、街道社区、社会组织等基层党组织建设成为宣传党的主张、贯彻党的决定、领导基层治理、团结动员群众、推动改革发展的坚强战斗堡垒。"① 基层党组织是城市社区治理的领导核心，是党动员整合社会、联系服务群众的基本组织，也是党执政的重要组织基础。随着经济结构的变化和城镇化进程高速推进，在城市建设尤其是社区治理当中出现了各种各样的问题，这对基层党组织的功能发挥也提出了挑战。研究当前城市基层党组织功能发挥的情况，对存在的问题进行深入分析，并提出完善对策，对于解决社区治理中存在的问题，健全和完善社区治理体制具有重要的理论意义和实践意义。

（二）调研时间

2022 年 7 月 17—19 日。

（三）调研地点

山东省济南市市中区杆石桥街道乐山社区。

（四）调研对象

乐山社区党组织在社区治理中的功能发挥情况以及在发挥功能的过程

---

① 习近平．决胜全面建成小康社会夺取新时代中国特色社会主义伟大胜利：在中国共产党第十九次全国代表大会上的报告[M]．北京：人民出版社，2017.

中所遇到的困难。

二、乐山社区和乐山社区党组织概况

（一）乐山社区概况

乐山社区位于济南市市中区杆石桥商圈，始建于1986年，是济南市第一个开放式居民小区。由于社区创建年代较早，社区内的设施老化，脏、乱、差现象严重。从2015年起，社区针对社区内的痛点、难点问题，进行全面升级改造，清除私搭乱建、取缔马路市场和餐饮摊点群，打造中心广场、翻新社区马路等，改造后的乐山社区发生了翻天覆地的变化，成为济南老旧社区改造的典范。乐山社区占地面积0.26平方千米，现有居民3040户，人口10643人，居民楼59栋。

（二）乐山社区党组织概况

当前乐山社区党组织共有358名党员，分为12个党支部。在抗击疫情期间，乐山社区成立临时党支部，率先实施封闭管控，社区内的300多名党员和2000多名志愿者轮流站岗值守。2020年9月，乐山社区综合党委被授予“全国抗击新冠肺炎疫情先进集体”的称号，成为济南市唯一受到表彰的先进集体；随后又获得了“全国先进基层党组织”、“省级先进基层党组织”、山东省“抗疫榜样”基层党组织等荣誉称号。

三、乐山社区党组织在社区治理中的实践探索

（一）乐山社区党组织在社区治理中功能的调研情况

第一，调查目的与内容。对乐山社区党组织在社区治理中的功能进行调查研究，了解当前乐山小区党组织在社区治理中功能发挥的现状、取得的成效以及存在的问题，分析问题产生的原因，并以此为基础，提出一些有针对性的合理化建议，为社区党组织更好发挥各项功能提供一些理论参考。

第二，调查问卷设计。本次调研活动以“乐山社区党组织在社区治理中的功能”为主题进行问卷设计，问卷调查采取线上的形式在社区居民之间进行投放，通过“问卷星”网站进行设计、回收和统计。最终共收到240份问卷，其中有效问卷228份，有效问卷回收率为95%，具有一定的可信度。

第三，访谈记录。此次访谈对象主要是社区党组织书记和社区党务工

作者。通过对社区治理中的主要参与主体进行访谈，了解基层党组织功能发挥的具体情况，以便为研究提供支持。对社区党组织书记重点访谈，了解社区党组织在社区治理中功能发挥的总体情况、政治引领和管理党员情况；对社区党务工作者重点访谈，了解社区党组织在社区治理中的服务群众和资源整合情况。

（二）乐山社区党组织在社区治理中的实践成效和经验分析

1. 思想引领功能不断强化

近年来，济南市政府大力宣传把党的建设融入社区治理各方面、全过程，大力推进基层党建、居民自治、社区服务、物业管理、社区教育、社会治安“六位一体”建设，强调发挥党组织在基层各类组织和各项事务中的主导作用，提升党建引领基层治理水平。乐山社区也积极落实济南市政府的这一要求，在日常工作过程中，不断探索创新，因时而为、因地制宜地发挥党建引领的作用。由于乐山社区是20世纪80年代建造的，社区内的楼房都没有安装电梯，随着时间的推移就出现了“老年人上下楼越来越难”的问题。面对居民加装电梯的需求，乐山社区党委主动出击，充分发挥党组织的领导核心作用，与社区党员、楼长多次摸情况、做工作，召开协商恳谈会讨论研究、征求意见，最终确保了加装电梯工程的顺利施工。

2. 党员教育管理功能不断增强

社区党组织本身就具有教育管理监督党员的职责，在城市基层管理的实践中，发挥好社区党组织管理党员的功能，不仅有利于提升社区党组织的建设水平，而且还有利于提升党员服务水平。乐山社区地处中共山东省委驻地附近，周边还有济南市市中区委等党政机关，政治资源非常丰富。乐山社区党委清晰地认识到这些都是进行社区党建的重要资源，因此他们积极主动加强与周边党政机关的联系，邀请省委、市委有关部门机关党委到社区实地指导党建工作，开展交流分享活动，为社区党务工作者和社区党员提供分享党组织建设的经验。在党员管理方面，乐山社区共有300多名党员，乐山社区党委充分调动党员的积极性，注重发挥他们的模范带头作用。

3. 服务群众功能不断完善

全心全意为人民服务是党的宗旨，服务群众、满足人民群众对美好生活的向往，是社区党组织在社区治理中的出发点和落脚点，同时也是服务型党组织建设的必然要求。乐山社区党组织积极探索多种服务模式，如建立“红色庭院”基层党建特色品牌，以庭院党小组、庭院理事会、庭院长为桥梁和纽带，以“庭院吹哨、部门报到”为理念，定期召开居民“吐槽大会”，邀请公安、城管、环卫等部门参加，针对民生难点痛点问题进行现场解答和处理，实实在在地解决好居民的诉求。

4. 资源整合功能不断凸显

近年来，乐山社区不断加强与辖区内单位的共驻共建，探索社区治理的新思路，积极整合社会资源，推动辖区内非政府组织、企业、志愿者队伍等多元化社会力量参与社区服务，以满足社区居民多样化需求。如在志愿服务方面，乐山社区与济南大学等高校建立合作关系，吸引大学生志愿服务队伍到社区协助做好疫情防控和社区服务工作，同时与辖区内多家单位组建服务队伍，如“绿管家”志愿服务队、“法律在线”咨询志愿队、“泉映晚霞”党员志愿服务队等，开展爱心义卖、党员义诊、法律咨询等系列志愿服务活动。这些资源的整合，不仅提升了乐山社区的治理水平，同时也在一定程度上解决了社区党组织掌握有限资源的现实困境。

四、乐山社区党组织在社区治理中功能发挥的突出问题及原因分析

（一）乐山社区党组织在社区治理中功能发挥的突出问题

1. 社区党组织承载任务冗杂且职能过重

随着经济社会的高速发展和社区居民利益诉求的不断增加，社区党组织在居民日常生活中起着联系国家和基层的“桥梁”作用，也承担了基层治理绝大多数的工作任务。据调研，乐山社区党组织在基层治理上承担着转接党员关系、疫情常态化管理、垃圾分类、社会保障等具体 60 项业务（如图 1 所示），像垃圾分类这种本应该由社区物业公司负责带动落实的工作，最终也需要社区党组织进行推广宣传，“小马拉大车”现象日益突出。另外，社区面临的工作压力也不容小觑。在采访乐山社区党组织书记时，她也指出社区工作者就是街道办（政府行政机构的最末端）和居民的夹心层。他们要服务居民，但在现实生活中，他们的精力往往被大量行政事务牵扯。所有的行政机构都将责任下放给社区，社区又没有足够的人力、资源、决定权，把他们卡在了一个相当尴尬的位置。尤其在新冠疫情常态化管理开始后，社区需要承担绝大部分责任以及调动一些骨干人员去负责这项长期性任务，加大了社区党组织的日常工作量，书记表示，如果遇到精

神文明社区等社区荣誉评选活动更是应接不暇，很多社区工作人员因忙于工作无法获得充足的休息时间。

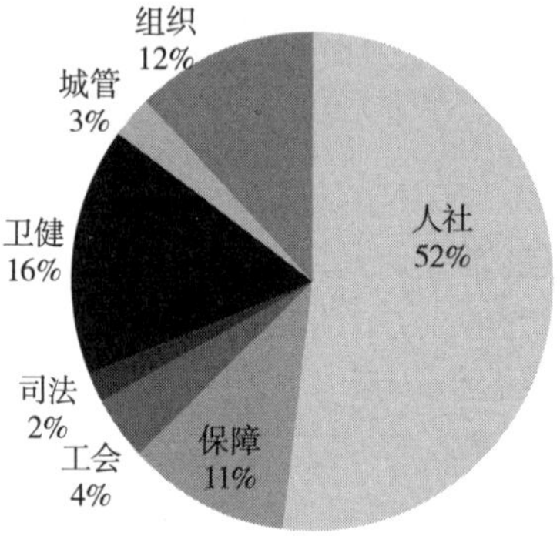

图1　乐山社区党组织承担的政务服务事项

2. 社区党员的先锋模范意识淡化

社区党组织在城市基层治理的具体实践中，除了社区工作者，依靠的另一重要力量就是社区党员。尤其是新冠疫情暴发以来，更是需要广大的党员投入抗击疫情的志愿活动之中。但在实际调研过程中发现，乐山社区由于建成较早，党组织内部退休党员基数大，老龄化问题较为严重，缺乏活力，党支部找不到培养的“苗子”，也严重影响了社区人才的储备，致使社区党员结构难以改善。可以清晰地看出，社区党员也充当着不可忽视的中坚力量，但由于社区党组织内部党员构成比例的不协调，很多党员责任意识淡薄，先锋模范作用发挥不明显，把自己等同于普通群众，甚至在抗击疫情的志愿活动中还不如普通群众的参与积极性高，缺乏奉献精神和服务意识。另外，在对居民进行调研时也发现，一些党员面对群众态度生硬，服务群众简单粗暴，造成了一定的社会舆论影响，难以适应当前新形势下城市基层治理的需求。

居民对社区党组织和党员工作满意度情况见图2。

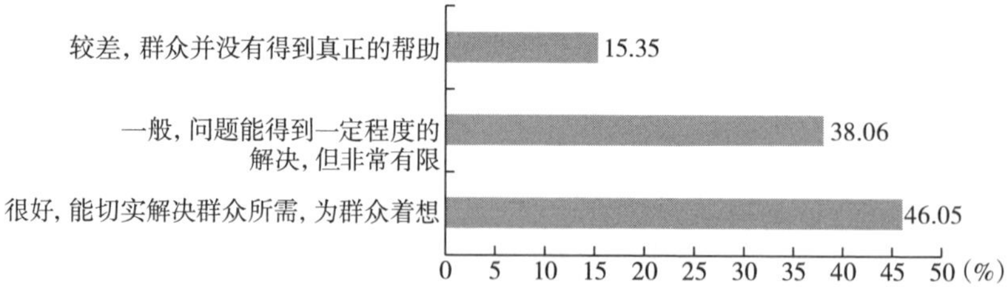

图2　居民对社区党组织和党员工作满意度情况问卷结果

社区党员的先锋模范作用发挥不到位，反映出社区党组织在城市基层治理中管理党员功能的弱化，这也是当前乐山社区有待解决的难题之一。

3. 社区工作者专业化和规模化程度不高

目前，乐山社区下沉到社区工作的街道、社区党组织干部人员较少，工作任务繁重，而且社区工作人员流失较严重。乐山社区党组织副书记在采访中表示："今年工作最突出的感觉就是人少活多，如果社区工作者多招录一些，工作量就能再均摊一些，服务老百姓的时间就能再多一些，尤其是在全职网格员的分配上。疫情暴发以来，社区需要大量的专职网格员投入社区基层工作中，但实际上目前我们社区专职网格员数量有限，多数是有党组织工作人员兼职，很多时候都忙不过来。"另外，通过走访，基层党务工作者也向调研小组反映出一些很现实的问题，比如，较多党务工作人员认为工资待遇和工作量不成正比，且没有固定编制，薪资水平较低等。在对居民的实地调研中也同样反映出工作人员能力素质有待提高的问题（如图3所示），有半数的居民认为社区工作者能力不错，能满足工作任务的要求；但是仍然有35.53%的居民和12.72%的居民认为社区工作者能力有待加强，不能满足工作任务的要求。

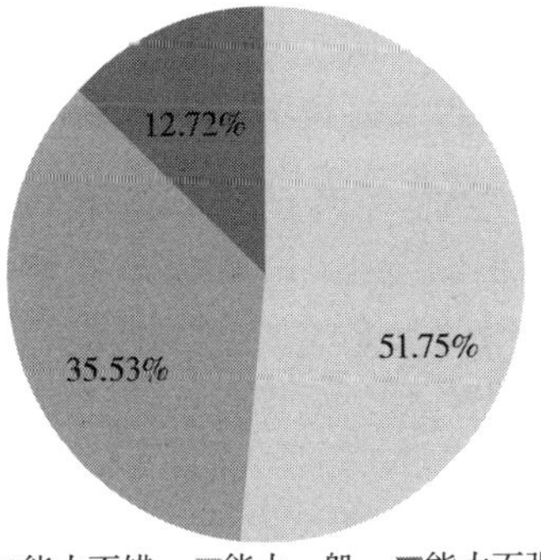

图3　居民对社区工作者能力素质评价情况问卷结果

因此，社区工作人员流失严重且不稳定因素较多，同时社区工作者的专业化水平也有待提高，社区居民的需求与政府部门及社区组织的供给之间存在较大的差距。

4. 社区服务资金不足且资源整合不足

虽然近年来财政加大了对社区基层党组织建设的投入，社区也在近两年内成立了专门的党群服务中心，社区的办公条件和居民的活动场所有了较大的改善，但依旧存在设施不配套、功能不完善的问题。同时，乐山社区党组织书记谭女士也反映，近两年来由于疫情影响，大部分资金用来支持疫情工作，专门用于开展党建活动、服务民生的经费十分有限，这在社会舆论中也产生了不小的影响。在社区资源整合方面，社区党组织在城市基层治理中的资源整合功能也是体现社区党组织综合治理能力的重要因素，事实证明，越是整合资源能力强的社区党组织，越是能做好城市基层治理工作。目前，乐山社区已与多个社会组织达成资源共享的合作协议，建立了共驻共建的工作机制和会议形式，但我们走访得知，大部分居民对社区共建活动知之甚少，对这些共建合作提供的服务也较为不满。

（二）影响乐山社区党组织在社区治理中功能发挥的主要原因

1. 社区组织管理范围不明确，战斗堡垒作用未完全发挥

由于社会事务的下沉，社区行政性事务大大增多，社区工作人员按照行政命令进行公共事务管理和提供公共服务，时常忽略了社区居民的实际需求与建议，导致社区居民满意度降低，社区承担工作任务的多样化和艰巨性与实际工作权限及能力的矛盾日益突出。

第一，社区在实际工作中未能正确认识服务功能和政治功能的关系，只是简单地将服务群众等同于社区党建治理，在推进各项工作时缺乏政治意识，在党员群众的发动组织、社区社会组织的培育、推动驻区单位共建共享等方面缺乏系统思考、深入研究、切实举措。

第二，社区党组织领导下的组织架构还未成形。社区党组织是社区治理的核心，但由于现实工作的复杂性，社区党组织在实际操作中还是会出现组织架构不明晰、工作分配混乱的现象，同时这也对服务工作的效率产生了不小的影响。

2. 社区党员教育管理制度落实不到位，监管力度不达标

近年来，党内的法规制度体系不断得到完善，但由于政策要求，社区党组织中党员的数量越来越多，管理难度也逐渐增大。目前主要原因有以下两点：

一是管理措施不严格。调查问卷结果显示（如图4所示），社区党组织在开展“三会一课”制度的情况上仅有35.53%的社区党员认为社区党组织按时组织开展，内容比较丰富；有20.18%的居民认为社区党组织虽然按时开展，但是流于形式，效果不佳；有19.74%的居民认为社区党组织未按时开展“三会一课”，情况比较一般；有9.21%的居民认为社区党组织未按要

求定期按时召开“三会一课”，随意性比较大；有 15.35% 的居民不清楚此事。在走访中得知，乐山社区党组织会将一些活动以项目方式委托给社会组织运作，而社会组织缺乏专业性，不能真正把握党中央的会议精神和时代脉络，长此以往不利于党组织的良性发展。

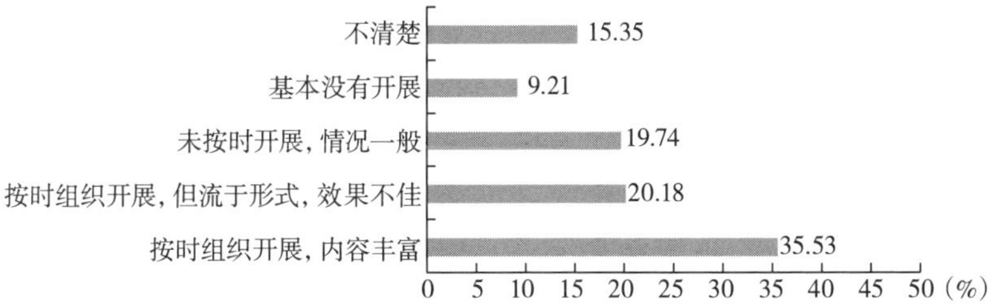

图4　乐山社区党支部坚持“三会一课”制度的情况问卷结果

二是社区党组织内部党员构成比例不协调，管理难度大。经乐山社区党组织书记介绍，目前乐山社区党员由两大部分组成，一部分是组织关系不在本社区的在职党员，由于受本职工作的影响，参与社区工作和活动的时间有限，社区党组织对其没有强制约束力。另一部分是组织关系在本社区的党员，这部分党员的构成以离退休党员以及流动党员为主，这类党员没有充裕的时间参与社区党组织活动。党组织内部党员老龄化严重、社区内党员流动性明显以及党员模范效果不佳等问题，加大了党组织对党员管理监督的难度。流动党员的管理难度越来越大，形成恶性循环，这部分党员在城市基层治理工作中发挥的作用微乎其微，不能满足当前城市基层治理的需求。

3. 社区工作者职业化体系滞后，社区队伍建设专业化程度较低

调研得知，当前社区共建共治工作的开展，涉及党员教育、应急处置、社会求助、养老服务、残障康复、婚姻家庭、心理疏导等多领域的具有较强专业性的服务与管理，乐山社区党组织在社区治理方面缺乏专业依托。据了解，受疫情和新形势影响，当前社区的工作任务复杂，工作量较往年成倍增加，社区工作者流失严重。而目前大部分社区工作者由社工及社会组织人员构成，他们在实际工作中慵懒散漫，专业素质能力较差，处理居民问题和对党员教育缺乏工作经验，对新形势下的社区党建政策了解程度低，社区党组织领导队伍的思想建设、作风建设和能力建设有待提高。与此同时，社区党组织队伍建设手段较为单一，部分社区工作者仍未树立起城市基层党建理念，习惯用传统方式开展工作，缺乏创新意识，在智能化

治理方面，对新方式、新途径和新策略的吸纳、融合和运用不够充分，目前社区党组织在队伍建设上缺乏专业性。

4. 社区筹资渠道单一，“共建共治”治理机制还未健全

乐山社区目前资金有限的原因可能是各级相关政府单位财力有限，以及综合下拨的工作经费中资金大部分用于完成社区所承担的社会任务，使得社区用于专门开展党建活动、服务民生的经费十分有限，导致对基层财政支持受限，在一定程度上也影响了社区党组织功能的发挥；加之社区党组织筹资渠道单一，以及主动筹措资金意识不强、管理能力不够，募集资金成为现阶段社区党组织的困境之一。

目前资源整合不足的根源可能是区域化党建工作机制的不健全、不完善，加之街道社区党组织行政级别低，很难形成完善有效的共驻共建机制，同时受到资金问题的影响，社区党组织整合协调共建单位参与城市基层治理缺乏刚性约束，经常出现“一头热一头冷”的现象。

五、有效发挥乐山社区党组织在社区治理中功能的对策建议

（一）明确社区党组织职能职责

1. 明确相关职责定位，加大党建工作投入力度

随着社区治理工作头绪和内容的日益增多，必须发挥社区党建工作的“龙头”作用。经济结构和城市形态的不断调整，使城市社区公共领域的工作范围和辐射范围不断扩大，社区承担的社会管理、治理职能和任务也越来越多。面对繁杂的社区治理事务，各方参与力量的积极性、主动性很难自发形成，必须依靠党委和政府的有力培育和引导。增强社区治理的互动性、整体性，关键是要发挥好基层党组织的“纽带”作用，推动社区治理各方力量有效衔接、对接、连接，形成互联互通、资源共享、优势互补的运行体系。只有这样，才能不断拓宽社区的服务共享空间，促进不同单位之间的交流合作，凝聚共建美好家园的强大力量。

2. 加强领导班子建设，强化社区党组织的领导核心作用

社区党组织是社区各项工作的领导核心，也是社区党建工作的主导力量。强化社区党组织在城市基层治理中的政治功能，提高其权威地位，要不断完善社区党组织建设工作，提高社区党组织在经济社会发展中的核心作用，提高其融合协调城市中各种资源和服务群众的能力。要完善社区居

民代表大会与社区协商议事会议等的组织建设，促进基层协商民主，将“有事好商量，大家的事情由大家商量”的理念真正落实下去。

在社区党组织的统一领导下，构建“社区党委—网格党支部—党员中心—党员—群众”等不同形式的组织体系，由此充分发挥居民代表、楼长等的模范带头作用，彰显党建引领社会治理的核心作用。

（二）加强社区党员教育管理机制

1. 实行社区党员分类管理，激发党员队伍新活力

社区党组织在城市基层治理的具体实践中，应更加注重党员作用的发挥，针对不同类型党员的特点，制定不同类型的教育方式。

做好离退休党员、流动党员和无业党员的教育管理工作。退休党员、流动党员和无业党员是社区党员队伍的主要组成部分，是开展社区建设各项工作的重要力量，要积极做好他们的思想工作，加强管理。社区党组织要把发挥在职党员作用与其自身的职业特点、专业特长结合起来，设置在职党员参与社区活动的岗位，为他们发挥作用搭建平台。应从政治上关心、生活上帮助在职党员，为他们排忧解难。

2. 对在职党员实行双重管理，提升社区服务实效

在职党员作为社区党组织建设的主力军，是社区基层治理中的先锋力量。但由于在职党员的组织关系不在社区，导致社区党组织对其没有直接的管理权限。为此，需在制度建设上弥补对在职党员管理的不足，考量在职党员在社区基层工作中的表现。社区党组织年末将在职党员发挥作用情况及时向其所在单位党组织反馈，并作为单位年度考核党员的内容之一。各单位党组织在评选优秀党员、先进个人及提拔干部时，应把在职党员居住地作用发挥作为考察的一项内容，以此来为党员、干部“画好像”，同时也可以激发在职党员服务社区的积极性、主动性、创造性。双重管理要注重自上而下推进，特别是对在职党员干部所在单位的党组织，必须认真运用社区党组织反馈结果，避免双重管理走形式主义。

（三）提升社区工作者的能力和待遇

1. 提高社区工作者心理承受力，加强对社区工作者的人文关怀

疫情期间，由于事务繁杂琐碎，任务变化快，给社区工作人员提出的要求也在不断变化，导致社区工作者面临多重心理压力。对此，要在专业人士的指导和帮助下，为社区工作者开展心理疏导工作。充分发挥心理援

助热线和多种线上通信手段作用，重视和关心坚守一线的社区工作者的心理状况，合理安排休息，纾解紧张情绪，提供持续的心理疏导和跟踪服务。

2. 提高社区工作者专业服务水平

鉴于社区党务工作者的能力素质和新时代较为繁重的城市基层治理工作之间的矛盾，社区党组织应制定长期培训规划和年度培训计划，依托各级党校、高等院校等教育资源，有计划地抓好社区工作者的初任职培训，通过落实继续教育制度、职业水平考试制度，建立社区工作者常态化培养机制，推动现有社区工作者向专业化、职业化工作者转型。对取得相应资格证书的社区工作者给予一次性获证奖励，不断激励社区工作者提升工作和服务水平。

3. 保障社区工作者的待遇落实到位

及时足额向社区工作者发放基本报酬和社会保障金，留住社区工作有用人才。逐年提高社区工作者特别是社区党组织书记的报酬，确保不低于济南市公务员的标准，并做到长效化。目前，乐山社区的社区工作者分为正职、副职、基层人员三类，在划分“三岗”的基础上，还应继续细化“级别”，使得不同岗位层次的党务工作者除却岗位等级晋升之外，还可以通过提升学历水平、增加工作年限、增长职业技能等方式来享受不同的工资待遇，缩小岗位差距带来的收入差距，进一步激发社区工作者的工作热情和积极性，增强社区岗位的吸附力和黏合度。

（四）夯实社区党组织建设的物质基础

1. 建立社区惠民专项资金

通过“财政支持、联点扶持、费随事转、社区服务有偿项目收入、社区企事业单位和社会各界捐赠”等多种渠道，建立“1 + N”的社区基金体系，筹措建立社区惠民专项资金。资金由区里统一管理和调配，实行专款专用，以满足社区居民群众共同需求为目的，主要用于社区基础设施建设、开展文体公益活动、环境卫生治理、社区志愿服务、特困群众帮扶等。通过公开栏、民主听证会等形式，将资金的使用用途、使用过程、使用结果向社区居民群众公开，自觉接受居民群众的监督。

2. 发挥资源汇聚效应

社区党组织以政策和需求为导向，探索成立社区基金，积极联动辖区内多方主体共驻共建共治共享，对分散的各类主体、资源进行有效连接和整合，形成更广泛、更紧密的社区命运共同体，且对社区内外潜在可利用资源进行了精确识别和筛选，并有针对性地进行对接，实现资源之间的互相补充，发挥资源的汇聚效应和规模效应。

六、调研结论

党的十九大的胜利召开宣布中国特色社会主义进入了新时代，党的十九届六中全会对党百年奋斗的历史经验进行了系统总结，在新的时代背景下，随着党的建设的全面加强，国家治理体系与治理能力进一步提升，基层社会治理的格局进一步完善。

此次调研以济南市市中区乐山社区为调研对象，在实地调研的基础上，了解社区党组织在社区治理中功能发挥的现状，发现其取得了思想引领功能不断强化、管理党员功能不断增强、服务群众功能不断提升、资源整合功能不断凸显的成就。

但同时，我们也发现社区党组织在社区治理中还存在一些问题，还需要通过治理改革逐一破解。随着经济社会的不断发展，社区治理日益呈现多元化、复杂化的现象，社区党组织不仅是社区工作的领导核心，更是党在基层工作的战斗堡垒。在今后的日常社区治理中，应当坚持党建引领、注重协同参与、强化共赢共享，形成支部建在小区、资源用在点上、服务做到心坎的共建共治共享的基层社会治理大格局。

七、调研感悟

参与本次马克思主义学院组织的“走社区，看党建”暑期专项社会实践调研，有助于在校大学生积极响应学院号召，深入学习贯彻习近平新时代中国特色社会主义思想，将知识与理论更好地运用到实践之中。

本次调研成员们走进社区看党建，为我们提供了一个深入了解基层的机会，坚持从群众中来到群众中去，不仅是党的工作路线，更是党组织在城市基层治理中发挥功能的主要方法。通过走访，我们进一步了解到基层工作的具体内容，同时也体会到了基层工作者的不易，我们对基层党组织的战斗堡垒作用和党员的先锋模范作用有了更深层次的了解，受到了不小的启发。这次的调研活动增加了对不同群体设计不同访谈问题的环节，也加大了对调研数据分析的力度，利用现代技术如问卷调查收集调研数据，更加全面地了解实际情况。此外我们对本次实践的不足之处进行了反思，线上调研具有一定的局限性，加大了实地考察队员的难度。

虽然我们只针对一个社区进行详细的调研，缺乏与其他社区的对比，但在调研过程中我们深度挖掘其特色，使得调研结果更具有说服力，为其他社区党组织功能的发挥提供参考借鉴。

最后，我们诚挚地感谢济南市市中区乐山社区的领导和居民们，感谢他们对此次调研的关心和支持，由衷地希望乐山社区党组织建设越来越好。

附件一：

乐山社区党组织在社区治理中的功能研究调查

尊敬的女士/先生：

您好！非常感谢您参与本次问卷调查！本次问卷调查是希望向您了解一些关于您所在社区党组织功能发挥等的情况。本次调查将采用不记名的方式，请您根据本人的现实状况以及实际感受进行回答。您的回答仅用于本次调查研究所用，绝不会外传或者泄露，请您放心！

衷心感谢您对本次调查的大力支持！

1. 您的性别（单选题）

○男　○女

2. 您的年龄段（单选题）

○18 岁以下　○18～25 岁　○26～30 岁　○31～40 岁

○41～50 岁　○51～60 岁　○60 岁以上

3. 您的政治面貌［单选题］

○中共党员　○共青团员　○民主党派　○群众

4. 您是否按时参加社区党组织的相关活动？［单选题］（依赖于第 3 题第 1 个选项）

○按时　○比较按时　○不按时

5. 您参加组织生活的主要内容和形式通常是［多选题］（依赖于第 3 题第 1 个选项）

□学习相关文件、领导讲话　□文化娱乐活动

□志愿者服务活动　□外出参观

□其他 ____________

6. 您对社区内的社会组织是否有清晰准确的了解？是否参加过社区内社会组织开展的一些活动？［单选题］

○非常了解，只要有活动都参加　○比较了解，参加过一些活动

○了解，没参加过活动　○不太了解，没参加过活动

○不了解

7. 您认为社区党组织的主要作用是？［多选题］

□定期组织开展会议　　　　　　□开展各种文娱活动

□定期组织培训学习　　　　　　□提供各类便民服务

8. 本社区党支部坚持“三会一课”制度的情况［单选题］

○按时组织开展，内容丰富

○按时组织开展，但流于形式，效果不佳

○未按时开展，情况一般

○基本没有开展

○不清楚

9. 您所在社区党组织对党员的管理情况如何？［单选题］

○非常严格　　○比较严格　　○比较松散　　○非常松散

○说不清楚

10. 您认为社区工作者的能力素质如何，能否满足工作任务的要求？［单选题］

○能力不错，能满足　　　　　　○能力一般，较能满足

○能力不强，不能满足

11. 您感觉去找社区党组织，社区干部办事时是否便利？［单选题］

○很便利，服务态度很好　　　　○比较便利，服务态度较好

○便利程度一般，服务态度一般　○比较麻烦，服务态度一般

○很麻烦，服务态度差

12. 您对当前党组织和党员服务群众、联系群众、解决群众所需的总体评价是［单选题］

○很好，能切实解决群众所需，为群众着想

○一般，问题能得到一定程度的解决，但非常有限

○较差，群众并没有得到真正的帮助

13. 当您对所在社区党组织提出完善社区功能等方面的意见和建议时，您通常会选择哪些途径？［多选题］

□当面提出　　　　　　　　　　□社区网格群

□写书面意见和建议放到意见箱中　□邻里之间相互讨论

□给社区干部发微信或短信等　　□其他 ________________

14. 您对未来社区党组织功能的发挥有哪些期待与建议？［填空题］

____

附件二：

访谈问题记录表

访谈对象	访谈问题	访谈记录
党委书记（谭欣）	1. 书记，您好，请介绍一下您所在社区和社区党组织的基本情况，特别是您所在社区的突出特点。	
	2. 我们此次调研的主题是党组织功能发挥的情况，请问您所在社区的党建基本情况是怎样的？社区党组织在城市基层治理方面有哪些做法和先进经验？（比如在服务群众、资源整合、政治引领、思想引导等方面）	
	3. 您认为乐山社区党组织在参与城市基层治理方面有遇到哪些较为棘手的情况吗？您认为应该如何克服？	
社区工作者（张宏）	1. 您认为社区党组织有哪些功能？	
	2. 您认为社区党组织开展党建工作有什么难度？	
	3. 您在参与基层治理工作中有何感受？	

党的基层组织推进“让党的创新理论飞入寻常百姓家”调查研究
——以浙江省温州市平阳县为例

作者：沈晨琪　王琦　孙玉荣　王曦媛　孙敏慧　孙鑫鑫
指导老师：高晔

一、引言

意识形态工作事关党和国家的前途命运，在党领导革命、建设和改革的百年历程中，我们党始终高度重视意识形态工作。党的十八大以来，习近平总书记在 2013 年 8 月 19—20 日的全国宣传思想工作会议上强调：“经济建设是党的中心工作，意识形态工作是党的一项极端重要的工作；宣传思想工作就是要巩固马克思主义在意识形态领域的指导地位，巩固全党全国人民团结奋斗的共同思想基础”，“能否做好意识形态工作，事关党的前途命运，事关国家长治久安，事关民族凝聚力和向心力”①。2018 年 8 月 21—22 日，习近平总书记在对意识形态工作进行深刻洞察的情况下，再次对党的意识形态工作做出重要指示，指出“建设具有强大凝聚力和引领力的社会主义意识形态，是全党特别是宣传思想战线必须担负起的一个战略任务”。②

当前我国正处于百年未有之大变局，国际国内局势正在发生着前所未有的变化，在全球化的大背景下，多元化社会思潮泛滥，西方国家企图通过自己的文化和意识形态渗透削弱和冲击我国主流意识形态，达到一定的政治目的。另外，互联网技术的高速发展也给我国意识形态工作带来极大的挑战。基层意识形态工作作为国家意识形态工作的基础部分，是我国意识形态工作的重要切入点，具有导向作用，对维护社会稳定、国家长治久安、增强民族凝聚力和向心力、增强群众对中国特色社会主义道路和理论

---

① 习近平．胸怀大局把握大势着眼大事 努力把宣传思想工作做得更好[N]．人民日报,2013－08－21.

② 习近平．举旗帜聚民心育新人兴文化展形象 更好完成新形势下宣传思想工作使命任务[N]．人民日报,2018－08－23.

体系的认同具有重要作用。基层党组织是基层主流意识形态传播的主力军，但就目前来看，基层意识形态工作在“如何使党的创新理论飞入寻常百姓家”层面面临着一系列困难，如何破解基层意识形态传播困境，巩固和加强我国主流意识形态成为党和国家面临的一个重大课题。

平阳县地处浙江南部沿海，是浙江省温州市辖县，拥有丰厚的党史资源，被誉为“浙江延安”“浙南红都”。当前，平阳县共设有中国工农红军挺进师纪念园、中共浙江省“一大”纪念园、中共浙江临时省委第一次会议旧址、工农红军挺进师驻地大屯村及叶廷鹏纪念馆等多处红色文化纪念点。在平阳这片“红色土地”上，有过光辉的革命历史，在这里恢复了党中央对挺进师的领导和指挥权；在这里诞生了浙江新四军；在这里召开了中共浙江省第一次代表大会；在这里实现了浙江全境解放……平阳县是共产党人实现初心和使命的见证，是具有光荣革命斗争传统的革命老根据地，红色资源得天独厚。近年来，平阳不断加快红色资源优势转化，努力打造“红色教育基地”，弘扬红色文化，传承革命精神。因此，在2022年暑期期间，我们小组以浙江省平阳县的意识形态工作为考察对象，以党的十八大以来党的创新理论在基层群众中的理解度和认同度为切入点，调查新时代基层意识形态状况，探讨“党的创新理论飞入寻常百姓家”这一课题，对基层意识形态传播过程中发现的问题进行梳理，并提出针对性建议和对策。

二、平阳县基层意识形态的总体状况和基本态势

小组在调研过程中，对浙江省平阳县“党的创新理论飞入寻常百姓家”的具体情况展开了调研，共发放调查问卷400份，收回问卷400份，全部有效。从调研掌握的情况来看，自党的十八大以来，通过各方的不懈努力，党的创新理论在基层得到了较高水平的普及，基层意识形态在全局呈现积极健康的景象，但同时也存在着一些问题。

基层群众对实现中华民族伟大复兴必须坚持中国共产党的领导、走中国特色社会主义道路有相当高的认同度，但对习近平新时代中国特色社会主义思想、中国特色社会主义道路、中国特色社会主义文化的准确内涵在认识上仍存在提升的空间。

调研显示，基层群众在回答“您了解‘习近平新时代中国特色社会主义思想’吗?”这一问题中，约41%的受访者选择“非常了解”，约47.5%的受访者选择“比较了解”；在回答“您了解‘中国特色社会主义道路、中国特色社会主义文化’的准确内涵吗?”这一问题中，约37%的受访者选择“非常了解”，约49%的受访者选择“比较了解”；在回答“您‘了解社会

主义核心价值体系和社会主义核心价值观’吗?”这一问题中，约 39.75% 的受访者选择“非常了解”，约 43.75% 的受访者选择“比较了解”。总体来看，大部分基层群众对党的创新理论都有着基本的认识和理解，但在一定层面上仍存在着认识不足、理解模糊的情况。

基层群众对实现中华民族伟大复兴的中国梦有着相当强的责任感，但同时也存在部分疏离党的主流意识形态的倾向。

调研显示，基层群众在回答“您认为‘实现中华民族伟大复兴的中国梦’和自己的关系如何?”这一问题中，约 85% 的受访者选择“密切相关”，这体现了基层群众的家国意识，体现了个人对实现中华民族伟大复兴的中国梦的责任感，但仍有 15% 的受访者选择“关系不大”，这说明目前仍有较少部分群众对党的主流意识形态存在疏离倾向；在回答“您的信仰是什么?”这一问题中，约 72.75% 的受访者选择“马克思主义”，其余约 27.25% 的受访者分别选择如“佛教、基督教”等其他选项；在回答“您认为哪种思想更适合引领中国未来发展?”这一问题中，约 81% 的受访者选择“中国化的马克思主义”，约 19% 的受访者选择“以儒家为代表的传统文化”和“其他思想”选项。这一数据表明，大部分基层群众对马克思主义以及党的创新理论比较认同，因此，在党的宣传思想工作中应进一步处理好马克思主义和中华优秀传统文化、马克思主义与民族宗教信仰的关系，牢牢掌握意识形态工作领导权、管理权和话语权。

基层群众对党的十八大以来以习近平同志为核心的党中央集中统一领导及习近平新时代中国特色社会主义思想有着高度的认同和共识，但“党的创新理论飞入寻常百姓家”的实际效果以及基层宣传思想工作的贯彻、落实情况有待增强。

调研显示，在回答“您平时对身边党的思想宣传工作感知如何?”这一问题中，约 55.5% 的受访者选择“一直都能感知到”，约 21.25% 的受访者选择“时常能感知到”，这说明大多数基层群众在日常生活中或多或少都能感受到党的创新思想的熏陶；在回答“您是通过什么途径了解到党的创新理论的?”这一问题中，可以看出基层群众了解党的创新理论的途径比较多元；但在回答“您认为目前党的思想宣传内容如何?”这一问题中，约 72.5% 的受访者选择“内容简单，易理解”，约 27.5% 的受访者选择“内容复杂，不易理解”，这说明党的创新理论能够让大部分群众所接受，但在面对少部分特殊群体时，更应该“对症下药”；在回答“您认为目前思想宣传工作者水平如何?”这一问题中，约 49.75% 的受访者选择“水平较高”，约 44.25% 的受访者选择“水平一般”，这说明总体来看基层思想宣传工作者的自身理论素养有待提升；在回答“您认为目前党的宣传思想工作效果如何?”这一问题中，约 38.25% 的受访者选择“效果很好”，约 49% 的受访者选择“效果较好”，这说明党的宣传思想工作实效性有待加强。

对此，基层群众在回答“您对党的宣传思想工作有何建议?”这一问题中，大致提出了以下四点建议：①基层党组织应加大宣传力度，使党的创新理论宣传工作更加常态化，打通基层宣传工作的“最后一公里”；②基层党组织应将党的创新理论的内容与形式更好结合，联系实际，用群众更喜闻乐见的方式进行宣传；③基层党组织应丰富思想宣传工作的途径，拓宽思想宣传工作的渠道，善于运用信息化优势强化宣传效果；④基层党组织应不断提升宣传工作者的自身综合素质，不断提高思想宣传工作的能力，进一步提高工作质量。

三、“党的创新理论飞入寻常百姓家”面临的传播困境

（一）经济问题制约传播效度

1. 人才吸纳与培养的费用不足

人才是第一资源。创新发展的根本源泉在于人。要想使“党的创新理论飞入寻常百姓家”，面临的最显著、最困难的问题也在于人。宣传人才的吸纳、培训与激励都需要足够的经费支持，一定程度的物质保障是吸引人才、留住人才的必备条件，走访的现实情况也印证了这一点。对于专门担负党的理论教育任务的党校而言，对马克思主义理论的人才可谓求贤若渴。接受采访的负责人直言：“好的老师是很难出来的。”当前马克思主义理论专业人才仍然不足，能够深入基层、走向社区并扎根驻留的更是凤毛麟角，非专业人才占比大，在一定程度上加重了教师培训的经济负担。填补人才缺口离不开政策的支持，需要系统的人才扶持与培养计划来吸引强劲力量，需要通过提高基层宣传工作人员的工资、优化待遇等物质手段来广纳贤士。

此外，人才的培养与激励也是一笔长期的、较大的支出。要想使党的创新理论贯彻落实到社区、党校等具体场所，宣传人员不但要有扎实的理论基本功，还必须经历实践的积累过程，不断解决现实中出现的各种新情况和新问题。无论宣传人员是否专业出身，都需要经过三年至五年的磨砺，才能真正深入群众中开展活动。人才的经验积累就是一个不断消耗时间与经济成本的过程，所需费用不菲。那么吸纳人才后又该如何留住人才？奖励激励必不可少。以当前党校强调的教学培训、科学研究、决策咨政一体化发展为例，三者的有机结合需要教学人员不断地创新与探究，在其过程

中也离不开教研咨成果配套资助、科学合理的绩效考核机制与产业创收机制来调动其积极性。

2. 传播活动开展的经费受限

需要通过实践来加深人们对理论的认知与体会。“党的创新理论飞入寻常百姓家”主要通过线上和线下同步展开宣传思想工作。目前微博、微信公众号、微信视频号、抖音短视频等作为党宣传思想的重要途径，渗透力强、覆盖范围广。然而该传播活动的开展需要大量的经费支持，不论是微信公众号的运营还是视频号的拍摄都需要较高水平的专业人员来操作和专业设备的支持。此外，要想实现由线上到线下全方位的理论教育覆盖，少不了向楼宇视频、户外广告等实体媒介延伸，因此也需要不菲的经费支出。

要想使“党的创新理论真正飞入寻常百姓家”，实地的宣讲活动必不可少。根据访谈对象描述，宣讲活动的开展必须及时、多样、贴近群众，必须让群众听得进、听得欢。省内的众多党校，相对优秀地把宣讲内容和形式均衡统筹的可能只有5%，剩下95%的宣讲工作还只是停留在“讲”的层面。出现这种情况的主要原因之一就是经济支撑跟不上，生动丰富的活动缺乏物质的保障就容易草草收场，达不到理想的宣传效果。

3. 教育宣传场地支出体量不够

“党的创新理论飞入寻常百姓家”需要一定的教育宣传场地，而在实际的传播过程中常常面临教育场地容纳量与接待量不对等的情况。受访的党校负责人指出，学校当前存在的最大场地问题在于宿舍量、教室量不足，无法承载相对庞大的受教育群体。而修建这些教育场所所需的费用，是摆在学校面前的现实问题。对社区主流意识形态传播工作而言，最突出的问题在于宣讲的专门场所有限。一般的基层社区党群服务中心规模都比较小，主要由专门办公室组成，侧重日常办公，并不能很好地为宣讲党的创新理论等传播活动提供合适的场地。社区面向的群众众多，传播工作受众广泛，需要专门的、固定的、合适的活动场所。建设具有一定规模的党建服务广场，需要较为强大的经济力量。

4. 教育宣传环境的建设与更新经费缺乏

环境能够潜移默化地影响和塑造人。承担宣传思想工作的场所，应当营造红色正向的育人环境。开设党务公开栏、党建宣传栏、构建党的理论学习园地等都是常见的宣传方式。以党校为例，校内应当有特设的党建展示区域，如党建长廊、党建文化墙一类，还应当设置学习角，配备时效性最强的党的创新理论的相关书籍以供学习。在社区的党群服务中心，应当实现一体化配置，将理论传播和群众的休闲生活结合在一起，发展“党建+”模式。比如，把党建教育和体育休闲相结合，在社区内的体育和休闲场所进行渗透式的宣传，通过标语、视频等方式潜移默化地加深群众对主流意识形态的感知。

就当前的现实状况而言，成本较低的宣传栏应用广泛，但效果不尽如人意；较为昂贵的党建展示区并非党校的“标配”；党建学习角的场地建设和图书购置也受限于经济条件，书架上的图书更新也存在滞后问题；社区发展“党建+”模式时也往往在经济压力下止步。

（二）传播主体参差不齐

社区是最接近群众的基层党组织，社区党员作为使“党的创新理论飞入寻常百姓家”的主力军，个人素质能力参差不齐。社区党员由于来源的多样性、收入的差异性、较大的流动性，在思想状态、认知感受、价值认同方面存在较大差异，基层党组织整合党员思想认同的难度较大。基层党组织工作者由于自身素质的差异，对我国的创新理论了解不够深刻，在很大程度上存在理想信念不坚固、责任意识不强、工作能力不足和政治立场不坚定等问题。此外，基层党组织对于思想宣传工作的方向不够明确、定位不够精准，甚至对党的创新理论是什么、为什么、有什么作用存在一定的模糊见解，这在很大程度上使群众无法从身边的党组织中获得关于党的创新理论的正确信息，这对巩固我国主流意识形态产生较大的负面影响。

（三）传播受众层次多样

宣传思想工作的服务对象是群众，根基力量在群众。进入中国特色社会主义新时代，不同受众的社区群众由于知识水平、社会分工、职业差异等因素的影响，对党的创新理论的认知、理解程度存在显著差异，对其接受程度存在显著不同。在同一个社区中，不同群众接受的教育水平不同，接受过高等教育的人群对党的创新理论的认同程度较高；而文化水平较低的人群由于自身知识储备不足，信息鉴别能力较差，对党的创新理论的接受程度有限，容易受到非主流思想的鼓动。就不同社区而言，党的创新理论在传播渠道、传播方式、思想宣传队伍工作能力上也存在较大差异，有的社区传播渠道相对多样化、传播方式新颖独特、社区宣传队伍力量比较强大；但有的社区传播渠道单一、传播方式古板、社区宣传队伍力量相对比较薄弱。

（四）传播内容单调枯燥

党的创新理论具有较强的政治性，传统的以政党为主导的传播格局难免会与群众产生传授障碍。调研显示，受访者在回答“您认为目前党的思想宣传内容如何?”这一问题中，有相当一部分人认为“目前党的思想宣传内容复杂，不易理解”。当前，人们的思想在社会大变革中已经发生深刻转变，而社区在宣传党的创新理论的过程中依然难以突破原有范式，强理论、重说教，仍以较为传统的方式传播，如发文件、开会等，理论性话语、政治性话语占比较高，对于广大群众的感染力和影响力远远不够。虽然各地重视理论学习，干部群众参加学习的次数较多，但是效果却不尽如人意，即群众对党的创新理论有着基础的理解，认为其具有高度的科学性，但是，大部分群众对党的创新理论学习的深度和广度不够，形式主义比较浓厚。此外，官方的理论宣传话语大部分比较生硬，容易让群众产生距离感，实效性不足，在灵活运用理论推进实践创新方面仍然存在较大“短板”。随着互联网等一系列新的传播媒介的发展，传统的宣传方式更无法在现代复杂的传播语境中与大众擦出火花，即使宣传的内容意义再怎么重大，但由于传播方式不当，仍会使党的创新理论在基层的普及程度大打折扣。

四、如何促进“党的创新理论飞入寻常百姓家”的思考和建议

（一）立足现实条件解决经济问题

1. 对人才：政策优待，联合培养

在开展宣传工作中，人才是“第一资源”。人才的吸纳与培养在开展基层主流意识形态传播工作中的地位尤为重要，面对吸纳与培养人才经费不足这一问题，各级领导应当加强重视，完善相关激励人才政策，对现有政策全面梳理、整合，加快形成涵盖、引进、使用、培养、激励、保障等人才开发全过程的政策体系，要按照“切块预算，分次申请，分步实施”的原则，重点向“对外引才，对内挖才”进行资金倾斜，注重提高人才的社会政治待遇和物质生活待遇，不断提升引进人才的待遇水平。

以专门担负党的理论教育任务的党校为例，在向社会广纳贤士之后，为了能够留住各类人才，校领导应当在向上级申请加大对各级财政人才经费投入的同时，通过解决好各类人才子女就学、配偶就业、老人就医问题的方式，抚慰人心，打消各类人才的后顾之忧，以鼓励各类人才深入基层，

走向社区，放开手脚加油干。

针对人才的持续培养，采用联合培养的方式。以地方党校为例，各层级的地方党校应当凝心聚力，集中现有力量共同助力人才培养，以节省培训的场地与教师成本。通过开展夏令营、冬令营等集中性活动，调动与整合各地、各校的优秀师资，进行受众更广的高效授课，达到花少钱、成大事的培训目标。

在人才后续激励方面，可使绩效考核机制更灵活，人员晋升渠道更多样。开拓多种评优评先方式，优化评估工作，给予人才更大的上升空间。

2. 对传播活动：重构人员职能，立足本地文化

当前的主流意识形态传播工作主要分为线上与线下两部分，线上宣传主要通过微博、微信公众号、微信视频号、抖音短视频等新媒体宣传党的相关理论知识，线上宣传需要由专门人员操作和专业设备支持。以党校为例，可由有网络特长的教师组成专业部门，借助微博、微信、抖音等平台开展简单的宣传工作，以节省额外的费用支出。专业设备以及线下宣传的费用可以通过线上平台流量变现的方式，开源节流，节省支出，或者积极向单位党组织或主要领导汇报，争取得到所在单位的支持，将党组织经费活动纳入年初计划，在遵守中央八项规定和坚持精简节约原则下，及时足额保障党组织活动展开。

传播党的创新理论可借助当地现有的文化与活动载体开展，以获得深入人心和减少成本的双重效果。以温州的本地特色活动“唱莲花”为例，这项具有深厚历史底蕴的戏曲活动在当地人心中已形成了一定的文化认知。将党的创新理论纳入莲花戏中，编排主题戏曲，能够吸引大众，避免单纯理论传播的枯燥性。同时，这类文化活动本身在当地受众广，开展的频次高，将党的创新理论融入本土特色文化中，进一步组织活动的成本也能大大降低。

3. 对教育宣传场地：协调借用场地，合理安排时间

由于修建新场地的经费不足，党校相关部门负责人应当与所在地的其他中小学积极展开合作，利用节假日，在该校组织相关理论宣讲活动，如此既节省了修建场地的费用，还能够对中小学生群体进行党的理论宣传教育，渲染党的理论教育氛围。特别是应将寒暑假期作为人员培训的“旺季”，合理高效地利用教育场地。同样，社区相关部门负责人可以在不干扰社区居民正常生活的情况下分时段利用社区空地（例如篮球场、足球场、社区广场等空旷的地方）进行理论宣传，如此既能合理有效利用场地资源，

还能吸引社区居民的注意，扩大受教育群体。

4. 对教育宣传环境：线上辅助线下，沟通有效力量

“党建阵地”是一面旗帜，是一座桥梁，通过加强“党建阵地”的建设可以进一步便利党员群众加强党的理论知识学习，在潜移默化中提升党性修养。以党校为例，校内特设的党建展示区域，比如党建长廊、党建文化墙等，可以利用电子屏幕代替传统的宣传栏，兼顾教育性与实用性，同时有助于知识及时更新，使群众学习时效性更高的党史理论知识。对于文化角图书更新滞后、购置图书经费有限这一问题，党校相关负责人可以同当地市级图书馆取得联系，达成相应的借阅协议，获得图书馆对党校党建文化角建设的帮助，及时更新党的理论相关书籍，营造浓厚的党建学习氛围。

（二）提升基层思想宣传工作者的综合素质

提升社区干部宣传思想工作能力必须提升其马克思主义理论水平、坚固其理想信念、坚定其政治立场、强化其责任意识，必须增强社区干部对中国特色社会主义道路和理论体系的思想认同。基层党组织必须定期组织社区优秀干部到省市宣传部门进行学习与实践锻炼，并设置考核制度，对社区干部做到高标准、严要求、严把关，切实提高社区干部的个人素质和知识水平；必须敦促社区干部在日常工作生活中，时刻强化党的宗旨，以服务人民为己任，克己奉公、廉政爱民，将人民的基本生活需求和对美好生活的向往始终作为一切工作的奋斗目标，必须始终坚持自律自省、立德树人，发挥好示范带动作用。

（三）突出传播内容精准化

群众是传播活动的主动参与者和信息反馈源，不同群众对同一信息内容的反馈也具有较大差异性。为避免党的创新理论在传播层面陷入封闭、僵化的传播模式，社区可以运用大数据对目标受众进行跟踪，精准掌握目标受众的特性，基于对目标受众的自然条件、生活情境和特定时空的精准定位，提高党的创新理论传播的针对性和精准度。社区必须明确传播目标，准确把握不同受众的特点，实现对目标人群的精准定位，精准掌握其特定需求，根据不同的传播受众调整传播内容，满足其个性化需求，做到“对症下药”，对具有共性的受众群体制定符合其日常接受特点和需要的内容，将党的创新理论融入不同群体的生活中去。

（四）转变话语表达方式

选取有效的话语表达方式是党的创新理论获取群众理解和认同的重要

前提。在当今传播媒介迅速发展的时代，要想提高党的创新理论在社区中的传播效度，就必须采用通俗化、大众化的话语表达方式，让广大群众听得懂、听得进、听了信，将党的创新理论的政治性话语转变为通俗易懂、充满温度的话语；用人民性的语言连接群众的生活，增强群众对理论的认同感。另外，宣传党的创新理论必须兼顾主流话语和人民话语的互联互通、历史话语和当代话语的准确对接，在保证主流意识形态主导性和权威性的前提下，用最贴近群众的方式宣传党的创新理论。

五、调查结论与总结、收获与感悟

受各地新冠疫情的影响，我们小组六个成员很遗憾没有全部去平阳县进行实地调研，调研成果难免会受到一定影响。这次调研主要由沈晨琪同学进行实地走访，其余五位同学运用互联网进行线上实践，收集关于平阳县党建情况以及思想宣传工作的资料并撰写调研报告，基本达到了此次调研的预期目标。

在整个调研过程中，全组成员齐心协力、密切配合、分工协作，整个调研活动和报告的撰写有序进行。此次调研活动提高了我们发现、分析、解决问题的能力，使我们不再拘泥于固定的思维，走出课本、走出校园，利用自己所掌握的知识去发现社会上存在的问题并加以解决，提高了我们的社会责任感。

通过本次调研，我们认识到社区意识形态工作作为国家意识形态工作的基础部分，是我国意识形态工作的重要切入点。“脚印中砺硬功，汗水中得真知。”在平阳县的不懈努力下，基层意识形态各项工作取得了一定成就。平阳县立足其文化背景与自身特色，勇于探索，积极转型，投身融合发展实践，推动党的思想宣传工作在内容、渠道、平台、经营、管理等方面深度融合，打造了具有强大的传播力、引导力、影响力和公信力的区域主流媒体，让主流意识形态在基层得以夯实。

但同时，平阳县在如何让“党的创新理论飞入寻常百姓家”的过程中也遇到了一定困难。第一，经济问题制约传播效度；第二，传播主体参差不齐，基层党组织整合党员思想认同的难度较大，使得群众无法从身边的社区党组织中获得关于党的创新理论的准确信息；第三，传播受众层次多样，对于党的创新理论的认知、理解程度和接受程度存在显著差异；第四，传播内容单调枯燥，社区在宣传党的创新理论的过程中依然难以突破原有范式，强理论、重说教，以传统的理论传播手段为主，与群众产生传授障碍，使党的创新理论无法在社区中达到理想的传播效果。针对目前存在的问题，我们小组在文中提出了可供参考的建议。

此次社会实践活动给了我们广泛接触基层、了解基层的机会，让我们更加理解了基层意识形态传播层面的现状及其重要意义。正如习近平总书记在全国宣传思想工作会议上强调的“宣传思想工作就是要巩固马克思主义在意识形态领域的指导地位，巩固全党全国人民团结奋斗的共同思想基础”，意识形态工作是党的一项极端重要的基础性工作，唯有在基础性、战略性工作上下功夫，在关键处、要害处下功夫，在工作质量和水平上下功夫，才能为服务党和国家事业全局做出更大贡献。

附件：

党的思想宣传工作调查

1. 您的政治面貌是？　［单选题］

选项	小计	比例
团员	140	35%
中共党员	67	16.75%
民主党派	0	0%
无党派人士	0	0%
群众	193	48.25%
本题有效填写人次	400	

2. 您的信仰是什么？　［单选题］

选项	小计	比例
马克思主义	291	72.75%
佛教	40	10%
基督教	42	10.5%
其他	27	6.75%
本题有效填写人次	400	

3. 您的学历是？ ［单选题］

选项	小计	比例
高中及以下	92	23%
专科	73	18.25%
本科	184	46%
研究生及以上	51	12.75%
本题有效填写人次	400	

4. 您了解"习近平新时代中国特色社会主义思想"吗？ ［单选题］

选项	小计	比例
非常了解	164	41%
比较了解	190	47.5%
不了解	46	11.5%
本题有效填写人次	400	

5. 您了解"中国特色社会主义道路、中国特色社会主义文化"的准确内涵吗？ ［单选题］

选项	小计	比例
非常了解	148	37%
比较了解	196	49%
不了解	56	14%
本题有效填写人次	400	

6. 您了解"社会主义核心价值体系和社会主义核心价值观"吗？ ［单选题］

选项	小计	比例
非常了解	159	39.75%
比较了解	175	43.75%
不了解	66	16.5%
本题有效填写人次	400	

7. 您认为“实现中华民族伟大复兴的中国梦”和自己的关系如何？［单选题］

选项	小计	比例
密切相关	340	85%
关系不大	60	15%
本题有效填写人次	400	

8. 您认为哪种思想更适合引领中国未来发展？［单选题］

选项	小计	比例
中国化的马克思主义	324	81%
以儒家为代表的传统文化	32	8%
其他思想	44	11%
本题有效填写人次	400	

9. 您平时对身边党的思想宣传工作感知如何？［单选题］

选项	小计	比例
一直都能感知到	222	55.5%
时常能感知到	85	21.25%
偶尔能感知到	72	18%
从未感知到	21	5.25%
本题有效填写人次	400	

10. 您是通过什么途径了解到党的创新理论的？［单选题］

选项	小计	比例
微信公众号	174	43.5%
报纸、书籍等纸质材料	128	32%
党课	66	16.5%
其他	32	8%
本题有效填写人次	400	

11. 您认为目前党的思想宣传内容如何？［单选题］

选项	小计	比例
内容简单，易理解	290	72.5%
内容复杂，不易理解	110	27.5%

续表

选项	小计	比例
本题有效填写人次	400	

12. 您认为目前思想宣传工作者水平如何？　[单选题]

选项	小计	比例
水平较高	199	49.75%
水平一般	177	44.25%
水平较差	24	6%
本题有效填写人次	400	

13. 您认为目前党的思想宣传工作效果如何？　[单选题]

选项	小计	比例
效果很好	153	38.25%
效果较好	196	49%
效果不大	51	12.75%
本题有效填写人次	400	

14. 您对党的思想宣传工作有何建议？　[填空题]

党建引领聚合力　“医”路前行守健康
——哈尔滨市荣市街道医大一院社区调研

作者：邵灵杉　陈俊杰　丁亚婷　谢钦灵　占薇薇
指导老师：李秀敏

一、引言

党的十九大以来，习近平总书记对加强社区治理作出了一系列重要论述，强调“推进国家治理体系和治理能力现代化，社区治理只能加强、不能削弱。要加强党的领导，推动党组织向基层延伸，健全基层党组织工作体系，为城乡社区治理提供坚强保证”，这为我们做好城市社区治理工作明确了思想指引、提供了根本遵循。进入新发展阶段，推动社区治理创新，必须坚持以党建为引领，构建共建共治共享的城市社区治理新格局，不断提升基层社会治理能力和水平，为满足人民日益增长的美好生活需要奠定坚实基础。

党建引领城市社区治理是坚持党的全面领导的必然要求。党政军民学、东西南北中，党是领导一切的。城市社区是居民群众生活的家园，也是党和政府联系群众、服务群众的重要场所，城市社区治理现代化事关党的执政基础、国家长治久安和人民安居乐业。坚持和加强党的全面领导，把党的领导落实到城市社区治理的各方面、各环节，是城市社区治理水平现代化的题中之义。

“社区是基层基础，只有基础坚固，国家大厦才能稳固。”发挥好社区党组织的战斗堡垒作用，建设好社区党员队伍，全面提升城市基层社区党建工作水平，是当前城市基层治理的重中之重。为迎接党的第二十次全国代表大会召开，贯彻十九届六中全会精神，上海对外经贸大学马克思主义学院与校团委合作开展“走社区，看党建——喜迎党的二十大暑期专项社会实践活动”。课题组根据上述要求，调研哈尔滨市荣市街道医大一院社区。

本课题以哈尔滨医大一院社区为例，线上线下相结合，通过深入实地调研，了解哈尔滨医大一院社区党组织的基本情况，咨询社区党组织对党员的日常教育、管理及监督的措施，了解医大一院社区党组织功能的发挥情况，包括服务群众、凝聚人心、利益整合及维护稳定等方面，分析医大一院社区在党组织功能发挥方面存在的问题，为探索基层党建在城市社区职级中更好发挥作用提出参考建议。

二、主体

（一）调查对象基本情况简述：社区建立与发展过程、现实情况

本次我们调查的是黑龙江省哈尔滨市南岗区荣市街道医大一院社区。医大一院社区是黑龙江哈尔滨市南岗区荣市街道下辖的社区，在党的带领下，随全市社区的建设和发展而不断建设和发展。医大一院社区始终把加强街道社区党建工作作为重中之重，坚持以“三个代表”重要思想和科学发展观为统领，紧密结合城市社区建设的实际，以保持党同人民群众的血肉联系为核心，以服务群众为重点，努力构建城市社区党建工作新格局，提高了街道社区党组织的凝聚力、创造力和战斗力，扩大了党在城市工作的覆盖面，为创建管理有序、服务完善、环境优美、文明祥和的社区提供了坚强的组织保证。

1991 年 11 月 7 日，随着南岗区社区服务工作委员会的成立，医大一院社区也建起了社区服务综合部门，开始统筹规划、协调、指导社区服务工作。南岗区的各街道办事处成立服务工作领导小组，居民委员会成立社区服务站。1998 年 3 月 29 日，南岗区社区服务中心正式挂牌服务。全区形成一个中心（社区服务再就业培训中心），三大体系（便民服务体系、社会保障体系、社会化服务体系），三级网络（区、街道、居委会）模式，“社会事情社会办”的社区服务新格局。2005 年，医大一院社区积极响应，和其他 16 个街道一起成立了“南岗区社区服务有限公司”，并在 17 个街道办事处成立分公司，实现社区服务的集团化。

目前，医大一院社区的工作不断围绕着南岗区社区建设总方针，拓展社区服务领域，大力发展各种便民利民的服务项目。医大一院社区坚定党的信仰和党的方针，以提高居民群众生活质量、文化品位为出发点和落脚点，初步形成社会化、市场化、信息化、集团化社区服务发展格局。

为了进一步适应保持共产党员先进性的需要、密切联系群众的需要、提高党员干部干事发展能力的需要，南岗区委积极响应党的号召，通过深化共产党员责任区、共产党员先锋岗、共产党员服务队以及党员干部联系点、联系户的活动，使广大党员“党员身份亮出来、服务百姓干起来、关

键时刻站出来、先锋形象树起来”。医大一院社区积极响应了，带动了社区全体党员的党员意识、执政意识、责任意识和服务意识，党员先锋模范作用进一步突出；社区党组织的凝聚力、向心力、战斗力进一步增强；通过向群众“亮、树、做”解决群众反映的问题和困难，使社区党群干群关系进一步密切。

我们党在其他基层党建工作已有几十年的实践，形成了一套较为完整的工作模式。目前社区党建还处于初步的探索阶段，还存在不少问题和困难。在中国特色社会主义建设的进程中，要进一步加强社区党建工作，必须充分认识当前城市社区党建工作面临的新情况，针对存在的问题，给出相应的解决方案，使社区党建工作越来越完善、健全。

（二）调查研究基本做法即运用方法与调查过程

在本次实践调研过程中，我们运用了访谈调查法、问卷调查法和归纳法，并将调查过程分为三个阶段。

第一阶段，我们积极做好前期的准备工作。首先是与当地工作人员取得联系，获得调研权力及公布调研成果的资格；其次让小组的全部成员关注哈尔滨市医大一院社区微信公众号、微博与抖音号，提前了解医大一院社区党建的相关资料和最近新闻的相关动态，同时通过中国知网收集哈尔滨市有关党组织功能的论文与报道，阅读并整理文献资料。

第二阶段，小组成员通过实地调研，了解哈尔滨医大一院社区党组织的基本情况；在实地调研的过程中咨询社区党组织对党员的日常教育、管理及监督的措施；了解医大一院社区党组织功能的发挥情况，包括服务群众、凝聚人心、利益整合及维护稳定等方面；最后大家根据实际调研的情况分析医大一院社区在党组织功能发挥方面存在的问题，以及有待提高之处。

第三阶段，团队成员在调研收获的基础上，与指导老师共同讨论和分析哈尔滨医大一院社区党组织功能发挥方面存在的不足之处，提出意见及建议，完成调研报告。

（三）重点内容

因受疫情影响以及哈尔滨市本地疫情防控的需要，本次实践活动采取线上和线下相结合的方式进行。

在实践活动的初始阶段，小组成员来到了社区，对社区的状况进行了基本的了解。小组成员了解到，社区中的老年居民比重较大，加之附近有多所中小学，学生比重偏大的同时，租房人口较多、户籍人口相对较少。此外，由于社区中老旧小区较多，弃管小区数量较大，社区任务相对较重。医大一院社区内共有16个党支部，575名党员，其中60%以上为退休老人。自2020年新冠疫情暴发以来，社区除了处理日常工作外，还承担了统计社区常住居民和流动人口的人员流调信息、统计社区居民疫苗接种、配合市防疫办组织安排社区全民核酸检测等一系列工作。由于社区内有医疗条件相对较好的医大一院，许多周边县市及外地人员会前来就医，这在一定程度上加大了社区流调工作的工作量。据统计，疫情以来社区累计流调工作涉及人员超过6000人。

通过调研了解到，在疫情期间，社区内70岁以上老人自发成立的东煤党支部志愿服务队，主动承担了社区许多防疫工作，并为行动不便的老人提供上门核酸检测服务。东煤党支部书记吕朴同志经常带领支部党员深入行动不便的老人、空巢老人以及卧床不起的老党员、居民家中，了解他们的生活、身体以及家庭情况，为他们送去温暖，并提供一些力所能及的帮助，充分发挥了退休党员的余热。除此之外，受疫情影响，社区内党支部的所有“三会一课”等党建活动都以线上形式进行。

为了解具体工作情况和听取建议，小组成员对社区内的党员同志和普通居民进行了访问调研。其中，小组成员采访了社区国煤洗衣店的负责人。作为一名党员，他表达了自己对于社区工作人员长期以来的付出的敬佩与感激之情。他说，社区工作人员自疫情暴发以来一直处于24小时待命的状态，始终积极督促社区居民进行核酸检测并尽量接种疫苗，社区对居民的生活以及其他方面的事宜做出了相应的帮助和支持。同时他希望部分工作人员的工作能力及基本素养能够进一步提高。小组成员还随机采访了两位社区的群众居民，他们也分别表达了自己对于社区工作的看法以及期许。

小组成员对社区内的物业公司进行了访问调研。针对物业与社区之间的联系，物业经理表示，社区作为街道办的下设机构对物业拥有管理权，物业的主要工作则是在社区的领导下开展所辖居民区的房屋建筑、水电供应、基础设施建设等方面的工作。自疫情以来，物业还承担着封闭涉疫居民楼的管控等相关工作。关于对社区现阶段工作的看法，物业经理先是肯定了社区的勤苦，同时他说道，物业公司在一定程度上可以缓解社区的工作压力，但是社区内仍存在一些无物业公司的弃管小区，这些小区的各项事宜由社区全权负责，这就导致了社区的工作任务较重，有部分工作可能由于各种因素所限，在效率和专业度上略有欠缺。

在此基础上，小组成员多次深入社区防疫工作，并在全员核酸检测过程中参与了信息录入的工作。在录入的过程中，发现部分人员不会使用智能手机和健康码，在这种情况下，小组成员相互帮助，共同完成。对于行动不便的老人或是有突发状况的人员需要插队进行核酸检测的，小组成员及时与在场人员进行沟通协调。

（四）存在问题及基本原因分析

1. 居民配合基层工作的困境

居民对基层工作者缺乏信任。大部分社区居民在日常生活中与社区工作者接触较少，对社区活动了解不多，因此对工作人员的信任度不高。信任是合作的基础，缺乏信任，其配合度也会降低。

居民对信息认识程度不足。居民掌握社会信息程度不同，往往基于自己对情况的认知做出判断，所以对社区工作的配合程度也会有所不同。面对突如其来的疫情，了解疫情状况的居民往往更愿意配合社区工作，而对其危害性认识不足的则不能理解社区防疫措施的重要性，对防疫工作的配合度亦不高。

居民生活状况的特殊性 。居民可能因存在客观情况难以配合社区工作。除了信息认识不足以及对社区工作者信任不足的原因外，不同的居民生活状况不同，不配合社区工作可能出自特殊原因，例如，部分居民无法协调自身工作和社区工作的时间，还有部分特殊居民因自身身体状况缺乏参与社区活动的能力等。

2. 社区基层工作自身的问题

社区基层工作者队伍薄弱。社区工作者队伍不稳定，部分弃管小区缺乏基层管理。由于社区工作多、压力大、社会地位不高等，社区工作者的付出与收获不成正比，缺少激励机制，使得工作人员的工作热情不高，人员更换频繁，不利于社区工作系统展开。同时，社区工作人手不足，聘请的其他工作者也存在教育水平不高、工作素质较低等问题，例如，疫情期间，部分社区工作人员与居民产生冲突。这都在一定程度上制约了社区党组织建设，也导致了居民配合度的降低。

社区缺少通畅的对话平台。许多社区还没有建立完善的对话平台，居民的意愿和诉求无法及时反馈到基层组织。大部分的社区工作是通过上传下达的方式进行，居民与社区工作者之间并没有形成良好的互动关系。由于双方没有建立通畅的对话模式，社区不了解居民的真实需求，而居民也缺少能够及时向社区表达自身诉求的渠道，由此导致居民对社区活动的参与度、对社区工作的配合度降低。

社区缺少党建工作的财力。许多社区的发展存在筹措启动资金难、可开发利用资源有限、增收渠道窄等问题，这些问题阻碍了社区工作的展开以及社区活动的筹备，制约了社区党建的发展，造成社区工作者心有余而力不足的现象。

（五）解决问题的方法、对策或改进建议

1. 打造社区互动的网络平台

信息时代，网络已经是人与人之间沟通交流的重要渠道之一，社区党建工作也要加强网络信息平台的建设，促进社区服务水平的提升。重点做好以下几方面工作：第一，网络信息平台要随时更新工作状况，帮助居民实时了解社区现状；第二，网络信息平台要聚焦社会问题，促使居民对社会信息具有充分认知；第三，要设置居民表达诉求的专门渠道，让他们能够及时向社区工作者反映自身需求。通过打造网络交流平台，一方面可以减轻社区工作者的工作压力，随时随地了解居民的诉求；另一方面也可以让居民便于表达自身意愿，增加与社区工作者的联系。

2. 重视社区党建的经费问题

社区基层各种活动的开展都需要经济的支持，经费问题是基层党建发展的重要因素。要解决社区党建的经费问题，一方面，政府财政应当适度加大对社区党建、精神文明建设的支持力度，同时社区党组织也必须将费用收支状况做到公开透明，防止腐败现象的发生；另一方面，社区自身也需要探索新的服务形式和发展模式，以增强经济发展的活力，从根本上解决社区经费问题。

3. 增强社区管理的人文关怀

人文关怀是党以人为本、执政为民的体现。社区管理的对象是人，而最终目的是满足人民的需要，实现人民幸福。因此社区管理应当注重人文关怀。

要增强社区管理的人文关怀，首先，要重视基层工作，选拔用人要公平、公正、公开，营造积极的基层组织氛围。其次，基层工作要立足于了解居民的真实诉求，提升社区的服务水平。比如，一些社区在疫情期间不仅重视防控工作，同时对居民进行心理疏导和物资配送，关注居民精神和物质的双重需求。最后，要坚持从群众中来、到群众中去的工作方法，定期对居民进行访谈，了解居民生活状况，做好社区工作安排。

当前的城市社区人际关系较为疏离，情感冷漠，通过增强人文关怀，打造有温度的社区，一方面能够使居民之间的联系更为紧密，促进社区共同体的形成；另一方面也能够增加居民对社区工作者的信任，自觉配合社区工作，主动参与社区活动。

三、调查结论与总结

社区是党的领导延伸到基层的重要载体，是党在社区基层组织中的战斗堡垒，担负着贯彻落实党和国家路线方针政策、团结带领广大人民群众创造美好生活的使命。小组成员通过实地调研医大一院社区党支部，了解了该社区党支部在政治、发展、服务三个方面充分发挥的功能作用。尤其是在抗疫期间，增强了党的凝聚力、号召力和战斗力。

医大一院社区党支部始终坚持将政治功能放在首位不动摇。“建设基层服务型党组织，是功能上的一个要求，但总的是战斗堡垒，不能变成纯服务的组织，它的政治功能要充分发挥。”习总书记这一重要论述，具有深刻的思想内涵和鲜明的问题指向。在疫情期间，医大一院社区党支部坚持线上开展“三会一课”、组织培训，党支部也鼓励党员同志加强自我学习，积极主动地了解党的路线方针政策及其出台的背景、目的和意义。党员同志们在深入了解党的理论的基础上，增强了对中国特色社会主义的政治认同和思想认同，在思想上、行动上始终坚持跟党走，同党中央保持一致，确保了社区内党员同志坚持正确的政治方向。党员在疫情期间始终冲锋在抗疫一线，落实“社区吹哨，党员报到”，履行党员义务。

医大一院社区党支部始终聚焦于推动党组织的发展功能。“充分发挥基层党组织推动发展、服务群众、凝聚人心、促进和谐的作用”，这是我们党根据新的形势和新的任务对发挥基层党组织作用做出的新概括、提出的新要求。近年来，社区内许多青年志愿者在抗疫期间发挥了重要作用：组织居民做核酸检测、分发抗疫物资以及帮助社区工作人员处理其他事情。医大一院社区党支部鼓励并欢迎那些对抗疫做出贡献的群众和共青团员加入社区党支部，使党支部在人数上得到发展壮大，这有利于党组织的政治功能和服务功能的发挥。

医大一院社区党支部始终致力于落实党组织的服务功能。医大一院社区党支部作为党的神经末梢，始终落实着党“全心全意为人民服务”的根本宗旨，以服务群众、做群众工作为主要任务和基本职责，切实帮助群众排忧解难，党支部书记及社区工作人员以实际行动赢得了群众的支持与认可。社区内存在的无物业公司的弃管小区，由社区全权负责。哈尔滨疫情反复，社区党组织的工作量激增，在党支部书记的带领下，各项工作秩序井然有序。在社区工作人员和志愿者的努力下，抗疫物资及时分发至居民家中，核酸检测快速高效完成。此外，社区党支部还主动听取居民的意见和建议，及时了解社区居民的服务诉求，破除了服务社区居民的最后一层壁垒。

医大一院社区党支部在工作的过程中存在着诸如社区党支部工作者队伍薄弱、工作能力有待提高等问题，党支部认真地改善这一情况：通过大力引进党建人才，扩大基层党组织队伍；通过定期开展培训、学习、讲座，增强工作人员的能力和素质。

四、调查后的收获或感悟

邵灵杉：通过这几天的线下实践，我了解到了社区、物业、居民三者之间的关系。同时，我也深刻体会到了社区工作人员的辛劳，体悟到了社区工作的烦琐细碎和责任重大。同时，我也认识到社区工作任重而道远，绝不可以放松警惕。社区工作人员应当时刻把居民的需求置于首位，时刻提醒自己要提升自身工作能力，以更好地服务大众、发挥社区职能。

丁亚婷：此次调研活动在小组成员的相互配合和共同努力下圆满完成了。在这个过程中，我的感受很深，令我难以忘怀。首先，我深刻地体会到团队合作的巨大作用。我的个人能力毕竟是有限的，而在团队合作下取得了事半功倍的效果，正所谓"众人拾柴火焰高"。小组成员中有采访的、拍照的、记录的，大家配合得十分默契，使我感受到了团队的精神和魅力。当然，这些都要建立在小组成员彼此信任的基础上，这样才能发挥团队协作的巨大潜力和作用。其次，要敢于开口与陌生人打交道。对于我而言，起初与陌生人打交道总感觉到有点羞涩和胆怯，不好意思开口，怕耽误别人时间。但是，当我第一次开口交流并成功收回一份调查问卷时，我就有了勇气继续下去。当然，在这个过程中我也遭受到他人的拒绝，但是，我们并不因此而灰心丧气，继续努力交流，毕竟大多数人都是十分热心的。人生因经历而美丽。因为这次经历，我了解了社会的现实，接触到各种各样的人。而这次社会调查的经历将永远成为我记忆中一抹亮丽的色彩，因为它教会我如何与别人沟通，也让我感受到团队合作的重要性。

谢钦灵：通过这次实践，我意识到了基层党建的重要性。基层党组织担负着上传下达的重要职责，党员需要基层组织聚合，群众需要基层组织引领。在疫情等特殊时期，不少基层党组织的作用充分显现，能够发挥先锋模范作用。但是其中也存在一些问题，比如，部分基层组织与群众在日常生活中联系较少，对群众了解不多等。对于这些问题，身为学生，我所能做的不仅是在社会需要时尽可能贡献自己的一份力量，同时也应当注意学习党建的相关理论知识，增加实践经验，为党的建设和国家发展添一份力。

占薇薇：在这次的社会实践活动中，我发现只有通过具体的调查才能进行实事求是的研究，才能使我们学有所用，在实践中成才，在服务中成长，并有效地为社会服务，体现大学生的自身价值。我们坚持社会实践与专业特点相结合，用自己的力量和团队的力量，为社会创造新的知识财富。没有实践，就没有发言权，只有亲身经历过才有那种超乎寻常的感悟。今年的社会实践让我们提早接触了社会，了解了基层群众组织的现状，学以致用，促进我们更好地理解党的先进性，对今后的工作和学习有了一份更深刻的体会。

附件：

哈尔滨荣市街道医大一院社区党建工作调查问卷

第一部分　基础信息

1. 您的性别？［单选题］

○男　○女

2. 您的年龄？［单选题］

○18 岁及以下　○19～30 岁　○30～50 岁　○50 岁以上

3. 您的户籍？［单选题］

○本地　○外地

4. 您的职业？［单选题］

○学生　○民营公司或企业职员

○政府机关、企事业单位人员　○商业或服务人员

○自由职业者　○文教人员

○其他

5. 您的政治面貌？［单选题］

○群众　○共产党党员

○共青团团员　○其他政党人士

第二部分　社区党组织在社会治理中发挥引领作用的调查

6. 您认为近年来社区的环境面貌是否有所改善？［单选题］

○显著改善　○有改善　○一般　○没有改善

7. 您对现在居住的社区党建、社区管理工作满意吗？[单选题]

○满意　○基本满意　○不满意　○无所谓

8. 您认为您所在的社区党组织在社区治理中的作用是什么？[单选题]

○积极作为的核心角色　○按部就班、例行公事

○表现一般　○无作为

9. 您对社区党组织推进社区治理的各项措施了解吗？[单选题]

○了解　○大概了解　○不了解

10. 您所在社区的党务、政务、事务、财务等是否定期公开？[单选题]

○是　○否　○不了解

11. 您是否认识所在社区的党组织书记？[单选题]

○认识　○不认识

第三部分　社区党组织的群众工作状况调查

12. 您居住的社区经常进行文化娱乐、宣传教育活动吗？[单选题]

○经常（大约每周一次）　○一般（大约每月一次）

○不经常（大约每季度一次）　○间或（大约每半年一次）

13. 您所在社区的党员干部是否定期联系服务群众，为群众解决实际困难？[单选题]

○是　○否　○不了解

14. 社区决定重大事项是否召开过居民代表会议或居民大会？[单选题]

○召开　○不召开　○不知道

15. 您感觉去找党组织、社区干部办事时是否方便？[单选题]

○很方便，工作人员服务态度很好

○比较方便，工作人员服务态度一般

○不方便，工作人员态度冷漠

○很麻烦，工作人员服务态度较差

16. 您认为所在社区党组织的困难帮扶工作成效如何？[单选题]

○好　○一般　○不好　○不了解

17. 您认为近年来您所居住的社区管理的总体服务水平相较过去如何？[单选题]

○越来越好　○平稳发展　○有所倒退　○越来越差

18. 请您谈谈对加强社区党建和社区治理还有哪些意见、建议［填空题］

____

党建引领城市基层社会治理的运作逻辑与实践路径探析
——以岳阳街道长桥社区为例

作者：刘永　戴薛莹
指导老师：冯国芳

一、引言

党的十八届三中全会《中共中央关于全面深化改革若干重大问题的决定》指出，全面深化改革的总目标是“完善和发展中国特色社会主义制度推进国家治理体系和治理能力的现代化”。党的十九届四中全会通过了《中共中央关于坚持和完善中国特色社会主义制度。推进国家治理体系和治理能力现代化若干重大问题的决定》，进一步明确了推进国家治理体系和治理能力现代化的目标任务。国家治理体系和治理能力现代化目标的提出，意味着“建设什么样的国家，怎样建设国家”成为现阶段的一个重要实践，基层治理则是国家治理体系和治理能力现代化的基石，是全面建成小康社会的“最后一公里”，其治理成效关系到国家治理水平的好坏，也关系着民生改善的质量和实效。习近平总书记高瞻远瞩，从国家治理的高度出发，着眼于基层社会的治理与发展，把人民利益作为基层社会治理的出发点，具体回答了基层社会治理的主体是谁、如何治理、依靠什么治理的问题。从理论逻辑上厘清了基层社会治理中的必备因素，为更好地推进基层治理提供了理论指引。

关于治理主体，习近平总书记强调，“坚持完善党委领导、政府主导、社会协同、公众参与、法制保障的体制机制，推进社会治理精细化”。明确了基层社会治理的主体，即党委和政府、社会组织与人民群众。党组织及政府，特别是党组织要积极发挥引领作用，社会组织积极参与，协同政府处理基层问题，人民群众进行自治，三大主体共同参与，各担其责，促进基层社会治理。

关于如何治理，习近平总书记认为，基层是中央连接人民群众的“纽带”与“桥梁”，基层治理首先应从思想上高度重视。首先，领导干部及基层群众要认识到基层治理在社会治理中的重要作用与意义。其次要认识到基层治理的核心问题在于人，要抓住基层人才的心，更要抓住基层百姓的心，治理的出发点和落脚点在于人民群众的根本利益。最后关键是要转变基层治理理念，在基层治理机制上下功夫。

关于依靠什么来治理，首先，党的基层组织应成为基层治理的坚强后盾。习近平指出，“党的基层组织是构建和谐社会的基石和支撑，基层党组织要围绕建设和谐社会的工作，进一步发挥领导核心和战斗堡垒作用，切实做好机关、企业、农村、城镇社区和学校、文化团体的党建工作，以服务群众为重点，扩大党的工作覆盖面，构建基层党建工作新格局。其次，法治、德治和自治相结合应成为基层治理的有力保障。简而言之，自治能激发基层群众参与社区事务管理的积极性，从源头上解决治理活力问题；法治则以硬性的规范调整社会关系，是基层治理的最后防线；德治则可谓是一种“软法”，为社会共治目标提供应有的约束力。

因此，基层治理是以治理主体、治理手段、治理资源为基本构成单元，以治理能力为核心指标，以改善和提升民生水平为目的的治理机制。为了深入理解这一逻辑机制，聚焦基层党组织这一重要主体如何发挥党建引领优势，探寻城市社区基层治理中出现的提升治理主体水平、优化治理手段、挖掘治理资源的成功经验，对一些有良好基层治理经验，特别是充分发挥了基层党组织核心主体引领作用的社区进行实地调查确有必要。

基于以上的研究背景，我们发起了对岳阳街道长桥社区党组织及其精品党建项目——“娘家人”党建引领治理项目的实地调研。

二、调查对象的基本情况

（一）基本情况

长桥居民区位于岳阳街道正南方，东至谷阳南路，南至松汇中路，西至人民南路，北至中山中路，占地约 0.23 平方千米。区域管辖范围包括：云间名门、醉白景苑 2 个规范小区以及谷阳南路、小塔前 6 个零星小区。辖区内有长桥街、庙前街、中山中路、鹿都等商业街区，门店有 1066 家。

（二）调查地点

长桥社区党总支、项目服务总站、服务分站、妇女之家、活动室等。

（三）调查对象

长桥社区现任党总支书记、副书记、主任、志愿者队长、普通工作人员、社区居民。

三、调查过程及方式

（一）调查方式

我们于2022年8月10日上午提前联系了长桥社区党总支书记，说明来意，得到对方同意后，预约了后续的访问和参观。在此期间，我们主要采用了实地调研法和访谈调研法两种形式开展实践活动，通过访谈长桥社区现任党总支书、副书记、主任、（法律）志愿者队长、（社区安保）普通工作人员、（部分）社区居民，实地走访了长桥社区党总支、党建项目服务总站、分站、活动室、妇女之家等多处场所，对该社区的基层治理的基本情况与党建精品项目的产生、运行、发展都有了更加深入的认识。

（二）调查过程

1. 长桥社区党总支周边

8月11日早，我们前往岳阳街道长桥社区党总支办公场所，由于书记和主任暂时有管理事务未处理完，我们先进行了周围环境勘察，并对部分居民进行采访。我们冒着高温天气与路过的居民交谈，发现小区居民对居委、党总支、服务站的工作非常认可，呼声比较高。我们还在周边简单勘查了小区的布局和相关场所的布置，发现这个小区确实存在老、散、小，硬件设施老化等资源匮乏的短板，但居民并没有因此对小区的服务、志愿者的服务产生怨言，相反都表示比较满意和肯定工作人员的工作。这让我们越发对这个社区的党建治理和项目的实际运作机制产生了浓厚的兴趣。

2. 长桥社区党建服务总站

之后，在电话垂询和沟通后，我们决定先前往服务总站进行参观调研。红色醒目的便民服务标识“长桥社区服务站”，一目了然地标记出了内部的科室设置（如社区服务、议事、卫生咨询、党群活动、文体活动、应急与退役军人事务）。进入服务站后，左手边是服务站的核心组织——各支专业化程度高、服务意识强的志愿者团队的介绍，如团队名称、活动地点、服务时间。志愿服务的范围从文体娱乐到饮食起居，从心理咨询到法律援助，可谓是应有尽有。志愿队介绍旁边则是各核心志愿者团队的精英骨干的照片，这些骨干都是本小区常住居民，并且不乏儿科专家、退休会计、原党员宣传工作人员、律师等社会精英。这些生动的照片和人物的专业经历足以让来到服务站的居民感到心安和专业。而右手边则粘贴着党总支组织的各种活动剪影，每张照片的志愿者都是精神饱满，每位居民脸上都洋溢幸福。

在这里，我们正式访问了法律志愿者团队的孔老师。孔老师作为接待我们调研的首位工作人员，热情主动地给我们简单介绍了整个法律志愿者团队的构建和运营，以及该志愿者团队在本轮上海抗击疫情工作中是如何发挥作用的。他谈到，长桥街区“娘家人”这个精品党建项目的主力就是各支作风精良、素质过硬、积极主动的志愿者团队。在整个疫情防控过程中，他们能够克服场地不足、物资紧缺、工作繁重等重重压力，24 小时在抗疫一线拼尽全力守护居民生命健康，是非常难得的。他本人也基本是有 1 个月吃住在自己的车上，有任务就马上冲上去。这种舍己为人、奋不顾身，且不谈回报的志愿者风范确实让我们认识到这支志愿者队伍战斗力的强悍。

3. 长桥社区党支部办公室

书记和主任在结束手里的工作后回到办公室，我们对党支部书记贾书记进行了专题访问。

贾书记实事求是地介绍了本小区的设施老化、商户住户混杂、居民居住分散、老龄化程度深的基本情况。针对上述问题，党总支积极发挥引领作用，充分调动多主体积极性，汇聚各种力量，瞄准居民具体生活需求和迫切问题，采取了一系列有效措施。

首先，挖掘商圈力量，扩充管理资源。党总支通过与乐都商圈、乐颂坊商圈、平高商圈合作，使用联合审核和评估的方式，在商家中评选了一批服务意识好、运营规范、产品质量过硬、员工觉悟有保障的商铺作为示范性店铺。这些店铺得到认可后，会获得一个鲜明的标识，带有这种标识的店铺在群众中的受欢迎程度极高。这种举措一方面极大地激发了商铺愿意接受、支持、发起系列惠民行动的积极性，同时也让店铺尝到了人流引入的甜头，还让广大居民能够及时、透明、放心地享受到高质量的服务和产品消费。同时，被评选上的店铺还积极联系党组织要求在其场所经常举行活动，更大地释放了惠民效果、提高了店铺经营者和员工的为民服务的积极性，也间接提升了商铺的经济效益，实现了经济效益和社会效益的充分结合。同时，由于各项活动都在店铺内举行，在店铺内消费的居民、员工也直接受到了教育和感染，在精神上得到了满足和提升。可以说，商圈店铺主体力量的挖掘和发动，给该社区的党建治理工作提供了十分有力的物质支撑。而且，商铺竞相提高服务意识来增加营业额的现象已经成为一种趋势，很多店铺都争相踊跃地加入这种评价机制中来。

其次，除了调动商圈的积极性外，墙内居民的力量对于长桥基层党总支来说更为珍贵、重要。在党总支的牵头下，成立了10多支专业志愿者团队。可以说，这些志愿者团队从组建时就兵强马壮。志愿者的基本要求包括热爱社区、热心服务、德行端正、技术过硬。团队中不乏德高望重的老年居民代表、热心周到的楼组长、退休员工、各党组织的党员。以这些精英为骨干形成的12支核心志愿者团队，在为居民提供高质量服务、高效的法律支援、专业的卫生与生活保障方面发挥极为重要的作用。可以说，党总支发挥的引领作用，将大家共同热爱家园、共谋社区发展、维护社区秩序的自然愿望和初衷汇聚在一起，以各行各业的骨干为核心，为该社区的党建治理工作提供了十分必要的人才基础和群众力量。

在谈到联合墙外共建单位的经验时，贾书记说到，事实上，墙外的政府机构也是本社区党建治理基层能取得成功的重要力量之一。以社区周边的卫生所和区计量所为例，由于卫生所的职责和使命也是提高辖区居民的公共医疗卫生服务水平，提高其医疗卫生素质，所以，在党总支的倡议和要求下，卫生所经常在小区内部或者邀请居民去机关内参加各种培训活动、义务体检活动、免费医疗服务活动等。一方面切实提高了居民的身体健康素质，另一方面，也提升了居民的卫生知识水平，更重要的是，居民们在活动中充分体验了便利和高质量的医疗服务，对卫生所的工作十分认可和支持，卫生所的宣传工作也得到了居民群众的配合和推广。建立了和谐的医民配合关系，拉近了共建单位与人民群众的距离，强化了卫生所的服务意识，提高了医护人员的整体水平和观念。而区市场监督管理局、区计量所则在规范商圈商户，提高其法治服务观念和诚信经营理念方面，发挥了极大的正向作用。党总支经常邀请这些机关单位去商铺举办关于食品安全、计量标准、法律法规的科普活动，以讲促学，以学促查。切实引导、敦促商圈商户规范自身经营行为，同时这些举办活动的商铺也严格要求自身，规范自身行为，真正学习、落实了相关的法律法规。这样一来，既提高了商铺的守法意识，也规范其经营行为，还扩大了行政机关的普法效果，甚至还让辖区的居民更加放心这些企业的服务和商品。

长桥党总支就像一个汇聚多方力量的中心，通过积极挖掘商圈、发动居民、联合共建党委等手段实践了习近平总书记基层治理思想中治理主体多元化的相关思想。并且，该党总支还能围绕各方权益诉求、岗位职责、共同利益基础，满足人民民生与发展诉求，形成了一个党总支引领的，多方参与的“大党建”的治理主体群。这确实是该党支部能够取得成功的治理主体的实践经验。

关于如何治理的问题。贾书记说到，区域联席会议机制是解决诸多问题、满足民生诉求的关键机制之一。通过这种解决机制，党总支陆续解决了商铺和居民房租、物业与卫生维护等棘手的问题。

4. 长桥社区居委办公室

关于治理的成功经验，侯主任也详细介绍了社区服务分站——妇女之家和“微心愿”的运行经验。

侯主任说到，基层治理的核心之一就是满足居民的民生诉求。其中，特殊群体的诉求能否得到保障和满足是影响全局治理的关键之一。侯主任特别提到党总支特别关注居民中妇女儿童这一群体，并为此专门成立了志愿者队伍。该队伍中既有医务工作者，也有调解经验丰富的协调员，还有来自医美机构的专业人士。这些志愿者为辖区的妇女居民们提供了及时、高效、细致、周到的咨询服务。此外，妇女之家服务站还根据妇女们的具体活动特点，精心周到地设置了调解室、儿童活动室、育婴室，真正实现了“有专家可咨询”“有朋友可谈心”“有组织可调解”的服务目的。

除了关注特殊群体的成长与诉求外，长桥党总支还创新地将群众诉求收集广泛化、常态化、亲民化。在妇女之家活动室，有一株挂满爱心的心愿树。据侯主任介绍，这棵心愿树实质是党建引领治理项目中的一个子项目，叫“微心愿”项目。广大居民，特别是妇女儿童可以使用妇女之家的爱心贴纸，将自己的愿望写在纸上，然后由志愿者团队收集，由党总支汇总，联合商铺、居民、共建党委等一起帮许愿者圆梦。如果心愿得到满足，这个爱心就会永久悬挂于心愿树上。经过志愿者团队和妇女之家工作人员的辛勤努力，党总支和多治理主体的共同付出，这棵心愿树早已挂满。这无疑是对长桥党总支、全体志愿者、其他多治理主体最高的肯定。

5. 长桥党总支门外的服务站

关于本轮上海疫情，贾书记更是真诚、自信地分享了成功经验。长桥小区克服了物资紧张、人员稀少、周边疫情渗透压力大等重重困难，成为了难能可贵的零疫社区。关于疫情防控取得的胜利，贾书记说到，坚定信心、严防死守是基本要求。疫情影响的是居民的生命安全，一点都不能马虎。在发动志愿者维护封闭区域时，志愿者用私家车、钢板、栅栏，为居民树立了一道牢固的疫情防线。在谈到发放疫情支援物资时，贾书记也总结了几条宝贵的经验：资源分配一定要公平，分配信息要透明，特别是要一视同仁，不搞歧视。另外特殊群体要重点保障。党员志愿者要以身作则，积极做好沟通解释工作，坚持做到身正影直、问心无愧，最大限度保障物资分配的公平和及时性。

四、调查分析

习近平总书记强调，“基层强则国家强，基层安则天下安，必须抓好基层治理现代化这项基础性工作”。长桥居民区党总支心系群众，服务百姓，以构建服务总站、服务分站、服务网点的三级服务网络为抓手，以零距离服务居民为着力点，尊重居民的主体性，充分发挥基层党组织的战斗堡垒作用和党员先锋模范作用，激活了服务型党建的内动力，增强了居民对社区的满意度和依存度，激发了社区的共治活力。

（一）激发社区共治活力，提高主体参与积极性

群众工作不仅是为群众而做群众工作，还要围绕社区建设的目标发挥作用。党总支以总分驿三级网络为载体和抓手，主动作为，整合优势力量，积极搭建多元平台，动员、组织、引导各方力量共同参与社区事务，尤其在一系列重点民生实事项目中，积极引导辖区内单位、社会组织、志愿者、代表与委员等众多力量通过提出建议和提供资金、场地、资源等方式踊跃参与，较好地整合了社区资源，进一步激发了社区活力，使辖区居民享受到优质全面的服务，形成了党总支引领、社区各方紧密配合、辖区单位大力支持、社区居民积极参与的良好局面。

（二）满足居民实际需求，提升社区服务效能

居民是社区的主体，只有意识到居民的主体性，才能立足实际，关注居民的现实需求。通过“娘家人”总分驿三级网络优化社区管理，将社区服务的对象和服务内容由政府主导转变为以居民实际需求为导向，顺应居民的活动方式，注重供需对接，凝聚社区内外具有专业服务技能的社会力量，不仅拓宽了服务内容、形式和途径，而且打破了服务资源和服务需求之间的信息不对称，引导资源流入其最需要的地方，使居民享受到更加便捷、丰富、均衡的社区服务，增强了对居民的回应性，服务效能得到较大提升。

（三）推动党群信任关系，实现社区融合发展

党群互信来自双方的互动与接触，党群之间的信任可具体化为认同、信心、拥护等正向情感态度和理性预期。从本质来看，居民对党总支的认可、支持和服从，与党总支对居民的情感支持、生活关照和权益维护实际上是一种关系的两个方面。在建立现代社区治理体系和构建社区良性社会

生态的过程中，党总支注重正面引导、鼓励和支持居民参与社区事务，积极推进基层民主建设，进一步巩固了互动互信的党群信任格局，实现了“整合、联动、增效、为民”的社区融合发展态势。

五、调查结果

（一）治理主体方面的措施

1. 创建志愿服务队伍

党总支通过发起号召与倡议，陆续成立了医疗队、卫生队、心理疏导队、读书队、送报队、缝纫队、理发队、送餐队、戏曲沙龙队、文体队等10多支由数十名具有专业技能的志愿者组成的志愿团队。这些队伍从周一至周五，定时定点为居民提供服务，同时不断提升自身服务质量和业务水平并逐渐成长为服务精细化、覆盖范围广、专业水平高的志愿者队伍。

2. 联合“墙内墙外”力量

党总支通过号召和协调，积极从“墙内”到“墙外”想方设法挖掘资源。一是广泛发动和号召居民汇聚形成“墙内”合力。具体来说，就是把“墙内”的在册党员、在职党员、退休干部甚至具有一技之长的居民，在其自愿的前提下，吸纳到专项志愿队伍中，让他们发挥各自独特、专业、积极的作用。二是寻求支持，不断拓宽来自社会和政府机关单位等“墙外”资源。具体来说，“墙外”力量指的就是社区周边的江苏银行、岳阳社区卫生服务中心、区计量质量检测所和岳阳市场监督管理所等驻区单位和共建单位，在党总支真诚邀请和努力联络下，这些单位逐渐成为党建项目的有力支撑，为各支便民志愿服务团队的成长和提升起到了非常重要的作用。

（二）治理手段方面的举措

1. 以中国节日搭建活动平台

围绕纪念、庆祝中国传统节日、特色节日主线，党总支为志愿者团队设置了多个固定活动主题。通过组织和举办庆祝元宵节、端午节、重阳节等主题活动，既丰富了团队的活动内容和活动方式，扩大了参与人数，又宣传和弘扬了中华传统文化，倡导“孝老爱亲、邻里融洽、友爱互助”的文明理念，在社区文明建设中发挥了重要作用，为社区单位和共建单位搭建了参与社区共治协商的多元平台。

2. 共建“墙外”单位服务平台

党总支主动作为，以协调各方利益为基础，积极搭建共建共治平台，有的放矢，整合资源，引导共建单位和驻区单位一同为小区居民服务，凝聚服务共识，汇聚前行力量。一是充分挖掘区域单位门店特色资源。利用充足商家资源、区位和管理便捷等诸多优势，邀请门店业主共同参与社区管理。二是引导共建单位发挥特长参与社区管理。邀请岳阳市场监督管理所于小塔前居民区开设食品药品知识科普宣传栏，组织开办安全饮食、用药知识等科普座谈会和专门宣传活动等。党总支持续不断地通过整合外部力量，实现相互帮扶与资源共享，使区域单位和共建单位成为党建项目治理体系中一支有力、专业、坚实的“墙外”队伍。

3. 创新管理调解制度

党总支善于围绕尖锐的、棘手的民生问题，及时有效地召集相关人员召开居民区域联席会议。这种联席会议通常会有来自志愿者团队的专业人士做参谋，由党总支牵头，大家公平、民主、透明地在一起商讨、解决问题，最大限度维护各方利益。这种区域联席会议制度既有来自专业人士的法律知识支撑，又有来自诉求双方的民主协商，还有时刻流露在其中的关怀与热爱，真正实现了以自治为主体、以法治为保障、以德治团结人心的三重结合。

六、调查反馈

（一）实践调查心得

首先，通过此次实践，我们了解了基层治理的重要性，作为国家治理体系的重要组成部分，基层治理的效果十分重要，提高治理效能的需求也十分迫切。我们调研的长桥社区的党建项目，是整个地区乃至全市的成功典型。对于这种典型的调研应该继续深入，持续跟进，勤于总结，积极实践。

其次，在此次实践中，通过与社区书记、主任、志愿者队长及队员的沟通交流，我们感受到了他们对本职工作的热爱，对所住家园的珍视，对居民民生的挂念，对调研人员的友好与真诚，通过活动感受到基层党建在基层治理中的独特引领作用，深刻体会到党建活动和基层治理活动对这些先进分子、党员干部、志愿者骨干正向品格的塑造和强化。

最后，通过此次调研，我们感受到了长桥街区党总支及整个项目组所有志愿者对本社区基层治理事务所做的巨大努力，也厘清了治理主体、治理手段、治理资源三者之间的实践关系，以及在具体基层治理事务中的运行机制。我们也相信，在未来的发展中，长桥街区的独特的三位一体的

“娘家人”党建引领基层治理项目能够取得更显著的成果，并调动街区商圈、共建单位、社区居民等治理主体的热情与积极性，推进辖区经济持续健康发展、共建单位服务意识不断增强，社区居民满意度不断提升。我们也希望此次调研活动，能够增强各级组织对基层党建引领社会治理的重视，增强居民对基层党组织的信任，提高其他社区组织基层治理的能效。

（二）建议及改进方案

首先，丰富信息采集的维度，增强信息收集的现实性。在开展活动之前，我们对于长桥社区的认识仅停留在书本资料上，缺乏实地观察和调研。为此，在以后的调研活动中，要采取预调研的方式先熟悉调查地、到调查地踩点。

其次，做好预案，尽可能想好突发、意外等情况。在进行实地采访的过程中，由于没有考虑到党支部和居委工作事务繁杂，没有做好预案，没有考虑被采访对象可能临时有事的情况，导致整个调研活动的节奏拖沓，差点影响整体调研效果。为此，在以后的调研活动中，要做好应急预案，制订详尽的备选计划，以便应对出现的意外情况。

城市社区党建人才队伍建设状况调研
——以上海市松江区文翔名苑社区为例

作者：张永丽　周慧敏　张清华
指导老师：季开胜

一、引言

中国特色社会主义进入新时代，我国综合国力迈上新台阶，人民生活水平实现新跨越，风清气正的社会政治环境正在形成。新时代对加强城市社区党建工作提出了新的更高的要求。

新时代，我国各领域都进入了改革和建设的新时期。加强基层党建工作，尤其是城市社区党建的研究和建设，是一项重要的基础性工作。基层党组织是党的全部工作和战斗力的基础，为了充分发挥党的领导作用，必须加强城市社区的党建工作。随着我国城市化进程的不断推进，城市内部的社会架构、人员结构都在不断发生变化，人们的物质文化生活水平不断提高，“城市人”对“美好生活”的需求发生了一定程度的“质变”，如何解决好“人民日益增长的美好生活需要”与“不平衡不充分的发展”之间的矛盾成为我们党新时代的主要工作之一，在完成这项工作过程中，党组织发挥着关键作用。① 中国共产党通过发挥自身优势，推动党的治理能力和治理体系现代化，不断提高党的城市治理效能。在城市社区治理过程中，通过加强城市社区党建人才队伍建设，强化党组织在城市社区治理中的引领作用，实现社区自治、融合共治的社区治理，建立健全社区治理体制机制。

为深入贯彻习近平新时代中国特色社会主义思想，上海对外经贸大学马克思主义学院与校团委共同开展“走社区，看党建——喜迎党的二十大”暑期专项社会实践活动，我们调研小组围绕城市社区党建人才队伍建设状况开展了深入调研。2022 年 7 月 30 日至 31 日，我们实地调研了上海市松

① 习近平．决胜全面建成小康社会夺取新时代中国特色社会主义伟大胜利——在中国共产党第十九次全国代表大会上的报告[M]．北京：人民出版社，2017.

江区文翔名苑社区，深度采访了上海市松江区广富林街道党总支、松江区文翔名苑党支部、居民委员会、社区服务站、居民活动中心相关工作人员。通过调研采访，从侧面了解了当前上海城市社区党建人才队伍建设的状况，并给出了我们的建议。

二、文翔名苑社区及其党建人才队伍基本状况

文翔名苑位于上海市松江区松江新城英伦风貌区内，与松江大学城隔桥相望，小区总体呈长方形，东部与上海立信会计学院相邻，北部与华东政法大学相邻。小区土地原属于仓桥镇新曹村，2001 年被划入方松街道，如今属于广富林街道，是不折不扣的“新街道里的老小区”。目前小区已入住 1904 户，总人数 6633 人，其中户籍人口 3244 人，外来人口 3389 人，在册党员 52 人，在职党员 455 人，共有 6 支志愿者队伍，117 名志愿者。居民区内设施较为完善，有活动室、阅览室、乒乓球室、多功能室等，均对居民免费开放。

基层党组织是党的战斗堡垒。文翔名苑社区党支部在社区建设、管理、服务中始终发挥领导核心作用，筑牢基层党建主阵地。社区党建人才在党支部的带领下，自愿加入社区志愿者队伍中，努力维持社区秩序，切实维护社区居民的利益。例如，党员在平安志愿者巡逻队中认真工作以维护小区的安全；清洁家园志愿者队伍中经常出现党务工作者的身影，努力保持社区环境整洁，积极打造文明社区等。通过基层党组织的不懈努力，该小区先后获得了科普居委会、上海市平安小区、松江区平安小区等多项荣誉称号。此外，文翔名苑社区党支部、居委会、社区服务站还运用“四位一体”网格化的管理模式推进社区自治，加强基层党组织建设。在这一过程中，社区党员力量不足的问题凸显。

2019 年，文翔名苑社区迎来了变革，社区党建人才数量不足，缺乏有活力、能力强的党务工作者问题得到一定程度的改善。在执行上海市垃圾分类政策过程中，文翔名苑社区党支部书记与该小区的在职党员进行了沟通交流，希望在职党员采取“双报到”“双报告”的方式加入社区建设中来，这一提议得到了在职党员的积极响应，在一定程度上壮大了社区的党建人才队伍。2020 年新冠疫情突发，文翔名苑社区党支部与上海外国语大学法学院党支部、上海视觉艺术学院第三党支部等 4 个党组织在结对共建的基础上，挖掘高校学生党员这一潜在力量，吸引他们加入社区志愿者的团队中。2021 年文翔名苑社区党支部与相关高校签订了“七色桥”地校党建联盟协议，推动思政课进社区，进一步提升了党员的思想素质。

目前，文翔名苑社区依靠社区广大在职党员、退休老党员、高校学生党员与青年志愿者这“三驾马车”拉动，使社区治理变得更加有序、高效。

三、调研方法及过程

（一）调研方法

在党的二十大即将召开之际，通过组织参加“走社区，看党建”专项社会实践活动，深入城市社区党建部门进行调研，全面贯彻落实十九届六中全会党的建设精神。本次实践活动地点主要在上海市松江区文翔名苑社区，通过深入广富林街道党总支以及下辖的文翔名苑社区党支部、居委会、社区服务站进行访谈和实地调研。调研中综合运用了多种调查方法，具体包括实地观察法、访谈调查法、典型调查法、文献法等。

（二）调研过程

调研小组经过充分讨论，确定把实践过程分为三个阶段：实践前期、实践中期和实践后期。面对疫情，调研小组严格遵守防疫规定，克服困难，按照调研计划如期进行调研。

在社会实践的前期，小组成员来到上海市松江区广富林街道党总支办公室，对党支部书记郑书记进行了采访，通过采访，小组成员了解到街道党总支和下辖的15个社区的党支部党建人才队伍建设总体状况，了解到党总支和社区党支部就与群众利益密切相关的事务经常召开座谈会，致力于推进区域大党建。在采访当天，小组成员还得知，广富林街道很多党员都去下辖社区的党群服务站支援正在进行的核酸检测大筛查。此外，小组成员还了解到，郑书记同时也是广富林街道社区事务受理服务中心的副主任，经常组织一些重大的党建活动和党员志愿服务活动等，非常注重维护党群关系。

在社会实践的中期，实践小组成员对松江区文翔名苑社区党支部、社区居委会、社区服务站进行了实地调研。在社区居民的带领下，小组成员参观了社区居民活动中心，了解了居民丰富的业余生活。随后小组成员来到文翔名苑社区党支部，并对社区党支部模范党员进行了采访。通过采访，实践小组了解了文翔名苑社区党支部和居委会的党员状况。目前社区的党务工作者还有一部分是流动党员，社区党支部正在想办法稳定党建人才队伍，以更好地服务社区居民。文翔名苑社区居委会和社区服务站联系紧密，实践小组首先实地参观了社区服务站，了解到社区服务站工作人员中共有6

名党员，工作认真负责。随后在服务站工作人员的带领下，小组成员来到文翔名苑社区居委会，深入了解了居委会内部党员状况，并对居委会的工作流程和工作内容有了一定的了解。

在社会实践的后期，全体小组成员按照既定的计划安排，归纳、整理在调研过程中获得的第一手资料，并在学习和借鉴其他社区党建人才队伍建设的成功经验和优秀案例基础上，经过认真、深入讨论和研究，最终形成了这份质量较高的暑期社会实践报告。

四、文翔名苑社区党建人才队伍建设状况及存在的问题

（一）文翔名苑社区党建人才队伍建设状况

强化政治功能是新时代社区党建人才队伍建设的重要任务，也是提高社区党建人才质量的重点。加强社区党组织党建人才队伍建设，首先要不断提升党员的党性修养和理论素养，增强党组织的凝聚力和战斗力。文翔名苑社区党组织综合运用“四位一体”的治理模式，经常性地组织社区党员开展社区服务活动，充分发挥社区党员的先锋模范作用，激发社区居民的政治热情，凝聚党组织的战斗力，吸引优秀的党建人才。社区是党和政府联系人民群众的“最后一公里”。社区党员骨干应增强联系群众、服务群众的本领，在社区工作中不断提高政治素养、保持政治本色，在服务社区居民的实践中充分发挥党组织的战斗堡垒作用。文翔名苑社区党支部为了保持党建人才队伍的政治本色，有计划地建立了定点的网格化社区管理机制，安排相应的党员统率社区发展的全局，提高了社区党建人才为民服务的能力和水平。党建人才资源对于社区的建设和发展也很重要，基于此，文翔名苑社区高度重视党建人才资源的嵌入，基于不同的条件禀赋嵌入党建人才资源，并注重各条件之间的联结，建立健全城市社区党建人才资源发展机制，在文翔名苑社区党组织和邻近高校党组织之间就党建资源建立了密切的合作关系，协调优化了社区党组织和邻近单位党组织的党建人才资源。总之，经过文翔名苑社区党组织的努力，其党建人才队伍建设取得了较大成就，目前，党建人才队伍在数量、素质、结构等方面基本能够适应日常工作的需要。

（二）存在的问题

1. 党建人才数量不足

党建人才是加强社区基层党组织建设的关键环节。文翔名苑社区党建

人才队伍建设虽然取得很大成绩，但依然存在一些问题，特别是党建人才队伍的规模、数量仍然不能满足繁重的工作需要。文翔名苑党支部党建人才队伍目前只有少量党员，还聘请和接收了一定数量的兼职人员和志愿者，现有的党建人才数量与承担的工作任务量明显不成比例。

2. 党建人才整体素质有待提高

党建人才是社区基层党组织开展工作的基础和保障，影响和决定其他方面的建设质量。目前，文翔名苑社区党建人才的整体素质有待提高。一是很多党建人才都是调剂过来的，没有经过系统化的学习和培训，理论素质有待提高。二是党建人才业务水平有待提高。党建人才作为党员队伍中的骨干，是保证党组织战斗堡垒作用充分发挥的重要条件。然而，文翔名苑社区党建人才的业务水平仍有待提高。三是党建人才创新能力不强。面对繁杂的日常工作，党建人才队伍中部分党员找不到思想政治工作和社区工作之间的结合点，工作的创新性不够。

3. 党建人才队伍结构不合理

目前，文翔名苑社区党组织还存在党建人才结构不合理的问题。一是党建人才队伍年龄结构不合理。总体来说，社区党建人才年龄结构呈现上宽下窄的倒金字塔形，即上层的中老年人较多，下层的年轻人较少。年轻人大多不愿意从事社区党建工作。二是社区在职党员和在册党员比例失衡。目前，文翔名苑社区在册党员 52 人，在职党员 455 人，二者数量差距较大，比例失衡严重。三是党建人才性别比例失衡。目前文翔名苑社区女性党建人才较多，男性党建人才较少，从侧面反映了社区党建人才队伍结构不合理。

4. 党建人才队伍不稳定

社区党建人才队伍的建设需要政治立场坚定、热爱党建的党务工作者，然而文翔名苑社区目前党建人才队伍存在着不稳定的问题。一是社区党建人才流动性较大。社区的临时党建志愿者在工作结束后就返回原来的岗位，使得党建人才队伍不稳定。新冠疫情期间，部分学生党员自愿到社区做党建工作，开学又会返回学校。二是社区党务工作者中流动党员规模较大。文翔名苑社区流动党员较多，一些党员的组织关系并未迁移过来。

（三）存在问题的原因分析

第一，近年来，文翔名苑社区外来人口和常住人口规模不断扩大，党建人才队伍亟须扩充。虽然社区在引进党建人才方面采取了“四位一体”

发展模式以及与周围大学城相关高校签订了党建人才培养计划，但是目前党建人才数量仍然不能满足需要。随着上海市人才引进政策的不断实施，文翔名苑社区的外来人口增长速度逐渐加快，社区的软硬件设施都需要更新和补充，尤其是要壮大社区党支部的力量。由于不断扩充的社区人口需要与之相匹配的党员数量和党建人才为其提供服务，社区党支部亟须扩建党建人才队伍。另外，由于党建人才引进和工作机制尚不健全，男性党建人才的数量较少，导致社区党建人才性别比例失衡。

第二，社区党建人才不善为、不会为、不能为的状况仍然存在，社区党建人才在管理上缺乏创新意识。不可否认，文翔名苑社区党支部正努力探索新的治理模式，但目前在管理和建设上还是老一套，党建人才队伍的活力有待提升。一方面，党建人才工作能力参差不齐，发展潜力有待挖掘，服务本领需要提高；另一方面，部分党务工作者的专业不对口，知识储备不充足，理论功底不深厚，面对新情况、新问题，一些党建人才缺乏相应的素质和能力，往往采取老套的方案来应对，思维和工作都缺乏创意。

第三，党建人才流动性较大，在吸引和留住人才上缺乏特色和政策力度。吸引人才固然重要，但留住人才同样重要。不可否认，近年来文翔名苑社区常住人口越来越多，社区发展蒸蒸日上，但是调研后小组发现社区存在流动人口规模较大、党建人才流失的问题。总体来说，社区外来人口占比较大，且多为一些暂时的租户，相应地，文翔名苑社区党建人才流动性也较大，队伍不稳定。另外，由于社区的发展特色没得到有力宣传，致使部分外来人口无长期定居的打算，这也是党建人才流动性较大的另一个重要原因。

第四，尚未建立系统、完善的党建人才筛选机制，新老党员比例失衡。党建人才对于党组织和社区的发展至关重要，社区建设、管理和发展都需要优秀的党建人才。目前文翔名苑社区不乏经验丰富的老党员，但由于人才筛选和引进制度不够完善，年龄大的老党员数量较多，年轻党员后继不足，使得文翔名苑社区党建人才队伍中新老党员比例明显失衡。

五、解决问题的建议

1. 拓宽人才招募渠道，扩大党建人才队伍

文翔名苑社区优秀党建人才数量不多，且流动性较大。仅依靠社区党组织的力量来吸引党建人才，难以解决社区党建人才不足的问题。因此，为了扩充优秀党建人才队伍，社区党支部应该与其上级党组织、政府部门

制定科学的社区党建人才引进政策，鼓励更多优秀人才加入社区党建队伍。例如，可以通过公开招聘的方式，择优录取优秀的党建人才到社区工作；还可以通过加强思想政治教育，鼓励优秀的机关、街道干部到社区党建岗位任职，向社区党组织班子传授相关的党务知识和实际工作经验，指导社区党支部更好地开展党建工作。

2. 加强教育培训，建设专业型、创新型、复合型社区党建人才队伍

社区工作涉及面广，内容复杂，对社区党建人才的政治文化素养、实际工作能力要求较高。为了尽快建设一支专业型、创新型、复合型的社区党建人才队伍，一方面，可以通过全职和在职相结合的党校培训方式来分层次、分阶段地提高社区党建人员的科学素养、理论水平、实践能力；另一方面，可以充分利用街道和社区的党建干部资源，以老带新，新老互补，为新、老党建工作人员传授相关工作经验；此外，在专业型、创新型的党建人才队伍建设方面，还要发扬创新精神，加强社区间优秀党建人才的交流与合作，相互学习，不断创新党建人员的工作方式。

3. 加大宣传力度，开拓社区党建人才工作岗位，加大对党建人才队伍的经费保障

社区党建人才队伍建设对于社区党组织和整个社区的发展都很重要，而维持社区党建人才队伍的稳定更是重中之重。目前各级党组织正在加大力度维持社区党建人才队伍的稳定性。为此，社区党支部可以通过以下方式来更好地吸引和留住党建人才。一是采取舆论宣传、政策引导、完善服务等方式加大对社区的宣传；二是依托上海市最新的人才落户政策，吸引优秀党建人才落户上海；三是持续开拓社区党建人才工作岗位，让高学历人才加入社区党建队伍后可以充分发挥特长；四是加大财政资金向社区党建人才队伍倾斜力度，制定更有竞争力的薪酬、福利、奖励和晋升制度。

4. 构建良好的社区党建生态系统，完善优胜劣汰的竞争机制

及时向社区党建人才队伍注入新鲜血液，建设一支富有朝气和活力的党建人才队伍，构建良好的社区党建生态系统，对加强社区党组织建设具有重要意义。针对文翔名苑社区现有的党建人才队伍结构，加快改革进程，制定和完善人才培养和人才选拔标准；针对社区党建人才稀缺状况，有针对性地面向社会筛选人才，通过优胜劣汰的方式选拔人才，采取竞聘上岗的人才更迭方案，构建良好的社区党建生态系统，让年轻党员有更多的机会参与到社区党建工作中去。

六、调研结论与总结

在对文翔名苑社区的党建人才队伍建设状况进行实地调研后，我们发现目前该社区在党建人才建设方面已经取得了不错的成绩，比如，壮大了党建人才队伍，在一定程度上优化了党员结构，创新了党建人才队伍建设模式，增强了社区居民的凝聚力等。但仍有一些问题有待解决。

一是部分社区党建工作者缺乏系统的岗前培训，业务能力不扎实，工作态度不严谨，存在着请示报告制度执行不到位的现象。还有一部分党务工作者为民服务的意识不强，在社区服务方面不肯下功夫，只在节假日举行一些文艺活动，无法满足当前社区居民的多样化需求。因此，要对社区党建工作者进行系统化的岗前培训，建立明确、完整、系统的社区党建工作流程。

二是社区党建人才创新意识薄弱。部分党建人员抱着完成任务的心态执行上级下达的任务，机械地重复着每天的工作，工作内容缺乏创新性。一些党务工作者对个人得失有太多顾虑，左顾右盼，担心做“第一个吃螃蟹”的人会有“不好”的下场，对于上级下达的任务抱着应付的态度。因此，为了提高社区党建人才的创新意识，一方面，社区基层党组织应该尽量使每个岗位的工作内容透明化、具体化；另一方面，社区可以采取一系列的激励机制，使党员在做好本职工作的同时尽可能地发挥个人的主观能动性，提高自主创新性。

在城市化快速发展的背景下，社区的地位和作用在各领域日渐凸显，社区居民的生活需求和利益需求也日益多样化，这给领导和承担治理社区任务的基层党组织提出了挑战。为了适应形势的需要，也为了更好地满足社区居民多样化生活需求，有计划、有目的、有组织地进行社区党建人才队伍建设，吸引年轻有活力的党建人才来社区工作显得尤为重要。未来，文翔名苑社区可以把重点放在引进、培养、留住党建人才上，全面提高社区党建人员的综合素质，更好地为社区居民服务。

七、收获与感悟

由于疫情，我们小组原计划采用线上调研的方式，但正如古语所言“纸上得来终觉浅，绝知此事要躬行”，所以我们最终还是决定克服困难，严格按照防疫要求，来到调研目的地——松江区文翔名苑社区进行实地考察。在暑期实践活动开展前，我们实践小组成员多次讨论实践活动的具体方案，对实践活动的行程安排等做出了具体细致的计划。

在文翔名苑社区党建人才队伍建设情况的调研中，我们了解到社区党支部始终坚持发挥“领头羊”的作用，通过加强党建人才队伍建设，组织党员为小区居民提供更多优质的服务，举办各种活动丰富居民的日常生活，尤其通过各类志愿者活动激励更多的居民参与到社区治理中来，提高居民的整体素质。同时社区党支部为培养和引进高素质、高水平的党建人才付出了诸多努力。治国安邦，人才为本。习近平总书记曾提到，“实现中华民族伟大复兴，人才越多越好，本事越大越好”。治理社区，做好基层党建工作，推动基层治理，关键在人才，尤其是有能力、有素质、有活力的优秀党建人才。但经过此次调研我们发现该社区总体上老党员还是偏多，在吸收年轻的、有活力的党员方面仍然任重道远。

“实践出真知”，通过这次文翔名苑社区党建人才队伍建设调研，我们深刻认识到社区的发展需要大量党建优秀人才作为支撑，国家的发展更需要以人才强国战略为基点。此外，我们在这次实践活动中也认识到理论与实践相结合的重要性，作为新时代的大学生，我们要深入贯彻习近平新时代中国特色社会主义思想，在努力学好书本的理论知识外，还要深入社区基层，深入人民群众的日常生活，做到学思结合、知行合一，努力为国家和社会的发展进步贡献自己的一份力量。

附件：

问：（我们来到上海市松江区广富林街道党总支和社区事务受理服务中心，采访了郑书记和社区事务受理服务中心的工作人员）请问郑书记，在这里工作的人员中党员占比是怎样的呢？非党员平时又是怎样开展工作的呢？

答：工作人员中约有一半是党员，虽然有在职党员到党群服务中心报到，但他们大多有自己的工作，所以目前我们也在积极吸纳更多的党员加入我们的队伍，共同为更多的居民服务。对于非党员，我们一般是由党员发挥带头作用，使党员与非党员相联结，共同管理社区。

问：目前咱们街道党建人才队伍逐渐壮大，那么请问郑书记咱们党支部主要做了哪些努力？

答：我们街道位置比较特殊，周围是松江大学城，学生党员较多。党支部近些年来就党建人才资源与高校达成结对共建的协议，深挖潜在的党建人才。此外，咱们组织委员还会经常组织周围社区党支部的党员开展组织座谈会，充分商讨吸收、引进党建人才的问题。

问：（采访社区事务受理服务中心的工作人员）我们了解到从周一至周

末每天都有各个社区的居民来这里办理事务，他们说现在办起事来方便多了，这种变化是怎样发生呢？

答：我们这栋大楼是在“十三五”期间建成的综合性事务大楼，以前各个部门相对分散，现在集中在一起后，办事效率更高了。在党组织的带领下，我们也更加明白热心服务群众的重要性，积极解决和处理居民遇到的问题。同时，我们在响应党组织建立和谐社区的号召下，运用现代化的设备更高效地开展工作，目的也是最大限度地给居民提供便捷的服务。

问：（我们来到文翔名苑党支部，采访了社区党支部模范党员）文翔名苑作为新街道里的老小区，在册党员年龄较大，社区党支部为改变党员结构做了哪些努力呢？

答：目前，我们社区党支部正面向社会广纳人才，吸收新鲜血液，包括党员、团员和其他成分的人员。在支部书记的带领下，我们预备成立第二党支部，吸收优秀的党务工作者来社区工作，进一步扩充社区党建人才队伍。在职党员一般年轻有活力，且数量较多，在册党员一般年龄较大，且数量有待提高。如果能发挥广大在职党员的作用，那么未来就能够在很大程度改善在册党员年龄大的问题。疫情下，我们党支部采取了“双报到”的办法，鼓励广大的在职党员来社区报到，壮大党支部的力量，增强社区党支部的活力。

问：（我们来到文翔名苑居委会，采访了社区居委会成员）居委会采取的工作模式是怎样的呢？工作效率如何呢？

答：在未改进前，居委会的工作确实遇到了一些困难，每个人的工作职责不够清晰，比较混乱，但改进后，我们居委会采取了专人专职的工作模式，分工处理居民遇到的问题。目前，居委会和社区党支部中的党员、机关人员人数也逐渐增多，在工作中发挥了很好的模范作用，带动其他成员积极工作，极大地提高了工作效率。

构建“党建 +”社区治理新模式，跑出新时代发展加速度

作者：叶锦涛
指导老师：巩潇然

一、引言

党的建设是党的工作的属概念，又是党务工作的种概念，它是指党为保持自己的性质而从事的一系列自我完善的活动，不仅包括了常规性的党务工作，还包括了党的政治建设、思想建设、组织建设、作风建设、纪律建设和制度建设等。党的建设是一项十分重要的工作，它关系到中国共产党的全局。党和人民事业发展到什么阶段，党的建设就要推进到什么阶段。高质量的发展需要高质量的党建，高质量的党建引领高质量的发展，这是党建过程中必须牢牢把握的基本规律。

在新时代的要求下，“发展”一词不再局限于经济领域的发展，新的发展需求需要科学分析、科学把握。在新形势下，党的建设被赋予了新的时代要求，“党建 +”的社区治理新模式应运而生。“党建 +”的社区治理新模式注重基层党建工作的创新，要求党建同其他工作相结合，实现党建工作与其他工作的双轨并进，而不是将党建工作同其他工作割裂开来。同时，“党建 +”模式必须突出基层党组织在各项工作中的组织作用和引领作用，以保证党的核心领导地位。值得注意的是，“党建 +”的核心是“创新”，目的在于通过党建工作和其他工作的融合，为基层党建工作提供更多、更广的思路和有益经验，实现“1 +1 >2”的效果。简单地把一切工作都贴上“党建”的标签显然违背了“党建 +”的理念。

本文以“构建‘党建 +’社区治理新模式”为调研主题，在喜迎党的二十大的背景下，通过对广州市天河区猎德街道、海珠区南华西街道、黄埔区文冲街道的城市社区党建的田野调查、采访调研、可视化数据分析等，了解不同社区党建发展的基本情况，挖掘各基层构建“党建 +”社区治理的新模式，分析城市社区党建的社会发展作用。

二、“党建 +”社区治理新模式

本次调研对象包括广州市天河区猎德街道、海珠区南华西街道、黄埔区文冲街道的“党建 +”社区治理新模式。收集典型发展案例，旨在展示三个地区的总体情况及突出亮点。

1. “党建 + 发展”，构建高质量发展典范

广州市天河区猎德街道地处珠江新城，是广州天河 CBD 的重要组成部分，与北京朝阳 CBD、上海陆家嘴 CBD 同属三大国家级中央商务区，长期被誉为广州市的城市名片。其中，珠江新城建的广州双子塔（广州东塔、广州西塔）构成了广州新中轴，是广州新中轴上的耀眼明珠，并跻身全球十大超高层建筑之列。广州双子塔不仅是广州的地标性建筑，也是展示其所属猎德街道基层党建创新的重要窗口。

随着区域的快速发展，传统的社区治理模式已不再适用于新的社会结构和组织形态的变化，如何增强党组织的时代影响力是构建“党建 +”社区治理新模式的首要问题。近年来，猎德街道以贯彻落实加强基层党建三年行动计划为主线，结合党史学习教育工作和“双微”行动，成立天河中央商务区南区联合党委，紧紧抓住广州市将天河中央商务区打造成为“四个出新出彩”示范区的发展机遇，紧扣“交流、服务、凝聚、引领”工作理念，着力打造“党建强、发展强”共同体，形成了以“红棉双塔”为引领的区域化党建服务品牌，实现了党建工作与经济社会发展同频共振，筑牢党的执政基础。

2020 年，猎德街道以西塔党委为基础，协同东塔及周边商务区党组织联合组建 CBD“南区综合党委”。南区综合党委改革传统一元主导的组织架构，突破区域组织局限，实现广泛的联合驱动，统筹协调各组织资源，强化统一的政治引领，构建起“以点带面”的区域协同的组织架构。在党委成立之际，党组织将楼宇视为“垂直社区”，以此规范党内政治生活，提升楼宇党组织的政治功能，并在东、西双塔分别打造了“红棉心语”党群服务中心。楼宇党群服务中心各自配备了专职化的党务工作队伍，提供精准的政务服务，创新组织生活方式，打通了“垂直社区”服务党员、群众的“最后一米”。后成立的东塔服务中心更是充分融合了高端商务元素和党建氛围，打造了更多具有特色“商务风”的党建服务模式，为新时代的党建新模式提供了创新方向。“红棉双塔”的示范性作用，使得党组织的政治引领力逐渐增强。目前，天河 CBD 南区综合党委共已建成 41 个党群服务中

心，改善了以往服务点少的短板。各具特色的党建服务，诸如“西塔一小时”“微党课”等也实现了党建服务模式的创新。各党群服务中心关注社情民意，坚持开放共享、互融互促，实现了南区“十分钟党群服务圈”的区域全覆盖，被视为猎德街道基层党建创新和经济社会高质量发展的展示窗口。

打造区域化党建模式的同时，南区综合党委充分利用天河区党校基地、市律师行业、南方党建智库资源等，运用互联网党建平台、党群一机通 App 等网络平台，推动党史教育、习近平新时代中国特色社会主义思想等走实走深，增强思想的引领作用。此外，创新开展“头雁 +”训练营，实现党员干部人才训练的全覆盖，面向重点企业的中高层管理人员、技术人才等精准发展党员，优化党组织转移流程，推动区域党员、群众的共建、共学、共训、共享。

现如今，东西双塔的纳税均超 10 亿元，区域内各楼宇纳税也都在亿元以上，是实现区域经济高质量发展的重要动力。猎德街道打破传统空间阻隔，构建了深度融合式的党建工作格局，汇聚了多方党建合力，通过“以点带面”的形式推动了基础党建的整体效应，进一步提升了基层党组织的组织力和影响力。区域化协同治理实现了人才、政策、资金等要素的集聚和合理分配，营商环境不断优化。“十分钟党群服务圈”也为企业、党员、群众等提供了公共便利，力所能及地解决大小事。迄今为止，党群服务中心已为企业解决重难点问题多达 150 余个，为群众提供政务代办等服务多达 630 余次。在新冠疫情防控期间，南区综合党委联合政府部门、社会组织等在区域内进行防疫消杀，并设立新冠肺炎疫苗临时接种点，为相关从业人员提供方便快捷的疫苗接种服务。作为重要的商务区之一，区域内共 23 栋商务楼宇实现新冠肺炎病例“零新增”，为生产经营活动的持续提供了坚实保障。突出的成绩也为该区域吸引了 100 余家世界 500 强企业进驻设立分支机构，真正实现了“党建势能”向“发展动能”的转变。区域经济的蓬勃发展，也不断吸引着高学历、高收入、高水平的人才涌入。南区综合党委为打牢党在新兴领域的执政基础，增强党的凝聚力，始终致力于把党员培养成企业骨干、把企业骨干发展成党员。截至 2021 年末，已有 35 名企业中高层管理人员递交入党申请书，共发展党员 6 名。

2021 年 6 月，广州市天河区猎德街道获评“广东省先进基层党组织”，同年 10 月获广东基层党建创新案例评选的“全省最佳案例”，同年 12 月入选广东省治理现代化的“全省优秀案例”。广州市天河区猎德街道用实践助力区域高质量发展，用创新推动了党建与发展的双轨并进。猎德街道的

“党建＋发展”作为新时代社会治理模式的积极探索，具有开创性的意义。

2. “党建＋自治”，打出社区治理组合拳

广州市海珠区南华西街道是曾经商贾云集的通商口岸，这里不但保留着传统务实的岭南文化，也处处展现着敢为人先的创新精神。受习仲勋等老一辈党和国家领导人的嘱托影响，南华西街道从改革开放至今，始终坚持以党建为引领，以改善民生为主线，在考察民意、畅通民心、强化社区凝聚力等社会治理创新性实践方面成效卓著，被誉为全市学习的典型案例。

近年来，南华西街道重视党建引领，明确社区党组织在基础社区治理的领导核心地位，成立广州市首个基层党代表工作站，建成街道党群服务中心和龙武里社区“党建＋自治”先行示范点，有效发挥了组织联系群众的功能。事实上，早在2010年，南华西街道就建立了“两代表一委员”进社区及街道领导直接联系群众和“五必访”制度。有关领导班子坚持落实每周二分头进社区寻访，致力于解决群众最关心、最心切的问题，主动牵头难点工作。南华西街道以网格化的管理模式，把组织建立在“家门口”，用“面对面”的方式联系群众，切实提升社区党组织的引领力和公信力。

在干部走访的过程中，为增强社区凝聚力，增强社区居民的幸福感，南华西街道创新性打造了“熟人社区”，通过树立社区公约、建立街坊队伍等方式，丰富社区间的邻里文化。“熟人社区”涵盖了居民安、居、乐、业、康五项工作，重点面向老、幼、病、残、妇等群体，突破政府单一供给模式，以社区为平台、社会组织为载体、社会工作人才队伍为支撑，把日常寻访中收集到的居民难题和需求，通过街道居民议事平台建立工作沟通机制，共同协商寻求解决方法，并实时跟进社区事务的进展，构建了社区多元服务模式。在“熟人社区”的影响下，邻里之间的关系不是亲人却胜似亲人。其中，南华西街道的居民列锦珠，更是常年坚持给社区的留守老人送医送药，照顾老弱残群体的生活起居，充分展示了“社区共同体”服务模式的先进性，切实打通了联系服务群众的“最后一百米”。此外，南华西街道还组建了百人治安信息员队伍，辅以少年警队、爱心互助队、街坊志愿服务队等群防力量，定期开展社会面防控义务巡逻，发展培育平安使者队伍，收集治安线索，既增强了街道对突发事件的预警能力，有效遏制刑事、治安案件的发生，更带动了居民参与到社区治理之中，真正实现共治共建共享。

社区的有效自治，关键在于正确的思想道德引领。南华西街道充分重视社区的道德教育，通过居民共商共议的方式，制定了社区公约，建立社

区公共精神，规范居民的日常行为，打造和睦的邻里关系。为进一步提炼党建引领基层治理的经验成果，南华西街道启用了“南方党建智库基层党建海珠研究基地”，利用党史学习教育、革命传统教育、爱国主义教育、道德与法治教育等激发广大干部群众的精神力量，这标志着南华西街道在构建“党建+”社区治理新模式的共建共治共享格局中迈出重要的一步。

社区和谐文明的氛围，促使居民素质提升。社区党组织引领力的增强，也激发着居民主动参与社区治理的积极性。时至今日，南华西街道通过“面对面”接访群众已超3万人次，切实解决居民难题已达600余件。街道因“熟人社区”的治理模式先后获得“全国区街深化改革与治理创新成果百花奖”“全国创新型社区建设示范街道”等称号，为新时代实现党建引领发展、党建引领新治理格局提交了一份满意的答卷。

3. “党建+文化”，力促社区活力再提升

2022年2月11日广东省召开了文化强省建设大会，省委书记李希在会议中强调，要注重文化资源系统保护整体保护、品牌化提升和活化利用，推动岭南文化焕发新的时代光彩。为了切实达到传承文脉、以文化人的时代要求，广州市文冲街道始终坚持以党建引领文化聚力，力促文冲党建活力提升，开创了“党建+文化”的治理新模式，以此丰富群众文化生活。2021年建党百年之际，文冲街道通过建设“幸福之源”党风家风馆、打造“家门口”的口袋公园及各类艺术展演等形式，庆祝中国共产党成立100周年，丰富居民精神文化生活，展现了黄埔区文冲街道立足共建共治共享的理念。

文冲街“幸福之源”党风家风馆立足于以家风促党风、以党风促党建的角度，充分利用文冲街传统的古祠堂建筑，融合传统文化和红色文化，在党风家风馆内分别设置了党风馆、家风馆、政通馆、城美馆、民乐馆等主题馆，展现不同的居民风采，通过图片、文字、实物、视频等形式，全方位展示文冲人民不同历史时期的生活面貌，筑牢家风传统文化教育，融入当代红色基因，打造新时代的党建“红色阵地”。“幸福之源”党风家风馆还充分利用了现代科学技术手段，馆内展示设置了飞屏互动、VR人机交互等，生动展示了老一辈革命家红色家风故事，与之来一场跨越时空的“面对面”交流，数字化的展示台也使居民更能直观地感受文冲街道的更新和发展。科技的赋能，让党建更加智慧，党风和家风的“双引擎”也为街道的发展注入了新的动能。通过走访得知，“幸福之源”党风家风馆的展馆同时还设立了新时代文明实践站、有事好商量党员议事厅、长者饭堂、老

年大学文冲分教点、青年之家非遗传承基地、青少年创意空间、退役军人服务站等活动中心，目的在于打造一个大型综合性的议事、育人平台，营造人人幸福的氛围。

为做好“党建＋文化”这篇文章，文冲街道还建立了亮丽的“家门口”的口袋公园。文冲街道秉持着“人民城市人民建，人民城市为人民”的治理理念，提升城市社区精细化治理水平，积极探索党建引领文化的创新体制，与黄埔区绿管中心等职能部门，以及土地权所属单位，以打造口袋公园微景观为突破口，实现文冲街道文化软实力的提升。从前废弃的杂草地、工业荒地，摇身一变成了风景秀丽且具有党建元素的生态公园。为鼓励更多的资本回馈社会，文冲街道还积极协调当地的城中村改造单位投资建设口袋公园，使街道居民群众能有更多的获得感、幸福感。

以党建引领文化，使得以文化人、以文育人成为文冲街道的发展底色。未来，文冲街道还将继续建设乡愁馆，打造主题公园，引入人大代表联络站，搭建心理、法律等专业服务平台，通过更有力度的党建引领，营造更有温度的治理新模式。文冲街道通过“党建＋文化”打造的精神家园，不仅提升了社区治理的整体水平，还为社区党建引领基层治理水平开创了一条幸福之路。

三、总结

微小的社区个体构成了中国庞大的社会整体，社区是中国社会有序运作的基础单元，社区的善治就是我国治理能力现代化的缩影。学术界也一直坚持对社区党建进行深入的学理性分析。首先，众多学者从新时代城市社区党建的不同视角出发，提出城市社区党建的“引领基层治理说①”，认为城市社区党建的功能在于通过多种方式嵌入社区治理以提升社区治理现代化水平。其次，还有人提出城市社区党建的“链接社会说”，强调社区党组织的社会整合和服务群众能力，以达到加强党的执政能力建设的目的。最后，还有人提出城市社区党建的“提升组织力说②”，构建了城市社区党建的双重逻辑，即政治逻辑是主导逻辑，行政逻辑是政治逻辑的衍生品，政治逻辑和行政逻辑的最终落脚点在于联系群众、服务群众，提升社区党

① 孙健，赵丽丽. 新时代社区党建的内在逻辑、问题指向与路径选择[J]. 宁夏党校学报，2019，21(6)：49－55.

② 孙健，赵丽丽. 新时代社区党建的内在逻辑、问题指向与路径选择[J]. 宁夏党校学报，2019，21(6)：49－55.

的组织力。

由于我国社区数量众多，受社区构成的复杂性、异质性等因素影响，必然衍生出多元化的社区治理模式。为了加强党组织在社区治理中的引领作用，各个社区积极探索出各具特色的新时代“党建＋”治理框架，紧紧依赖于基层党建的“火车头”效应，筑牢强而有凝聚力的社区治理现代化的主体保障。通过三个社区之间的比较分析可知，城市社区“党建＋”创新模式实践规划总体上分为“一个阵地”“一套制度”“一系列活动”。

首先，“一个阵地”。社区之间均设立了群众服务站、党员工作站等“红色阵地”，站点由社区党员和志愿者组成，受基层党组织管辖，把党建和思想政治教育等工作触点延伸到了家门口，实现了区域引领的全覆盖。同时，借助网络云平台、“十分钟服务圈”等线上线下的方式，加强了社区之间的沟通交流，提高了为群众排忧解难的效率。

其次，“一套制度”。社区之间坚持以党建为引领，立足于区域实情，创造性构建了各具特色的“党建＋”社区治理新模式。猎德街道利用党建为经济发展注入红色动能；南华西街道重视思想上的武装，通过“社区共同体”的党建理念，增强基层自治；文冲街道则以党建引领文化，实现以文化人、以文育人。

最后，“一系列活动”。社区之间的一系列特色活动，将联系群众、服务群众落实到了社区居民生活的方方面面，实现了党建工作的多元主体参与和党建活动的常态化，具有重要的实践价值。

多元治理给予了社区构建“党建＋”治理新模式一些启示。一是要从源头出发，加强社区党组织建设，发挥党的引领作用。加强组织建设，首先要加强对党员干部队伍的建设，对现有党员组织培训，重新定位自身角色，帮助树立“服务”意识，使其能更好地做到“从群众来，到群众去”，对未来计划加入社区党组织的党员，提高准入门槛，加强入党考核，保证党组织的纯洁性和纪律性。二是注重培养党组织成员的创新思维，提升创新能力。工作中加强对先进党建工作和事例的学习，创新党组织的工作方法，做到深入群众、贴近实际，完善社区工作体系，满足社区居民的多样化需求。三是激发企业、居民自主参与治理的积极性。单靠一方的力量难以达成高质量的治理效果，有效的治理往往需要多方的共同参与。因此，在保证党的绝对领导下，也应当充分激发企业或社区居民共同参与社区治理的积极性，这对于满足多样化的需求、保证治理过程的公平公正具有重要的意义。

疫情防控下的上海与南昌社区“党建＋服务”融合发展状况调查

作者：吴妙琦　叶铭　李想　叶梦圆　苏超然　胥梅
指导老师：庚向芳

一、引言

（一）调查背景

居民社区是反映党组织基层建设及社会治理的基本单元，也是党和政府联系、服务居民群众的“最后一公里”。党的十九大报告提出，要加强社区治理体系建设，推动社会治理重心向基层下移，发挥社会组织作用，实现政府治理和社会调节、居民自治良性互动。因此，加强社区基层党组织建设是提升社区治理效能的关键环节。2022 年，新冠疫情对中国乃至世界各国都产生了巨大的影响。在当前疫情防控的严峻形势下，作为抗疫一线的战斗堡垒，基层社区党组织发挥着重要作用。如何在疫情防控下以及后疫情时代巩固和改善社区党建工作，扩大基层党组织在广大人民群众中的影响力，切实把党组织的政治功能和组织力转化为社区治理效能，对于提升社区治理效能和巩固党的执政基础有着重要的作用。

社区治理事关党和国家大政方针贯彻落实，事关人民群众切身利益。习近平总书记指出，街道社区党组织是党在城市工作的基础。党的十九届四中全会强调，要坚持和完善共建共治共享的社会治理制度，建设人人有责、人人尽责、人人享有的社会治理共同体，健全社区管理和服务机制，构建基层社会治理新格局。这是对基层社会治理创新实践的科学总结，更是对推进社会治理体系和治理能力现代化提出的新的更高要求。近年来，社区成为人们居住、生活的主要场所，社区居民的构成以及居民对生活的需求日益多元化。新形势下，特别是疫情防控常态化时期，做好群众工作、以社区党建引领社区治理，通过社区发展治理促进城市经济社会发展、满足人民群众日益增长的美好生活需要，是当前社区建设的重要任务。

（二）起因及目的

2020 年 2 月 10 日，习近平总书记在北京市调研指导新冠疫情防控工作时强调：“全国都要充分发挥社区在疫情防控中的阻击作用，把防控力量向社区下沉，加强社区各项防控措施的落实，使所有社区成为疫情防控的坚强堡垒。”自新冠疫情暴发以来，社区成为疫情防控的第一线，社区工作者承担着人员信息摸排、防疫知识宣传、卡点值班值守、环境消杀、物资分发等任务，构筑起阻断疫情扩散蔓延、护卫人民群众生命健康安全的坚实防线。虽然各地疫情防控手段相似，但是在不同地域、不同情况下，结合社区党建发展特色，各地的基层社区服务定会有所区别。

此次暑期社会实践调研，聚焦“党建 + 服务”，总结两地的基层党建工作的经验，探索两个城市在疫情下的党建工作有何异同，研究后疫情时代党建活动对基层社区自主治理以及社会治理的作用，以期为各地社会党建工作提供可借鉴、可复制的典型。

二、调查对象的基本情况

此次调查研究选址分别在上海和南昌两地的居民社区。

上海新泾四村位于天山西路 351 弄，是上海市长宁区北新泾街道下辖的社区。该社区东至剑河路，南至天山西路，西至平塘路，北至新渔路。在采访中，上海新泾四村居委会书记张骏简单介绍了本社区的基本情况：新泾四村主要是公房型小区，共 1458 户居民，总人数在 3400 人左右，其中 1/3 属于外来租户。新泾四村社区包含五个党支部，约 172 名党员，以老年党员为主。目前居委会有十几位在职党员，各司其职。总支带领五个支部，结合居委工作，每月展开例行会议，对于小区该月需要完成的事宜，先在总支进行讨论，设计出方案后，落实到五个支部，同时对近期党的理论进行总结性的学习；利用社会资源开展党建共建，培养社区内党员的社会责任感，如与外部企业对接，召开党建共建相关活动，增进社区党建联系工作。

针对老龄化程度高、流动人口多等特点，新泾四村党总支根据居民切身要求，以解决最影响居民现实利益的核心问题为发力点，积极转变自身基层治理的传统工作方式方法。书记号召青年人成立志愿者团队，与原先的中老年志愿者团队磨合，结合广大社区党员与社区群众力量，为打造美好家园贡献力量。

南昌南天金源小区位于青山湖区经开区板块。小区楼栋共 35 栋左右，占地面积194082平方米左右，建筑面积580000平方米左右。现有居民1004户，3788人，外来流动人口1592人。其中60岁以上老人611名，残疾人90名，低保26户37名，孤老4名。居民区整体上呈现老年人多、弱势群体多、商户多（约占双港村街道商户总数的一半）、外来从业人员多、零星小区多、基础设施较为落后、物业管理难度较大等特点。

南昌南天金源小区为加强融合型大社区大单元党建，构建起“社区党总支—小区党支部—楼道党小组”三级组织架构体系，在楼道设立党小组，将35个楼栋划分为五个党小组，将党建的触角延伸到了社区最小单元，激发了社区治理大能量。基层党组织应着力于社区公共服务建设和便民举措，切实站在服务群众、便利群众、惠及群众的角度上，注重社区群众的利益诉求和言语体系建设，切实实现基层党组织的下情上达和上情下达效能，疏通社区基层治理中存在的信息不畅和利益冲突问题，进一步扩大基层党组织在社区群众中的公信力。同时也应当认识到，疫情防控情况下，提升社区基层党组织的政治功能与组织力尤为重要。

三、调研方法

（一）问卷调查法

我们团队基于疫情下两座城市的疫情防控举措和社区防范要求，选择问卷调查法，从公共的评价基准出发，预先设计问卷相关主题，综合实践活动中收获的资料完成调查问卷的基本步骤，也确定了以后以问卷为主要工具的重点问题提炼与问题反馈。这也在最大范围内保证了我们项目的正常数据和信息。各个小分队就自己需要调研社区的特点进一步设计出调查问卷，不仅向线上平台发送，更重要的是在两个调查社区中供社区工作人员和居民填写。这一调查的目的在于获取尽可能多且尽可能真实的信息反馈，不仅拓宽我们实践的渠道，更为我们分析总结结果提供更多参考和“接地气”的建设性意见。

（二）实地走访

同时，全体队员与指导老师通过线上交流，对实地调研活动中需要收集的材料和注意事项进行总结与明确。通过小组分工，以亲自拜访调查、采访走访等实地行为对疫情防控下所调研的社区情况进行初步了解，积极了解近年来基层党建发展政策和实施路径，疫情对于居民生活的影响以及党建发展和服务对当前居民生活有什么样的改善和帮助。

四、调查的主要内容

当疫情来临时，社区党组织成为冲锋在第一线的急先锋，把大局意识贯穿行动的始终，把抗击疫情和服务群众摆在首位。平日里，群众利益无小事；疫情面前，以最小的损失取得抗疫的最终胜利则是头等大事。各地社区党组织形成强有力的合力，把社区工作的内动力与社区居民的凝聚力结合起来，无论是疫情的日常监控，还是隔离、封控等管理机制能够得到顺畅执行，都充分体现出社区党组织强有力的领导和组织能力。

1. 疫情下新泾四村居委党建服务开展情况

在疫情初期，社区居委会面对突发情况紧急召开会议，部署“四位一体”抗疫举措。“四位一体”是在居委会领导基础上，对经济、政治、文化、社会进行综合性的调理，针对疫情防控进行专门部署，由小区内四个片区分区管控、集中办理，更高效地解决疫情下居民的各类问题，旨在保护居民切身安全。党总支带领五个支部进行统筹安排，如安排统一核酸采样、将物资分发到居民楼栋等工作；同时，社区积极招募年轻志愿者，鼓励年轻人投入疫情防控，在保障居民安全的工作中取得显著成效。疫情封控期间，青年志愿者队伍主要为封校回家的大学生，共计约 20 名，接受居委会统一安排调度，根据工作日程表进行发放物资、核酸检测排队疏导、核酸扫码等工作。疫情期间，我组成员叶铭同学也在新泾四村担任青年志愿者，参与过上述各项工作，获得了一定的社区志愿服务经验。此外，针对老人吃饭、配药、看病等问题，居委会也提供相关保障措施，通过四个片区划分管理，根据每家每户老人的身体情况、家庭情况等进行分类，定时发放物资、药品等老年人刚需物品，提高管理效率。当问及居民防控的一些创新和有效治理方式时，张书记说，此次疫情突发后社区主要是完善了楼组建设，通过设置微信群，一栋楼的居民被联系在了一起，疫情期间的核酸检测通知、保供菜品的发放问题也统一在群内讨论解决。同时，启用年轻人作为此次志愿者团队中的主力军，为原本的居委会工作注入新能量。

张书记也提到现行情况下仍存在的问题：原定每月 15 号召开的党员大会在疫情期间暂时停止，导致了许多事情无法及时有效沟通。同时，针对加装电梯、呼吁老年人接种疫苗等民主评议，也需要更多居民参与带动。张书记谈到了未来社区的展望，他希望能拉动一支常态化的年轻队伍，在居委工作中提供新思路。同时，社区也将不断采取建设绿能共享花园、安装电动车充电桩、开辟地下空间等多项便民服务措施，旨在为新泾四村的居民带来更美好的生活体验，建设宜居的美好家园。

2. 疫情下新泾四村居民对于社区服务的看法

根据原定计划，实践小组在 8 月 10 日由叶铭对新泾四村社区居民进行访问，并以聊天的方式进行调研，发放相关问卷，收集数据，评析疫情防控下居民对于居委会党建及服务工作的看法。

本次采访收获了一定量的问卷数据，并与 16 人合影。通过实地采访，我们了解到，新泾四村社区内大多是老年人，党员也占到一定比例，这也符合与居委会书记访谈时了解到的基本情况。绝大部分居民对于疫情防控下居委会的工作态度十分满意，对于居委会的各项工作如保障工作也表示认可，居民们统一表示：书记作为居委会领导，会每天参与到防控工作的监督当中，同时，其他居委会干部也会在核酸检测中担任扫码志愿者或承担发放物资等工作，居委会与群众站在抗疫统一战线。关于目前仍存在的问题，居民们普遍反映了一些共性问题，如党建活动场地小、工作方式有待改善等，给我们提出了宝贵的意见。在疫情防控中，大部分居民也认可志愿者的服务工作，同样也提出了一些升级改进的意见。如一部分居民表示，由于疫情突发，青年志愿者团队的建立也较为仓促，因此志愿者相关经验不足，可能会在核酸检测时耽误时间等。

3. 疫情下南昌南天金源小区居委党建服务开展情况

南昌南天金源小区党建基层小组引领“无疫小区”创建活动，通过发挥基层党组织战斗堡垒作用和党员先锋模范作用，推动组织向一线覆盖、人员向一线下沉、资源向一线倾斜、力量向一线聚集，组织发动居民群众参与疫情防控，不断提升基层社会治理水平，用最短的时间打赢疫情防控攻坚战。创建“无疫社区”，通过统筹多元主体落实责任意识，提高精细化治理水平和公共卫生服务能力，使得疫情防控更具“韧性”，夯实基层防控线。疫情期间，社区工作人员加强了对辖区居民的排查摸底，细化“三类人群”台账，第一类是特殊人群台账，方便社工及时了解孕产妇、孤寡老人、重症病患者的情况；第二类是流动人员台账，记录着外卖、快递、维修等人员的基本信息；第三类是疫情防控台账，居家管控、集中隔离、转运人员情况详细记录在册。疫情发生以来，南昌南天金源小区无黄码、红码，无密接记录人员，是为数不多的核酸检测阴性居民小区。

据社区赵书记介绍，这一防疫成果的取得，得益于驻守该小区的城关区退役军人事务局党员干部，他们严格按照《新冠病毒疫情防控方案（第九版)》，结合实际周密谋划，积极采取“3 +3”模式打造“无疫小区”环境，为小区居民生命健康建立坚固的安全屏障。“3 +3”模式，即组织党员先锋队、日常志愿服务队、专业人员服务队 3 支队伍，做到坚持宣传到位、关爱服务到位、值班值守到位。

4. 疫情下南昌南天金源小区居民对于社区服务的看法

根据原定计划，实践小组在 7 月和 8 月中旬由吴妙琦和叶梦圆同学对南昌南天金源小区社区居民进行访问，并通过聊天的形式让居民填写相关问卷，收集数据，评析疫情防控下居民对于居委会党建及服务工作的看法。

本次采访收获了一定量的问卷数据，并与 12 人合影。在社区的党建服务中心，我们了解到，南天金源小区内老人带小孩的比较多。我们询问了很多社区居民，且在线上通过问卷调查的形式在居民楼进行调研。大家对于相关调查问卷也给予了支持和配合，我们共获得 120 份线上有效调研结果。

绝大部分居民对于疫情防控下社区党建的相关工作表示配合和理解支持，对于小区的各项工作也大部分表示理解，尤其疫情期间，社区的管理和服务很细致化和有效化，“无疫小区”需要大家共同的努力。每次小区的核酸全员采样尽检中，核酸采样率高达 95%。在疫情防控中，大部分居民也认可志愿者的服务工作，同样也提出了一些升级改进的意见，比如，采取更加多元方式和时间上灵活安排、能为特殊群体提供便利化服务。在推动社区党建工作中仍然存在不足，如党员数量有限，基层党组织不健全；思想认识不足，组织建设与社区治理相脱节；机制体制不健全，社区党建工作后劲不足。

五、调查结论与总结

基层党组织凝聚力是基层党组织向心力和吸引力的集中体现，既包括“内聚力”，即团结凝聚基层党组织内部及全体党员的力量，也包括“外聚力”，即团结凝聚基层党组织所在地区、部门的社会组织和基层群众的力量，从而把基层党组织建设成为宣传党的主张、贯彻党的决定、领导基层治理、团结动员群众、推动改革发展的坚强战斗堡垒。2022 年突如其来的新冠疫情，对上海以及全国各地都产生了巨大的影响。以上海和南昌两地的不同社区党组织作为调研对象，以基层党组织的“党建 + 服务”融合发展作为切入口，对比两地基层党组织在抗击疫情中的不同做法，对大学生了解当前的国情、党情、世情有重要的实践意义。不同地区虽然存在差异性，但是基层党组织在此次疫情中体现出来的战斗堡垒作用，是我们战胜疫情的重要保障。总结这两地的基层党组织在疫情防控中的经验与不足，不仅让我们了解了世情、国情、党情，同时也让我们思考如何加强与改进基层党组织建设。

1. 基层党建工作在此次疫情防控中发挥了重要的战斗堡垒作用

不管是上海还是南昌，本次疫情突发之后，基层党组织都迅速做出反应，同时能够因地制宜地创造性开展工作，体现了基层党组织的执行力。上海新泾四村居委会党总支面对突发疫情，能够在大体上转变传统工作方式，灵活变动，通过线上统筹安排，带动青年人投身社区志愿服务工作，同时对于社区内占多数的老年人进行关怀，保障食品、药品供应。在疫情特殊时期下，新泾四村社区党建以线上会议为主，注重围绕党建引领社区治理策略，做好新形势下的群众工作。挖掘党员、群众及驻区单位、共建单位的巨大潜力和自治能量，建机制、做实事、促共建，激活基层党建的内动力，走活基层服务型党建工作的整盘棋，初步形成了在党建引领下，以“多元主体、多元平台、多元服务”为基本架构的多元共治社区治理体系。

根据创建工作实施方案安排，在织密防疫网络、做好防疫措施、畅通防疫信息、满足群众需求、注重个人防控、维护卫生环境六个方面重点发力，以 14 天为一个周期，实现无一例新冠肺炎确诊病例、无症状感染者、应隔离的密接人员，疫情“零发生”，切实守好居民群众的健康家园。

2. 基层党建工作在此次疫情防控中存在的问题

疫情防控下基层社区党组织发挥了重要的作用，但是仍然存在一些问题。首先，基层党组织的人员比较少，社区工作人员与社区居民的比例大约为 1∶1000，当疫情突发时，疫情统计、人员管控、信息核对、体温监测、送医就诊、生活物资分发等工作压力导致工作人员疲于应付。其次，社区党员干部平时与居民接触较少，号召社区居民组织活动的影响力明显不足。

3. 对社区党建工作的几点建议

针对社区基层党组织在此次疫情防控中出现的问题，我们认为，社区基层党组织需要从多方面着力，创新工作形式与工作方法。首先，利用网络在线的工作方式，提高工作效率；其次，要积极挖掘社区居民的资源潜力，发挥居民对社区治理的支持作用；最后充分发动志愿者服务队伍，让更多的年轻人加入志愿者队伍，补充新鲜血液。

基层党组织的党建引领作用，不仅体现在疫情防控时期，更多的还要放在平时，多沟通交流，及时听取社区居民的意见建议，才能在工作中不断增强自身能力，切实解决社区居民关心的民生问题，才能更好地发挥社区基层党建的引领作用。

六、学生收获与感悟

行万里路，走进真实的基层党建“现场”。叶铭同学的调查实践收获如下：在今年暑假完成的疫情防控下社区“党建 + 服务”融合发展状况调研中，我主要负责上海地区线下的调研工作，针对我自己所生活的社区长宁区新泾四村进行调研，主要承担采访社区居委会书记、实地走访、拍摄照片等相关工作，通过上述工作为本次的调研活动提供线下素材。这次的调研让我深深感受到理论与实践结合的重要性。虽然我是国际经贸学院的一名入党积极分子，但对于社区党建等概念并不清晰，只是在一次次网络搜索、书本翻阅中增进对它们的了解。当我真正踏进社区办公室，拜访社区居委会书记等相关领导，与书记深入交谈后，我才真正对社区党建有了一定的概念。在约 20 分钟的访谈过程中，书记多次提到疫情下新泾四村居委会的举措切实保障了居民安全。由于疫情期间，我也是居委会组织的青年志愿者中的一员，因此对于书记的讲话深有体会。而后一周，我也在社区内走访居民，通过和他们聊天，聆听他们对于居委会社区治理工作的感受并鼓励他们提出宝贵意见。一次次的走访、交流磨炼了我的意志，我也从一开始的紧张不敢说话，到后来能够与各位陌生的居民侃侃而谈，这又何尝不是一种进步？回顾这几天的调研，我乐在其中，和队员们分享着自己的收获，也让队员们能对我的线下工作有一定的认识，指出不足之处，取长补短，相互促进，这也是我们队伍一次难忘的经历！社区党建是党建工作中十分重要的一环，我作为社区的一位居民，作为新时代的一名大学生，要有脚踏实地、勇于探索的精神，了解学习身边社区党建的丰富经验，充实党建知识，用实际行动将社区之红努力践行下去。

读万卷书，从网络信息中寻找党建的线索。胥梅同学表示：又是一年暑期社会实践的时间，2021 年和小伙伴一起线下调研的日子还历历在目。由于疫情还有调研的地点，这次我的任务主要是线上。通过在线上收集资料、整合资料，我也收获不少，对“社区党建”这个之前陌生的名词有了一定的认识。感谢暑期社会实践，不仅让我结识了新的伙伴，还锻炼了我获取整理有用信息的能力。

党在基层，全心全意为人民服务。李想同学在此次社会实践的调查中收获很多。首先，她表示对上海和南昌的社区党建工作有了新的认识；其次，更加深刻地感受到了党是人民党，也更加深刻地认识了党“全心全意为人民服务”的宗旨；最后，她认为基层党建工作没有固定的范式，只能依托于当地的历史文化特色，因地制宜地开展适合本地区的党建。加强社区党建，有利于共同致力于推动后疫情时代的基层民主管理，提高社会治理水平，共建和谐社会。

“洪城红”，从故事走进现实。叶梦圆同学表示：在这短短一个星期内，我们从共享电子文档到纸质问卷，将线上规划的实践项目落实到线下社区行动，团队倾注了心力，在实践之旅上也收获颇丰。江西省南昌市古称“洪都”，是八一军旗升起的英雄城，鲜明的红色基因使这座城市始终彰显“洪城红”。同时，南昌市聚焦“三化六好”，大力抓基层党建，实施城市基层党建“洪城红”行动，计划不断提升城市基层党建的整体效应，推进城市治理体系和治理能力现代化，其本身也在不断散发出生长或重塑的魅力。这也是吸引我们研究这座城市基础党建的一点，红色光辉下的党建工作该如何开展，在外部大环境受到疫情冲击的情况下又有什么创新举措从红色血脉中滋长？作为南昌小分队的一员，我们在实践“根据地”——南天金源小区进行线下实践活动，于 17 日开启了为期 3 天的拜访与学习活动，调查南天金源小区疫情下基层党组织的党建活动以及党员服务群众的具体举措。同时，发布线上问卷，调查南昌居民对疫情下社区党建活动以及党员服务群众的了解程度及其对于社区党建及党员服务的看法。线下线上双管齐下，不仅是因为洪城“三化六好”的旗帜照耀着党建之路，无比宽广，更是因为我们希望在线下采访交流中能亲自感受到社区工作人员于疫情下关于党建的心境与想法，希望在社区走访时亲自看到疫情防控工作人员与居民之间融洽和谐的场景，也希望通过线上问卷调查获得更多来自各个群体的人们在这个“停滞”期间的反馈。我们总期待一些充满惊喜的故事和经验，但是群众口中最朴实的话语却给我们带来格外的感动。在最后分析总结的阶段，团队中的每个人都在会议中表达了自己的想法，在我看来，这也算是给我们共同的实践项目一个正向的情感反馈，有了表达，有了沟通，团队就有了更多的凝聚力和统一精神。这也正是数据、资料、报告之外的收获。我们看到了基层工作人员的努力，体会了疫情下与人民最紧靠的温情，也就将更深切的信念注入未来的学习工作与社会主义道路建设之中，更加深化了我们对于党建引领城市基层社会治理的认识，增强了对基层党组织、基层政府、国家和党中央的热爱。

团队分工，协作共赢。苏超然同学表示：社会实践活动是大学生了解社会、真正与社会接触的途径与方式。我们希望通过自己的亲身经历，进一步认识、了解疫情期间各社区党建服务情况。通过参加此次暑期社会实践活动，我们受益良多，不仅加深了对社区党建服务的进一步理解，还在实践中充分提升了自己的能力，使自己获得了全方位的提升。实践主题的提出以及围绕主题的扩展研究，使我们学会了如何在团队的协作下自始至终解决一个问题，学会了在团队中各司其职、互相配合、学会合作，这将成为我们成长轨迹上一次重要的突破。社会实践活动就是这样一座“桥梁”，引导我们去观察生活。简短的实践生活，既紧张又新奇，收获也很多。通过学习，我们对社区党建服务在社区居民生活中的重要性有了更深的认识。关于实践收获，主要有三个方面，一是通过实践活动学到了实践知识，同时进一步加深了对自己的了解，使自己的理论与实践能力都有所提高；二是提高了实际工作能力，为将来的工作收获了一些宝贵的实践经验；三是更深刻地体会到了团队协作力量是不可估量的。

发挥党建引领作用，提升社区治理效能。吴妙琦同学在调研中感受到社区工作顺应了新时代发展要求，履职尽责，承担和完成了繁重的职能任务，为社会稳定和发展做出了巨大贡献。成绩的取得，彰显了社区党组织的党建引领作用，进一步提升社区治理效能，必将为实现国家治理体系和治理能力现代化做出更大的贡献。

社区党建促进社区治理水平和能力不断提高
——原野社区疫情防控实践调查

作者：吴家莉　孙辉　裴悦　刘泮　黄海钰　陆章飞
指导老师：王朝科

一、引言

习近平总书记在党的十九大报告中强调，要以提升组织力为重点，突出政治功能，把基层党组织建设成为宣传党的主张、贯彻党的决定、领导基层治理、团结动员群众、推动改革发展的坚强战斗堡垒。城市社区党组织承担着领导基层社会治理、组织整合辖区资源、服务社区群众、维护和谐稳定、建设美好家园的重任，是党在城市基层组织中的战斗堡垒，是党的全部工作和战斗力的基础，地位十分重要。为了全面了解原野社区党组织建设及作用发挥情况，上海对外经贸大学马克思主义学院学生刘泮、陆章飞同学于2022年7月28日奔赴上海市松江区原野社区进行实地调研，吴家莉、孙辉、裴悦、黄海钰同学主要针对以党建统领社区治理创新的相关工作展开线上调研，成果丰硕。

原野社区位于松江区文诚路1777弄，于2010年4月正式成立，所辖小区为原野花园、华亭新苑和茸城新业苑小区，区域占地面积47.5万平方米，总建筑面积23.2万平方米，总户数1425户。现有45名楼组长、52名志愿者，社区不断延伸党建工作触角，完善基层党建前沿阵地建设，成立了首家人才公寓党建服务点——微厢党建服务点。同时，利用政府各部门、园区的党建服务资源、政策资源、教育资源等，让身边好资源“动”起来、“串”起来、“合”起来，先后开展了重温初心、人才政策宣讲、子女入学解答、爱心魔方传递等活动，充分发挥了党组织的领导核心作用，打通了联系服务群众的“最后一公里”，以“小社区”体现“大党建”实施“大服务”，让在外打拼的人才感受到了来自社区的温暖和宜居松江的魅力。另外，原野社区作为上海市松江区首批“无疫小区”，在这场没有硝烟的战“疫”中，在王书记的带领下，社区党员干部、志愿者、楼组长以及老年分会会员，以“舍小家为大家”的无私情怀奋战在抗疫的第一线，充分彰显基层党组织的领导核心作用、党员冲锋在前的先锋模范作用和社区党建的战斗堡垒作用。

本次调研采用了多种调查方法，如网络查询法、访谈调查法、实地观察法等，调研过程中发现原野社区党建工作十分出色，具有较强的前瞻性和系统性，较好地体现了新形势下城市基层党建的时代特征，把握住了城市基层党建的内在规律，探索了加强城市基层党建的有效路径，对全面加强城市基层党建具有重要的示范借鉴意义。

二、原野社区党建目标及具体措施

（一）织密建强党的组织体系

党是最高政治领导力量，党的领导直接表现为组织形态上的领导。离开了党的组织，党的一切领导、一切工作就无所依托，无从指挥。原野社区党总支分工明确，各司其职，党建组织架构清晰明确，充分发挥了系统思维；不断健全建强党组织体系为充分发挥基层党组织和广大党员的创造力、凝聚力、战斗力提供了重要保证。

原野社区党总支以党总支书记为核心，党总支组织和统战委员、党总支纪检委员、党总支宣传委员、群工委员、党总支青年委员分别负责相关领域工作。此外，原野社区党组织基本情况公开透明，以原野居民区党总支为核心，领导两新组织、志愿者队伍、群众性团队、驻区单位展开区域化党建联席会议，展示了原野社区党建独特优势。其中，群众性团队中分设“三组一站”，即文明创建自治团组、环境保护自治团组、文体教育自治团组和社区志愿者工作站。志愿者队伍分别为清洁家园服务队、垃圾分类服务队和平安志愿者服务队，保障了日常原野社区的运行，严密的党组织体系在战“疫”过程中发挥了战斗堡垒作用。

原野社区党组织在引领疫情防控工作中，多方联动，联防联控，形成强大合力。在原野党总支的领导下，党员干部和志愿者走向抗疫前线，社区所有党员志愿者都被纳入对应网格区，所有小网格区覆盖整个社区，基层党组织引导协助社区入户排查、站岗测温、查验出入证、发放防疫物资、宣传教育等工作，构筑抵御疫情的严密防线。

（二）建设凝心聚力为民服务的党组织

民生无小事，枝叶总关情。习近平总书记在庆祝改革开放40周年大会上讲道，“我们党来自人民、扎根人民、造福人民，全心全意为人民服务是党的根本宗旨，必须以最广大人民根本利益为我们一切工作的根本出发点和落脚点，坚持把人民拥护不拥护、赞成不赞成、高兴不高兴作为制定政策的依据，顺应民心、尊重民意、关注民情、致力民生”。社区虽小，但事关千家万户，基层治理成效的关键体现在是否服务便民上。

原野社区党组织成立了各种“服务站”，将维护民利、服务民生落到实处，促进党群关系的和谐发展，如原野社区“退役军人服务站”秉持着努力打造温馨的“退役军人之家”的理念，有效提升了退役军人的荣誉感、获得感以及归属感；原野社区的社区服务站服务内容分为七大模块（党群服务、政务服务、健康服务、社区管理服务、法律服务、文化服务、生活服务），涵盖了社区服务的方方面面；原野社区新时代文明实践站坚持以社会主义核心价值观为引领，包含“五大功能”（供需对接、注册认证、宣传引导、项目孵化、团队培育）、融合“五个平台”（理论宣讲平台、教育服务平台、文化服务平台、科技与科普服务平台、健身体育服务平台）、聚焦“六大主题”（学习宣传理论政策、培育践行主流价值、创新开展文明创建、大力弘扬时代新风、丰富精神文化生活、壮大志愿服务队伍），开展了各类特色活动，切实打通宣传群众、教育群众、关心群众、服务群众的“最后一公里”。

此外，原野社区党组织充分利用“上海社区云”为社区居民提供便民服务。“上海社区云”居社互动平台是基于移动互联网，以居村党组织为核心，以居村委为主导，以城乡居村民为主体，相关各方广泛参与的党建引领网上治理平台，原野社区居民可以直接通过此平台了解社区内部各类活动的最新动态、反馈社区内存在的问题、共同议事协商参与小区建设、及时了解防疫信息等，形成居民与居民之间、居民与社区工作人员相互关联的一张网，使居民能够最大限度参与到社区的方方面面。

原野社区党组织通过线上和线下的相互结合和补充，不断完善群众服务体系，坚持把服务群众作为社区工作的基本立足点，激发社区治理中的群众活力，由此，才能在疫情来临时，实现党组织与居民齐心协力，共同成功抗击疫情。

（三）锻造能吃苦、敢担当的党员队伍

2020 年 1 月 8 日，习近平总书记在“不忘初心、牢记使命”主题教育总结大会上讲道，“广大党员、干部要在经风雨、见世面中长才干、壮筋骨，练就担当作为的硬脊梁、铁肩膀、真本事，敢字为先、干字当头，勇于担当、善于作为，在有效应对重大挑战、抵御重大风险、克服重大阻力、

解决重大矛盾中冲锋在前、建功立业”。原野社区党总支设书记 1 人，委员 4 人，其中兼职委员 1 人，下设 2 个党支部，现有在册党员 65 人，居民区在职党员 250 人，日常构建了网格化、精致化、全覆盖的工作体系。

2020 年 3 月 24 日，市委组织部发出致全市共产党员的一封信，其中原野花园小区党员亮明身份、落实“双报到”要求，迅速集结，形成了以党员为主的志愿者队伍 119 人，占小区总人数比重高达 15% 左右，党组织队伍在这次疫情防控中积极且迅速，紧密团结在一起。

据原野社区王弟书记介绍，社区内党员全部参与疫情防控工作，甚至是以家庭为单位，一个党员带动全家人，积极报名参加防控工作。社区居民黄蕾和女儿王子寅一起化身志愿服务的“小红花”，在志愿岗位上发挥各自所长、积极履职、坚决执行并完美完成任务。黄蕾称志愿者服务带给她最大的感受是志愿者“就地”转岗适应之快，以及志愿服务主动意识之强，不管之前担任过什么样的职务，在这里都只有一个身份——“志愿者”。志愿者李扬夫妇毫不犹豫报名参加了华亭新苑第一批志愿者，李扬是一位有 20 年党龄的退伍军人，夫妇二人平时就一直在做志愿者服务，防控任务一出，二人便第一时间报名参加，他们称“很开心做到了抗疫志愿服务的‘全勤’，我们将继续志愿服务并快乐着!”自 2020 年 3 月上旬开始，居委会干部 24 小时值班，每日的防疫工作有效推进，办公电话随时接听，应急事件随时处理，他们从 3 月 31 日开始 40 多天没有回过家。王弟书记说，“疫情期间大家体验了一回集体生活，大家同吃同住同奋斗，这么多同路人、志愿者一起并肩作战，带着温暖的力量前行，再苦再累大家也毫无抱怨”。原野社区党员的能吃苦、敢担当在此次抗疫过程中充分得到体现。

三、原野社区党建引领社区治理能力提升

（一）原野社区治理结构

自 2019 年以来，方松街道党建为提升社区治理能力，提升居民满意度，创新了社区治理格局，初步建立起由党建引领的“四治一体”社区治理格局，原野社区也积极配合加入。首先是以共治为载体，为社区治理增添动力，落实“四位一体”社区联席会议制度与“三会”制度。聚焦业委会建设的入口关、履职关和廉政关，实施 10 项措施，社区领导者相互监督，共同领导社区治理，大大提升了社区治理的效率。其次是以自治为手段，为社区治理增添活力，开展“好邻居”微项目创建活动，推出“微爱、微美、微乐”各类微项目 33 个，在小区管理、低保评议等事务中让居民参与，形

成了居民自我管理、自我教育、自我服务的自治模式。再次是以德治为支撑，为社区治理增添引力，开展“最美方松”系列评选，征集“好家风、好家训”201条，广泛开展文明交通执勤、清洁家园等行动，有效助力创全，居民区注重将“德治”融入和谐社区建设，充分发挥“德治”在基层社会治理中以德育人的基础作用，让道德风尚在辖区蔚然成风。最后以法治为保障，为社区治理增添合力，组织开展36场普法宣传、法制教育活动，建成方松法律服务网站，编制《“送法到身边”方松居民普法案例》（第二辑），进一步提高社区工作人员和普通居民的法律意识，形成全民学法用法的浓厚氛围。

（二）原野社区治理能力提升路径

社区是社会治理的主阵地，也是党和政府联系服务居民群众的“最后一公里”。方松街道历来注重社区治理，为提高社区治理能力和提升社区服务范围，该社区党建做了很多工作：

1. 社区网格化管理和热线服务水平提升

方松街道开发网格实践综合管理平台，对543件网格事件进行分级处置，全程追溯督导，确保上报问题件件有措施，事事有结果。网格平台受理案件办结率超过78%且热线服务接单案件全部及时处理完毕，围绕“三合一”场所，展开“居改非”联合执法63次，清退违规人员900余人次。该社区的这些举措充分展现了“我为群众办实事”，强化民生保障，不断提升社区服务水平，创建了和谐、干净的社区治理氛围。

2. 党建服务体系进一步完善

街道党建服务中心实现整体升级，党建服务站点在居委会、街道、商圈、G60人才公寓等街道各处遍地开花，初步形成了“15分钟”党建服务圈，并且与区司法局党委、区卫计委合作成立“律政先锋”“医动青春”等党员志愿者服务团队、与42个驻区单位建立服务协作区，在7个超过10万平方米的商圈成立了党支部，还开发了线上“方松党员网家”系统平台和App。街道充分发挥党建在社区治理中的引领作用和实际行动精神，不断增强社区党组织的向心力和凝聚力，推动党建组织全面覆盖新局面的形成。

3. 管理基础精细化，管理体系不断完善

该街道成立了城市管理精细化工作领导小组，健全工作机构，坚持条块结合，协同推进精细化管理工作，出台了《方松街道创建“美丽社区”三年行动实施方案（2018—2020年）》等一系列配套文件，制定了“工作会议、巡查发现、项目通报、信息报送、督查督办、考核问责”六项工作制度，不断推动美丽方松、住宅小区“美丽家园”的建设。此外城市管理勤务模式持续优化，市容特保队员实现“入网入片”，启动实施路长制，印发《公共区域市容环境精细化管理手册》和《方松街道商业街区市容管理宣传手册》，明确市容管理职责，形成共管共治格局，该街道社区着力构建党组织领导的共建共治共享的社区治理新格局，为推进社区治理体系和治理能力现代化贡献力量。

四、原野社区党建引领疫情防控实践

（一）思想引领，形成防疫共识

习近平总书记强调：“要做好宣传教育和舆论引导，及时消除群众存在的焦虑、恐惧心理，维护社会稳定。”原野社区基层党组织通过及时传递政策声音、信息公开和科普防疫知识等方式，凝聚抗疫共识。

1. 传递政策声音、信息透明公示，稳定民心

原野社区通过微信公众号、微信群及时将中央重大决策部署以及市区两级的防控措施传递到每家每户，缓解群众面临突如其来的疫情的慌乱。原野社区在微信公众号及微信群中及时公布和更新核酸检测地点、核酸检测时间、抗原检测发放时间、结果上传时间等，避免群众在核酸检测和抗原检测中不知所措。核酸检测和抗原检测结果出现异常时，及时向群众告知，最大限度减少居民无端猜测异常情况，口口相传“歪曲事实”，从而引起群众恐慌情绪。例如，4 月 3 日，志愿者在微信群中公布抗原检测情况：第 10 组，抗原试剂实发 66 人，实测 66 人，阴性 65 人，异常 0 人，无效 1 人（×××室 1 人）。数分钟后，群众便收到更新信息：无效已补测，正常阴性。“好消息”“坏消息”都及时公开告知，及时辟谣止谣，便可将谣言扼杀在摇篮之中。

2. 科普防控知识，凝聚人心

原野社区将疫情防控知识宣传到每家每户，开展多种形式的科普宣传，充分利用社区电子屏、宣传栏、微信公众号、志愿者劝导等线上线下相结合的方式普及防控知识，使疫情防控要求深入人心。宣传防控知识的同时，也会发布暖心励志事迹，例如，凌晨 1：23 分还有志愿者未入睡；凌晨 5：05 分志愿者已经起床投入工作；邻里之间互相提供帮助，为突发胃病的邻居及时送上家中备存的药物。这些事迹的宣传使群众在紧张的疫情防控中

从心理上得到安慰，增加抗疫成功的信心，更加团结一致，守望相助。

（二）基层党组织发挥领导核心作用

基层党组织响应党中央号召，引领社区防疫抗疫。原野社区基层党组织“不忘初心、牢记使命”，引导广大党员群众抗击疫情，构筑群防群治的严密防线。党员干部带领党支部及时掌握疫情动态，及时采取行动，发挥基层党组织政治引领作用和党员先锋模范作用。

1. 组织协调，有序开展防疫工作

原野社区构建了网格化、精致化、全覆盖的工作体系。在接到防控任务后，首先调动辖区内党员力量，组建“党员报到群”，将社区所有党员分为9组，管辖3个居民小区，再将3个居民小区内住户细分，合理划分包干网格。以原野花园小区为例，将338户居民细分为11个小组，将报到的180名党员下放到11个组，每个组分为队长、副队长、核酸负责人和队员。原野居委会将所有党员志愿者纳入对应网格区，再将党员志愿者分类，成立物资运输组、物资发放组、门岗防控组、抗原检测保障组、核酸检测保障组、党员巡逻组、突击队等，各司其职，确保防疫工作高效运转。

同时，充分发挥小区微信群作用，小区分别建有议事群、购物群、团购“团长”群，多维度保障封控期间居民日常生活，严格管理团购和物资发放，最大限度保证居民食品安全，严防外部输入。金宇婷是松江区城管执法局城管执法队员，也是原野花园小区疫情防控期间的“90后”“第二书记”。封控期间金宇婷扛起了小区团购“团长”群“旅长”的重担，全面负责居民物资保障工作。原野花园的居民物资团购大致流程：审核保供证明—叫停有风险团购—团长负责制—收货清点—互助发货。居民日常生活的有效保障离不开每一个环节的严格把控和每一位“团长”的尽心尽力付出。

此外核酸检测和抗原发放是疫情防控中最要紧也是最烦琐的工作。社区成立了核酸检测组，负责在检测前告知大家做核酸的时间和地点，核酸检测过程中涉及现场秩序维护、核酸扫码和现场采样等工作。例如，核酸检测排队始终保持间隔两米，单向通行模式，防止交叉感染；5月1日之后志愿者学习并承担起采样工作；抗原自测试纸挨家挨户发放并不漏一人地统计、上传自测结果，等等。这一系列防疫工作都是在党组织引领下合理有序开展的，防疫工作始终有条不紊地进行着。然而面对突如其来的疫情，井然有序的防疫工作是在防控实践中磨炼出来的，比如，华亭新苑在第一次核酸检测过程中，出现了同条道路双向同行的问题，虽然小区居民之前

核酸检测和抗原自测全部阴性，但出于安全考虑，居委会和志愿者还是讨论确定了单向通行模式，通过业主群广泛告知，路线引导明确清晰。在社区党组织组织协调下，及时、快速、有效地解决问题是防疫工作有序开展的核心关键。

2. 多方联动，形成强大合力

原野社区党组织在引领疫情防控工作中，多方联动，联防联控，形成强大合力。党员干部和志愿者走向抗疫前线，基层党组织引导他们协助社区工作，如入户排查、站岗测温、查验出入证、发放防疫物资、开展宣传教育等，构筑抵御疫情的严密防线。同时物业、居委会各司其职参与防控工作，物业公司协调保安、保洁等人员积极配合，对公共区域、垃圾房、各楼道等地及时消杀，夜间做好巡查等。物业公司把好门，看好物资在小区流通，严格按照区、街道防疫要求，控制人、物进出，并做好登记。特别是对团购及居民零星购买的物品，做好消杀工作，严格查看外卖小哥、快递人员 48 小时核酸阴性证明等。

居委会工作人员以各自网格为区域，统筹统管各项防疫工作。不区分条线，做到全岗通。关注志愿者工作开展，督促好物业履行职责，满足物业需求。对小区居民关注的话题及时回复，关注舆情，宣传好志愿工作，调动正能量。金宇婷说，她来到社区工作的 30 多天里深深感受到了社区基层工作者是全天 24 小时无休的“全员管家”，“星光不问赶路人”，居委会干部以单位为家，不分昼夜，随时待命为防控工作做好后勤保障。

除此之外，防控工作中最离不开的是群众的参与、理解和支持，王弟书记说党组织是防控工作的核心，他将党组织形容为“心脏”。面对疫情防控工作的复杂性、紧急性和艰巨性，原野社区党建与群众肩并肩、齐心协力守住社区平安。原野社区居民类型多样，在疫情形势严峻时期，居民们在抗击疫情过程中充分发挥自身优势，贡献一份力量。如有外企管理者通过联系基金社等给本社区居民筹集防疫物资；也有在高科技企业担任管理者的居民将自己的管理思路运用在抗疫志愿团队管理工作上；还有一直做志愿工作的家长在这次疫情中与正在读研究生的孩子一起发挥各自所长，青年人是抗疫过程中不可忽视的重要力量。此次疫情凸显了党建工作离不开群众参与，一旦党建工作离开了群众参与，就成了无源之水、无本之木。在此次疫情防控工作中，充分体现了党建工作背靠群众、紧密联系群众、发挥群众力量的重要性。

（三）服务周到，赢得群众有力支持

1. 动态管理，灵活处置

原野社区内学生和教师数量较多，由于需要上网课不能根据统一时间核酸检测，社区为有需求的学生和教师开辟绿色通道，随到随测，不耽误学生上课，对于行动不便的居民，在全员核酸检测结束后，社区统一安排上门服务。封控期间，原则上“只进不出”。对于特殊需求，原野社区灵活处置，对透析患者、突发急症患者等，原野社区通过确认凭证、48 小时核酸报告或抗原检测、出入口登记记录放行，在保证社区卫生安全的前提下，满足其就医需求。

在封控期间，对有慢性疾病和急需用药的居民来说，购药是头等大事。原野社区网格长方洁每天负责居民的买药工作，代配药的工作流程比较复杂：记下药名和数量，加微信确认药品照片，和街道配药群联系哪些医院有药，收集医保科和相关证件，到所在医院挂号、开处方、付款、取药。因为配药需求的增多，每天要收纳多位居民的医保卡，因此方洁常常一个下午要跑好几家医院，每天要驱车 30 ~ 40 千米，另一位网格长吕冠华主动承担司机工作，两人更高效分工完成任务，及时将药品送到居民手中。

2. 服务精细化、人性化

居委会网格长对小区的独居老人和外国友人提供一对一帮扶服务。老人无法使用智能设备进行核酸检测和抗原自测结果上传，团购时也无法快速获得信息并采购物品，为确保老人的正常生活能够得到保障，志愿者对老年人加以特殊关照，及时主动询问其需求和不便之处，并竭尽所能为老人提供服务。原野社区内也有外国友人居住，封控期间语言环境和生活习惯的不同为外国友人的生活增加了不少难度，志愿者为他们提供专管帮扶服务，保障他们封控期间的正常生活。

3. 服务全面化

社区志愿者除了每天做好日常保障工作之外，还帮助居民缓解心理压力，主动嘘寒问暖，在微信公众号发布“居家心理健康短视频”，为老年人居家隔离期间的健康提供“内外兼修”的建议，以及如何缓解居家办公和学习的焦虑和不适等。特殊时期居家上网时间增多，随之而来的网络诈骗事件也有所增加，原野社区朱大坚警官时刻在微信群和公众号内提示大家“谨防诈骗”，并向居民们提供防止被骗的方法。生命健康极为重要，心理健康和财产安全也不容忽视。

原野社区在细节之处为居民提供周到服务，面对特殊情况灵活处置，对于特殊人群实施精细化、人性化、全面化服务，强烈的人文关怀使得居民感受到社区的温暖，增强了居民对社区和党组织的信任感，赢得群众的有力支持，积极配合并参与疫情防控工作。

五、总结

在此次对原野社区关于疫情防控的调研过程中，我们了解到该社区的社区治理和党建是紧密联系的，并且党建起着领导核心作用：首先是党建引领着社区治理，迅速理顺了各种关系，推动各要素的协调配合，这是此次防疫工作顺利进行的重要原因之一；其次党建始终秉持着以人民为中心的社区治理理念，把该社区居民的需求和满意度始终放在最高位置，居民也高度配合防疫工作并且积极加入社区志愿者队伍，为防疫贡献自己的力量，广大群众的支持也是该社区防疫工作顺利开展的另一个原因；最后原野社区大力利用互联网信息技术来解决疫情防控中遇到的各种问题，例如，该社区建立了“社区云”平台，为广大居民了解社区相关通知和政策提供渠道，也积极鼓励居民参与上海市推送的“公共文化内容线上配送”活动，这些举措不仅为居民和相关工作带来了便利，也极大地丰富了居民文化生活，获得居民的一致好评。原野社区的这些防疫措施给党建带领的社区治理提供了丰富的经验，值得其他社区学习和借鉴。

“第一水乡，最美党建”
——对昆山市周庄镇下辖社区特色党建的实地调研

作者：王一晨　陈天
指导老师：刘海泉

一、引言

2022年下半年在北京召开的中国共产党第二十次全国代表大会是我党在进入全面建设社会主义现代化国家、乘胜向第二个百年奋斗目标进军的新征程的关键时刻召开的十分重要的大会。全党全社会都在为全面建设社会主义现代化国家、夺取新时代中国特色社会主义伟大胜利、实现中华民族伟大复兴的中国梦而努力奋斗。

作为党的组织体系不可分割的一部分，新时代的基层党组织承担着重要的角色和任务。《中国共产党章程》第三十二条明确指出：党的基层组织是党在社会基层组织中的战斗堡垒，是党的全部工作和战斗力的基础。其中明确规定了党的基层组织的基本任务。社区是社会治理的细胞核和神经元，是民情民意的集中搜集点，更是党和各族人民保持血肉联系的桥梁和纽带①。社区基层党组织承担着团结群众、动员群众、组织群众的重要职责。基层党组织处在党的组织体系的“神经末梢”，是贯彻落实党中央决策部署的“最后一公里”，必须牢固树立抓基层抓基础的鲜明导向，织密建强基层党组织体系，让基层党组织“最后一公里”更通畅、更优质②。社区党建作为基层党组织的重要组成部分，对社区治理起着引领作用，要将坚持党的领导、坚持为人民服务、坚持改革创新融入社区治理的每一个细微之处，充分发挥基层党组织和社区治理网格的优势，为辖区居民的生活带来便利。

---

① 薛冰．新时代社区党建工作的现实困境与改善路径[J]．中共成都市委党校学报,2021(4)：78－80.

② 基层党组织“最后一公里”要更通畅更优[EB/OL].http://dangjian.people.com.cn/n1/2021/0408/c117092－32073244.html,2021－04－08.

基于以上背景，小组成员结合“走社区 看党建”暑期专项社会实践项目开展调研。调研对象选定江苏省苏州市昆山市周庄镇，对昆山市周庄镇党群服务中心、贞丰里社区、蚬江社区、云亭社区展开调研。具体调研内容则主要围绕社区党组织工作情况、党建特色品牌、特色党日活动、基础设施建设状况等展开。调研时间为2022年7月27—28日两天。

二、主体

（一）调研对象简述

昆山市周庄镇是首批国家级历史文化名镇，被誉为“江南第一水乡”，辖区内有包括贞丰里社区、蚬江社区、云亭社区在内的3个社区以及10个行政村。在苏州市机关工委的指导下，周庄镇积极打造以“1＋13＋N”为体系的“海棠花红”党群服务阵地，目前已建成1个镇级党群服务中心、13个村（社区）党群服务中心以及古镇景区、窗口单位等重点领域N个党群服务点。此次实践小组对周庄镇特色党建的调研主要围绕周庄镇党群服务中心、贞丰里社区党群服务中心、蚬江社区党群服务中心和云亭社区党群服务中心四大党群服务阵地而展开。

（二）调查方法与调查过程

1. 调查基本方法

本次社会实践主要运用文献研究法、田野调查法、访谈法三种方法。

（1）文献研究法

文献研究法主要指收集、鉴别、整理文献，并通过对文献的研究，对事实形成科学认识的方法。本文文献资料主要来自学校图书馆、中国知网等平台的党建方面的图书著作、报纸杂志、学位论文，以及政府公开网站和周庄镇当地媒体（电视、报纸、微信公众号等）发布的党建方面的工作报告、建设成果。

（2）田野调查法

田野调查又叫实地调查或现场研究，是社会科学和自然科学进行定性研究的重要方法。作为“江南第一水乡”，周庄镇积极将水乡特质融入红色党建，形成了极具特色的党建模式，实践小组通过对周庄镇特色党建的开展进行实证研究，对社区内党组织功能的发挥、党建品牌的建设情况、党日活动的开展情况以及基础设施建设状况等进行实地调查，在总结周庄镇党建工作取得成就的同时，发现其中不足并提出相应的解决办法，为党建引领下的基层社区治理提供了经验参考。

（3）访谈法

访谈法，又称晤谈法，是指通过访员和受访人面对面的交谈，了解受访人的心理和行为的研究方法。小组成员在进行实地考察的同时，也通过与社区内党群服务中心工作人员、当地群众和游客的交流，对周庄镇各个社区党建工作的开展情况、群众满意度进行了解。在此次访谈过程中，小组成员采用了按照访谈提纲对受访者提出问题以及随机面对面交流两种形式，旨在获取较为全面、客观与真实的信息。

2. 调查过程

第一阶段：考虑到疫情问题，百香果小组成员按照投标书的调研计划将7月27—30日为期四天的调研行程压缩至两天（7月27—28日）。小组在7月26号商讨出本次实践活动的具体计划，并于7月27号抵达周庄镇党群工作局，开展调研活动。综合上述两部分工作，本次暑期社会实践活动第一阶段主要完成了以下事项：

（1）确定实践行程

A. 2022年7月27日前往周庄镇党群工作局，对党组织工作情况、党建特色品牌、基础设施建设状况，以及周庄镇党建工作的整体开展情况进行调研。确定针对不同采访对象的访谈提纲。

B. 7月28日上午前往贞丰里社区，对社区党组织功能及工作开展状况、特色党日活动进行调研，并对群众进行走访。

C. 7月28日下午前往蚬江社区和云亭社区，对社区党组织功能及工作开展状况、特色党日活动进行调研，并对群众进行走访。

（2）参观周庄镇党群工作局与周庄镇新时代文明实践所

A. 与周庄镇党群工作局工作人员进行交流，了解周庄镇党群工作局与下辖社区党群服务中心之间的关系；了解周庄镇社区特色党日活动主题的选定缘由、开展目的；了解周庄镇党建工作“党建+”的开展形式；了解疫情期间周庄党组织发挥的作用；了解周庄镇党建融媒体发展状况等。

B. 参观周庄镇新时代文明实践所（党群服务中心），对党建引领下居民的精神文化活动现状进行调查，实地参观基础设施，对党群服务中心基础设施建设如何达到“凝党心 聚民心”的目的进行了解。

（3）对民众进行采访

对本地出租车司机进行访谈，了解本地居民对党建引领下开展的各项活动的认可度。

第二阶段：7 月 28 日上午的实践活动主要围绕贞丰里社区党群服务中心党建展开。第二阶段活动的开展主要通过“线上 + 线下”的形式进行。本次暑期社会实践活动第二阶段主要完成了以下事项：

（1）对贞丰里社区党群组织进行了解

A. 贞丰里社区党群组织概况。

B. 了解贞丰里社区特色主题党日活动，包括社区特色党日活动主题的选定缘由、开展目的；了解贞丰里社区党建工作“党建 +”的展开形式；了解疫情期间贞丰里社区党组织发挥的作用等。

C. 对贞丰里社区党建引领下居民的精神文化活动现状进行调查，实地参观基础设施，对党群服务中心基础设施建设如何达到“凝党心 聚民心”的目的进行了解。

（2）对民众进行采访

对社区常住居民进行访谈，了解本地居民对党建引领下开展的各项活动的认可度。

第三阶段：

（1）对蚬江社区党群服务中心进行了解

A. 蚬江社区党群服务中心基础设施概况。

B. 了解蚬江社区特色主题党日活动及社区特色党日活动主题的选定缘由、开展目的；了解蚬江社区党群服务中心如何围绕“海棠花红”基层阵地打造属于自己辖区的党建服务品牌；了解蚬江社区“蚬江党群‘心’客厅”党建服务品牌如何凝聚社区党群关系。

C. 对蚬江社区党建引领下居民的精神文化活动现状进行调查，实地参观基础设施建设，对党群服务中心基础设施建设如何达到“凝党心 聚民心”的目的进行了解。

（2）对云亭社区党群服务中心进行了解

A. 了解云亭社区特色党日活动；了解云亭社区特色党建品牌。

B. 了解云亭社区党群服务站、云亭社区便民大厅等基础设施建设情况。

（三）实地调研特色党建的主要内容

1. 重点内容

（1）系统打造 服务阵地美

群众需求在哪儿，先锋阵地就覆盖到哪儿，党的基层服务就延伸到哪儿。近年来，周庄镇始终坚持夯实党建基层，优化党群服务，不断完善“1 + 13 + N”三级党群服务体系，着力打造“15 分钟党建服务圈”。目前已建成1个镇级党群服务中心、13个村（社区）党群服务中心及古镇景区、窗口单位等重点领域N个党群服务点，切实做到把党群阵地建在群众家门口，把党群服务触角延伸到群众身边。

周庄镇党群服务中心是全镇范围内集党建教育培训、公共便民服务、党建文化展示于一体的开放式、多功能、专业化的党建工作综合阵地。在基础设施建设上，周庄镇党群服务中心着力将“最美水乡”融入“红色党建”，结合当地特色工作、重点任务，整合多类资源，系统打造了“海棠花韵”“周庄时光”“贞丰书场”等15个特色板块。同时又以“红色党建”引领精神文明建设，依托党建服务中心深化“吃讲茶”服务理念，在增强党的政治领导力、思想引领力、群众组织力和社会号召力方面发挥了重要作用。

贞丰里社区党群服务中心位于周庄古镇景区内部，内设包括综治中心（网格化管理服务中心）、人力资源和社会保障服务站、退役军人服务站、便民服务中心、居家养老服务中心、民兵连等在内的一套具有完备体系的部门。由于身处景区内部，贞丰里社区党群服务中心始终致力于构建居民与游客和谐共生体系，通过党建引领将服务居民和游客贯彻到各项日常工作中，不断为景区型社区治理探索新路。相较于贞丰里社区党群服务中心，蚬江社区党群服务中心在注重政治引领的同时，更加重视对社区居民的服务。一方面，通过设置党建党群区、先锋书架等来保证政治功能的发挥；另一方面，将社区内特殊群体作为工作的重中之重。在医疗健康方面，蚬江社区在党群服务中心内设置有卫生服务站，其中详细地记录了社区内高血压、糖尿病、严重精神障碍等人群的情况，以签约形式为其提供家庭医生服务。在就业方面，统一设置社区残疾人就业集中点，彰显人道主义关怀。在亲子服务和家庭教育方面，建设有“花田亲子工作室”“妇女儿童之家”“未成年人活动点”……为社区居民创造了和谐、友爱、干净、整洁、可持续的居住环境。

除综合性的党群服务中心外，各个社区还根据自身实际情况设有数个党群服务点，旨在打通联系服务党员群众的“最后一公里”。在贞丰里社区,党群服务点的设置主要面向游客以及新业态群体。如游客服务中心党群服务点，主要为游客提供咨询、阅读、救助等基础性服务，以及常态化开展党员群众接待、党群教育培训等活动，同时因地制宜地在服务窗口、检票口等醒目位置设置党员示范岗，在环镇水上游码头、游船内部、游客休息厅等地增强党建氛围布置，切实让红色党建融入水乡旅游。“周到暖心”驿站党群服务点则主要面向新业态群体，为快递员、外卖员定制党建类、生活类和服务类功能，包括党日活动、红色教学、主题观影、权益维护、防疫物资等，让新业态群体在工作之余沉浸式感受古镇风情、体验暖心服务。在蚬江社区中，党群服务点的设置主要面向社区居民，如蚬江花园中轴线党群服务点在建设过程中始终秉持“党建共享”的理念，打造亲子、教育、文化、便民一体化的服务阵地，切实体现党建引领社区治理的重要作用。

（2）一线攻坚 带头先锋美

周庄镇始终坚持让“党旗飘在一线、堡垒筑在一线、党员冲在一线”，积极动员党员干部到一线攻坚克难，以实战推动社区工作高质量发展，在疫情防控、志愿服务和消费维权中展现出最美先锋力量。

在疫情防控方面，贞丰里社区、蚬江社区、云亭社区全体党员始终将居民的生命健康置于首位，带头亮身份、当先锋、做表率，活跃在宣传引导、出入管理、核酸检测、物资保障等工作的第一线，切实为群众解决买菜难、买药难、就医难等问题。近期，为进一步扩大疫苗接种范围，共筑免疫屏障，贞丰里社区主动组织开展“疫苗上门服务”，老党员第一时间报名接种，为老年人群疫苗接种起到良好的带头作用。同时为有效提升应对突发疫情的应急处置能力，保障人民群众的身体健康和生命安全，贞丰里社区还在党组织的领导下积极开展疫情封控管控演练活动，以练备战，筑牢防线，始终坚持为民多做一分，为民多走一步。除了核酸检测、接种疫苗等常态化疫情防控工作外，蚬江社区还在周庄镇党委的帮助下开出一家“馨”超市，由战“疫”先锋队的 11 名党员和志愿者担任工作人员，让 4000 多户居民在疫情管控中也能吃上新鲜菜、平价菜，获得了社区居民的一致好评。

在志愿服务方面，除了党员干部发挥自身先锋模范作用外，周庄镇还致力于以党建引领青年志愿服务，成立了古镇文明旅游志愿者、垃圾分类志愿者、治水护水志愿者、疫情防控志愿者等队伍，守护在古镇旅游业发展、环境保护、社区治理的第一线。其中“水韵周庄”青年志愿服务队曾荣获 2019 年度昆山市“最佳志愿服务团队”称号，充分展现出青年志愿服务队在党建引领下发挥的先行军和生力军作用，同时也激励更多青年用行动争做新时代文明实践青年先锋。

在消费维权方面，周庄镇于 2014 年 10 月成立了以诸伟新命名的“诸伟新消费维权工作室”，并于 2019 年组建了“消费维权党员志愿者队伍”，积极发挥古镇区 9 条主干道路沿街商铺党员经营户的先锋模范作用，通过以点带面、示范引领，带动周边商户构建和谐安全的消费环境。近年来，该队伍共受理各类消费投诉近千起，为消费者挽回直接经济损失数百万元，消费者满意率高达100%。诸伟新本人更是恪守党员的职责，始终将为人民服务放在心间。自“诸伟新消费维权工作室”成立以来，他的手机保持24小时不关机，全天候受理纠纷，一年365天全年无休，凭着真诚的态度和专业的水平，诸伟新荣获苏州市2021年度“最美消费维权人物”称号。

（3）生态保护 水乡环境美

“第一水乡，最美党建”，美在水乡环境。周庄古镇作为国家5A级旅游景区不仅承载着旅游业的重任，也肩负着辖区环境整治的任务。一方面，周庄古镇有800多户原住民枕河而居，水域等环境治理对于居民良好的生活环境和旅游业的发展有着重要作用；另一方面，社区环境治理是党建工作中重要的一环，人居环境整治离不开党建引领。周庄镇围绕水乡环境整治开展了“美丽周庄先锋行”环境整治行动，发动了1500余名党员干部和公职人员到居住地开展活动。共有55个行动支部开展人居环境整治活动。这正是从地区生态和景观角度出发维护地区环境的重要行动。

人居环境整治常态化背景下，各社区也根据这一倡议号召制定有关环境保护的主题党日活动，让保持良好优美的环境成为常态、成为习惯。例如，贞丰里社区开展“人居环境大整治”“垃圾分类年度表彰活动”主题的党日活动就从社区宏观整体和社区居民个体的方面来确保辖区保持整洁环境，而年度表彰活动的开展也从榜样模范的角度为社区居民树立良好表率；蚬江社区开展“垃圾分类宣传”主题党日活动向辖区内居民宣传垃圾分类的重要性、规则，为打造舒适整洁宜居的社区环境奠定了宣传层面的基础；云亭社区开展“人居环境大整治”活动则从行动层面落实了环境保护与整治。

（4）周到服务 宜居宜业美

周庄镇推出“周到服务”，制定出台《周庄“聚宝盆”——周庄镇高质量发展奖励办法》，进一步深化政府服务改革，落实助企惠民服务。党建惠企以思想学习、安全教育、政策扶持、流程优化、走访慰问等方式为本地企业解决问题。急企业之所急，想企业之所想，将党建引领的强劲力量转化为惠企助企的扎实举措。例如，周庄镇安监办开展“践行初心促安全，服务企业零距离”专项行动，将安全生产检查工作贯彻到实处，开展讲座培训班，提升企业安全防范意识，切实关切企业生产安全；周庄镇将各项惠企政策落到实处，对企业创业给予政策资金扶持，为打造友好型创业环境、形成良好创业氛围奠定政策基础。

此外，周庄镇从社区安全、服务便捷、环境整治等方面打造宜居环境。

综治警务网格是推动社会治安综合治理的新模式，它能够有效整合社会资源、进行职能归并，网格员在其中起到了关键性作用。例如，周庄派出所社区民警熊国浩就是这一新模式的践行者，他兼任网格联动工作站副站长，对管理辖区中的蚬江社区进行走访，开展了包括犬类整治、监控探头设备更新、反诈宣传等工作，极大提升了蚬江社区居住体验，并依托“红管先锋”行动营造蚬江社区良好的党建工作氛围，主动解决居民生活中的问题和困难，将所有的工作落实到为民服务上。

（5）完善机制 社会治理美

社会治理是一项复杂庞大的工作，周庄社区通过党建引领，将“支部建在网格上”，创新完善治理机制，组建社区“大党委”，落实“红管先锋”建设要求，推出“圆桌会议”“先锋畅享会”等沟通协调机制，优化提升社区治理能力。例如，蚬江社区“大党委”有效整合居委、物业、入驻单位等多方力量，讨论社区事务，化解矛盾纠纷，推进物业管理项目标准化建设，让物业成为党组织领导下的社区服务重要阵地。蚬江社区的“先锋畅享会”及时了解居民心声，处理群众关心的事项，受理居民诉求，有效协调社区事务。蚬江社区“红管先锋”打造的“蚬江社区党群心客厅”，为开展主题党日活动提供了活动阵地，为居民提供了问题沟通渠道，有效提升了社区治理能力。

居民生活安全保障是社会治安的重要一环。周庄镇结合实际情况开展“无黑”区镇工作方案，明确“无黑”景区、“无黑”村、“无黑”社区，纵深推进扫黑除恶专项斗争，对黑恶势力违法犯罪行为进行清扫，构建长效防范打击机制，使社会环境明显净化，让居民的生活更有幸福感、安全感。

2. 存在的问题与不足

尽管周庄镇下辖社区的党建工作取得了一定成就，获得了群众的广泛认可，但是其中仍有不足之处，主要体现在以下方面：

第一，党员年龄老化，积极主动性不够。以贞丰里社区为例，目前社区内共有党员 73 名，其中有 48 名是各单位退休的老党员，远远超过了社区总党员数的一半，为基层党建带来了一定困难。如在社区党支部定期开展的“三会一课”、主题党日等活动中，老党员缺席数量较多，其中一部分原因是健康状况不允许，另一部分原因则是党员意识淡薄，组织观念不强。同时，正是由于这部分老党员素质不高，未能充分发挥先锋模范作用，导致社区基层党支部在群众心中的组织力、威信力有一定程度的削弱，并进一步影响了社区内部分青年群体的入党积极性。

第二，党员流动性大，组织生活难保障。被誉为“江南第一水乡”的周庄以发展旅游业为主，其中不乏外地来周庄创业的流动党员，然而由于大多数流动党员都是个体商户，平常都是以个人经营活动为主，这就导致集中流动党员共同参与组织学习出现困难，且由于长期脱离党组织，部分党员的身份意识逐渐淡化。

第三，新建社区党建基础薄弱，机制体制不完善。周庄镇辖区内共有贞丰里社区、蚬江社区、云亭社区三大社区，其中贞丰里社区与蚬江社区已经在长期的实践探索中形成了完善的党建机制，而成立于2020年的云亭社区在党建工作方面还存在一定的不足。首先，党群服务中心建设进度缓慢。云亭社区成立已经有两年多的时间，然而云亭社区党建服务中心却迟迟未建设完成，导致党组织开展活动缺乏相应阵地。其次，党建品牌缺乏长远规划。虽然云亭社区党支部曾提出建设“云聚幸福，亭领先锋”党建品牌，但是在实际工作中并未以该党建品牌为抓手促进基层党建创新发展。最后，党日活动缺乏针对性和创新性。当前云亭社区内党日活动的开展大多以单一的“人居环境大整治”为主题，而未根据居民的实际需求开展具有针对性的活动，导致群众参与党日活动的积极性不足。

3. 解决的措施与方法

老党员具有丰富的实践经验，在某些社区治理问题上有自己的一套工作方式。但是就社区发展来说，时代在不断变化，在对新情况、新事物的理解上，治理模式的创新上，其面临突发情况时的应变能力相较于年轻党员干部可能还需进一步提高。针对基层党员干部年龄结构老化问题，可以为老党员提供上门服务，让红色经典著作和会议精神走入老党员家中。此外，应当发展年轻的、具有高学历的、专业对口的创新型党员，优化新党员的年龄、学历、性别等比例结构，让源源不断涌入党的队伍中的新鲜血液充分发挥他们的能力和才智，为深度优化社区治理形式、创新基层党建工作模式储备人才队伍。

针对景区流动党员，可以成立“流动党员服务站”，将辖区内远离党组织的流动党员吸收进来，这样也能够让流动党员正常参加组织生活，让真正在异地的党员重新回到党组织中。流动党员服务站在运作过程中，要注重对流动党员的教育和管理，通过建立线上交流学习群和举办线下定期党史教育、实景教育活动的方式让流动党员思想永远跟党走，让其在社区治理中发挥自己的作用，让流动党员能够坚持理论联系实际的工作方法，构建井然有序的党员管理体系，优化基层党建工作。此外，要充分发挥党员先锋模范带头作用，提升党员参与党内政治生活和支持基层党建工作的积极性、主动性。

针对社区治理和党建工作中存在的不足，可采取以下三点措施。第一，阵地建设要充分遵守进度安排，公开进度安排以便群众监督。第二，通过党建引领，充分结合社区特点，进一步完善属于自己辖区的特色党建品牌，广开言路、广听民意，充分吸收人民群众的意见，以此来完善基层党建工作，提升社区党建引领社区治理的能力。第三，在主题党日活动方面，不能因循守旧、故步自封，要认真学习党中央会议精神，在实现中华民族伟大复兴的道路上敏锐察觉民众精神需求，创造性地为社区居民提供各项服务，通过特色党日活动传达党中央会议精神、丰富居民精神文化世界，让红色党建浸润心灵。

三、调查结论与总结

习近平总书记多次强调，基础不牢、地动山摇。基层党建工作是一项基础性工作，是组织工作的重要组成部分。基层党建工作的好坏，关系到我们党能否真正推动科学发展、促进社会和谐。第一，基层党组织是党在基层的“神经末梢”，是党执政大厦的根基。第二，基层党组织是党整个体系的组织支撑，是党落实任务的工作支撑，是党联系群众的纽带支撑。第三，基层党组织是党全部工作和战斗力的基础。

昆山周庄社区的基层党建工作坚持党的领导，坚持为人民服务的宗旨。该地社区党建一方面能够贯彻落实基层党组织“最后一公里”的决策部署，另一方面能够将基层党建工作与地区特色深度融合在一起，让辖区居民能够在社区党建引领社区治理下获得良好的居住体验，便利生活、丰富精神文化世界。本次调研所了解到的贞丰里社区打造的“贞丰真美”党建品牌、蚬江社区打造的“蚬江党群心客厅”党建品牌和云亭社区打造的“云聚幸福、亭领先锋”党建品牌，都是社区党建引领社区治理，是立足于社区实际对党建工作的创新性开拓，是对社区党建工作新形式的拓展，是为了更好地了解民意、解答民意、服务民众而做出的新尝试。虽然个别社区党建工作存在一定的创新问题，但是在周庄镇“第一水乡，最美党建”这一统筹的特色党建品牌的打造下，社区党建会通过摸索找到属于自己的立足点，通过实践破除障碍，打造属于自己的特色活动，更好地为人民服务。

总体来说，昆山周庄社区真正做到了让党建工作为高质量发展赋能，在周庄镇党群工作局的指导下，各社区在古镇保护、服务群众、维护社会治安、疫情防控、精神文明建设等各项工作中，深化创新治理机制，发挥党员先锋模范作用，把党组织的战斗堡垒作用和党员先锋模范作用发挥到基层一线，有效地打通了基层党建“最后一公里”。

四、学生调查收获与感悟

在党的第二十次全国代表大会召开之际，实践小组成员来到昆山市周庄镇下辖社区进行实地调研，用脚步丈量社区发展，用双眼见证党群同心。通过此次实践调研，小组成员更加清晰地认识到社区基层党组织的工作制度、组织结构、发展规划以及在社区治理中的领导核心作用、服务保障作用、宣传协调作用、战斗堡垒作用。此外，小组成员还深刻地感受到党中央决策部署基层党组织“最后一公里”的重要性与必要性。作为党的组织体系中的“神经末梢”，基层党建工作开展关系到城乡基层治理的质量，而社区作为城乡基层治理的基础单元，在管理上又具有一定的难度和挑战性，这就需要创造性地利用党建赋能社区治理，不断探索基层治理新形式，将坚持党的领导、以人民为中心、坚持改革创新融入社区治理的每一处角落，让居民在“海棠花红”的红色阵地中感受幸福生活。

芜湖社区党组织功能调研
——以芜湖市疫情防控静态管理为例

作者：张芊荟　曹雯捷　张子木　方普晨　张玥
指导老师：何山青

一、引言

芜湖市是安徽第二大城市，也是长三角成员城市。芜湖市充分发挥社区党组织作用，在疫情防控方面取得了积极的成效。芜湖处在长江中部，地理位置优越，相邻省市曾多次暴发大规模疫情，在这些艰难时期芜湖始终坚持抗疫决心，严防死守，到目前为止未曾有过严重的大规模疫情。

二、调查背景

2022 年 4 月 17 日，芜湖市城区一所中学发现一例初检阳性感染者，该校 1 000 余师生遍布主城区各小区，考虑到奥密克戎病毒隐匿性、传染性强等特点，为快速阻断疫情传播，切实保障人民群众生命安全和身体健康，该市自 4 月 17 日凌晨 4 点起，对芜湖主城区暂时实行静态管理。4 月 17 日至 22 日，芜湖市累计确诊无症状感染者 34 例，4 月 23 日上午，芜湖市召开新闻发布会，宣布当天上午 10 点起，芜湖市主城区（镜湖区、鸠江区、弋江区、经开区、三山经开区）除封控区、管控区外所有区域解除静态管理，转入常态化疫情防控状态。在此背景下，我们以芜湖市主城区社区党组织的工作部署所发挥的重要作用为切入点，以疫情防控静态管理为例，探寻芜湖社区党组织近年来在服务芜湖市群众及凝聚人心方面做出的积极贡献。

三、基本调研情况

（一）调研地点

芜湖市弋江区中南街道、芜湖市龙湖街道、芜湖市天门山街道。

（二）调研时间

2022 年 7 月 6—9 日，准备实践材料，统一采访问题。

2022 年 7 月 15—31 日，实地采访。

2022 年 7 月 31 日至 8 月 5 日，分析整合采访内容，对现有内容做进一步补充和完善。

2022 年 8 月 7—20 日，整理资料，进行社会实践各项材料的编写工作。

（三）采访对象

安徽省芜湖市广福社区徐书记、中南街道张主任、龙湖街道工作人员。

（四）调研方法

本次社会实践，我们通过对熟悉的党员工作进行实地采访的方式来探寻芜湖市党组织对人民群众生活的重要作用。在前期的准备工作中，经过大家的共同商定与讨论，我们拟定了几个采访问题。我们将实践分为三个大阶段，并针对三个对象将调研活动分为三个小阶段，通过线下采访、线上讨论的方式对芜湖市党组织在疫情期间所做出的贡献进行了集中讨论和问询。我们事先通过讨论拟定了十个采访问题，再总结问询的结果，进一步讨论研究，从而发现问题，提出建议。

四、调研结果

（一）调研过程简述

1. 前期准备

2022 年 7 月 6 日，队内开展了动员大会，由队长张芊荟同学主持会议，针对“芜湖社区党组织功能调研——以芜湖市疫情防控静态管理为例”这一主题，就未来阶段预期与方向进行了细致灵活的规划，明确了之后的实践方向和阶段分工。此外，我们也提前与受访组织、受访对象进行了沟通与对接，做好了本次暑期社会实践活动的前期准备，如撰写采访稿等。

2. 中期采访

地点 1：广福社区

7 月 15 日上午 8 点 45 分，小组一行 4 人在广福社区会合，进入社区，徐书记先带领大家参观了社区党建工作展示面板，为我们介绍了近年来安徽省芜湖市广福社区完成的党组织功能建设。接下来，我们对徐书记就疫情防控静态管理的一些问题进行了采访。在采访中，我们感受到了突如其来的疫情给党组织工作人员带来的压力，与他们众志成城，守护社区人民，共同抗击疫情的决心与毅力。常态化疫情防控的组织化、制度化、网格化和人性化，在广福社区的有序工作下，得到了有效落实。

地点 2：龙湖街道

7 月 25 日上午 9 点，小组一行 4 人在弋江区龙湖街道集合，做好任务分配，如采访、拍摄、记录。准备好之后，叩响了街道防疫办的大门，并与办公室负责人展开问答与探讨。随后，我们又到健康小屋进行实地调研，真实地了解了政策是如何落实的，党员志愿者又是如何调动群众的。采访与调研结束后，我们小队进行资料的整理与讨论，收获颇丰。这次采访大大加深了我们对常态化疫情防控之下政府所做所想的理解。

地点 3：中南街道

这是本次实践活动的最后一个地点，依据先前的经验，我们有针对性地挑选了一些问题，对其负责人进行了简单的咨询。7 月 31 日下午 1 点，小组一行 4 人来到了弋江区中南社区，我们就疫情静态管理阶段中，党组织所发挥的重要作用，对相关工作人员进行了采访。我们围绕党组织在疫情之下如何分配物资、如何进行统筹部署和规划、如何缓解民众内心的紧张情绪、如何应对后续可能出现的疫情以及如何帮助弱势群体共渡难关等问题展开了问询和讨论，并得到了详细的解答。通过这次采访，我们深刻认识到党中央为人民服务的宗旨和决心，也深刻理解了党组织行动的艰难和不易，更体会到广大党员们在困难面前迎难而上的无私品格。

3. 总结阶段

8 月 15 日上午 10 点，小组的各个成员通过线上会议的方式对此次的社会实践进行了总结和梳理。由于不同社区的防疫形势、问题不同，因此，政策上会存在差异，但是党组织对人民群众生活的关心和广大党员无私奉献的精神是不变的。此次实践让我们对党组织有了更加深刻的认识和更加崇高的敬意。除此之外，我们也发现了防控过程中存在的问题，经过队内讨论，我们也给出了方案。

（二）具体采访内容总结

1. 广福社区

7 月 28 日，队员张子木同学来到广福社区。社区积极响应抗疫，采取了一系列果断而有条理的举措。广福社区徐书记接受了成员的采访。4 月 17

日芜湖市城区一所中学发现一例初检阳性感染者，为快速阻断疫情传播，切实保障人民群众生命安全和身体健康，广福社区以极快的速度、网格化的管理，打赢了疫情防控战，得到了居民的支持与配合，影响力也大大提高。徐书记表示，那几天令她和同事们印象深刻，社区工作者共同商讨防疫举措，甚至来不及回家看上一眼。她还为我们分享了那段记忆犹新的经历：他们为行动不便的老年人、残疾人等特殊群体建立网格化的工作管理机制，确保不漏一人；为有需要的孩子订购特制奶粉；为特殊疾病患者联系药物等。虽然他们的工作量大大增加，但是他们看到居民们的笑脸，都十分自豪和有成就感。

2. 龙湖街道

7 月 30 日，队员张玥同学来到龙湖街道。面对询问，工作人员表示 2022 年的新冠疫情防控大致可以分为三个阶段。第一，在上海等地大规模疫情发生时，芜湖市积极组织全民核酸检测，一个社区至少布置一个健康小屋，做到智能化便民，做好常态化核酸检测的准备；同时，对于来皖人员严加管控，并经常进行社区摸底调查，不论是领导人员还是基层工作者都常常加班，达到全社区上下无遗漏。第二，四月，芜湖市在核酸排查中发现一例异常，立刻启动应急响应。凌晨四点，官方发布闭环管控指令，并立即将该病例行程信息告知市民，最终实现“一周内社会面清零、没有外溢”。这得益于市委市政府坚持疫情防控工作不懈怠、保持高度警惕的态度，体现在行动之迅速、管控之严密。第三，在上海等地疫情持续好转后，市委市政府采取精准防疫政策。相关社区做好对接工作，充分考虑到民众的诉求，有条不紊地重燃经济的发展。值得说明的一点是，在这次疫情防控持续战中，社区工作人员一直贯彻落实上级的指令，无条件服从指挥，为群众做好实事。尤其是党员干部，更是时刻将群众安危放在第一位。

3. 中南街道

7 月 31 日，队长张芊荟同学来到芜湖市弋江区中南街道开展采访。社区工作人员表示这一次芜湖地区的疫情暴发十分突然，也是吸取了其他城市的经验教训才决定采取静态管控措施的。当时广大群众的内心是十分不安的，而街道的工作人员当时也被封控在各自居住的小区，他们和党组织的联系也都是以线上的形式。街道工作人员，尤其是党员也都在各自的小区或是担任核酸检测的监督员，或是积极地帮助群众解决疫情时期的实际困难。工作人员表示他们够体会到在疫情之下群众生活的不容易。为了方便大家进行核酸检测，政府后续也推动建设了许多核酸小屋。经过了一轮疫情的考验，工作人员表示总结出了许多经验，首先，在物资储备上会更加有危机意识。其次，社区对接种疫苗、定期核酸检测等常态化抗疫行动做了广泛的宣传，并且也收到了良好的效果。希望这些举措能够防患于未然。最后，根据市委市政府的统一部署，对来自中高风险地区人员实施更加严格的登记、核酸检测和隔离管理。各项措施确保疫情不扩散、不蔓延。

五、发现问题以及应对策略

在对三个社区（街道）进行采访和沟通后，我们发现一个共同的问题，那就是在现实生活中的那些弱势群体，他们的生活怎么办？不论是广福社区徐书记所说的为儿童订购奶粉，还是中南街道张主任所说的为患病人群采买药物，甚至出示相关证明，允许他们出门就医，这都是在帮助疫情中的弱势群体，确保他们的生活正常进行。可是，我们不得不承认的是，这样的帮扶政策暂时还没有形成一个完善的体制。还有很多我们看不见的困难人群没有得到基本的帮助。上海疫情暴发，静态防控之下民众的生活质量大大下降，更有极端情况，由于疫情防控给人们带来的不便造成了人员伤亡。这样的例子让人触目惊心，疫情防控原本是为了阻隔病毒，保障人民的生命财产安全，但是某些特殊时刻的特殊行为和措施却加剧了某些问题。疫情防控工作如何能够争取到全体人民的支持，也是我们所要思考的问题之一。对于这些问题，小组人员就采访内容，结合自身生活实际给出了以下几条解决策略。

（1）在疫情常态化时期，社区工作人员应当加强与群众的联系。要定期走访，对各个家庭成员的健康状况、就业情况都要有最基本的了解。

（2）要加强社区工作的宣传，在发生疫情之前就要将一些相关政策向群众讲清楚，争取人民群众的理解和支持。

（3）疫情之下，最新的重要信息要第一时间向社会公开发布。

（4）疫情常态化下，相关部门要努力确保生活物资和尽快恢复生产。

（5）在疫情这样的艰难时期，政府要对网络上的谣言以及各种不当言论进行监管和处罚，让民众对政府有信心，才能不恐慌。

六、感悟与收获

2019 年疫情暴发以来，新冠病毒逐渐表现出强传染性。2022 年 3 月，上海突发新一轮疫情，其周边城市也受到不同程度的影响。安徽省芜湖市 2022 年 4 月 17 日夜间突发疫情，开启了全面的静态管控，突如其来的消息给广大人民群众的生产生活带来巨大的影响。广大群众出现生活物资上的储备不足、心理上的恐惧，让整个疫情防控工作一度陷入焦灼的状态。芜湖市委、市政府及各级领导组织快速动员，一方面组织各类物资的集中调配和内部人员管理，另一方面，统一筹划全市核酸检测，让疫情得到快速控制。可以说，芜湖市党组织抗疫的决心是坚定的。7 天的时间虽说不是太长，但是对经济社会生产和人民群众的正常生活造成了较大的影响。这不仅在此次静态管理中表现出来，而且在此前上海疫情暴发，很多地区为了当地疫情防控工作拒收在沪工作的本地群众。芜湖针对这一情况推出了相应政策，不仅接收在沪务工的芜湖人，更是对经济上相对劣势的在沪学生进行补助，免费为他们提供隔离服务，对已经收费的学生也将他们的费用悉数退回。5 月 21 日，据芜湖市新冠肺炎疫情防控指挥部办公室消息，疫情发生地返芜大学生的隔离优惠政策定下来了。政府将全面摸清各地疫情发生后芜籍大学生返乡的底数，逐人建立信息台账。芜籍大学生返乡必须提前向目的地社区（村）报备。同期，芜湖正在积极准备转运车辆和隔离点房源，并提前与铁路部门对接。学生落地，立即闭环转运至辖区内集中隔离点，落实相关管控措施。具体来说，上海等疫情发生地返芜大学生抵芜后，实施 7 天集中隔离 +7 天居家健康监测（7 天隔离期间要落实第 1 天、第 4 天、第 7 天三次核酸检测。其中，第 7 天实行双采双检，阴性后方可居家健康监测）。此外，所有返芜大学生免费隔离，在芜隔离大学生已缴费者，将全额退还。① 这一举措在当时是安徽省首例，让我们看到了芜湖市委、市政府对战胜疫情的决心，对省外同胞施以援手的救助之心，保护人民群众的赤子之心。静态封锁 7 天后，除部分小区外，全面解除静态管控。居家隔离期间，我们能够看到医护人员的辛苦，能够感受到左邻右舍的相互帮助，及社区党组织所发挥的中坚力量。大部分人民群众都能够理解和支持党组织和政府在疫情这个特殊历史时期的各项工作，并且积极地配合。可是对于社区工作人员来说，工作是普惠性质的，不论人民群众是否能够给予他们基本的肯定，他们都需要根据上方发来的指令和基本要求进行工作上的部署。有人说，“基层的工作最难做”。通过这次实践活动，我们也有了更深层次的理解和感悟。官方给出的要求是理性的、科学的，在后期实施的过程中社区工作者不仅要根据指令精准实施，也要有所考虑，有所侧重。在规则里注入人情，让抗疫工作真正做到利民。在几天的采访过程中，我们体会到了抗疫一线工作者的辛苦，当然也发现了其中所存在的问题和不足，但是最重要的是，我们看到了党组织以及广大党员对抗疫工作

---

① 资料来源:“安徽关注”公众号。

的决心。我相信只要广大群众和党组织团结一致，我们终将走向抗疫斗争的胜利。

七、思考与总结

此次的实践活动，让我们对芜湖的疫情防控工作有了新的了解。疫情防控常态化阶段，芜湖作为一个三线小城，防疫压力相对较小。精准、网格化的管理便于社区及时了解居民情况，其中的人文关怀也十分细致。总体来说，芜湖市的疫情防控是比较完善合理的。

以小见大，通过对此次芜湖疫情静态防控工作的了解，我们也能看到目前我国应对新冠疫情独特政策的合理性和科学性。

我国疫情防控全面落实“外防输入、内防反弹”总策略和“动态清零”总方针，坚持“预防为主、防治结合、依法科学、分级分类”的原则，坚持常态化精准防控和局部应急处置相结合，这是合理且科学的。我们小组将结合芜湖市的案例证明我国防疫政策的合理性和科学性。

从经济角度而言，对凶猛的疫情采取严格防控措施，难免会对经济社会发展造成一定的影响。但是我们必须认识到，只有疫情被有效控制住，经济发展和正常生活才能具备有利条件；疫情越早得到控制，经济发展所受影响就越小。我们应该自信地看到，我国疫情防控有良好的成本效益比。2022 年 4 月 17 日，安徽芜湖出现一例初筛阳性感染者，主城区实施 7 天静态管理。之所以采取如此严格的措施，是因为感染的是高中学生，并且没有找到感染源头，该生活动范围不固定，危险性很大，涉及人员包括教师、学员、家长等，范围很广。

1—4 月，全市固定资产投资同比增长 19.2%。

1—4 月，全市限额以上单位实现零售额 13.61 亿元，增长 17.7%。

1—4 月，全市一般公共预算收入 11.17 亿元，增长 6.6%；一般公共预算支出 19.25 亿元，下降 18.1%。

1—4 月，全市金融机构人民币各项存款余额 716.83 亿元，同比增长 16.5%；人民币各项贷款余额 475.76 亿元，同比增长 15.1%。

从芜湖市政府报告中对于经济形势的总结来看，通过数据对比，主要指标均有所上涨，经济运行总体情况良好，虽然在 4 月进行了短暂的静默管理，但是并没有产生很大的影响，反而将芜湖人民拧成一股绳，聚成一团火，更好地投入之后的经济生产中。

基于我国当前疫情形势，“动态清零”仍是现阶段的最佳选择。实践证明我们的防控措施是科学有效的。“动态清零”较好地平衡了疫情防控和经济社会发展之间的关系，能够让我们用最小的代价实现最大的防控效果，最大限度地减少疫情对经济社会发展的影响。“动态清零”并不意味着全域静态管理。恰恰相反，“动态清零”追求的目标之一就是尽可能避免全域静态管理。原则上，在疫情早期，传播链条清晰、风险可控的情况下，没有必要采取全域静态管理。但是，当疫情出现广泛的社区传播、传播链条不清楚，在暴发性流行和规模性反弹的风险较大的情况下，要综合考虑疫情特点、所处阶段、防控能力、人口特征等因素，决定是否采取如静态管理等更为严格的防控措施，以及具体区域大小、范围、时间和管理的力度等。

芜湖市在坚持“动态清零”总方针的同时，采取更坚决、更果断、更严格的措施，强调以快制快、科学精准、严谨细致做好疫情应急处置工作。充分发挥网格化、小单元精准作战和大数据排查优势，加强流调溯源，快速查找、堵住潜在风险点，切断疫情传播。强化重点场所管理，严格落实封控区、管控区、防范区各项管控措施，全力做好隔离人员转运工作，做到应隔尽隔、应转尽转，坚绝不漏一个人。坚持人民至上、生命至上，从严从紧抓好患者救治、院感防控等工作，坚决避免交叉感染，并及时准确发布防疫信息，积极回应群众关切，切实凝聚起团结一心、共同抗疫的强大合力。重视孤寡老人等特殊群体和困难群众基本生活保障，严防发生冲击社会道德底线的事件，同时保证物资顺畅，稳定市场秩序。

事实证明，正是在坚持我国疫情防控总方针的基础上，结合芜湖市的实际情况，迅速做出反应，控制疫情的蔓延，并及时总结经验，使芜湖市长期保证在低风险地区，在常态化防控的基础上，持续保持正常生产生活秩序。

附件一：

采访问题：

（一）4月芜湖“一例封城”，哪些原因导致采取如此严格的措施呢？

（二）静默期社区党组织是如何分配各项工作的？

（三）在何时收到疫情防控管理的消息？在紧急吹响疫情防控的号角时，你们是如何快速做好准备的？

（四）在疫情部署时期什么是重点？

（五）在静态防控期间如何平衡居民的日常生活与静态防控之间的矛盾？你们是如何开展后续疫情常态化工作，及争取百姓的配合的？

（六）在这次疫情防控中，您认为社区采取的措施与以往的各种重大事件相比有什么特别之处，有什么给您留下深刻印象的？

（七）最近安徽疫情暴发，你们的常态化防疫政策起到了哪些关键作用，有没有信心做到“一周内实现社会面清零、不外溢”？

（八）社区如何保障公共卫生需求，做好民生物资保供工作？

（九）您对于社区党组织的战斗堡垒作用是怎么看的，党员志愿者工作的开展在疫情防控中有什么突出优势？

（十）您认为成立临时党支部，开设党员先锋驿站助力抗疫是怎么体现社区党组织功能的？在本次疫情防控中还有哪些创新之举？

探究疫情之下党建发展新思路，推动城市社区开拓党建新篇章

——以广西壮族自治区南宁市邕宁区蒲庙镇红星社区、贵港市港北区荷城社区、桂林市全州县全州镇前进社区为例

作者：买晨奕　杨柠宁　苏琴　黄梓鸿　黄文青　唐敏莉

指导老师：张帅

一、引言

习近平总书记指出，基层是经济社会发展矛盾的聚焦点，必须把抓基层、打基础作为党的工作的长远之计和固定之策。党的二十大报告指出，城市社区作为社会基层的组成部分，党组织功能发挥对社会治理有着重要的作用。围绕全面建设社会主义现代化国家新征程，进一步深入学习贯彻习近平新时代中国特色社会主义思想，调查小组聚焦“建党百年”“十四五”开局之年党和国家中心任务，以及经济社会发展的重点领域、热点问题，以疫情防控为首要原则进行社区党建调研和实践，深入开展社区党组织教育管理及服务功能，发现问题并提出建议，形成具有现实意义的研究成果。

通过讨论，调查小组决定以新冠疫情影响下的生活为大背景，于 2022 年 6 月 24 日至 7 月 25 日在广西壮族自治区三个基层社区的党建服务中心及医院等地进行线下实践调研。

此次调研分别从政策推行情况、党建队伍的建设、党组织内的思想建设和党员的纪律作风、群众反馈等方面，针对社区党建人员、该区域医护人员以及居民群众进行走访调查，通过交流沟通、问题收集与采访以及工作环境和党建宣传参观等方式完成实践调研。调查小组对疫情环境下的社区防控以及党建教育措施进行了了解，其中包含对社区基本情况的了解以及社区党组织的监督机制、作风建设、防疫宣传等工作的调查，旨在从不同角度了解当地的社区党建服务情况，探索疫情之下的党建发展新思路，为城市社区党建服务工作提供参考，推动城市社区党建新篇章。

二、主体

（一）调查对象基本情况

1. 建立与发展过程

广西壮族自治区南宁市邕宁区蒲庙镇红星社区（以下简称“红星社区”）成立于 2002 年 6 月，是邕宁区政治、经济文化中心。党支部以“先锋引领，幸福同行”党建品牌为抓手，提高社区服务水平，有效提升居民生活幸福指数，打造幸福社区。

广西壮族自治区贵港市港北区荷城社区（以下简称“荷城社区”）成立于 2011 年，是贵城街道管辖面积最大、人口最密集的社区之一。社区坚持全面贯彻落实党的民族理论和民族政策，创新方式载体，为谱写党建新篇章付诸行动。

广西壮族自治区桂林市全州县全州镇前进社区（以下简称“前进社区”）于 2019 年 7 月 10 日举行“村改居”揭牌仪式，撤村设居是广大社区居民的共同心愿，更是党全心全意为人民服务的初心体现，居民可以从中享受到更加便利的公共服务，更大程度共享社会发展成果。

2. 现实情况

红星社区与荷城社区由于少数民族群众占比较高，社区充分考虑少数民族情况，以铸牢中华民族共同体意识为主线，秉持“重在平时、重在交心、重在行动、重在基层”的理念，主动顺应“城市社区互嵌式”社会结构的发展趋势，举办少数民族活动，宣传少数民族文化，创新活动方式载体，广泛组织开展民族团结进步创建进社区活动，促进民族团结，以呈现邻里和睦一家亲、社会稳定大团结的良好局面。

前进社区则坚持以党的政治建设为统领，根据时代要求、现实情况制定相关政策计划，坚持选干部配班子、抓基层打基础、建队伍聚人才，实施“政治统领”“干部锤炼”“全域固垒”“英才智荟”“标杆引路”等五大工程。切实增强基层党支部政治功能、服务功能和发展功能，把基层党支部建设成为宣传党的主张、贯彻党的决定、领导基层治理、团结动员群众、推动改革发展的坚强战斗堡垒。

（二）调查研究基本做法

广西党建情况探索实践小组线下小分队的三名成员分别前往广西壮族自治区南宁市邕宁区蒲庙镇红星社区、广西壮族自治区贵港市港北区荷城社区、广西壮族自治区桂林市全州县全州镇前进社区，主要通过采访的方式进行实地调查。

通过小组讨论，小组成员整理好采访问题并确定采访对象，经社区工作人员同意并商定好采访时间后，按照约定时间前往社区工作地点进行采访，了解疫情之下社区的党建情况。同时，小组成员也对在社区管辖范围内的群众进行随机采访，了解群众对社区党建的看法与评价，从中得知社区工作人员所言是否为实际所为。

（三）社区党建所采取的主要措施

1. 红星社区

红星社区为了更好地服务居民群众，创造了“12365”工作法，喻意一年12个月365天全天候为人民服务，全力打造“先锋引领，幸福同行”特色党建。

社区提供“一”个党群服务中心，群众可以前往服务中心咨询各种信息，了解各种权益，社区工作人员为群众提供良好的服务，为他们答疑解惑，帮助他们在社区更好地生活。在疫情期间，如果群众对于防疫政策不够了解，社区工作人员会及时耐心地向他们科普防疫政策。

社区提供“两”个工作平台，即“党员之家”和“红色议事会”，党员深入群众之中，倾听群众心声，收集群众意见。党员志愿者进入小区开展疫情防控排查，全力以赴做好疫情防控工作，保证群众健康安全。

社区提供“三”大服务，即政策服务宣传到位，文化服务到位，关心服务到位。社区采取各种形式宣传政策，比如微信群宣传、在文艺活动中宣传、结合创城宣传入户宣传，等等。社区党委以“桂风壮韵”特色文化品牌为载体，举办花婆节等一系列民俗活动，满足居民群众对精神文化的需求。居民参与这些活动时，工作人员会在活动中宣传防疫政策以及告知群众如何做好防疫工作。

社区成立“六”支队伍，即党员志愿队伍、“红石榴”志愿者队伍、青年志愿者队伍、楼栋长队伍、网格员队伍、职能部门队伍。六支队伍分工协作，相互配合，切实为社区居民做好事，办实事。

社区建立“五有”工作目标，即“民需有我问，民事有我管，民困有我帮，民忧有我解，民智有我纳”，在目标的指引下，社区工作人员全心全意为人民服务。

2. 荷城社区

荷城社区以“强组织”“强机制”“强阵地”“强队伍”为目标，落实

“夯实创建大堡垒，聚力机制创新”。

社区成立了由党委书记担任组长的创建工作领导小组，党委牵头抓总，层层落实责任，不断提高干部群众的责任感和使命感；制定《荷城社区创建民族团结进步示范单位工作实施方案》及《荷城社区创建民族团结进步示范单位分工细则》等相关规定，明确创建工作总体要求、目标任务和推进步骤；打造社区民族之家、图书阅览室、棋牌活动室、健身室、心理咨询室、远程教育终端等设施设备，保障工作顺利开展、稳步推进；组建党员志愿服务队、小雏鹰志愿服务队、大学生志愿服务队、老大姐志愿服务队等 11 支民族团结工作队伍，定期开展便民服务一条街活动，为各族群众提供政策宣传、家电维修、身体检查等服务。疫情之下，荷城社区聚力管理创新，打造共治“同心圆”。

在坚持党建引领的同时，创新网格化管理，积极引导党员、志愿者担任网格员和楼长，主动在防疫工作中发挥“宣传员、排查员、管控员、监督员、服务员”的“五大员”作用，不折不扣地做好发放防疫宣传资料、排查重点人群、清理垃圾等防疫工作。同时，社区先后组织各族党员帮助解决防疫工作所需要的口罩、消毒物资、矿泉水、面包等应急物资，坚决打赢这场全民族的战“疫”。

社区充分发挥驻区联合党委、企业以及社会组织共驻共建的作用，为社区养老中心、天眼工程等团体提供物资以及经费等。对于少数民族群众，社区每月定期走访孤寡老人，定期为儿童青少年开展课业辅导等培训服务，积极打造出民族团结“同心凝聚、同轨运转、同脉相连”的社区共治“同心圆”。

3. 前进社区

前进社区根据全州县党委打造的“党务字典”、标准化编印指导手册开展社区活动。贯彻落实《中国共产党支部工作条例（试行）》，以党章和党内法规为依据，重点围绕党的基本组织、基本队伍、基本制度、基本保障、其他工作等五个方面，制定完善《全州县基层党支部标准化、规范化建设指导手册》（以下简称《手册》）。区分农村、社区、机关（事业）单位、中小学校、公立医院、两新组织、国有企业等领域，明确党的组织设置、班子建设、队伍建设、组织生活、作用发挥、运行机制、场所建设、基本保障等 42 项工作标准。将《手册》下发给每一个党支部，组建“流动讲师团”分赴 18 个乡（镇）开展党务培训和业务指导，实现农村、社区、机关、事业单位、两新组织和国有企业等领域全覆盖。

前进社区党群服务中心的服务要点是：知民心、解民忧、帮民难、促民富，话有地方说、事有地方办、困难有人帮、问题有人管，坚持为居民更好地生活提供帮助。在选择领导干部时，会通过群众、上级部门对相关人员工作中、生活中、社会实践当中的能力作风进行观察和记录，选拔出符合时代声音，在各方面经得起、扛得住的领导干部。领导干部都是从最基层做起，经过上级的培训，凡事亲力亲为，做到多学多做多看多听，在为人民服务方面做到知民意、解民忧、帮民难、促民富。

为持续推进清廉社区建设，全州县构建网格化管理平台，以社区网格为依托，在社区组建“党支部 + 党员 + 网格员 + 志愿者”的队伍联盟，推举公信力好的党员担任网格员，成立由社区干部职工、网格员、居民代表、离退休党员干部等组成的清廉社区志愿服务队，定期向党员、居民群众传播廉政文化知识，传递廉政正能量，加强廉政教育，全面打造“政治清明、居务清廉、干部清正、民风清朗、服务高效”的清廉社区，推动清廉社区建设提质增速。

（四）目前取得的成绩

1. 红星社区

红星社区目前获得“自治区民族团结进步示范区”，2022 年“全国文明单位”及“全国红十字会模范社区”等荣誉称号。

2. 荷城社区

荷城社区先后获得“全国最美志愿服务社区”“全国巾帼建功先进集体”“广西 2019 年度五星级社区居委会”等荣誉称号。

3. 前进社区

前进社区获评广西综合减灾示范社区、桂林市文明村镇，为全州县级党建示范点，形成“一乡一品牌、一村一特色、一路一景观”的基层党建工作新格局。

（五）存在的问题及基本分析

1. 红星社区

红星社区目前主要存在“社区范围大，工作人员少，管理难度大”及“党员激励机制较单一”两方面的问题。

我们分析造成该问题的原因主要是：①社区管理划分比较不合理。红星社区包括 91 个居民小区，常住人口 15830 人，而社区设 5 个党支部，有党员258名，社区现有工作人员16名，社区工作人员管理范围比较大。②工作冗杂，人员结构配置不科学。城市社区隶属街道，实际工作中存在街道工作转嫁给社区的现象，在一定程度上给社区工作者增加了负担。③人力资源配置不足，社区工作效率低。社区工作人员呈现人员少、高龄化、文化水平不高、工作不稳定等特征。据调查，社区内实际在编在职人员不足要求的10~15名工作人员，多为公益岗人员，仅能承担一些比较简单的工作，比较难管理。④党员奖励考核体系不完善，存在“干多干少一个样”的现象，同时受职数限制，干部的提拔、晋升等激励空间有限。考核虽然在一定程度上发挥了考评激励的作用，但导向作用不明显。⑤社区工作人员在工作中处理问题时缺乏灵活性。一味按部就班对待工作任务，对于特殊情况没能做到特殊处理。领导层只把任务布置下去，只看重完成率，不重视完成效率；而普通工作人员，容易产生“只要完成任务就好”的心理，不重视工作是否奏效。

2. 荷城社区

荷城社区同样由于管辖面积大而管理困难，但同时还存在部分工作人员履职不力等问题。

我们分析造成该问题的原因主要是：①社区网格化管理模式实施不当。社区内虽配有网格员，但是多为在家照顾孩子的家庭妇女，工资低，流动性大，工作连续性难以保障。同时，社区分配给网格员的任务缺乏合理性，导致网格员在双休日没有足够的休息时间调整，身心疲惫导致工作热情降低。此外，网格员自身对于工作时遇到的一些特殊情况没能及时跟上级沟通反馈处理，而是一味地抱怨，造成任务堆积，工作效率降低。②为人民服务的观念尚待加深，对待群众要始终保持热情服务的态度，克服“事不关己，高高挂起”的思想。③工作作风不够扎实。对待工作不扎实，总想在工作中找捷径，不想花费太多精力就想把事情做好。④社区考核体系不够完善。对于党员的考核存在模糊不清的地方，党员容易钻空子，而社区任务目标不明确，也让党员对任务的完成不够上心，叠加党员社区任务过重，超出社区工作人员的工作能力，党员也可能存在消极的心理。⑤缺乏专业人员指导和监督。同红星社区一样，荷城社区也存在着社区范围大、管理困难的问题，但根据调查，荷城社区的工作人员在数量上是合理的，面对工作人员履职不力的问题，荷城社区监管力度不足，缺乏专业人员调整任务分配结构和运用科学的方法管理建设社区，因此难以保障工作人员高效率、保质保量地完成任务。

3. 前进社区

前进社区的主要问题是党员干部教育供需不畅、蜻蜓点水、学用脱节等，通过线上学习或者是线下讨论后，在实际运用方面仍有不到位之处。

我们分析造成该问题的原因主要是：①政治理论学习不够，理论功底浅薄。在党支部组织学习时党员干部才参与到学习中，学习都是被动式的，而不是主动学习，在平时的学习中缺乏认真学习的劲头。②纪律意识淡薄，工作要求标准低。工作时重计划，轻实施，满足于干完就行；一些规章制度的遵守程度不够，执行力不强，处理事情方法比较简单，没有创新精神，思考不够深刻。③党员学习教育方式比较刻板，不够生动，党员对于精神学习的理解不够深刻。在学习党的精神过程中，党员之间的沟通交流比较少，对于党的精神的学习不够深入。党员工作经验不足，或者做事方式存在问题还没能改正过来，干部对于党员的指导不到位，造成党员在理论和实践上存在问题。④学习方法缺乏创新，学习内容有局限性。社区采用传统的教育方法跟不上时代步伐，学习方法缺乏创新性不太能激发党员的学习热情，同时也限制了党员为社区建言献策的思想空间，从而面对新的问题时，社区党组织可能无法巧妙地利用新思想提出完善的应对办法。

（六）存在问题的改进建议

1. 创新社会治理，引入“合伙人”机制

社区通过联合党建、团建、文化、商圈、社区治理、志愿关爱等“合伙人”，吸纳辖区事业单位、社会组织、企业及志愿者等参与社区治理，推动社区实现共建共治共享。只要是愿意参与治理、积极为社区幸福美好生活出力的组织或个人，都可以申请加入“合伙人”，用这样的方式优化整合社区各类资源，壮大服务队伍，营造“人人服务社区，社区服务人人”的社区治理新风尚。不断加强和创新社会治理，持续优化基层治理服务体系，提升基层治理效能和服务水平。

例如：社区可以在服从上级安排的基础上组建党建部队，并加强现有的人才培养，还可以向具有决定权的镇政府推荐合适人才，并提出鼓励人才返乡等改进意见，吸纳“合伙人”。

2. 实现社区工作人员人岗匹配

首先，按部门、专业在社区内设置专岗，通过专业化的服务解决居民最需要、最关心的问题，满足居民多元化的需求。其次，优化社区人力资源配置，升级人员结构，提高工作效率。同时建立一支较固定的志愿者队伍，充分利用社会资源，最大限度地发挥志愿者的作用，既可组织志愿者队伍集体参加社区服务，也允许志愿者单独活动，为开展好社区服务工作打下坚实的组织基础。

例如：增强社区工作人员与志愿者的联系协作，让志愿者可以分担工作人员的一部分工作，以减少工作人员的压力。此外，社区可以根据社区工作的要求储备相关工作人员，及时补充人事力量。同时，社区可为网格员配置代步车，让工作人员进行交叉区域维护，这能提高工作效率，缓解社区范围大、管理有难度的问题，同时也能根据工作需要，更好地进行区域资源分配。

3. 加强党建工作人员队伍建设，健全考核监督激励机制

进一步增强群众观念，真正提高党建工作人员的思想觉悟，把为人民服务意识落实到各项工作中去，以高度的责任感、事业心，勤勤恳恳、扎扎实实地做好各项工作。严格要求自己，以身作则，形成严谨求实的工作作风，遵守工作纪律，严谨、规范、科学地做好各项工作。建立多样化的党内激励机制，分别从政治、物质、精神、责任等方面健全激励机制，使党员更多地感受到组织的激励，加强党内程序性规章建设，积极地为党员创造良好的工作、生活条件，切实为党员解决实际问题。

例如：社区可以设立年度优秀党员等奖项并给予补贴，对于获较高荣誉者应颁发荣誉奖章或徽章。社区工作人员要注重对于党员的激励，在精神激励的基础上，可以根据党员的具体表现，给予一定的物质奖励，比如节假日可以送些大米和食用油等，在年底可以增加奖金。在精神和物质两方面给予优秀党员肯定，让党员专心致志服务居民。

4. 改进教育学习方式

首先，在开会上课中可以增加更多对于党的精神和政策等的具体解析，增加更多事例的介绍，尽量让党员把精神铭记于心，深刻理解并把它运用在实际工作中。其次，社区党员干部要多鼓励党员对于精神学习的沟通交流，党员之间分享各自对于精神的理解。最后，社区干部根据党员平时的具体表现给予相关的正确指导，及时指出党员在工作上的错误，督促党员及时改正。

例如：创新党员进行思想学习的方式，如组织观看红色电影从而学习红色精神等，这更能调动党员主动进行思想学习、端正工作作风的积极性。

5. 进一步灵活安排工作方式

上级应采取更为灵活的工作方式，尽可能将工作任务安排得更为清晰，

可参考武汉疫情时全国各地进行的“点对点”支援，在条件允许的情况下，允许工作人员对于任务日程进行更改以及对于任务进行重新安排。而工作人员应保证将工作落到实处，不能过分追求完成度而忽略了工作是否产生良好效益。

例如：关注工作结果和截止日期，赋予工作人员灵活的时间表所允许的自由，他们将更加努力地工作以提高效率；经常进行一对一的会议，灵活的工作时间表则意味着工作人员需要更加努力地工作以与社区、街道及群众保持联系。

三、调查结论与总结

经过本次调研，我们从社区党建工作人员那里了解到在政策推广方面，所调查的社区党组织都会严格按照上级的要求进行宣传，同时也会进行创新，让群众更好地理解和接受新出台政策。在走访调查中发现，在疫情防控的大环境下，社区党组织对党建工作的推进以及防疫宣传做出巨大贡献。疫情之下，进出社区需要扫码、测温，社区内也张贴防疫宣传标语及基本常识，为保证每户居民安全，社区工作人员针对老人、小孩定期上门进行健康检查并普及防疫知识。除此之外，社区还与医疗机构沟通确保人人接种疫苗，并且积极接纳外来返乡人员，要求其提前报备并为其提供隔离住所和每日核酸检测。

在确保疫情有效防控的情况下，社区还会利用相关节日举办文化活动并向居民普及党建历史知识，居委会还在社区设立红色专栏，其内容包含宣传标语、社区红色历史以及党建相关工作的推进。与此同时，社区组织对其工作人员全面培养，党支部开展三会一课，让党员了解党的政策，积极学习并相互沟通交流，做好思想工作。

新时代社区党组织在教育管理、监督服务、凝聚人心以及维护稳定等方面发挥了重要作用，通过走访调查我们了解到了不同社区的党建机制，社区与党组织协调合作，从基层发现问题从而推进社区党建工作的顺利进行。

四、调查收获与感悟

通过本次实践，我们深刻了解了城市社区党建的情况以及社区党建在社区管理中发挥的重要作用，也感受到了社区工作人员为人民服务的真诚和辛苦。在疫情之下城市社区党组织建设面临着前所未有的挑战，但是他们仍在不断探索，努力寻找新方法、新途径，优化对于社区党员的教育和管理。

为了更好地做好防疫工作，社区和群众之间的联系增多了，工作人员和群众之间的关系也更加紧密。工作人员为保护群众的生命安全和维护群众的正常生活尽职尽责，通过多种方式让群众参与到防疫工作中。大家都在积极抗击疫情，为了同一个目标而努力，保护好自己的身体健康。在广西的社区内，党员为了百姓更好地生活，积极与群众进行沟通，了解大家需求，为身边群众做出良好的示范。社区工作关系到群众生活的点点滴滴，社区工作人员必须做到事无巨细才能服务好群众。这是他们肩上所扛起的重担，能力越大、责任越大、压力越大，他们就是默默付出、替我们负重前行的人。

通过对社区党建工作人员的采访，我们感受到社区工作人员服务群众的真诚。他们始终坚守在基层，到群众需要的地方去，即使遇到困难，他们也毫无怨言，始终深入贯彻党支部工作条例，大力推进党支部标准化规范建设。社区里的领导干部，都是从基层做起，不仅工作能力强，在生活作风方面也都经过了长期的考察，做事亲力亲为，做到了多学、多做、多看、多听，在为人民服务方面奉献自己。

在对群众的采访中，他们大部分表示无论是防疫工作还是其他工作，社区都做得相对到位，让社区群众生活得以正常进行。他们能理解社区工作人员的辛苦，会配合好社区工作，有问题也会及时向社区工作人员反映。他们对于社区防疫工作的配合，为取得疫情防控决定性结果做出了贡献。

通过这次实践，我们丰富了人生阅历，认识了一群共同努力完成工作的伙伴，大家友好交流，分享各自的看法，为社区党建出谋划策。虽然随着时代的进步，一些新政策的推行会让工作人员在“学”与“用”之间产生脱节，但相信随着工作人员的不断优化管理，办事效率会越来越高。即使开拓党建新篇章所需要的远远不止社区以及群众两方面的努力，但我们相信，在党组织正确有效的领导之下，广西城市社区党建一定会越来越好，人民群众的生活也会越来越幸福！

基层党组织功能建设现状调研及发展道路探索报告
——以贵阳市溪湖社区为例

作者：李思嘉　曾一馨　刘建鑫　邵子仪　吴年垚
指导老师：翟海涛

一、引言

党的基层组织是党在基层社会中的战斗堡垒，肩负着宣传党的路线、方针、政策，执行党的决议的重要使命。它既是党联系群众的“纽带”，同时也是党服务群众的前沿阵地。基层党组织的建设关乎中华民族复兴和中国特色社会主义建设的伟大事业。2022 年暑假，我们小组深入贵州贵阳市基层社区，对基层党组织的功能建设进行了详细的调研，在将理论应用于实践、提升自身素质的同时，也力争为国家和社会做出力所能及的贡献。

本报告的信息和数据主要来源于对贵州省贵阳市花溪区溪湖社区党支部的调查和对社区群众的走访。本报告的主要目的是了解溪湖社区的基层党组织建设现状，并站在大学生的角度，为解决当前面临的漏洞和问题提出建议和解决办法，以更好地探索基层党组织的发展道路。与此同时，以小见大，力求将溪湖社区党支部建设的经验总结成贵阳市、贵州省乃至全国都适用的工作方法，为推动我国基层党组织的建设贡献一份力量。

二、主体

1. 调查对象基本情况简述

溪湖社区隶属贵阳市花溪区贵筑街道，地处花溪城区中心。其党支部建立一年有余，目前共管理来自 50 多家企业的 70 余名党员。溪湖社区党支部工作曾在贵筑街道办获得表扬。

2. 调查研究基本做法即运用方法与工具、调查过程

调研主要运用采访和实地调查的方法，对溪湖社区党支部工作人员和溪湖社区群众进行了随机走访调查。经过认真研究和讨论，结合社区实际情况，调研小组设计了针对居民和党支部工作人员的问卷，并确定了采访

对象的人数和年龄分布，以此为依据在社区内的不同区域开展调查。

由于组员的地域分布和新冠疫情等原因，本次采访主要由队长李思嘉和队员曾一馨在线下进行，其他组员则在线上通过照片、视频等跟进，并适时提出建议。线下调查采访过程历时两天，共采访了3名党支部工作人员和7名社区居民。三位工作人员中包括溪湖社区党支部书记和两名党员。7名社区居民中，两名为18岁以下的青少年，三名为18岁至60岁的成人，两名为60岁以上的老人。小组以视频、图片及文字的方式记录下了采访的过程。采访得到了居民和党支部的支持，并顺利完成了采访任务。

3. 重点内容：采取的主要措施、目前取得的成绩和存在的问题

溪湖社区党支部虽然设立时间不长，但在党组织功能发挥方面已小有成就。在建设党员队伍方面，目前已形成一套独特的党员选拔、教育和培训模式；在设施建设方面，修建了老年人日间照料中心和居民文化娱乐中心，翻修步行栈道，大大方便了居民的日常生活和出行。

存在的问题：

（1）居委会和物业公司的合作存在不足。党支部对居民的需求没有及时地回应和后续跟进。在采访中，有居民提到，社区的活动广场上存在安全隐患，向居委会反映后，居委会没有告知他们后续的处理结果，因为居民工作忙碌无暇再去了解，所以此事就再无下文。

（2）部分社区群众不理解，不配合党支部的工作。

（3）部分党支部党员干部对自己的职责还没有清晰明确的认识。

（4）在处理群众问题时存在推诿现象。

4. 存在问题的基本原因分析

（1）党支部建立时间短，各种应有的基础设施还未完善，对负责区域内群众的具体情况也不够了解，导致党支部在开展活动时常常受到阻力。

（2）党支部党建工作开展不成熟，党员队伍素质参差不齐，部分党员的执行力不足，为人民服务的意识淡薄。党支部对党员的管理和教育方式仍有待提升。中国特色社会主义进入新时代，党建工作也应与时俱进，不断创新，才能适应当前及未来的要求。

（3）党支部与群众的沟通渠道过少，群众的需求有时不能及时传达，同时，党支部的决定也不能及时公示和告知群众，导致群众与党支部之间存在信息错位，不利于党支部开展工作，也不利于群众解决生活中的问题。

（4）非党员群众对党支部的工作不了解也无从了解，部分群众对党支部的工作产生质疑和不满，不配合党支部的工作，造成并加剧双方的矛盾，

让党组织和群众之间形成割裂，不利于党支部融入群众，不利于党员和群众形成“拧成一股绳”的合力。

5. 提出解决问题的方法、对策或改进建议

始终把抓好党员的学习和教育放在基层党支部建设最经常、最基本、最重要的位置，明确教育内容，增强党员党性，提升党员思想学习水平，使其能更好地引导群众了解党，热爱党。创新党员培训方式，拓宽党员学习渠道，加强党员的思想工作，巩固党的意识形态阵地。推动党员教育管理经常化、系统化和长效化。积极探索党员思想教育发展的道路，推进党的基层组织设置和活动方式向便于党员参加活动、有利于党组织发挥作用的方向创新。还可以充分利用书籍、网络、App 等，加大力度宣传党的路线、方针、政策，定期组织党组织生活会、党课学习，每月固定召开主题党会，采取集中学习和自学相结合的方式，让支部党员干部精神深受洗礼。促进支部党员干部树牢“四个意识”，坚定“四个自信”，做到“两个维护”，提高党员干部理想信念、为民情怀、政治素质，激发党员干部爱岗敬业的热情，提高党员为人民服务的积极性、主动性和创造性。

强化党员的思想建设。把党史纳入学习内容，经常性地开展专题学习、专题研讨；将习近平总书记“七一重要讲话精神”等纳入党员干部学习教育工作的全过程。加强意识形态领导，坚决守好舆论阵地，将意识形态纳入党支部重要议事日程，重视分析意识形态领域总体情况以及风险隐患。全力提升干部能力素质，围绕不同主题举办基层干部教育培训班，提升新时代干部综合素质和履职能力。

社区党支部是社区的政治领导核心，对各类社区组织和社区总体工作实施政治领导。社区内的组织应该主动紧紧团结在党支部的周围，配合党支部的工作，保证党支部工作的顺利开展。党支部与物业、居委会的工作协调度需要增加，在党支部开展工作的过程中，需要与社区内的其他组织多进行沟通交流，并起到监督和督促的作用。

党支部是党在社会基层组织中的战斗堡垒，是党的全部工作和战斗力的基础，应该起到桥梁纽带作用，促进居民与物业等社区服务组织之间的和谐共处，为居民的生活和社区内其他组织的工作提供更多的便利。

党支部作为基层党组织，应该深入贯彻从群众中来到群众中去的工作路线和工作方法，树立群众利益无小事的工作作风，积极推进党务公开，通过设置意见箱、开通信箱、开设热线电话等多种形式，方便群众反映意见，为群众办好事，让群众好办事，树立起勤政廉政的良好形象。

加大宣传力度。共产党员是党和人民群众保持密切联系的中介，要成为党组织与人民群众相联系的“纽带”。一方面，要经常向群众宣传、解释党的路线、方针、政策和主张，使群众真正理解它的意义、做法以及同自己的切身利益关系，从而自觉地为实现党所提出的各项任务而奋斗；另一方面，还要时刻注意群众的情绪，及时地、如实地向党组织反映群众对党和政府工作的意见，以便党组织能够经常听到群众的呼声，更好地改进工作，从而保证自己的决策能正确地代表群众的利益，进一步巩固和发展党同人民群众的密切联系。党员要以自己的模范的工作把党的指示和精神变为群众的自觉行动，再把群众的利益和愿望转化为党的政策和决策。

三、调查结论与总结

1. 结论

贵阳市溪湖社区党支部虽然成立时间不长，但在党组织功能发挥方面已取得一定成就，具体表现为高质量举办建党一百周年文艺会演，修建老年人日间照料中心和综合性文化娱乐中心，翻修步行栈道等。在党群关系方面表现为节假日对孤寡老人和高龄困难党员进行慰问并赠送生活用品。在党组织建设方面，定时召开党员大会，不定期从金阳区等党建工作开展较好的区邀请专家进行党性培训和交流，提高党员的思想水平和素质；同时举办主题党日等活动，提高党组织凝聚力。

不过也存在少量的问题，如与群众交流不足，党群关系存在不稳定因素，党群间存在信息不对称，有时对群众要求不够重视等。

针对以上的问题，调研小组提出了加强党员思想建设、政治建设，加强党支部领导和沟通，拓宽党群沟通渠道，加大宣传力度等措施。

目前，根据这些问题和可行的解决措施，溪湖社区党支部已经着手开始逐步解决。

2. 总结

这次调研活动虽然难度不高，但成员的地域分布和时间协调等因素还是为活动的开展带来了一定的阻力，同时，组员之间也出现了小小的分歧。好在调研小组的成员们团结一心，齐心协力，共同解决了遇到的困难。

在调查过程中，成员们遇到了形形色色的居民，与他们接触的过程不失为一次奇特的体验。同时，成员们也增进了与溪湖社区党支部的关系。对每一个参加此次活动的人来说都收获满满。

当然，本次调研活动的成功也离不开溪湖社区党支部和溪湖社区的大力支持。

本次调研活动完成了计划中的所有目标，总的来说，这次调研活动是一次非常成功的社会实践活动。

调研结束后，调研小组也将调研结论和相关建议出示给了社区党支部的党员干部，希望能通过此举促进溪湖社区党支部的发展，并让社区群众的生活更加方便和幸福。

四、学生调查后的收获或感悟

李思嘉：

大学生暑期社会实践是大学生磨炼品格、增长才干、实现全面发展的重要舞台。在这次的社会实践活动中，我们了解了社会，开阔了视野，增长了才干，并在社会实践活动中发现了自己的不足，对自身价值进行了客观的评价。这在无形中使我们对自己的未来有一个正确的定位，增强了自身努力学习知识的决心和毅力。

对党支部书记进行采访时，她的经历深深打动了我。她为人民群众付出的汗水和艰辛是我难以想象的。这让我更加深刻地意识到每一个职业都有自己独特的意义和不可替代性。同时，我对党支部工作的了解也加深了。

在本次的社会实践中我同群众谈心交流，思想碰撞出了新的火花。从中学到了很多书本上学不到的东西，汲取了丰富的营养，理解了“从群众中来，到群众中去”的真正含义，认识到只有到实践中去、到基层去，把个人的命运同社会、同国家的命运发展联系起来，才是大学生成长成才的正确之路。

这次实践活动，丰富了我们的实践经验，提高了我们的团队合作能力。我们这次活动以团队形式开展，每次问卷调查和采访都分工明确，无论是采访、记录还是拍照环节，大家都密切配合，共同造就了此次社会实践活动的成功。在团队配合的过程中，我们不仅提高了自己适应团队的能力，还亲身感受到了团队精神和魅力所在，认识到了团队和协作精神的巨大潜力和作用。

作为一个21世纪的大学生，社会实践是引导我们走出校门、步入社会，并投身社会的良好形式；我们要抓住培养锻炼才干的好机会，提升我们的修养，树立服务社会的思想与意识；同时，我们要树立远大的理想，明确自己的目标，为祖国的发展贡献一份自己的力量。

刘建鑫：

岁月不居，时节如流。转眼间，“走社区，看党建”的调研活动在我们小组的努力下取得圆满成功，这是我们初入大学后的第一次社会调研活动。这对于我们来说不仅是人生众多第一次的其中之一，还为我们人生阅历添上了丰富的一笔。由于疫情等原因，我们进行了明确分工，部分人员负责线上了解及学习，部分人员负责线下走访调研。小组成员都竭尽全力完成这次调研活动。此次调研活动让我学到了很多东西，有了新的成长和认识，不仅了解到党建活动在街道社区的作用，还学习到很多红色文化以及感受到了社区工作人员的辛苦与不易。

奉献精神不是与生俱来的，离不开经年累月的修身正己。无论是严寒还是酷暑，社区有突发事故的时候，社区工作人员总是会冲锋陷阵，走在群众的前面为群众遮风挡雨，只因为在入党的那一刻，他们庄严宣誓："为人民服务。"对于这些社区工作人员，我由衷地敬佩，发自内心地尊重，也从他们的身上学到了很多优秀的品质。而这次实践调研活动也让我收获满满，我不仅学到了党务社区工作人员的优秀品质，还学到了如何进行社会实践调研活动，如何作报告、总结经验。不再像之前只在书上学习理论知识，更多的是一种切实感。这次实践活动丰富了自己知识与阅历，也丰富了自己的日常生活，增强了自己学习知识的信心和动力。

曾一馨：

"艰辛知人生，实践长才干。"通过开展丰富多彩的社会实践活动，我逐步了解了社会，开阔了视野，增长了才干，并在社会实践活动中认清了自己的位置，发现了自己的不足，对自身价值能够进行客观评价。这在无形中使我对自己有一个正确的定位，增强了我努力学习的信心和毅力。作为大学生，我们要了解社会，深入基层，深刻地学习党和国家的方针政策，学习三个代表，实践三个代表，为促进我国国民经济的发展和中华民族的伟大复兴作出应有的贡献。此次实践之行，给了我学习实践的机会，给了我们极大的支持和信任，我们作为国家的后继力量，只有全面发展自己，把理论与实际相结合，才能更好地投入祖国的建设中去，才能对得起养育我们、教育我们、影响我们的祖国。

邵子仪：

本次社会实践我们小组顺利完成，虽然是线上共同调研，但却同样让我感受到了团队的默契合作会让整个工作更有效率，事半功倍。我们探访了花溪市的社区，在这个过程中和社区党组织的管理者进行沟通，我第一次作为一个主动者去积极了解党组织在社区的现状和其发挥的作用。在参观社区的过程中，我真切认识到党组织就在身边，不遥远不缥缈，社区的建设离不开党。首先，党组织宣传贯彻党的路线方针政策，落实各项决策部署，领导基层治理；其次，基层党组织组织、动员、凝聚群众，把广大人民紧紧团结在党的周围，合力构建共治共享的社会治理新格局，发挥着组织引领作用。当然，在实践过程中我们团队也出现了一些小插曲，但这事的发生却让我们在接下来的工作中更为认真，更有凝聚力。我一直都坚持“在其位谋其政”的想法，有时只是怀着完成自身任务就好的心态，但这次却让我觉得在工作中充满热情或者说是真心喜欢这个工作的态度，是一种让人舒适的状态。

通过本次社会实践得知，虽然党组织在社区的功能发挥有些许欠缺，但全面来看是好的方面远远超过欠缺方面。在调研过程中，我们锻炼了自身的探索和自主收集资料的能力，让我们在实践中成长；另外，我们了解调研身边的社区中党组织功能的建设，也算是为社会尽一份绵薄之力，可能有些不起眼，但我觉得我的内心对于这样一次活动是感到自豪的。拉近党群关系是我本次实践的理想目的，让群众去主动了解党组织是我以后所期望的社区状态。

最后，我认为社会实践让我们走出校园，走出课堂，走向社会，走上了与实践相结合的道路，到社会的大课堂去见识，去施展，去磨砺，在实践中检验自己，提升自己。我想这就是社会实践的最终目的，我也需要继续培养自我，主动去了解所处环境与社会意识，让自身有社会参与感，在不久的未来能够在社会中担起自己的一份责任。

吴年垚：

上大学以来第一次参与社会实践活动，我的内心是充满着激动和向往的。往日里总是看到学长学姐们上传各种有关社会实践活动的朋友圈、空间说说，又或是发布一些问卷调查，那时总觉得学长学姐们好忙，既要学习专业理论课知识亦要去做这些社会实践工作，曾经的我对此发出疑问：“这样到底值得吗?”俗话说，当局者迷旁观者清，然则有些事却是唯有当局者才能够体味与感悟到其中的价值与意义，唯有自己亲身去经历、实践了才能够知晓到底值不值得。这次社会实践活动，我在线上跟着组长一起了解到了社区党组织大致构成及社区党组织功能发挥的现状，同时还了解到社区党组织工作的不易，使我们更加真挚地尊敬、感恩这些为了人民、为了社区、为了国家默默奉献的党组织工作人员。同时我们还了解到他们工作中的一些困难及问题，并且还运用我们平日所学的知识对这些问题进行研究分析寻求解决途径。除此之外，我们还采访了一些社区居民对于社区党组织建设发展的看法，这是因为我们深知发展不是一个想法、一句话的事，发展需要每个人的力量，正如社区的发展离不开领导人员的决策，更离不开群众的需求及看法。“一千个人眼中有一千个哈姆雷特”，每个群众都有着各自不同的想法观点，其中有许多很好的观点，这对于社区党组织的建设有着积极的作用，同时也让居民对于社区建设有着更多的参与感和认同感。

平日里我们大部分时间在学校内学习专业知识，很少有机会能够在外面施展拳脚。通过此次社会实践，我学到了许多东西、培养了一些小技能，如写简报、实践报告等。第一次社会实践活动使我收益颇多，同时也让我发现了自己需要改进的地方有很多，如时间规划、工作安排等。我深知，想要提升自己、发展自己，就要做更多的实践工作去开阔自己的视野、锻炼自己的工作能力，实践活动中带给我们的机遇与发展是在校园里无法获得的。

走南湖社区 看党建发展

——新时代嘉兴南湖社区党建调研

作者：陈凯鑫 胡航恺 倪骏杰 杨云龙 王思源
指导教师：韩慈

一、引言

城市社区党建在推进中国式现代化建设中发挥着举足轻重的作用。我们小组聚焦城市社区党建，走访嘉兴市南湖社区，了解南湖社区“党建+”理念的情况，分析当前南湖社区党建存在的困难之处以及制约南湖社区党建发展的原因，提出解决南湖社区党建联建问题的路径，为进一步创新发展提出建议与展望。

“南湖”因一件划时代的大事而闻名。1921年7月23日，中国共产党第一次全国代表大会在上海秘密举行。大会在接近尾声时，由于遭到法租界警察的骚扰，不得不中止。上海代表李达之妻王会悟提议，于8月1日在嘉兴南湖的一条游船上举办会议。在这条红色的船上，第一部《中国共产党章程》被通过，党的领导机关被推选出来，中国共产党正式成立，中国革命从这里扬帆起航。南湖是全国人民向往的革命圣地。南湖湖心岛上静静停泊着的那艘画舫便是“红船”，每天吸引着来自世界各地的游客前来瞻仰。我们无论走多远，都不能忘记来时的路。遥想当年，这艘小小的红船承载着千钧之力，播下了中国革命之火，开启了中国共产党跨越世纪的航程。南湖社区由南湖景区、南湖书院、武警总队、居民区四部分组成。

南湖社区因“南湖”而命名，中共一大嘉兴南湖会址正位于该社区辖区内。南湖社区以服务为宗旨，秉持“有事没事、都要看看”的服务理念，倡导“红色服务、精细管理”，带领团结社区党员群众，推动社区发展，优化社区服务，着力构建和谐社区，依托社区服务中心、居家养老服务照料中心、党员服务中心、网格化管理、区域化党建等载体，统筹协调社区区域资源和力量，在红色服务上，倡导时时处处为社区党员群众提供快速、便捷、精细化服务，全力打造红色服务型社区。

党的二十大召开在即，我们小组决定走访南湖社区，探究党建发展。

只有坚守初心，担使命，勤奋斗，才能汲取革命力量，乘风破浪，建功立业。

为迎接党的二十大的到来，南湖社区党总支召开2022年“七一”党员大会暨“‘七一’话发展，喜迎二十大”活动。大会在庄严肃穆的《国际歌》中拉开了帷幕，新老党员全体起立，面对鲜红的党旗，庄严地宣誓了自己的入党誓词。南湖社区功能党支部刘书记以党建引领社区治理为主题，热情洋溢地发表讲话，祝全体党员节日快乐。

区民政局领导谢局长以“弘扬仁孝美德，厚植家园情怀”为主题，为党员们上了一堂生动而有意义的党课。很多上了年纪的老党员都聚精会神地听着，他们一边听，一边做笔记，记录自己的感想。社区党总支对8位优秀党员进行了表彰，并为他们颁发了荣誉证书。许多获奖者虽然已经退休，但仍继续发光发热、无私奉献，积极配合社区工作，尽到党员应有的责任，真正体现了党员的使命。会议指出，南湖街道将以“四亮创建”为契机，加强党组织建设，发挥新老党员的自身优势和独特作用，全力推动社区党建工作再上新台阶，以优异的成绩迎接党的二十大胜利召开。

二、南湖社区党建取得的成就：“南湖模式”大放异彩

一个优秀的党建示范点，能够发挥服务人民、汇聚民心、促进经济发展、推动社会稳定的作用，能够有效地促进区域基层党组织功能发展。嘉兴南湖是改革的启航点，也是我国最早一批党建探索的先行区。坚持敢破敢立、敢闯敢试，聚焦重要领域和关键环节改革都是南湖党委在党建改革方面总结出来的经验，有关做法也被省委改革办总结为“南湖模式”，并复制推广到全国。嘉兴南湖在浙江省率先试点相对集中行政许可试点改革，成立区行政审批局，实现“一枚公章管审批”。

南湖社区坚持开展基层堡垒夯实行动、红色文化溯源行动、治理体系重塑行动、商圈党建打造行动、环境面貌提升行动，力求实现长久的“红色根脉”守护，打造“第一红色社区”的党建品牌。

（一）网格化社区治理

近年来，南湖社区意识到传统单一的管理模式早已不能适应社会的发展要求。对此，社区积极探寻更加有效的“互联网＋党建”的新模式。从2015年党建平台搭设完成以来，南湖党支部共计开展公益活动20多场，他们将把捕捉到的群众情况和即将开展的公益活动在线上推送，以引导更多的普通群众加入，从而团结社会组织的凝聚力。

面对来势汹涌的新冠疫情，南湖区在第一时间于605个网格的基础上划分出了7424个微网格。依靠这些微网格，实现了疫情防控的精细化、及时化。而在文明创建、平安建设和各种隐患以及纠纷的排查、处置中，专职网格员和微网格长都发挥了重要作用。南湖社区联合辖区单位、社会组织、党员、居民骨干共同参与社区治理，有效地增强了整个社区的凝聚力，增强了居民的归属感。

党支部与基层的连接是最为重要的党与百姓的“纽带”。为提升党群服务的效率，南湖社区率先响应南湖党委网格化社区的号召，将社区划分为7个网格，48个微网格，把过去被动处理的社会问题转化为主动发掘处理问题的模式。南湖社区的党支部书记说，经过多年的网格化社区治理后，社区党员干部、群众、市民反映身边情况的网络渠道通畅了，社区党组织就可以及时发现情况，减少因为消息传递不畅所造成的治理漏洞。社区网格化的治理促进了党组织和群众之间的良性互动，缩短了“官与民”之间的距离感，形成人民和政府部门一起治理城市的新格局，极大地提升了市民在社区党建中的参与度。

（二）社区红色精神传承

开天辟地、敢为人先的首创精神，坚定理想、百折不挠的奋斗精神，立党为公、忠诚为民的奉献精神的“红船精神”代代相传。南湖社区极其重视红色精神的传承发扬，开展了一系列面向青少年的红色学习活动。“党的历史是最生动、最有说服力的教科书。党史不能光由我们老一辈共产党人讲述给年轻人听，还应该让他们自己走一走共产党人走过的路”，南湖社区依托丰富的红色资源，每年寒暑假，都会定期联合南湖中学开展党史教育活动，带领青少年前往中共一大南湖会址，感受革命前辈经历的是何种磨砺，思考的是何等重大的家国问题。除此之外，南湖社区内一批老一辈红色收藏家也常常开设红色讲堂，从发黄的《晋察冀日报》、罕见的中华苏维埃古田前委会政治委员会“印”，到小瓷瓶装的红军长征时期行军散，无一不见证了共产党人那一段艰辛的岁月，也让参与红色讲堂的学生从中吸收到了丰富的党史知识。

（三）具有自身特色的“三会一课”

党的十九大报告指出，要坚持“三会一课”制度，不断创新基层组织。习近平总书记多次强调，要严格落实党内组织生活制度，增强党内生活“政治性、原则性、战斗性”，使各种形式的党内生活都有实质性内容，解决问题。在实践中，南湖社区开创出有自身特色的“三会一课”。社区党建活动定在每个月的20号下午，活动的主题围绕日常的一些热门话题，或是根据党员的一些自主兴趣爱好确立。党课的内容根据街道下发的文件精神确定，同时党委会组织联合南湖社区各个党支部的骨干力量、委员会成员部署党务工作任务，结合所在支部党员的年龄结构、层次来开展工作。党小组也会根据各个小组的实际情况，开展基层党组织结对共建、定期走访慰问等党员志愿服务。南湖社区坚持和完善基层党组织“三会一课”制度，这对于加强党支部建设，健全党的组织生活，严格党员管理，加强党员教育，充分发挥党员先锋模范作用，提高党组织的凝聚力、战斗力具有举足轻重的意义。

（四）“守护红船”的志愿活动

在2022年7月1日，“南湖天地·红立方”党员志愿者驿站正式启动并向社会开放。30多位党员志愿者和其他志愿者身着红色马甲，从“南湖天地·红立方”出发，途经南湖天地、南湖会景园、南湖革命纪念馆、市政府等地开展志愿服务。“守护红船”是南湖街道志愿活动的一项精品项目，已风雨无阻地开展了5年，目前已有超过3.5万人次参与，志愿者服务时长累计4万余小时，形成了长效志愿品牌。仪式结束后，“守护红船”的起点将由街道党群服务中心改为“南湖天地·红立方”，目的是在最靠近革命红船的地方守护红船。“南湖天地·红立方”的正式启用，也为广大党员提供了一个志愿服务平台，鼓励和引导广大志愿者积极参与志愿服务，共同践行社会主义核心价值观，弘扬“奉献、友爱、互助、进取”的志愿精神，汇聚志愿服务力量的“涓涓细流”。

（五）“睦邻建党”的居民共同体建设

南湖街道秉承“上统下分、强街优社”的原则，以党建为核心，将“睦邻建党”的特色普及到辖区内，逐渐形成了居民共同体。经过科学规划、合理设置、精细规范，南湖社区积极探索“睦邻党建工作”，通过文化服务、商谈议事、学习教育、睦邻交流、医养融入等形式，构建了20个“睦邻”服务平台，将思想引领、德育、文体活动等功能融为一身，形成“一核多元”的阵地制度，推动乐在邻里、爱在邻里、聚在邻里、教在邻里、融在邻里，切实把社区党建阵地放在全国文明城市创建的最前沿。

在基层党组织建设中，每个成员都是重要组成部分。南湖社区通过不断地摸索和尝试，制定了一套实用的社区管理方案。在规划的同时，也在积极地考虑如何让居民参与到社区的微更新和微改造之中，大力培养社区认同感，并将感情因素融入社区之中。南湖街道始终以“办实事、办好事”的理念，依靠街道支部和党员的专业力量，主动投入社会事业，在业余活动中积极发挥党员标兵的作用，主动谋求社会事业、社区发展。机关事业单位党员、街道在职党员到街道报到时，将党组织变成了联系群众、团结广大民众的最牢固堡垒，也成为支持社会发展、服务人民群众利益的“初心”“使命”，展示出党心连民意、党风促民风的鲜活画面。

南湖街道充分发挥作为中国共产党诞生地的资源优势，积极响应中国共产党的宗旨使命和发展形势需求，紧紧围绕着“构筑五彩南湖，创造江南水乡文化现代田园城市群”的工作目标，着重做好党领导班子创建和干部培养、高质量的队伍创建、社区组织创建和党组织部门自身建设，努力提高党组织建设科学化程度，全力打造党建新高地，积极构建党员民生实事承诺、注册党员志愿者、党员服务专业工作室三位一体的志愿服务体系，打造党员志愿服务品牌。着力将“党的生日”打造成“共产党员的节日”，并全面强化支部关怀，以加强共产党员的影响力、向心力。

三、南湖社区党建存在的问题及解决方案

社区党组织是重要的基层党组织，在新的发展形势下，社区在改革发展、平安建设、服务管理、环境治理、文化共建等方面承担着重要的任务。随着经济的发展，基层党组织的覆盖面和影响力不断扩大，南湖社区的党建工作取得新进展，但与此同时也暴露出一些问题，及时认识到并解决这些问题，对于加强党在基层的根基，增强党对基层工作的领导具有重要意义。

（一）当前社区党建面临的现实困境和问题

社区党建为居民提供了良好的社区环境与相关服务，但在开展社区活动的过程中也遇到了一些困难，影响了党建在社区治理中的引领作用。我们小组在实地走访南湖红船纪念馆，并对南湖社区的张书记进行专访后归纳了以下几点问题。

1. 社区资源不协调且利用不充分

在对张书记的采访中我们了解到，南湖的资源比较匮乏，这主要由两个原因导致，第一，南湖社区的财政投入不足，社区工作的开展经费主要来源于财政投入，对专项的财政拨款较为依赖，而居民对公共资源的需求不断增加，但是获批下来的经费不足，公共资源建设有待补充。第二，党

建相关的资源利用效率有待提升。南湖社区中有一些具有文艺特长的居民，也有很多一直生活在南湖之畔的居民，他们见证了南湖社区几十年来的发展，这些居民身上的才艺和真实经历未被充分挖掘，在一定程度上造成了人力资源的浪费。另外，社区的部分设备闲置。南湖社区包含了南湖天地、南湖景区两大人流量密集的场所，其中虽然有一些为居民建设的公共场所，但是利用率较低，没能充分发挥党建宣传的作用。

2. 社会治理工作开展困难

长期以来，南湖社区依照既有的模式调动居民参与热情，规范居民自治行为，推动基层有效治理。但是随着越来越多外地居民的涌入、人们思想的转变，现有的模式治理效力减弱，居民多元化的特殊性导致社会治理越来越困难。具体表现为部分居民参与意愿不强，居民参与热情欠缺，缺乏一套激励居民积极参与社区活动的常态机制，因而居民无法获得参与回报，参与动力不强。社区也缺乏执行团队，难以把居民有效组织起来参与公共事务，居民缺乏参与社区活动的手段，难以形成持续互动的参与网络。

（二）加强社区党建工作的思路与对策

针对社区党建中存在的若干问题，我们应当适应新时代改革开放和治理创新的要求，不断改进社区党建工作的格局与路径，基于现有的资源和条件，不断提升社区党建工作的水平和实效。

1. 强化社区党建网格化建设

针对南湖社区的资源缺乏问题，社区可以积极推进网格化建设，同时借助互联网平台打造党建工作的网络平台，既可以增强党建工作信息反馈的及时性，又可以依托网络平台管理，将辖区分为若干个网格，定期派人对各网格区进行走访，并在走访过程中了解群众面临的问题，做好记录并进行分类汇总。同时对于南湖社区“资源短缺”这一问题，可以针对不同网格的优势，采取“资源贡献，平台贡献，活动联搞”的方式，由党建联盟单位牵头，将社区、景区、商圈等网格的资源进行整合，在进行党建服务时实现资源的共享，取长补短，达到充分利用的效果。此外，对于社区中有特殊才艺的居民，也可以多调动其积极性，鼓励居民参与到社区举办的各种活动中去，比如社区在节日时举办的文化艺术活动，不需要再花钱邀请表演团队，而是动员社区居民根据自己的特长报名，既节省了资金，同时也提高了居民的参与感和活动的趣味性。

2. 加强基层社会治理队伍建设

无论是社区的社会治理工作，还是解决民生问题，都要依靠社区党组织建立一支素质优良的专业化干部队伍，因此，南湖社区可以通过推荐和投票等方式，吸引具有专业社会工作背景，并且热爱基层工作的人员进入队伍。在团队内部也要提升社区干部的专业素养，定期组织社区干部开展社会工作实务、技术等方面的培训，提高社区干部依法办事和服务居民的能力。与此同时还要完善社会治理相关的机制，比如对社区干部的绩效考核机制，完善激励机制和容错纠错机制，明确各个干部的法定职责，使其依据职责权限承担相应的责任，并对那些敢于担当、踏实做事的干部进行表彰和鼓励，完善考评方式，引导党员干部真正把服务承诺落到实处。

四、南湖社区党建的创新建议与未来展望

社区进行党建工作注重提高工作素质与业务素质，将社区工作与社区服务更好地进行融合，以提高居民的生活质量。对于工作上的创新建议，大致有以下两点，第一，从工作内容上进行创新。南湖社区作为特色红色社区，有着悠久的历史文化积淀，一直以“红船精神”引领工作的开展，进行社区思想文化的建设。然而，更有创新性的工作才能大大提高党员干部参与建党运动的兴趣与热情，提高主动性和积极性，并合理利用创新科技新平台，从而扩大南湖社区品牌的魅力，在发展中不断进步。第二，人才配备。通过人员架构的创新，进一步完善组织制度，并设置更多适合工作的专职人员。南湖社区在活动开展中已经很好地做到了组织融合和人才融合，在此基础上，更要继续吐故纳新，注重进一步发展新党员，重点关注和表扬在为人民服务中涌现的积极的、正向的力量，进一步弘扬社区人员的无私奉献精神，工作安排具体落实到每一个人员，认真考察，完善人员结构，在培养人员能力的同时，更需增强整个集体的工作活力。

南湖社区通过“资源共享、平台共建、活动连搞”的形式，节省了社区有限的人力物力资源，亦是社区党建资源多元化的一种整合，我们这次的暑期南湖社区实践走访活动的完美开展，也是将城市社区党建与社区内高校组织党建的有效融合，结合了两者的优势，共享资源，在我们充分了解社区服务工作的细节，对社区党建有了更真切了解的同时，也为社区带来了宣传的创新思路。党建的有效融合为工作的开展提供了崭新的方式方法，希望在未来通过党建活动和社区融合，进一步健全以城市社区党建统筹社区内其他组织党建的组织体系，发挥社区内各类组织整体效应，从而

不断提升社区居民的认可度，减少社会治理成本。社区的工作归根结底是为居民服务，社区工作人员应该将真才实干落实到工作中，体察民情，化解民惑，随着更多的相关研究和理论铺垫，紧跟时代脚步和时代热点，不断学习，在改革和创新中获得更多的群众认可和更大的效益成果。

五、总结

南湖社区党建情况总体良好，采用网格化社区的治理模式，拉近了社区工作者与人民群众的距离，倾听、了解当前的民生民情，做好考察、调研工作，为党建工作的开展打好基础。同时，基于南湖得天独厚的历史背景，充分利用当地红色资源，因地制宜，开展像“红立方”党员志愿服务驿站等特色的党建活动。但是，南湖社区党建过程中仍存在两点问题：社区资源不协调且利用不充分、社会治理工作开展困难。对此，南湖社区应该强化社区党建网格化建设，充分利用现有资源，在进行党建服务的同时推动资源共享。完善激励机制，在基层中挑选有素养、有能力的优秀干部，组建一流的领导队伍。此外，我们对南湖社区党建创新提出几点建议：强化党建过程中思想文化的构建、加强城市社区党建与区域内高校的融合等。

我们实践小组带着“做好什么党建，怎么做好党建?”的问题，通过线下和线上相结合的模式，调研嘉兴南湖社区。让我们每一个组员印象深刻的是我们线上线下共游南湖革命纪念馆，了解党建发展历程，我们与社区支部书记面对面调研南湖社区党建发展情况。我们整个团队齐心协力，一同克服困难，团队的每一个同学都明确自己的责任，把每一次的任务做到精益求精，带着热情完成整个实践活动。今后要是还有机会，我们希望可以前往南湖，领略当地的风光，更深入地了解南湖社区。

东中西部社区基层党组织功能建设调研及多元治理的调研

成员：韦丽慧　林思祺　谢婉汝　唐罗耘和
指导老师：刘晓海

一、调研背景

中华人民共和国成立以后，中国共产党在社会治理认识和实践探索中，经历了居委会党建、社区党建、城市基层党建创新发展三个阶段，推动中国实现了从传统社会“管理”到现代社会“治理”的转变。事实证明，中国社会治理离不开党的领导，离不开党与时俱进地进行制度自我革新，不断适应城市发展社会组织及群体结构变化和社会整体治理环境变迁。2021年11月11日，中国共产党第十九届中央委员会第六次全体会议决定，中国共产党第二十次全国代表大会于2022年下半年在北京召开。为了学习贯彻习近平新时代中国特色社会主义思想，深入调研党在中国特色社会主义建设中发挥的作用，探索中华人民共和国成立以来社会基层建设的不断发展，推动思政课小课堂与社会大课堂相结合，增强我们对中国特色社会主义的道路自信、理论自信、制度自信和文化自信，我们小组决定本次暑假将开展关于城市社区党组织功能发挥方面的调研。

本次调研我们将在四个地区（上海、安徽、湖北、广西）开展，小组本次调研的主要方向为：

（1）不同地区的经济、文化、受教育程度等是否会对社区党组织功能的发挥产生影响。

（2）社区党基建设的真实情况以及当地居民的真实反应。

（3）城市社区党建的发展情况。

（4）不同年龄段的人群对于党建以及党组织功能发挥对于中国城市建设的作用的了解情况。

二、调研方法

本次调研采取问卷调查法、实地考察法、访谈调查法。

三、调研结果

1. 上海

调查原因

“社区党建”的概念最早是在1996年由上海市委提出的，当时上海市政府进行了城市管理体制改革，城市管理重心下移，为了适应新的管理体制，加强城市基层党组织的凝聚力和战斗力，上海市委提出了“社区党建”的新概念，意指街道党工委和社区党总支部，以党委为主体，街道辖区内的机关、企事业单位、新经济组织与社会组织以及社区居委会的基层党组织共同参与的区域性的党建工作。这个概念突出和强化了街道和社区党组织的领导作用。这个概念的提出，意味着城市社区党建的开始。

近年来，徐汇区坚持以习近平新时代中国特色社会主义思想为指引，扎实贯彻习近平总书记对上海各项工作的指示精神，不断推动全区党的建设各项工作高质量创新发展，被中组部确定为首批全国城市基层党建示范区。徐汇区委聚焦“卓越徐汇”全局部署，在总结梳理历年来徐汇党建工作好经验、好做法的基础上提出奋力打造“新时代党建新高地”，切实发挥党建的凝聚、支撑、引领作用，推动区党代会明确的“创新深化党建引领＋五个卓越”工作布局整体稳步向前，以实际行动迎接党的二十大和市第十二次党代会胜利召开。

徐汇区将打造“新时代党建新高地”作为一项初心工程、系统工程、战略工程，明确7方面主要任务、28项分解任务、100余项具体任务，突出落实“四个实”的工作要求。进一步摸清底数、补齐短板，切实增强基层党组织的组织力。进一步加强党支部标准化、规范化建设，全面提高新时代党支部建设质量。

上海徐汇区怡桂苑社区是本次小组调研地之一。我们以采访社区居委会工作人员以及当地小区居民作为主要调查方法。

调查结果

在这次具体访问中，我们了解到居委会工作者与党委之间的密切关系，社区居民委员会要自觉接受社区党组织的领导，社区党组织要不断加强自身建设、改进工作方式，切实领导和指导好社区居民委员会工作。社区党组织要支持和保障社区居民委员会充分行使职权，及时帮助解决社区居民委员会工作中存在的困难和问题。从居委会工作人员处了解到，社区居委会在不断的发展过程中，工作范畴不断扩大，从一个宣传法律、法规和国家方针政策，维护居民合法权益，教育居民履行依法应尽的义务，保护公共财产，开展多种形式的社会主义精神文明建设活动，协调政府成立的派出机构做好与居民利益有关的公共卫生、计划生育、优抚救济、青少年教育工作以及开展便民利民的社区服务活动、兴办有关的服务事业等，以及承担了过多过杂的政府行政职能、市场组织职能和社会事业专业职能的组织，逐渐演变为一个全能型、综合型组织。能够更多更好地为人民服务，满足社区居民的需求。

此外，居委会工作人员也反映了基层工作在一定程度上存在着社区党组织领导机制不畅的问题，社区党组织的领导机制从实际运行来看，在领导事务方面无法总揽全局并充分利用社区资源，在指导加强社区的和谐建设方面存在缺陷。例如，此次在上海暴发新冠疫情，对于社区管理来说，领导下达的指令或多或少没有做到合理规划和安排。

访谈调查法

在线下实地访谈中，我们有针对性地选择了各个不同年龄段的人群进行采访。其中60岁以下采访了5人，30~60岁采访了6人，15~30岁采访了5人，15岁以下采访了2人。

从访谈结果来看，上海怡桂苑社区的居民普遍肯定了社区工作者的努力，对于居委和党委之间的关系有一定的了解；从访谈结果来看，上海市对于党基建设的普及度是合格的，也反映了民众对于党组织功能的发挥是有了解的，并且对此抱有积极的评价。

2. 安徽

调研原因

从党的十八大以来，以习近平同志为核心的党中央高瞻远瞩、运筹帷幄，对全面加强城市基层党建工作作出了总体设计和系列布局，为加强和创新城市发展建设提供了科学指引和基本遵循。安徽省界首市作为国家重要能源城市、安徽省重要工业城市，城市人口多、城镇化率高，以高质量党建工作提升基层治理能力，不断满足城市发展的经济需要、生活需要、生态需要、安全需要，对于推动全市转型升级具有十分重要的意义。近年来，淮南市认真学习贯彻习近平总书记考察安徽重要讲话指示精神，全面贯彻新时代党的建设总要求和新时代党的组织路线，围绕夯实城市基层党建各个环节，深化改革举措，创新工作载体，不断提升城市基层政治功能、服务功能和治理能力，打造界首城市基层党建品质品牌，构建共建共治共享的城市发展新格局。

调查结果

安徽省界首市政府工作人员接受采访时说道，界首市紧紧围绕“党建+”的总体工作思路，坚持以党的政治引领为核心、以服务居民为宗旨，不断加强基层治理体系和治理能力现代化建设，深入推进“新时代新社区新生活”服务质量提升行动，努力做到居民有需求，社区有服务。

本次采访主要询问了界首市市政府人员，界首市接下来对于党建建设发展的规划，主要内容如下：

（1）优化“党建+全科网格”管理

依托“党带群建，十户联治”工作载体，推动形成东城“全科网格”服务新格局，让网格员身在社区、服务在小区。各社区由支部党小组党员干部、片区民警、居民组长、户长、业主委员会成员、物业负责人和志愿者担任网格员，形成以社区为网、服务内容为格的社区服务管理网格体系，逐步建成以社区党组织为中心的服务网络。

通过开展“在职党员报到”充实社区力量，市直机关“三联四建”单位党员干部服务进社区，进网包片联户，认岗位、亮身份、作承诺，高效便捷地了解群众反映的各类问题，一“网”兜起大小事，努力实现为民服务无缝隙，社区管理无盲点。在常态化疫情防控工作中，“小网格”撬动“大治理”，充分展现了“全科网格”管理的优势和作用。

（2）推进“党建+养老服务”项目

坚持筑巢引凤，构筑“社区服务共同体”。鼓励社会力量参与社区养老事业发展和养老服务，大力培育发展社区居家养老服务组织。东旭社区翼龙养老服务中心为开展居家养老服务提供了支撑，随湾社区获评全国示范性老年友好型社区。

（3）推行“党建+社会组织”模式

按照“党委领导、政府负责、多元参与、项目运作、联动治理”的工作思路，构筑以社区为平台、社会组织为载体、社会工作为支撑的基层社区治理体制，探索推进社区社会工作站服务综合体建设。以社会工作专业人才为重点，鼓励在岗的社区“两委”成员以及通过统一招聘的社区工作人员参加社会工作者职业水平考试，引领培育基层党务人才、志愿服务人才、基层自治人才和社会组织骨干人才等培养模式，使社区工作人员由“专人专岗”成为“全科全能”的多面手。

积极培育社会组织，把社会工作融入“党带群建、十户联治”六大任务工程，鼓励非营利性社会组织参与社区服务，发挥其志愿服务、专业团队、公益慈善作用，实施系列专业化项目和社区自组织项目，不断丰富和拓展区域化党建，培育发展界首市爱心顺风车协会党支部，界首市温馨社工关心关爱留守老人、空巢老人和事实无人供养儿童家庭，雷锋大妈团参与社区协商议事，化解矛盾纠纷，小蚂蚁爱心公益团队活跃在城乡；刘黄社区“周五有约”文化大舞台以文化人，东顺河社区“同心益同行”项目促进单位融合共建，实现了社区运用社会力量解决社会问题的能力逐渐增强，党建引领多元共治的局面逐步形成，“社区治理共同体”观念深入人心，合力营造了和谐有序的社区生活共同体。

（4）推行“党建+社会组织”模式

以打造“美好东城、人文生活”为目标，将党建联建与新时代文明实践融合贯通，对接需求、统筹资源，积极推进新时代文明实践所（站）建设，充分发挥文明实践在推进基层治理体系和治理能力现代化中的涵养支撑作用，打造文明实践品牌，用活辖区的界首市“三馆一中心”、界首读书会、张大桥抗战遗址、徐寨国防教育基地等红色文化和传统文化，发挥文明实践站、点功能，依托社区图书室、科普室、文化大舞台，用好“网、屏、端、群”等网络空间载体，拓展“一门一网一次”政务服务，注重发挥道德模范引领作用，开展好人东城、平安社区、文化育人、环境卫生综合治理等丰富多彩的新时代文明实践活动，用宜居、宜业、宜乐、宜游的良好环境体现城市基层党建引领社区治理的力度和温度，不断提升市民文明素养和社区文明程度。

3. 湖北

调研原因

党的十八大以来，习近平总书记多次考察湖北，深入社区实地调研，对做好新时代城乡社区治理工作提出明确要求。湖北省认真贯彻落实习近平总书记关于城乡社区治理工作的重要论述，完整准确全面理解和把握习近平总书记对湖北工作的重要讲话和指示批示精神，切实增强政治自觉和行动自觉，大力推进城乡社区治理体系和治理能力现代化，以实际行动答好习近平总书记交给湖北的“必答题”。湖北始终把加强基层党的建设、巩固党的执政基础作为贯穿社会治理和基层建设的一条红线，坚持重心下移、力量下沉、资源下沉，围绕“党建引领、做强街道、夯实社区、建强三支队伍、完善双报到”总体思路，大力推进重点领域、关键环节改革，探索出一系列加强基层党建、创新基层治理的有效举措。

调研结果

（1）社区党建如何应对居民对社区服务中心面积扩增的需求

第一，党建＋民主协商。

搭建基层红色平台。坚持以社区党组织为引领，以小区物业管理公司为抓手，把党组织、物业公司、居民代表等各方力量有效整合，搭建集“党组织＋物业＋居民”于一体的红色平台。同时，通过民主协商，召开居民会议，让居民为社区建设、物业服务建言献策，积极参与到物业管理中来。既解决了邻里纠纷、家庭矛盾，又使社区氛围变得更加团结、和谐。

第二，党建＋多元共治。

凝聚区域红色合力。积极探索并建立“1＋3＋X”管理模式：“1”是社区党组织；“3”是社区、物业公司、居民；“X”是社区、物业在职党员和业主代表，“三双”对接单位党员服务队，两新组织单位党员志愿者等全部力量，社区党支部书记兼任物业公司党支部第一书记，物业经理兼任社区兼职委员，社区“两委”成员兼任片长，交叉任职，形成组织共建、资源共享、实事共做的党建格局，激活党建一盘棋，助推社区管理、物业服务上水平、上台阶。

（2）“558”社区治理体系建设的具体实施情况

第一，推进城乡社区服务设施提档升级。

推进社区综合服务设施建设。按照中心城区新型综合社区建设标准，指导县（市、区）城市社区服务站提档升级，力争到“十四五”末，全市社区综合服务设施1000平方米以上的社区达到80%以上，社区服务站初步具备公共服务、养老服务、文化服务、卫生服务、志愿服务、专业社会工作服务六大功能。

第二，推进社区治理和服务创新。

一是推进社区公共服务均等化。推进政府购买社会工作服务，拓宽政府购买社会工作服务范围和规模，提升政府基本公共服务供给能力。合理配置公共服务资源，加大公共资源向农村社区倾斜力度。

二是做实社区养老服务功能。整合社区资源，健全社区服务网络，努力为广大居民提供个性化、多层次、宽领域的生活服务，打通联系群众“最后一百米”。以全国第四批社区和居家养老服务改革试点为契机，大力引进社会力量参与社区养老服务，建成一批社区（村）养老服务驿站，其中不低于50%开展社会化运营。

三是创新服务方式。改变传统条线式工作模式，在社区全面推行“一窗受理、全科服务”模式。社区设立1～2个综合服务窗口，承担政策咨询、办事指导、受理社区承担的公共服务项目等工作，实现社区服务“只找一个人，能办所有事”。推动社区干部和下沉社区的机关企事业单位人员下网格、进楼栋，做好联系群众、解决诉求、调解纠纷、组织自治、提供服务等工作。

（3）加强社区人才队伍建设

选优配强社区工作者。贯彻落实《关于加强城市社区工作队伍建设的实施方案》。严格人员配备，按社区常住人口1.5‰的比例配备社区工作者，实行总量控制、员额管理。严把入口关，社区“两委”成员依法选举产生，社区专职工作人员面向社会公开招聘。保障薪酬待遇，建立“四岗十八级”岗位等级序列，逐步提升社区工作者薪酬，让广大社区工作者有获得感。拓宽晋升通道，落实社区书记事业编制管理制度，加大从优秀社区工作者中招录（聘）公务员或事业编制人员力度。

（4）统筹推进农村社区治理助推乡村振兴

一是完善农村社区治理体制和服务机制。全面建立由村党组织领导，村民委员会牵头，村务监督委员会、村集体经济组织、驻村单位、群众团体、社会组织、农村居民参与的新型农村社区治理体制。持续推进农村社区建设试点工作，健全村民自我服务与政府公共服务、社会公益服务有效衔接的农村基层综合服务体系，增强农村社区服务功能，助力乡村振兴。

二是加强城乡接合部和农村社区治理。健全城中村、城郊社区、农村社区组织架构，稳妥有序推进村改社区工作。做好新建住宅区、特色小镇居住区、易地扶贫搬迁集中安置点的基层群众性自治组织组建工作，健全村民会议、村民代表会议和协商议事会议制度，规范或制定村规民约、居民公约，不断增强公共服务功能。

4. 广西

调研原因

与东部地区相比，广西经济没有上海等地发达，也不是城市社区改革试行的先发地，作为对照组，更加能够比较出党组织功能在不同地区发挥的作用。除此之外，广西党建的发展也能够体现党建在中国的发展速度。近年来，广西主动适应城市发展变化，以全域视野推动改革创新，出台推进城市基层党建新时代、新突破、新跨越的实施意见等系列文件，在压实责任、深化改革、夯实基础等方面“齐发力”，将基层党建深度融入城市基层治理，推动城市基层党建工作不断提质增效。

调查结果

养老院情况：院内基础设施完备，养老院内部床具、卫生间以及休息室、锻炼器材等物品完善，没有出现脏乱差的现象。

福利院内部时刻有值班人员在岗，但是存在忽视老人精神需求的问题，需要增加一些额外活动，保证老人的精神需求得到满足。

老人们表示养老院基层人员服务态度良好，但对于基层党建认知模糊，对于基层党委与基层人员关系不明确。

四、调研总结

1. 不同地区发展相同点

（1）党基建设全面，普及地区广。在党的号召和领导下，全国各地区积极开展当地的党基建设。

（2）加强宣传教育，提高对党务公开重要性的认识。一是各地都把基层党组织领导层成员作为提高认识的重点对象。通过教育培训等方式，使基层党政组织领导层成员的思想认识明显提高。二是在党员群众中大力宣传实行党务公开的必要性和重要性。

2. 不同地区党建的不同点

（1）具体发展策略不同，各个地区根据自己的实际情况在党基建设方面多少存在差异，例如，湖北荆门市和安徽省之间存在个体差异，安徽省不会开展“558”项目计划。

（2）不同地区人民对于党基认识不同，拿上海与广西相比，对于党基建设，城市社区党组织功能作用的认识深浅程度不同。不可否认，上海作为经济发达地区受教育水平较高并且作为城市社区党建概念的先行试验地，当地居民对于党建会更加熟悉了解。而相比之下，广西居民对于社区中党组织的领导作用认知较少。

3. 社区党建缺点总结

（1）社区党组织领导机制运行不畅。

（2）党的组织形式单一。

（3）机关党建工作软弱，党建工作人员信念感缺失。

（4）活动组织方式陈旧，不能与时俱进。

4. 对社区党建的建议

（1）为基层党组织工作者开展工作提供物质支持，发挥基层党员干部的工作积极性、创造性。

（2）加强党员的思想教育管理，健全党员生活，坚持用三个代表重要思想武装党员头脑，切实解决党员队伍在思想、组织、作风上的突出问题。

（3）增强基层党组织服务群众的功能。

（4）改进基层党组织的工作方式。

五、调研感悟

体会到党组织在城市社区建设中发挥的作用，真切感悟到了党基建设对于基层百姓的重要性。真实走进社区、政府、养老院，拉近了思想与现实的距离，明白党在真实地引导着基层工作者造福百姓，窥见了未来美好的中国特色社会主义社会，坚定了心中的信仰，更加希望我们也能在未来成为对百姓有帮助，对社会有贡献的人。

传承红色基因，书写时代新画卷
——疫情时代会宁县将红军精神融入社区党组织功能建设

作者：林露琦　谭锦琳　张家奕　黄丽洁　曹娅妮　张璐
指导老师：吴正勇

一、引言

自2020年以来，新型冠状病毒迅速在全球蔓延，甘肃省的会宁县也受到新冠疫情影响。会宁会师是中国革命走向胜利的转折点，古老的会宁县在中国革命史上留下了浓墨重彩的一笔。会宁县党组织始终将伟大的红军长征精神化为工作的不竭动力，党员干部召集广大群众不畏艰险，勇敢抗击疫情，结合社会各个层面人士凝聚力量，众志成城对抗疫情。在全县人民抗击疫情的时候，有这样一个特殊群体，他们也参与其中，并且发挥了不可小觑的作用，他们被称为"社区矫正对象"。疫情面前，没有局外人，当看到村屯卡点飘扬的党旗和防控志愿者忙碌的身影时，社区矫正对象自愿成为疫情防控阻击战中的一员，义无反顾地站在了疫情防控最前线，成为逆行者。

我们小组首先查阅相关资料了解什么是社区矫正对象，并调研在新冠疫情这一特殊时期，社区党组织领导社区矫正对象积极参加抗疫工作，对于社区党组织发挥稳定社会、凝聚人心和服务群众等功能方面的积极影响。我们小组通过对会宁县的社区矫正工作进行调查了解，发现这项工作总体除了得到了社会、家庭的正面反馈之外，还存在着一些问题。我们小组结合此次调研，对于社区矫正这一工作进行思考，并提出相关对策。

我们小组成员通过对身边不同年级的同学的口头询问，发现绝大多数青少年甚至中年人群都不太了解什么是社区矫正对象，甚至对此抱有极大的偏见。这对于个人价值观的形成和社会的和谐稳定都存在不利的影响。我们先带大家认识一下社区矫正对象这一基本概念。社区矫正是指将五种罪刑较轻、社会危害性不大的罪犯置于社区内，融合政府和社会资源对其进行教育改造，矫正其犯罪心理和行为恶习，并促其顺利回归社会的一种非监禁刑罚执行制度。适用范围是被判处管制、宣告缓刑、暂予监外执行、裁定假释，以及被剥夺政治权利并在社会上服刑的五种罪犯。简单来说，社区矫正对象就是被判处非监禁刑罚之后，通过政府和社会的帮助教育，对他们进行思想和劳动改造，并促进其顺利回归社会的人。应该说，在我国，从中央司法政策到地方的司法实践都承认，社区矫正是教育改造犯罪人员，帮助其再社会化的重要的有效的方式。对一些社区矫正的工作点和矫正对象进行了访谈，访谈结果表明，矫正效果在总体上是好的，但是，对于矫正对象而言，存在着一些不可避免的困境，比如，社区矫正对象可能会面临街坊邻居的不信任而导致的人际交往障碍，可能会对自己的生存本领产生质疑，以及存在长期缺乏安全感、关怀感和不被尊重等情绪。这都不利于社会矫正工作的开展以及社会的和谐稳定发展。而在抗击新冠疫情中，社区矫正对象积极参与其中发挥自己的力量，体现了他们主动融入社会的责任感和党组织领导社区矫正工作的重要成效。

二、调研的主体内容

（一）社区矫正工作的历史沿革

2003 年，最高人民法院、最高人民检察院、公安部、司法部（以下简称“两院两部”）联合下发通知，决定开展社区矫正试点工作，并确定北京等 6 省（市）为首批试点地区。2005 年，“两院两部”联合发文，将试点范围扩大到 18 个省（区、市）。到 2007 年，社区矫正试点工作已在全国 24 个省（区、市）的 102 个地（市）展开。2009 年，随着《关于在全国试行社区矫正工作的意见》的出台，社区矫正工作在全国铺开。我国社区矫正工作发展迅速，覆盖面大；各地普遍建立了以司法所工作人员为主、社会工作者和社会志愿者积极协助的专群结合的社区矫正工作队伍，社区矫正队伍正不断壮大。现今伴随着《刑法修正案（八）》的颁布及实施，社区矫正制度又以基本法律的形式确立了下来，提供了本项制度的法律渊源，同时基本确立了由司法行政部门负责工作的体系。社区矫正制度作为刑罚执行制度改革的一种尝试，在党中央的统一部署下采取了先试点后立法的做法。通过立法社区矫正制度，把改革成果巩固下来，把试点的好经验、好做法固定下来，把宽严相济的刑事司法政策落到实处，既是改革完善我国刑罚执行制度的重要举措，也是完善社会主义法制的内在要求。《刑法修正案（八）》的通过，是我国刑罚执行制度发展中的一件大事，对于社会主义刑罚制度具有重要的里程碑意义。

《中华人民共和国社区矫正法》已由中华人民共和国第十三届全国人民

代表大会常务委员会第十五次会议于2019年12月28日通过，经由中华人民共和国主席习近平于2019年12月28日签发，《中华人民共和国主席令第四十号》公布，自2020年7月1日起施行。

现实情况：2021年11月17日甘肃省出台了《甘肃省社区矫正工作细则》。2021年甘肃会宁县司法局联合会宁县检察院在全县各乡镇开展社区矫正人员警示教育活动，进一步增强社区矫正对象法律意识、提升矫正对象社会责任感，帮助矫正对象早日成为学法、知法、懂法、守法的合格公民，维护社会稳定。2022年8月，为持续深化“我为群众办实事”活动，会宁县检察院充分发挥检察监督职能，以社区矫正巡回检察为契机，积极打造党建引领社区矫正检察新模式，把党建工作与检察监督有机融合，推进社区矫正检察工作实现创新发展。同时，会宁县也一直积极开展红色主题教育活动，发扬红军精神，感化社区矫正对象。疫情期间，许多党员不顾自身安危，奋战在抗疫第一线，给社区矫正对象做出了好榜样。

（二）调研的重点内容

新冠肺炎是一场事关我们每一个人的灾难，所有人都在实时关注，并殷切盼望着疫情的早日结束。不止我们，一群特殊的人也在为疫情而担忧，他们就是接受社区矫正的人群。他们曾经因为走错了路而受到刑罚，但在突如其来的天灾人祸面前，他们也在积极地出钱出力，希望能够贡献自己的一份力量。因此，我们拟定了以甘肃省会宁县社区矫正对象在抗疫中的表现为研究对象的暑假调研计划。

疫情当前，会宁县的党员以身作则，积极投入疫情防控的第一线，成功发挥了党员带头的模范作用，筑起了一道疫情防控的“红色防线”。据统计，会宁县全县2100余名党员深入各个社区，通过电话和走访等方式，一一查验居民健康码、核酸检测情况，真正做到了事必躬亲、深入群众。党员干部志愿者唐静这样说：“身为一名共产党员，就应该守在疫情防控前沿，发挥模范带头作用。”有着11年党龄的党员李霞则是以“疫情面前，党旗指向哪里，党员干部就冲锋到哪里”为口号和信仰，第一时间报名参加了志愿者队伍，即便在深夜也坚持在值班点。在会宁县党员“甘于奉献，迎难而上”的精神引导下，人民群众的抗疫热情分外高涨。

2022年7月7日，会宁县司法局河畔司法所组织开展了《社区矫正法》专题学习宣传活动。该活动的目的在于全面宣传贯彻落实《中华人民共和国社区矫正法》，提升社区矫正社会影响力和群众知晓率，同时也增强了社区矫正对象的法律观念，对促进他们矫正不良行为，悔过自新，回归社会起到了积极作用。

同时，为了让社区矫正对象接受红色文化的熏陶，提升改造质量，会宁县开展了诸多不同形式的红色文化主题教育活动，如参观红色教育基地，听红色精神讲座，了解相关历史。我们的调查对象透露，他们曾经组织参观过会宁会师园，游览了会师园内的红军长征胜利纪念馆，缅怀了红军长征的丰功伟绩，了解到了红军长征的壮举，其间接受了革命教育；认真观看博物馆内展览的文物，了解了红军长征的故事，瞻仰了会师楼和会师塔，进一步了解到红军长征胜利的事迹，感受到红军长征胜利的来之不易；还听会宁的老红军讲述长征路上发生的故事，感受到了共和国先驱不怕牺牲的大无畏精神。小组调研的社区矫正对象表示，在切身感受过红军不怕牺牲、以民族大义为己任的精神之后，感觉自己无比渺小，同时也觉得自己只要学习革命先辈的精神，就没有什么是做不到的，因此重燃了对生活的希望，觉得重新融入社会也不是什么难题了。

同时，为充分发挥社区公益劳动的教育和塑造功能，帮助社区矫正对象修复社会关系，培养社区矫正对象的社会责任感，钟鼓楼社区矫正管理局组织社区矫正对象在县道进行公益劳动。开始公益劳动前，社区矫正管理局工作人员对社区矫正对象逐个测量体温、检查口罩佩戴情况、查看健康码等。在劳动现场，社区矫正对象分工合作、互相配合，不怕脏、不怕累，清扫果皮纸屑等垃圾杂物，经过两个多小时的辛勤劳动，使街道和院落焕然一新。劳动过程中，通过谈话进一步了解了社区矫正对象近期的生活状况和思想动态，教育其端正心态、遵纪守法，争取早日融入社会。此次公益劳动充分发挥了教育和塑造作用，提升了社区矫正对象的行动力，帮助其积极接受矫正，充实自我、完善自我，获得社会认同，顺利回归社会。

另外，部分乡镇因为疫情影响，为避免人群聚集，选择了线上会议的方式进行红色教育，以保证向社区矫正对象传承红色精神，提高其思想觉悟，投入建设祖国的浪潮中去。

在这样积极抗疫的氛围中，会宁县的社区矫正对象也踊跃地投入抗击疫情的浪潮中去。因为疫情因素的影响，我们小组未能至甘肃省会宁县进行实地考察，因而只能采取电话联系和网络沟通的方式，通过会宁县司法局的县刑满释放人员安置帮教与社区矫正工作办公室，与部分社区矫正对象取得联系。我们了解到，2022 年 7 月，会宁县钟鼓楼社区矫正对象闻令而动，积极响应全县疫情防控号召，主动请缨，在疫情防控检测点志愿者服务工作中，坚定地承担起自己的社会责任。也有矫正对象因为种种原因无法参与到志愿者服务中去，因而选择了以捐钱捐物的方式支持抗疫工作。会宁县司法局平头川司法所社区矫正对象周某主动向武汉市新冠肺炎疫情防控基金会捐款500元。社区矫正对象王某为武汉市慈善总会捐款200元。疫情无情，人间有情。据不完全统计，会宁县柴门、会师、刘寨、头寨、平头、新添、韩集、大沟、白塬、八里等司法所的社区矫正对象向武汉、全县部门疫情检测点捐款，捐赠消毒液、口罩、食品等物资共计25700余元。还有一部分社区矫正对象自发担任志愿者，主动到当地疫情检测点帮忙或参与值班劝导，努力用实际行动全力支援新冠疫情防控工作。

在民族乃至世界的灾难面前，我们总是会放下心中的成见，携手共渡难关。正是因为如此，中国才能够强有力地控制住疫情，没有造成更大的损失。而我们小组在此次调研中，了解到了社区矫正对象对疫情防控所做出的贡献。疫情当前，每个人都拥有着一颗火热的赤子之心。

（三）社区矫正存在的问题及原因分析

社区矫正人员主要为主观恶性小、罪行轻、社会危害性较小的犯罪人员，调动其成为社区防疫力量，十分有助于社区防疫工作的开展。然而，社区矫正人员具有责任感低、态度不认真、过度自信、虚荣心强、文化程度低等特点，可能成为调动这类人员的障碍。从心理活动方面看，部分社区矫正人员常会出现服刑意识差、自卑感强、心理失衡等状况，也会给社区防疫工作带来困难。

首先，部分被处缓刑、暂予监外执行、管制的矫正对象因被处理的方式较为宽容，未被收监，因此会对自身处境产生误解，认为犯罪后被处置并非大事，自身罪责感较低，不能主动参与工作。还有一部分人员因自身过去的罪行而具有很强的耻辱感，害怕“丢面子”，担心被一般群众歧视，产生自卑、孤独的心理，不愿与社会交流，更不会主动参与社会改造。部分社区管理条件不佳，社区矫正人员不能自觉主动地完成社区矫正任务，加上监管资源缺乏，这些人员处于放任自流的状态，不能被充分调动，其难以成为有效协助社区防疫的力量。

其次，部分社区矫正人员是由于对违法犯罪行为缺乏了解而触犯法律，导致犯罪。这类人员往往缺乏教育，文化程度较低，很可能对新冠疫情防控知识、防疫相关法律认识不足，对防疫工作造成困难。在实际参与工作过程中，社区矫正人员大多只能做简单的维持秩序工作，参与简单的体力劳动，难以完成记录、管理等较为复杂和涉及法律法规的任务，造成一些防疫岗位缺乏人手。

最后，由于距《社区矫正法》颁布仅过去两年，相关知识缺乏普及，社区群众对社区矫正工作了解不足，使得一般群众在工作中对社区矫正人员产生恐惧、歧视等错误心理，给社区矫正人员参与社区防疫工作带来困难。同时，有的社区工作者也缺乏法律知识，难以与司法所进行沟通，加之社区矫正人员管理难度大，社区执行力不足，阻碍了社区矫正工作的开展，难以将社区矫正人员作为人力运用在防疫工作中。

（四）社区矫正解决方法

在协助进行社区矫正工作时，党员应发挥先锋模范作用，充分发挥社区党建在社区矫正工作中的引领作用，促进各人员团结一心，凝聚一体，更好地对矫正人员施行教育管理。

对于社区矫正人员，应该在使其“矫身”的同时“矫心”，为社区矫正人员开展心理辅导，及时对其进行心理评估，教授适当的心理调适方法，从根本上防止社区矫正人员产生消极心理，调动其积极性。要更好地利用当地丰富的红色文化资源，积极组织面向社区矫正人员的宣传活动，使其加深对红军精神的理解，养成健康的心理，培育其爱党爱国、积极投入社会的理想。同时，在参与防疫工作前，应该对此类人员进行防疫教育，提高他们的防疫认识，防止工作出现失误。

对于社区群众，应该组织开展线上学习活动，积极普法，发放宣传资料，消除可能存在的歧视现象，为社区矫正人员参与防疫工作铺平道路，让他们更快地融入社区工作。

在社区矫正人员管理方面，应完善线上智慧平台，普及“智慧矫正中心”App，采取“手机定位+微信监管”新措施，实施动态管理，加大管理力度，有效调动社区矫正人员参与防疫的积极性。

三、调查结论和感悟

（一）调查结论

由于本次社会实践活动受新冠疫情影响，小组成员未能到达会宁县进行实地考察，故采用文献调查法和对志愿者的电话拜访，以及使用互联网进行调查。

面对新一轮疫情的暴发，甘肃省白银市会宁县涌现了一批批社区抗疫志愿者，在这些志愿者中有一个特殊群体，他们就是社区矫正对象。

在调查前，小组成员对社区矫正对象这一社区抗疫力量对社区抗疫工作可能带来的困难进行了设想。首先，社区矫正对象自身责任感低，不能积极参与到社区抗疫工作当中去。其次，部分文化程度不高的社区矫正对象可能在实际抗疫行动中，难以理解并完成任务。最后，由于《社区矫正法》颁布时间短，群众与社区矫正对象之间沟通不畅。为解决以上问题，社区有关负责部门应当及时对社区矫正对象进行心理辅导与防疫知识普及教育，运用红色文化教育和红军精神感化社区矫正对象。对于社区群众，也需要开展宣传活动，助力更好完成社区抗疫工作。在社区矫正对象管理方面，应完善线上智慧平台，有效调动社区矫正对象参与抗疫，推动社区矫正对象主动抗疫，服务群众，促进社会稳定。

经过调查，在此次抗疫过程中，社区矫正对象用自己的实际行动为社区做出了自己的贡献。社区矫正对象通过主动参加社区值班站岗，宣传防疫知识，为社区捐赠防疫物资，协助进行社区全民核酸检测工作等方式，以实际行动积极投入抗击疫情当中。

从疫情期间甘肃省白银市会宁县对社区矫正对象的矫正工作来看，社区党建功能发挥着至关重要的作用。社区开展红色文化主题教育活动，如参观长征纪念馆、回顾革命历史、举办红色讲座、清扫红色基地等，充分运用红军精神感化社区矫正对象。通过教育管理，以凝聚人心的社区党建功能激发社区矫正对象的抗疫积极性。在优秀党员先锋模范作用的带领下，社区矫正对象主动投入社区抗疫工作。通过服务群众，以凝聚人心的社区党建功能在抗击疫情中激发出社区矫正对象的社会责任感和向上之心，体现了社区党建功能必不可少的至关重要的作用。

（二）收获与感悟

2022 年暑假期间，我们社会实践小组利用假期时间，对甘肃省白银市会宁县社区矫正工作情况展开了调研。参与这次调研实践活动，我们每个人都是收获满满，感触颇深。社区矫正工作，对于我们大学生来说可能过于遥远。我们中的很多人对于社会矫正工作的内容及其发挥的作用知之甚少，难免会产生各种各样的偏见。但在这次调研实践活动中，我们小组经过详细的调查，发现社区矫正对象这一群体在防疫工作中发挥了重要作用。尽管他们曾经犯下错误，但在党的思想教育下，他们积极地参与到防疫工作中，为社区贡献自己的一份力量。同时，对于不愿主动参与社会改造的人员，社区对其进行心理辅导，教授他们心理调适的方法，调动矫正人员的积极性。在社区工作人员和基层党组织的努力下，会宁县越来越多的社区矫正对象参与到防疫工作中来。他们在防疫工作的一线挥洒汗水，服务群众。通过这次调研实践，我们深入地了解了社区工作，学习了党在团结群众、凝聚人心方面发挥的重要作用，领会了红军精神融入社区矫正工作的重要意义，并希望社区矫正对象能够通过他们的自我改正与服务社会消除社会的偏见。

疫情当前，这些矫正对象积极参与防疫工作，成为“最美逆行者”的一员。在本次社会实践活动中，我们对防疫志愿者进行了电话采访。不论是在我们自己生活的社区中还是在校园里，经常能够看到防疫志愿者辛勤的身影。然而，很多大学生仍然对疫情工作不满，不理解志愿者的无私付出，对志愿活动嗤之以鼻。通过电话采访，我们更加了解了志愿者的想法以及他们的奉献精神。这种奉献精神，正是红军艰苦奋斗精神在新时代的体现。对他们来说，尽管参加防疫工作辛苦又可能不被理解，但他们在其中实现了自我价值，得到了社会的肯定。他们也许只是一个个平凡的普通人，可是在疫情面前，他们主动担起责任，为大家撑起保护伞。他们身上的无私奉献精神使我们深深感动。

在调研实践中，我们不仅提升了与人交往的能力，了解了社区工作和志愿活动，更是被真正的实践者的精神深深感染。这次调研实践活动开阔了我们的视野，使我们更加了解社会，认识到人民群众的力量，更加体会了红军精神在基层党员、社区工作人员、防疫志愿者乃至我们每一位新时代青年身上传承。坚韧不拔、自强不息、勇往无前的长征精神，不仅在会宁县这个老革命根据地传承，也早已成为我们民族生存和发展的精神支柱。

开放先锋三十载，红色筑梦续华章
——上海浦东桃园社区党建体制创新模式

作者：唐欣然　洪慧怡　吴雨芯　周语琦　尹艺璇　袁铭蔚　归伊灵
指导老师：王娜

一、引言

（一）调研背景

党的思想、党的精神是宝贵的财富，对其进行深入学习对于每位青年都十分重要。2022年下半年，党的第二十次全国代表大会将于北京召开，值此之际，上海对外经贸大学组织开展了“走社区 看党建”——喜迎党的二十大暑期专项社会实践活动，旨在让学生围绕新时代城市社区党建相关方面进行调研并提出发展意见，将思政课小课堂与社会大课堂相结合，深入理解党的思想与精神。

2020年正值浦东开发开放30周年，在此30年间，浦东实现飞跃式发展，取得瞩目成就。而在2022年，上海疫情暴发，浦东在而立之年再次迎来挑战。在此次战“疫”中，有调研组成员曾见证上海市浦东新区桃园社区党组织成员勇赴一线、发挥合力，通过实际行动为民众筑起抗疫的“红色堡垒”，深受触动。因此，围绕“走社区 看党建”这一实践主题，调研组将上海市浦东新区桃园社区作为调研对象，致力于探究其在疫情背景下的党建体制创新模式，收集该创新模式在民众生活、社区管理、疫情防控等各方面所取得的成效，并进行深入分析，进而探寻该社区党建体制创新模式在疫情背景下的可推广性，并最终提出发展意见。

（二）调研对象

1. 实践所在地介绍

上海市浦东新区川沙新镇，位于上海市浦东新区东部，西靠黄浦江，东南端水域为长江与东海的汇合处。作为历史文化名镇，川沙新镇拥有悠久的发展历史，文渊深厚。而桃园社区，是上海市浦东新区川沙新镇下辖的社区，作为川沙新镇七大社区之一，对面向川沙居民的有关党建体制创新模式的发展、普及、宣传与推广发挥了重要作用。

2. 调研对象介绍

调研组将上海市浦东新区川沙新镇桃园社区作为调研区域，具体调研对象包括桃园社区居委会、桃园社区志愿者党员代表陈大爷与桃园社区居民。

桃园社区居委会：位于上海市浦东新区川沙新镇南桥路459弄桃园公寓28号，作为基层群众性自治组织，日常对桃园社区居民进行服务、管理，在疫情期间也尽心发挥职责。对居委会进行采访，可以帮助本支队伍更全面了解桃园社区在疫情背景下的党建体制创新模式。

陈大爷：作为居住在桃园社区的一名资深党员，在2022年上海疫情肆虐期间曾多次参与志愿服务工作。通过对陈大爷进行采访，调研组得以从一位老党员的视角出发了解桃园社区党建工作的组织与实践，以及该社区在疫情期间所作出的党建创新举措。

桃园社区居民：包含党员、居民、党员志愿者与居民志愿者。以线上问卷调研方式面向桃园社区居民，有利于从多角度了解桃园社区的党建工作、党建体制创新模式，了解其在民众生活、社区管理、疫情防控等各方面所取得的成效，并收集相关建议，帮助调研组深入探寻主题相关内容并提出发展建议。

（三）调研时间

2022年7月1日——走访上海市浦东新区川沙新镇桃园社区志愿者党员代表陈大爷、上海市浦东新区川沙新镇桃园社区居委会。

7月6日——走访上海市浦东新区川沙新镇桃园社区居民区、社区图书馆、社区卫生中心、社区老年活动中心、社区公园。

7月9日——走访上海市浦东新区川沙新镇桃园社区党员活动中心。

（四）调研目的

1. 深入了解疫情下党建体系创新管理模式特色

自疫情暴发始，上海各社区不断基于实际情况、居民需求进行静态管理模式的调整和党建管理模式的创新和实践。调研组将关注点聚焦于浦东新区的桃园社区，多角度剖析桃园社区的党建管理模式背景及发展过程。通过走访考察，探索党建管理模式的创新对于居民产生的现实影响；通过对符合本地实情的管理规划的思考和领悟，尝试完善桃园社区的经验并将其传达给共同抗疫的其他社区、城镇。

2. 探究党建体系创新管理模式实施成效及可推广性

桃园社区居委会和基础党建体系在疫情防控期间更加关注提高工作效率，满足居民需求，保障日常生活，为居民提供便利、解决困难，加强与居民之间的沟通和联系，在疫情的关键时期融洽、凝聚了邻里关系，也进一步提高了社区党建工作效率，在人员、物资分配、维护秩序及调动居民主动性方面均取得了不错的成效。尤其是面对上海老龄化的特征，由党员带头，对于困难老人提供了更加具体可行的方案，值得同样存在困难老人的社区借鉴思考。

3. 提出党建体系创新管理模式及相关建议

尽管桃园社区的党建创新管理模式具有许多便利和优势，其缺陷和问题依然存在。在居民调访的环节，仍有居民反馈信息来源少；党建组织没有面向全部居民，利用微信公众号等方式来大力宣传党支部活动；执行人员工作效率低等问题，或有碍社区党建模式后续的全面开展。通过调查研究，利用现有的知识与经验，提出相应的解决方案，完善管理模式。

4. 提升实践能力与思想水平

在本次社会实践调研的过程中，学会通过自身实践，发现问题、分析问题、解决问题。分析问题的过程中尝试从多个角度思考并探索疫情当下的党建创新管理模式。在采访居委、撰写报告与团队协作的过程中走出思维“舒适圈”。将所学所用应用于社会，造福社会。

二、主体

（一）调研对象基本简述

1. 实践所在地介绍

上海市浦东桃园社区，位于上海市浦东新区川沙新镇。2017 年，浦东新区重新确认为国家卫生城市（区），继续保留全国文明城市荣誉称号。2022 年，上海疫情暴发，浦东在而立之年再遇挑战。

2. 调研对象介绍

调研组以上海浦东桃园社区为调研区域，具体调研对象包括桃园居委会、基层党建组织和居民。

桃园居委会：桃园居委会组织并且分类管理所在社区的党员。在小区居委会和基层党建组织的领导下，佳运公寓等小区在这次的疫情攻坚战中获得了“无疫小区”称号。

桃园社区基层党建组织：其人员结构以退休党员为主。在此次疫情中，由退休党员带领年轻党员帮助推进疫情的社区防控工作，从而散发年轻活力。

桃园社区居民：作为一个完善的居民社区，这里有社区居民区、社区图书馆、社区卫生中心、社区老年活动中心、社区公园。居住人群主要为中老年人。

（二）调研过程基本简述

7月1日

运用方法：走访、采访、网络资料收集整理、问卷调查。

调查过程：调研组在走访前于网络上寻找了一些关于上海市浦东新区川沙新镇桃园社区资料，获得初步概况性认识。早上9：30，调研组来到桃园社区居委会。10：00，调研组去到社区某位资深党员家中，就其对于社区党建体制的看法与意见进行了采访，初步了解桃园社区的党建体制与创新模式。11：00，调研组见到桃园社区居委会负责人，就疫情下社区党建体制创新模式提出相关问题，并对社区负责人进行采访。11：30，调研组走访社区邻里，向桃园社区居民发放事先准备好的问卷。

7月6日

运用方法：走访、问卷调查。

调查过程：早上8：30，调研组来到桃园社区居民区、社区图书馆、社区卫生中心、社区老年活动中心、社区公园，对当地的硬件设备进行考察，做出相关分析。采访了住在佳运公寓小区的陈奶奶，陈奶奶表示社区内硬件配置较为齐全，党建相关设施能满足绝大多数居民的需求，但设施有些陈旧，需要更新换代。上午11：30，调研组继续走访除居民区外的各个地方，向在社区活动的居民进行问卷的发放、填写与回收，主要负责了解上海市桃园社区党建体制创新模式居民满意程度及改进建议。

7月9日

运用方法：走访、采访。

调研过程：上午10：00，调研组来到桃园社区党员活动中心，对桃园社区新模式下党建组织和居委会的合作管理进行调研。上午11：00至下午2：00，调研组找到小区资深党员吴先生，并深刻地探讨了在这次疫情中，社区基础党建在管理上的创新与改进。调研组发现，该社区党员有较好的自觉性与积极性，并且以老党员带新党员的模式，让社区的党建力量焕发生机，这与社区党建创新机制有着密不可分的关系。同时，通过此次走访，调研组对于疫情下桃园社区党建机制的创新有了新的看法。

（三）分析

1. 社区管理层面的设想

此次疫情暴发之前，在党建工作方面，社区党组织会定期开展活动：一季度举行一次党员大会，每月都会进行三会一课和主题党日活动；在与居民的沟通方面，居委会干部与退休居民交流较多，但与其他居民的沟通有待加强。

因此，在此次疫情暴发期间，社区党组织在党建体制上进行了改进和创新，与之前的工作相比，有利于更好地推进党建工作，开展学习活动；提高工作效率，满足居民需求，保障日常生活，为居民提供便利、解决困难，加强与居民之间的沟通和联系，创造一个和谐友爱的社区大家庭。

2. 社区运作过程及成效

由于无法在线下举行大型会议，社区党组织成员进行定期和不定期两种方式的线上学习，参加防疫工作的志愿者也积极主动参与主题党日等学习活动，党建工作有序进行。

除了支部中的党员以外，社区党组织发动在职党员“双报到”，招募年轻志愿者，为疫情防控工作注入新鲜血液，挖掘了社区中许多有才能的年轻人。社区党组织发动党员担任志愿者，党员自身积极性也较高，大部分党员参与了志愿服务工作。

在社区物资分配及配药等保民生工作中，下沉干部参与较多，且有明确分工，一部分人员负责抗原发放和核酸检测，一部分人员负责外出为居民配急需药品，等等。

居委会组织党员一对三结对困难老人，有配药组、生活关爱组上门服务，照顾老人生活的方方面面。

物业公司组织相关人员夜间在小区巡逻，保障居民安全，其间未发生任何盗窃等不良事件。

疫情期间，外部清洁人员不便进入小区，物业公司、业委会、志愿者发挥各自所长，团结合作、献智出力，共同维护清净整洁的小区环境。

3. 居民反馈意见和建议

根据问卷调查结果，居民大多对疫情期间社区管理表示肯定：志愿者为居民发放物资，外出配药，进行抗原发放、核酸检测，及时解决居民困难；物业相关人员小区夜间巡逻等措施都落到实处，社区的党建创新体制更好地凝聚了小区居民，使得居民关系更为紧密和融洽；尤其是社区中的一些老党员以身作则，舍己为人，积极开展防疫工作，打扫小区卫生；还有志愿者跳河救人，居民们都深受感动。但仍有个别居民反馈社区工作信息不够公开透明；尽管组织了几次志愿者打扫小区环境，仍有待改善，希望社区负责人员再多动员居民们维护小区卫生，爱护花草树木。

在党建工作方面，线上学习活动有序进行，但效果不尽如人意。居民希望社区尽快恢复举行线下党员大会及主题党日等活动的同时，在党建活动上有所改进，举办更丰富、更高质量的党建活动。

（四）存在的问题

1. 宣传问题

参与临时党组织的居民人数较少，绝大多数信息来源是电视网络媒体而非党组织宣传，导致部分居民并不了解党员或党支部具体工作为何、遇到困难不知如何寻求相关人员的帮助。在严峻的疫情形势下，居民无法获悉创新工作机制是否存在以及党建工作进度等。

2. 活动内容安排问题

随着科技的飞速发展、生活水平的提高，人们拥有丰富的选择和多样的需求，传统的党支部活动只能满足部分群众的需要且不符合时代的未来轨迹。考虑到开展效率、便捷度和参与度，我们需要筛选出更多、更新、更优质的党支部活动，调动居民的参与热情，让每一位居民都走入党支部活动中来，把社区党支部建设落到实处。

3. 执行力问题

社区党支部工作仍然存在执行效率低，未能有效落实党建相关计划抑或缺少具体计划方案。在疫情阶段，没有以饱满的姿态、昂扬的斗志和高效的执行效率处理相关问题，没有完全走入群众中去，以至于给群众留下的印象不够深刻。

4. 信息差问题

社区所掌握的疫情消息以及社区为了防疫所作出的贡献和努力并没有公开透明化让居民知晓，部分归因于宣传问题，部分碍于客观因素，居民无法在特定时段看到社区、党组织工作人员的工作内容。

（五）解决建议

第一，调动党员参与社区党组织的积极性，充分发挥党员才干和实力，服务社区群众。党员和党组织负责人应定时接受党组织的培训，提高内部人员的总体素质和发展机会。新党员应当主动分担、配合工作，利用自身优势优化党组织建设，为之注入新鲜血液，而不是全靠老党员出力。同时，拓宽时事、党内活动宣传渠道，做到公开透明，规范化工作，采用线上线下同步进行的模式，服务不同年龄、团体和需求的群众。线下可以张贴告示、组织会议、安排走访；线上可以开设微信小程序、公众号、社区专用网站、邮箱地址、专人专项群组，时时更新工作流程、具体内容、目前情况以及未来走向等模块，党组织负责人也应主动述职，公开工作，落实党建经费明细和党建工作责任制，联系群众、服务群众、方便群众，让居民和党组织“面对面”。在创新机制方面，应当收集群众意见、建议，经内部商榷统一进行建设。

第二，群众亦要配合党员和党支部的工作，响应组织号召，积极参与多方面活动并提出建设性意见以便党支部收集、整理、修改、更新工作内容、方式，推动创新模式的再造。群众有必要可以投入党支部的志愿工作中，亲身感受、实践当前党建运行模式，并主动帮助周边的居民了解详细情况，联络组织和群众，打破两者壁垒，强化社区个体和群体的联系，进一步塑造社区形象，加速党建发展。

三、调查结论与总结

通过本次实践调研，调研组实际认识了解到上海市浦东新区川沙新镇桃园社区的党建创新为居民所带来的便利，同时也发现了其中不完善之处。社区党委通过组织党员志愿者，在疫情期间根据情况为社区居民提供帮助，便利民生；同时也带动社区内非党员青年清洁社区，为居民提供舒适的居住环境，帮助居民缓解封控期间的抑郁心情，还出现过志愿者跳河救人的英勇之举。桃园社区基于实际需要，延续以往对于党建主流的思想渗透式宣传教育，对社区各项政策进行深度改进并进行下沉式实施，力求做到政策惠及每一位居民，更进一步深入了解民情，发掘居民物质及心理层面的需求。桃园社区改进之前“泛泛而谈”式的党建政策，将党建思想通过实际的便民政策贯彻到百姓层面，通过党员志愿者的实际行动向居民们展现新时代党建精神，拉近了社区党组织、居委会与居民的关系，改善了百姓对党的敬畏、不亲近情绪，向居民们展示出了一个截然不同、亲和友善的党组织形象，也让居民们意识到自己和党组织是合作互助关系而非单纯的领导与被领导关系，提高了居民参与社区抗疫及其他活动的热情与积极性。

尽管桃园社区发动、组织社区党委所做出的各类政策创新出发点皆是以民为本，但在实施过程中由于多方因素，出现工作不到位、帮助不到位、宣传沟通不到位的现象，致使居民与社区自治体系产生一些误会及摩擦，这些都需要党员志愿者或是社区工作人员进行后续跟进。而桃园社区在吸收先前工作不到位的经验教训后，也应加强、完善体制创新中的工作措施，堵塞体制创新中的工作疏漏，让社区内居民的生活日益便利美好。

四、感悟

调研组以上海市浦东新区川沙新镇桃园社区为例，通过实践调研，看到疫情下社区内按相关防疫政策规定实行的党建创新与居民自治所取得的成效，汲取当中的成功经验，观察到其中可改进的方面并提出建议，为本次调研画上一个圆满的句号。

此次实践调研活动让调研组的所有成员踏入现实、发现自己身边的党建体制、理解实际党建创新中所取得成效及困难，切实感受到新时代对于党组织建设的重视与投入，感受到国家对社区基层党委建设、创新的关注，激发基层党员的自觉性、能动性，以带动周边居民投身党组织的建设与创新工作中去，让普罗大众切实感受到“人民城市人民建”的精神，有助于人民理解社会主义建设的艰巨和不易，有助于提高我们的公众事业参与度、社会认同感、民族自豪感和责任心，在喜迎党的二十大之际，切实感受到我党的先进性与民主性。

作为大学生，不能“两耳不闻窗外事，一心只读圣贤书”。我们需要走出书房，通过社会实践来拓宽视野，发现实际中存在的问题，再以自己学到的理论知识按照实际情况变通实践到现实中去。而此次社会实践活动让我们体验到了制订计划、合作交流、实地采访、梳理分析、归纳总结、整理撰写等乐趣。在新时代的引领下，沟通水平、创新思维、合作互助精神、勇于承担的责任感以及吃苦耐劳等都是当代大学生所应具备的基本素质，我们也会在今后的学习生活中努力达到时代提出的这些基本要求。

传承红色文化　推动党建工作

——遵义会议纪念馆将红色文化融入党建工作的探索

作者：庞恒
指导老师：罗国辉

一、引言

（一）调查的背景

遵义会议纪念馆是为纪念中国共产党历史上具有伟大历史意义的遵义会议而建立的，是中华人民共和国成立后最早建立的 21 个革命纪念馆之一。党的十九大报告明确指出，要以提升组织力为重点，突出政治功能，把基层党组织建设成为宣传党的主张、贯彻党的决定、领导基层治理、团结动员群众、推动改革发展的坚强战斗堡垒。这需要充分发挥党组织的政治功能，以政治功能的优化提升党组织的组织力，承担起组织群众，宣传群众，凝聚群众，服务群众的职责。

习近平总书记在党的十九届六中全会上指出："党不断健全组织体系，以提升组织力为重点，增强党组织政治功能和组织功能，树立大抓基层的鲜明导向，推动党的组织和党的工作全覆盖。"调查遵义会议纪念馆将红色文化融入党建工作，有利于推进全面从严治党，基层延伸，扎实做好抓基层、强基础的工作，不断夯实党的执政根基，将抓基层强基础作为长远之计和固本之举，为新时代城市社区党组织的先进性建设指明了方向。

研究遵义会议纪念馆如何将红色文化融入党建工作，不仅可以探索如何将红色文化融入党建，还可以加强基层党组织建设的路径以及增强当代青年身上肩负的责任与使命。

（二）活动目的

红色文化是中国共产党在革命实践中形成的革命文化，也是开展基层党组织建设的重要文化资源。所以，应当高度重视红色文化的教育和党建功能，将红色文化融入基层党建工作中，在提高基层党组织纯洁性基础上不断提高其公信力、凝聚力和战斗力。进一步加强基层组织与党组织的联动性。基层党组织是党组织体系的基础，是贯彻和实行党中央政策和方针的重要一环，而党组织是基层党组织的领导核心。两者的联动性关系到党的政策是否落实，党的工作是否高效。因此，通过此次社会实践活动，可以更好地了解遵义基层党组织建设方向、建设工作进程，进而加强遵义基层组织与党组织对话机制，进一步强化和巩固遵义基层组织与党组织的联动性。

基层组织是群众与党组织的桥梁和纽带。对群众而言，基层党组织是其政治、思想和方向的指导。基层组织应将党的思想、政策落实到群众，使得群众在思想上、政治上与党中央保持高度一致，时刻响应、支持党的组织与号召。对于党组织，基层组织通过表达民意，及时向上级党组织反映群众的呼声与愿望，使得党组织了解群众的利益诉求，制定正确的方针政策。坚持以“一切为了群众”为原则，从群众中来，到群众中去，真正服务于民、便利于民。

此次遵义会议纪念馆调研活动目的是了解遵义市服务型基层党组织建设情况，为其他一些地区开展服务型党组织创建工作提供宝贵经验。

（三）时间和地点

1. 时间

2022 年 6 月 17 日：全员根据研究新媒体时代下遵义会议纪念馆党建的网络宣传效果这一课题，线上收集查阅相关信息并整理。

7 月 20 日：庞恒、黄传梅、陶爽、肖杰红、冯靖雯、张婷同学，根据了解的遵义会议纪念馆党建现状与红色文化在普通群众与学校之间的融合情况，前往遵义会议纪念馆进行实地调研与采访。

7 月 22 日：庞恒、黄传梅、陶爽、肖杰红、冯靖雯、张婷同学，根据感悟红色历史，为活动开展注入精神动力这一课题，前往贵州省遵义市红花岗区进行实地调研。

7 月 25—30 日：全体队员进行线上资料整合分析，得出调研结果。

2. 地点

贵州省遵义市。

实地调研遵义会议纪念馆：贵州省遵义市红花岗区子尹路 96 号。

实地调研遵义会议会址。

实地调研红军山：贵州省遵义市红花岗区。

（四）调查对象与范围

实地走访遵义会议纪念馆与红军山，调查遵义会议纪念馆党建设施与活动开展情况，遵义会议纪念馆的建设发展变迁及其党建活动的开展情况，遵义会议纪念馆党建现状及其独有特色，党建硬件设施的投入更新与使用情况，新媒体时代下遵义会议纪念馆党建的网络宣传效果，遵义会议纪念馆的文创作品发展现状与其前景，遵义会议纪念馆党建与其他红色文化基地的合作情况，遵义会议纪念馆对外党建文化宣传的活动与形式以及对内（纪念馆内部）党建活动的开展情况，并对馆内工作人员或游客进行采访。

二、主体

（一）调查对象基本情况简述

遵义会议纪念馆是新中国成立后建立的第一批革命纪念馆，位于遵义市红花岗区老城街道子尹路 96 号。1964 年，毛泽东题写“遵义会议会址”六个大字。1984 年，邓小平题写“红军总政治部旧址”牌匾。2015 年 6 月 16 日，习近平总书记参观遵义会议会址及遵义会议陈列馆，作出了“要运用好遵义会议历史经验，让遵义会议精神永放光芒”的重要指示。

遵义会议纪念馆总占地面积 4 万余平方米，总建筑面积 2 万余平方米，陈列布展面积 9000 多平方米，下辖遵义会议会址，遵义会议期间红军总政治部旧址，遵义会议期间毛泽东、张闻天、王稼祥住址，遵义会议陈列馆等纪念场所。被中央宣传部等部门授予全国爱国主义教育示范基地、全国首批“国家一级博物馆”等荣誉称号，是传承红色基因、弘扬长征精神和遵义会议精神的主要场所和重要阵地。

近年来，遵义会议纪念馆充分运用遵义会议宝贵历史经验，大力推进以遵义会议会址为核心的爱国主义教育基地建设，传承红色基因、讲好遵义故事，深入开展爱国主义教育、革命传统教育、党史学习教育，将纪念馆打造成为生动的红色教育课堂，充分彰显遵义会议纪念馆传承革命精神、赓续红色血脉的功能作用。

（二）调查研究基本做法

就遵义会议纪念馆将红色文化融入党建工作方面内容随机采访馆内游客与工作人员。

通过在遵义学校开展问卷调查，了解遵义会议纪念馆党建在学校教育中的影响。

实地走访遵义会议纪念馆与红军山，调查遵义会议纪念馆党建活动开展情况、党建硬件设施的投入更新与使用情况、党建开展的不足。

通过互联网文献资料查阅收集，了解遵义会议纪念馆将红色文化融入党建工作的情况，并进一步探索新媒体时代下遵义会议纪念馆党建的网络宣传效果，遵义会议纪念馆的文创作品发展现状与其前景，研究遵义会议纪念馆党建与其他红色文化基地的合作情况，了解党建应如何深度挖掘、利用本地特有红色资源进行发展。

（三）重点内容

在此次调研之后，我们小组对于遵义会议纪念馆党建活动开展情况的改革历程有了更具体的认识。

（1）遵义会议会址核心纪念区的杨柳街，打造了一个新时代开放式党性教育基地——党员政治生活街，通过“长征故事墙”“党史文化墙”等阵地宣讲，实现了党史学习教育从封闭到开放、从室内到室外、从党员到群众的三个转变，让整条街充满红色氛围，在日常生活中融入红色文化，提升民众素养。

（2）培养专业的讲解人才，开展了宣讲讲解水平提升工作，邀请党史专家开展党史专题讲座，组织学习党史资料，提升讲解队伍学习掌握党史业务知识的能力，让参观者能更加深入地了解遵义的红色文化。

（3）馆内的硬件设施升级，运用了现代化科学技术，将纪念馆与 VR 等现代科技结合，以更直观、立体、真实、生动的方式让游客有身临其境之感，能更切实地体验到当初红军长征的场景，在虚拟与现实中无尽穿梭，留下更深刻的印象。遵义会议纪念馆运用数字化技术设施将馆内内容由“观赏式”体验向“沉浸式”体验转变 。馆内运用了多媒体半景画数字技术，在多台投影仪的配合下，通过声、光、电效果的渲染，再现了 1935 年娄山关大捷时的战斗场面，使用大型等身幻影成像技术，重现“遵义会议”场景。幻影成像，就是将拍摄的影像投射到布景箱中，演示事物发生的过程，将故事演绎得绘声绘色，非常直观。在幻影成像“遵义会议”中，人物立体影像达 20 人，全部使用特型演员拍摄，原汁原味地还原了会议召开时的场景。

馆内还运用了全息影像技术。“四渡赤水”六面屏，采用全息影像技术，由 40 台电脑、20 台投影仪、2 道纱幕、2 块侧幕以及顶幕、地幕等组成的多媒体系统，生动地将经典战役四渡赤水立体式地呈现在观众面前。随着 5G 时代的开启，遵义会议纪念馆结合了“5G + VR”技术，更好地进行遵义会议内容与精神的宣传以及党的建设工作。

（4）我们小组在调研过程中在纪念馆内看到了多支校园队伍。开展红色教育走进校园、走进社区、走进企业的活动，与高校合作，开展党史教育活动，建立党史教育实践基地，利用红色主题班会、编排文艺演出节目、现场主题宣讲等多种形式进一步拓展宣讲和教育层面，与企业合作，让更多群众参与到其中。

（5）纪念馆周边环境设施改造提升，改造子尹路会址门前段，将原沥青路面拆除，重新铺设青石板路面；拆除道路两旁护栏，重新设计制作花箱和移栽绿植，进行优化美化。同时，花箱和绿植周围设有石凳可供行人休息。该路段在白天旅游时段禁止车辆通行，我们在调研时，只能步行进入此路段，道路顺畅，提升了游客的进速。

（6）遵义会议会址景区与多方合作开红色遵义项目。该项目以虚拟现实内容制作为主攻方向，以遵义红色文化为基础，建设红城 GPC（虚拟现实内容生产中心），实施完成“基于虚拟现实的红色文化传承和教育平台”科技项目。

除此之外，纪念馆与国内知名文化遗产讲解团队“古猫”联合打造扫码语音讲解服务，讲解内容覆盖遵义会议会址和遵义会议陈列馆，全程总时长 84 分钟。也可以以线上参观的方式，重温历史，虽未亲临，似是亲临。同样，游客在旅行的过程中，也可以扫码聆听对景点的历史文化、人物事迹等的详细介绍，深入了解景区历史和特色。除语音讲解外，游客也可以选择触摸屏讲解以及液晶显示屏浏览。

在这些改革之下也存在着一些问题，比如文物利用不足、与高校的合作有待进一步加强、馆内休息处设置过少等。

（四）存在问题的基本原因分析

在遵义会议纪念馆将红色文化融入党建工作的探索之后，对于遵义会议纪念馆党建开展的不足情况，我们小组主要认为有以下几个部分。

（1）文物利用不足。文物为开展爱国主义教育提供了坚实的基础和有力的支撑。但遵义会议纪念馆在“讲好遵义故事”方面仍然采用物品展示、看完及“讲完”的形式。一件件饱经沧桑的革命文物，记录着一个个震撼人心的革命故事，也承载着革命先烈和革命先辈坚定的信念和火热的激情。可是，遵义会议纪念馆内的一些文物缺少相应的历史背景说明，未能充分利用。原因在于遵义会议涉及的文物过多，需要大量的人力、时间等，以及当前信息收集难度较大，文物的相关背景难以考证。

（2）流动讲堂活动开展不足。流动的纪念馆让文物流动起来，扩大了社会教育的覆盖面，影响力毋庸置疑。但在流动过程中产生了新问题，即流动展览展出内容有限。从巡展第一年起，遵义纪念馆就邀请清华大学展示艺术研究所所长洪麦恩教授担任总设计师，集中所有优势资源，以及最新研究成果，竭力对遵义会议基本陈列进行精练整合，但由于部分珍贵文物不适宜带出办展，或因各地展厅布局的限制，仍有不少精彩内容和看点没能融入巡展中。

（3）与高校合作不足。尽管遵义会议纪念馆与多所高校已合作建立了党史教育基地，将遵义会议精神融入了大学生的爱国主义教育，但遵义会议精神在当代大学生中的影响还有待提高。遵义会议精神融入地方高校思政教育仍然需要加强。

（五）提出解决问题的方法、对策或改进建议

（1）运用数字化技术设施将遵义会议纪念馆参观体验由“观赏式”体验向“沉浸式”体验转变。记录每一个文物的背景故事，并将其制作成视频；或者利用幻影成像、全息影像技术，使文物的展示与介绍更为生动方便。制作“云游览”项目，将馆内场景与设施利用“5G＋VR”技术展出，更好地开展遵义会议内容与精神的宣传以及党的建设工作；方便流动讲堂的开展。

（2）打造以遵义会议会址为核心的红色纪念体系，改善基础设施、开展实景演出、开发文创产品。举办文创产品设计大赛，打造文化创意“碰撞”的舞台，发现创新创业人才，发掘优秀文创项目，为具有品牌性、创意性、传播性，富有遵义文化特色的优秀设计作品提供展示平台，推动更多创意创新成果落地孵化，把大赛打造成为推动文化产业高质量发展的全国性、品牌性赛事和服务平台；打造优秀人才聚集的平台，使更多的青年参与到文创大赛中；打造遵义文化展示平台，尤其是红色文化，不仅可以制作旅游纪念品，还能制作中小学生实践课程的教学用具。政府也应为纪念馆附近的潮玩店提供便利，支持文创产品制作。纪念馆附近的潮玩店制作红色文旅产品，宣传长征文化，贵州版权登记平台主动上门服务，对文创产品进行版权登记，运用法律手段保护知识产权，使得各种创客能放心大胆创作，没有“后顾之忧”。

（3）与高校进行更多的合作，建立党史教育基地，让学生观看遵义会议相关视频，在全国开展遵义会议精神答题比赛，对点形成遵义会议与党建结合的游学项目，邀请高校学生进行参观与游览。将遵义会议精神融入

高校学生的爱国主义教育。

（4）研究如何扩大红色文化的影响。我们小组得出的结论是：一方面要加强这段红色历史的普及教育，让年轻人走近历史，了解历史；在介绍诸如此类的历史事件时要利用好博物馆、展览馆等资源进行宣传教育，让历史变得鲜活立体，让受众易于接受，更加深入人心。另一方面也要发动党员干部教师等有条件、有能力的群体积极在社会、学校等层面进行宣传，让受众更广泛，为红色历史的宣传打下更广泛的群众基础。除此之外，我们小组还认为省内各处红色景点可以进行资源共享，互相分享成功经验，学校和景点进行对接，设立固定的参访日，学生可以跨市参观纪念馆，不局限于本市的纪念馆。

三、调查结论与总结

在本次调研活动中，我们小组研究了遵义会议纪念馆结合红色文化开展的具体党建内容情况。

我们对就遵义会议纪念馆将红色文化融入党建工作方面内容随机采访馆内游客与工作人员的采访结果进行了数据分析。结果表明，馆内工作人员以及来访游客对于遵义会议在党发展过程中的历史地位、遵义会议精神的内涵、将遵义会议历史作为党史教育的重大意义等问题都有较为清晰的了解。这表明遵义会议纪念馆馆内的党建设施对于来访游客以及馆内工作人员有良好的引导作用。

通过在遵义学校开展问卷调查，了解遵义会议纪念馆党建在学校教育中的影响情况，进一步了解遵义红色文化的传承情况和遵义会议精神对学生的影响。总的来说，大部分学生对于这一历史事件都比较了解，不仅是因为此历史事件发生在贵州，更是因为遵义会议作为党的历史上生死攸关的转折点而被学生熟知，这又与高中阶段历史知识的学习，还有近几年开展的“四史”知识的学习与宣传分不开，在问卷中很多学生提到遵义会议的知识是从学校教育中获得的，可见学校这个传播途径对于党史知识传播来说，是很重要也是很有必要的。教师在讲授有关课程的时候会自觉融入红色历史，让学生感受红色文化，用革命先辈的精神激发他们的奋斗精神，了解我们党这一路走来经历的风雨、化解的危难，明白在党的领导下我们实现民族复兴是必然的，明白前途是光明的。

了解到遵义会议纪念馆与其他红色纪念馆合作，实现了党史学习教育从封闭到开放、从室内到室外、从党员到群众的三个转变，以及其培养专业的讲解人才，开展了讲解水平提升工作，邀请党史专家开展党史专题讲座，组织学习党史资料，提升讲解队伍学习掌握党史业务知识的能力，让参观者能更加深入地了解遵义的红色文化。

了解到遵义会议纪念馆的党建基础措施升级情况、目前的党建状况、馆内与现代化科学技术的结合程度。馆内运用了现代化科学技术，将纪念馆与VR等现代科技结合，以更直观、立体、真实、生动的方式让游客有身临其境之感，能更切实体验到当初红军长征的场景，在虚拟与现实中无尽穿梭，留下更深刻的印象。改善了纪念馆的周围环境与交通设施，并且开展红色教育走进校园、走进社区、走进企业的活动，与高校合作，开展党史教育活动，建立党史教育实践基地，利用红色主题班会、编排文艺演出节目、现场主题宣讲等多种形式进一步拓展宣讲和教育层面，与企业合作，让更多人民参与其中。

这些将红色文化融入党建的措施，有利于推进全面从严治党向基层延伸，扎实做好抓基层、强基础的工作，不断夯实党的执政根基，将抓基层强基础作为长远之计和固本之举，为新时代城市社区党组织的先进性建设指明了方向。

四、学生收获

经济学专业陶爽

遵义会议实现了伟大的历史转折，之前对其的印象都是如此，浅显表层。直到这一次的社会实践，在网络上查阅了大量的资料文件，查看了遵义会议纪念馆的党建设施以及宣传资料，我对于红色革命文化的传承有了更多更新的认知。党建是党抓好各项工作的根本，也是红色文化传承的重要途径。

国际政治学专业黄传梅

此次实践主要分为三个阶段，从前期阶段的准备工作到中期的线下调研，再到后期的总结分析，都是对我们团队成员的凝聚力、知识储备和实践能力的考验。

前期的资料查阅使我对遵义会议纪念馆的建设、党建设施投入及纪念馆内部党建活动开展情况等有了更深刻的认识。线下调研过程中对遵义会议纪念馆工作人员和路人的采访也锻炼了我的交流与协调能力。同时实践过程中也发现了我经验不足、书本知识与实际结合不够紧密等问题，这让我对如何提升自己有了更明确的方向。

新冠疫情期间城市社区保障经费流向调研
——以上海斜土路街道为例

作者：刘艾妮　赵晨旭　王韫琦　付雨涵　杨雨欣　牟柯宇　方梓鉴
指导老师：史志高

一、引言

为深入学习贯彻习近平新时代中国特色社会主义思想和党的十九届六中全会精神，结合马克思主义学院开展的“走社区，看党建”活动，我们七人组成学习小队走入上海市徐汇区斜土路街道社区，在社会实践中感受中国共产党在群众中生长扎根的党建。我们小队主要研究社区党建经费的相关内容，深入挖掘党建经费“怎么来”“怎么花”“怎么管理”等详细问题，帮助了解党建活动所需经费的来龙去脉，学习社区党建宣传的好方法，探讨党建经费花销是否落到实处，是否真正能为党建工作做出贡献。为此，我们小组团队积极讨论实践方案，线下线上结合挖掘资料，联系相关负责人员，凝聚团队力量完成此次暑期社会实践调研活动，希望调研清楚城市社区党建软硬件建设方面的社区经费保障问题。

二、主体

（一）调查对象基本情况

建立与发展过程：

徐汇区斜土路街道社区党建服务中心，位于茶陵路 38 号 4 楼，面积 260 平方米，拥有 6 个功能区，由外向里，依次是风采展示区、接待区、阅读区、社区党校、办公区、党代表接待室。社区党校立足全方位、多层面，从 2017 年开始开设基层党组织负责人培训班，还开展机关干部专题党课和社工培训。

现实情况：

构建 500 米党建服务圈：坚持党建引领，整合群团工会力量，在园区、楼宇尤其是绿地中心楼宇及滨江等重点区域，搭建党建综合服务平台，将党建元素融入公共服务，做到服务有载体、资源能整合、党员起作用。

打造党建服务示范站点：景泰居民区党建服务站以“亲邻”为主线，以“开好楼组‘家长会’，上好党员‘亲邻课’”为主题，倡导邻里和谐、守望相助，丰富楼组协同自治的内容和载体，将党建引领下的群众自治工作不断向纵深推进。

发掘志愿服务品牌项目：在成立医疗、便民、文体、教育、法律、助老等6支党员志愿者服务分队的基础上，进一步发掘、引导、培育可复制、可推广的志愿服务项目。

（二）调查研究基本方法

本次调研采用线上线下相结合的模式，主要从“斜土e家”“党建汇”等微信公众号获取党建活动基本信息，再从居委会渠道得知社区党群服务中心电话与地址，采用电话采访和线下参观的方式获取关于党建经费更为翔实的信息。前期为线上收集资料，我们从徐汇区政府公开信息中查询到斜土路街道年度结算等信息，中期我们从斜土路街道社区运营的公众号里找到了党建活动相关介绍和党建经费组成内容，后期我们联系党群服务中心工作人员进行电话采访和实地调研。

（三）社区党建的特色与重点

改革历程：

斜土路街道着力加强教育、服务、管理、活动四大功能建设，积极打造开放式、集约化、共享性区域党建平台，不断推进社区自治共治。

疫情前主要开展线下活动，包括培养新报到党员，促进党员进社区参与志愿活动。疫情期间，斜土路街道配合疫情防控需要，积极履行斜土路街道特色“党员三先”理念，即“先知道，先讨论，先行动”，党员走在一线，积极对接上级组织工作，同时走进社区，为社区居民分发物资，按每一户人家实际人数灵活调配物资数量，保障居民日常生活；居委会垫钱为需要的居民买药，解居民的燃眉之急；在辖区范围24小时准备应急车辆，帮助运送生病居民及时前往医院。

疫情后，由于上半年工作的停滞，街道各单位工作量增加，疫情也有零星的反复，党建活动次数减少，且主要为内部的培训学习活动。斜土路街道对外党建活动在线上举行，8月正值暑假，每周一次线上活动，以青少年活动为主。

采取的主要措施：

在近两年的疫情期间，大多数线下理论党建活动暂停，穿插了一些培训活动和会议。在2022年3月疫情最严重时，党建引领防疫工作，分派出老中青党员到各个社区担任“大白”分配物资，无偿完成社区服务工作。而近两个月也仅恢复最基础工作，线下理论党建活动仍未进行，可以说疫情让党建活动的开展明显受阻。

目前取得的成绩：

从2020年度的斜土路街道办事处年度部门结算表中，我们发现多出一栏抗疫特别国债安排的支出，高达1262万元，可见斜土路街道对抗疫十分重视，设立专项资金用于抗疫，且在此次3月的疫情中也表现颇佳，物资发放多达20次，真正为居民考虑，做到“党员三先”，保障居民日常生活需求。

党建经费“怎么来”和“怎么管理”是我们重点关注的两个问题。关于党费管理问题，我们通过采访得知社区专门建立了一个账户以存储党费，安排专员负责管理党费。组织党建活动支取经费之前，负责人需提交策划方案及金额预算，向管理党建经费的专员提交预算申请表，组织活动所用经费不能超出预算，活动结束后如实上报花销，方可报销。

基层党建存在的问题和不足：

支部工作稍显薄弱，工作相对被动，领导重视度需要进一步加强；党组织生活制度落实情况不够好，存在形式主义，实际工作操作性不强。具体而言，存在党组织部分生活会、民主生活会不能按时召开的现象，特别是上党课，如果有丰富的形式会比较好；党组织活动形式相对单一，精神文化生活层面不够丰富，凝聚力需要增强；党员先锋意识有些“淡化”。这些都需要更多凝聚力。

（四）存在问题与基本分析

总的来说，基层党支部发挥战斗堡垒作用，但个别支部工作比起其他业务部门就显得薄弱一些，工作被动，上级布置什么工作，就完成什么工作。有的单位领导身兼数职，工作繁忙，对党务工作重视程度不够。一些基层党组织不注重党员发挥先锋模范作用，致使个别党员放松对自己的要求。有的党员党性淡薄，日常工作中把自己等同于普通群众，只顾局部利益，缺乏全局观念；有的党员工作缺乏热情和积极性，得过且过，工作上不求进取，少数党员只缴纳党费不参加组织生活；有的党员党费也要催缴，还有的甚至连党费也不愿意按规定标准缴纳。

（五）改进建议

（1）强化职责，突出党建工作的重要位置

坚持“书记总抓、分工负责”，努力形成责任明确、领导有力、运转有序、保障到位的基层党建工作机制。切实做到思想认识到位、党建工作执行到位、理论知识学习到位、指导监督到位。

（2）党组织生活制度落实全方位加强

一是认真落实党组书记抓党建职责。将党建列入党组重要议事日程，年初专题研究党建年度目标任务和保障措施，明确具体责任；每半年听取一次党建工作情况汇报，研究解决问题，提出指导意见。

二是严格落实党组成员抓党建责任。每月将党建工作和业务工作同计划、同部署，明确党组成员为分管的科室和二级机构党建工作的第一责任人，将党建工作纳入党组成员个人年度述职的重要内容。

三是指导机关党委全面落实党建工作任务，党组成员带头学习理论，每年不少于40学时，一般党员不少于24学时。

四是严格“三会一课”制度，定期组织党员开好民主生活会，做好创先争优和评先评优工作，积极开展扶贫解困和党员进社区活动，提升党组织的先进性和纯洁性。

（3）增强党员先锋意识

进一步加强党员队伍建设，从严教育、从严管理、从严监督党员，严格落实谈心和诫勉谈话制度，党委书记每年定期与班子成员和支部主要负责人谈心谈话，及时发现和解决倾向性、苗头性的问题，确保党员队伍清正廉洁。

三、调查结论与总结

在此次关于上海市徐汇区斜土路街道党建内容的调查中，我们着重了解了社区党建活动经费的使用情况，从而进一步学习了斜土路街道的党建工作。

经费使用方面，斜土路街道2020年设立专项抗疫资金，为抗疫提供必需物资。

在党建活动方面，斜土路街道坚持创新，也坚持使党史教育入脑入心，疫情期间以线上的方式助力党建。2021年，斜土路街道举办多次活动：街道机关收看庆祝中国共产党成立100周年大会直播、党史百年天天读、“亲邻·初心课堂”、“亲邻童乐英雄杰”、戏曲党课进校园等。不仅如此，在线上，斜土路街道公众号开设党课，做到线上线下联动深学。

斜土路街道不断提升党群服务中心一体化建设、一站式服务阵地能级，打造“船奇江南”党群服务站，推出沉浸式学习教育项目。斜土路街道聚焦民生实事，将党史学习教育走深走实；深化学思践悟，党史学习教育落地见效。

我们了解到自党史学习教育开展以来，斜土路街道就以学党史、悟思想、办实事、开新局的实际成效，推动街道的各项党建工作走在全区前列。

四、调查后的感悟

（一）线下组感悟

此次暑期社会实践，作为线下组的成员，负责线下采访居民、居委、街道宣传部门及党建服务中心，不仅锻炼与人交谈的能力，也更了解基层党建工作的具体内容。街道社区无论在疫情期间还是后疫情常态化时期，党员的工作都从居民的角度出发，走向基层建设，致力于为居民提供更完善的服务，让居民的生活质量越来越好。这次实践活动丰富了我们的实践经验，提高了我们的团队合作能力，我们通过这次实践更加了解社会。这次实践活动意义深远，我们将终身受益。作为一个 21 世纪的大学生，社会实践是引导我们走出校门、步入社会、投身社会的良好形式，我们要抓住培养锻炼才干的好机会提升自己，树立服务社会的思想与意识。同时，要树立远大的理想，明确自己的目标，为祖国的发展贡献一份力量。

（二）线上组感悟

通过本次社会实践活动，我们锻炼自己的能力，在实践中成长。但在实践过程中，我们也表现出经验不足、处理问题不够成熟、书本知识与实际结合不够紧密等问题。我们回到学校后会更加珍惜在校学习的时光，努力掌握更多的知识，并不断深入实践中，检验自己的知识，锻炼自己的能力，为今后更好地服务于社会打下坚实的基础。

我们小组从线上线下两线联动工作，收获颇丰。不仅是我们暑期实践需要线上线下联动，党建活动、党史学习也是如此。如何更好地将线上党课与线下活动相结合，是新一年党建面临的问题。党的建设关系重大，我们要坚持五项基本要求，在党建的路上越走越远，越走越好。

实践出真知

林希元曾言：“自古圣贤之言学也，咸以躬行实践为先，识见言论次之。”在社会调研的过程中，我们充分感受到斜土路街道扎根于实践，在实践中升华思想，提炼出“党员三先”工作法，充分提高斜土路街道人民的幸福感。可见，实践在检验真理、服务人民的过程中发挥着重中之重的作用。作为大学生，我们应当学习斜土路街道的实践精神，无论在日常学习还是在服务社会的过程中，都要牢记“实践出真知”，只有将实践成果与社会知识相结合，才能提升自我。

人民至上

“国以民为本，社稷亦为民而立。”在疫情中，斜土路街道以民为本，扎根于群众，服务于群众，通过党员的主动作为、攻坚克难，带领群众打赢了疫情攻坚战，大大提升了街道人民的信任感、幸福感，彰显新时代共产党人的初心和使命。在调研的过程中，我充分感受到斜土路街道党员强烈的社会责任感。作为共青团员，我们要继承和学习斜土路街道共产党员以民为本的精神，积极服务于社会，服务于人民，承担起自己的责任，始终把社会、把人民放在心中最高的位置。

千里之行，始于足下

斜土路街道党建中心秉持务实的原则，着力加强教育、服务、管理、活动四大功能建设，积极采取开展社区党校活动、成立三人工作小组、划定治理范围等一系列措施，因地制宜，因势利导，将党建工作扎根于踏踏实实的工作中。

“凌空蹈虚，难成千秋伟业；求真务实，方能善作善成。”作为大学生，我们要学习斜土路街道务实的态度，以勤恳的态度作踏实的功夫，不停留在空想之中。

后疫情时代党建人才与基层管理
——基于上海市部分社区的调研

作者：石仁昊　王磊　唐佳俊　许文卓　孙浩然　周浩然
指导老师：吕佳航

一、引言

本课题以上海市的部分社区为调研标的，结合当下社会实际情况，围绕后疫情时代城市党建人才与基层管理展开社会实践与调查研究。根据我国党管干部、党管人才的方针，所有基层工作人员都由组织部门（街道社区党建办）负责招录、考核、培训和发放福利（工资、奖金、疗养等）。居委会民选干部由各方面推荐人选，经组织部门考核，政审合格后作为候选人（有差额），提交居委会全体选民（居民）投票选举。街道干部分为公务员、事业编制人员和社工①，居民区书记的身份可以是公务员（极少）或者事业编制人员或者社工编制享受事业待遇人员，居民区其他工作人员都是社工②。

党的基层组织是确保党的路线方针和政策部署贯彻落实的坚实基础，基层党建人才一直都是社区管理和发展过程中的中流砥柱。但碍于传统观念等，目前普遍存在基层党建人才不足的问题，这不利于社区管理的进步与现代城市的发展。

2022 年，奥密克戎席卷魔都，无奈之下整个城市进入病毒反击作战状态。其间，社区的基层人员和党建工作的重要作用更为凸显，使得社区党建人才引进与培养成为迫在眉睫的重点课题。基于此，本课题拟将通过实地走访上海市静安区、长宁区和徐汇区的部分社区，采访社区党建服务人员，了解基层党建人才引进政策，认识党建人才培养方法以及党建工作过程中遇到的困难，并根据病毒反击战中呈现的社区基层治理新方式、新亮

---

① 街道下设的党群服务中心、事务中心、城运中心和营商中心属于事业单位，其工作人员由事业单位编制人员和社工组成。

② 包括考试录用社工和选举社工。

点，提出建议和方案。本次调研活动涉及田林街道千鹤六社区、田林街道千鹤二四社区以及程家村街道等多个社区。

二、主体

（一）调查方法

1. 实地走访调查

徐汇区的千鹤二四社区、千鹤六社区和长宁区程家村街道都通过实地走访、召开座谈会和个别访谈的访问调查法进行调研。我们提前设计好采访的主要问题，对社区工作者进行采访，通过录音、速记以及拍摄视频和照片来记录具体信息。

2. 问卷调查法

我们对静安区的宝山路街道通过问卷调查法进行调研，社区工作者根据我方提供的问卷，做出具体回复，成为调研的一个信息来源。

（二）具体调研过程中的收获

1. 新人入队

在上海疫情肆虐的初期，很多社区出现人手严重不足的问题。出于突发事件的应急处理，基层工作队伍鼓励广大社区业主加入。除了原本的队伍，很多在职党员、退伍军人以及一些非党员群众参与到社区服务中。新加入的工作者以及一些年轻的党员，相对而言比较缺乏工作经验，这对于社区以及他们个人而言都是一个很大的挑战。另外，每个楼栋都需要一名楼长，以起到上传下达以及帮助居民解决困难的作用，对楼长能力的要求更高。

千鹤二四等社区采取的解决方案是“老带新”，一个老党员带一个新人，老党员工作经验丰富，也更加熟悉社区里的人情世故，可以对新人起到很好的教学作用，加速新人的成长。与此同时，新人从一个全新的视角来审视社区的各项工作，可以提供一些新的意见，发现一些社区工作中原本没有发现的问题，通过网络和智能通信设备等新渠道及时解决居民生活中遇到的问题。新鲜血液的注入，使社区党建与基层工作充满了生机。

2. 人才培养

社区关于人才方面的需求不仅仅是培养更多的社区工作者，党建人才培养同样至关重要。党建工作需要全心全意为人民服务的人才，有为民服务真心、有为民服务恒心、有为民服务能力。这个时候需要考虑的问题就有很多：如何对这类工作者进行培养？需要花费多少资源？培养思路是什么？

宝山路街道给出的答案很有代表性。他们认为后疫情时代人才的培养将延续之前的人才培养思路，强调年轻化、学历化、网络化、数智化。建立人才培养机制，完善“优秀社工—党务社工—书记助理—居民区党组书记”培养链，建立社区骨干队伍培育机制。同时广纳人才，引进“班长工程”以及社会、企业多方面的优秀人才。

3. 工作成果

党建人才和基层管理工作经过了疫情的洗礼，有了质的飞跃；基层经过了疫情的考验，更是取得了让人印象深刻的成果。这些成果主要体现在两个方面，一是社区党支部内部的水平提高，二是社会层面对党支部的认可度上升。

社区党支部由于注入了年轻血液，不断改进旧做法，不断展现新气象。为了顺应年轻一代的潮流，街道推行年轻化、学历化、网络化、数智化的工作；建设更良好的沟通渠道，利用“老带新”等措施，让年轻人提供想法和创新，老年人提供经验和人情世故，各个年龄段之间形成了良性的合作，打破了代沟。

与此同时，领导层也展现出深刻的人文关怀。例如千鹤二四社区，书记常常与年轻志愿者在社交软件上交流，他们不仅在工作上是同志，在生活中也成为了朋友，一点一滴记录志愿者的成长。

社会层面对党支部、党建人才、党建工作的认可度也不断提高。长宁区程家村街道的书记就在采访中说道：“习总书记曾这样说，共产党员是你有一条被子，也会剪半条给老百姓的人，这是我们年轻人需要秉承的理念。”千鹤六社区就通过本社区党建人才的齐心努力，收获了居委会、街道、区级的感谢信，甚至有不少社区居民给志愿者赠送礼物。社区居民从此也认识到了，居委会并不只是小朋友实践活动敲章、党员政审的地方，还是真正为民服务的机构。

在采访中，几位社区书记纷纷表示，会努力延续疫情期间创下的优秀成果，让为人民服务的精神传承下去。

（三）存在的问题、造成问题的原因及解决方案

1. 社区缺少年轻血液

原因：很多年轻人认为党建工作是传统工作，不是很愿意参加；另外，

很多年轻人因为生活或者工作条件的限制，投入党建工作的时间有限，积极性不高。

解决方案：一方面，街道做好居民思想工作，建立科学合理的人才吸纳机制，如宝山路街道的“班长工程”；另一方面，创造适合年轻人工作的环境，提高薪酬待遇，拓宽晋升渠道等，提升党建工作对年轻人的吸引力。

2. 年轻人实际工作经验不足

原因：当代年轻人接受的教育大多为应试教育，长于理论却缺乏能力，纸上谈兵，反映到工作中就是缺乏灵活性，一些具体问题不会解决。

解决方案：一方面，建立科学有效的人才培养机制，采取类似千鹤二四社区“老带新”的培养方式，让新人更加熟悉社区环境和人情世故；另一方面，积极吸纳年轻人的想法，采取其中可行性高的付诸实践，让年轻人更有获得感。

3. 编制内外工作量的划分不科学

原因：吸纳的党建人才有编制内外之分，参与党建活动的时间也有长短之分，一刀切的划分方式对于编制外的党建人才不利。

解决方案：采用明确的合同，严格区分编制内外党建人才的工作量，并且对编制外的党建人才采用合理的培养制度，给编制外党建人才更多的活动空间。

4. 党的工作方面宣传力度不足

原因：许多党员习惯于“做好事不留名”，并没有过于刻意地进行宣传，基层群众对党建对社区带来的贡献并不清晰。

解决方案：工作人员需要进行宣传方面的培训，讲好党建故事，塑造好党建形象。党建工作需要在实干性和宣传力度上双管齐下，让基层群众对我们的党建工作有多方面的、更深刻的了解。

三、调查结论与总结

经过了对千鹤社区、宝山街道等地的充分调查，本小组充分认识到党建人才在抗击疫情方面做出的巨大贡献，深入了解了党建人才对社区稳定付出的巨大努力，认真学习了新时代党建人才的招募培养方式。

各个社区推进的党建工作在后疫情时代如火如荼地展开，取得了卓越的成果，总结其成功的原因，包括以下三点：

（1）建立了合理的人才培养机制。部分岗位采取经验丰富的老党员带新人的方式来加速新人成长，对部分重要的岗位给予资源倾斜进行重点培养，轻重得当。

（2）坚持吸收年轻血液。社区各方面的工作要想办好，必须充分考虑到年轻人的想法。年轻血液的补充，让社区工作充满了活力，为社区的建设以及党建工作的进行提供了更多的思路。年轻人对计算机等新时代科技更加了解，用好高新科技，建设数字社区。

（3）坚持中国共产党为人民服务的思想宗旨。党建工作需要全心全意为人民服务的人才，有为民服务真心、有为民服务恒心、有为民服务能力。

但是，本小组经过研究，认为党建工作仍旧存在一些不足，有着不小的改进空间，提出的建议有以下几点：

（1）做好党建工作方面的宣传。社区党建宣传的手段有待创新，新媒体时代，人们普遍喜欢新、快的信息，宣传工作必须掌握第一手信息才能做得好，社区党建宣传同样如此。社区党建宣传逐步脱离传统媒体，各个社区都建立了新媒体阵地。利用新媒体平台创新基层党建宣传工作已经形成共识，对基层党员思想教育学习形式的拓展具有重要的实践作用。

（2）创新性党建工作重引领。抓创新性党建工作需要社区党组织有更高的站位、更长远的谋划和更宽广的胸襟，使党建的视域从社区内部走出来，在更大的范围内打造样板、培树典型、做好引领，这一维度的工作要有前瞻性和可复制性，同时也要注重社会影响力，注重通过自身工作，承担社会责任，赢得良好社会口碑和荣誉。

（3）发展性党建工作重融合。社区主要的工作是服务群众，坚持为人民服务本身即是党的事业的一部分，都直接或间接承载着党建的任务，因此都蕴藏着推动党建工作开展的资源和力量。

发展性党建工作就是要不断发现或发掘新的资源和力量，从而使社区党建工作呈现立体式全方位推进的局面。比如社区党群服务中心 3.0 时代的“四个四”，即四个理念：开放式（空间和功能）、集约化（资源集成）、共享性（程度最大化）、枢纽型（条块资源和需求整合）。四个原则：坚持党的领导，固本强基；坚持以人为本，服务至上；坚持开放融合，共建共治共享；坚持重心下移，精准施策。四个平台：学习平台（党的创新理论）、支撑平台（基础性）、党建平台（区域化）、服务平台（网格化）。四个功能（四个服务）：服务党的政治建设、基层党建工作、城市基层社会治理、基层党员群众（也是四个工作职能）。政治引领、基础党务、社会治理、综合服务，党建元素需要通过不断渗透的方法进行，引导社区工作者认识到虽然任务分工不同，但全心全意为人民服务的目标是一致的，推动深度协调。

经此调查，本小组深刻感受到我国党建工作取得了长足进展，但路漫漫其修远兮，年轻一辈在建设党和国家的事业上仍旧是任重而道远。

四、学生调查后的收获与感悟

（1）因为了解，所以热爱。通过对各个社区的采访与调研，我们加深了对社区党建工作及基层管理的了解，进一步增强了对中国特色社会主义的道路自信、理论自信、制度自信和文化自信，喜迎党的二十大召开。

（2）实践出真知。通过社会调查与研究，走出校园，走向社会，丰富阅历，加深了对于党建人才建设、培养等方面的了解，更加深刻体会到国家政策的重要性以及基层工作的不容易。同时我们也了解到党建工作对于新时代年轻工作者的要求，这激励着我们继续努力，积极培养自身综合能力，提高个人综合素质，将来为祖国健康工作五十年。

（3）纸上得来终觉浅，绝知此事要躬行。组队一起完成前期策划并前往实地调研，对我们来说是一个很好的锻炼机会。理论联系实际，结合所学，对于党建工作以及人才引进等方面遇到的问题进行分析，根据我们所学习的知识为社区街道的工作建言献策，这不仅对提升我们的团队协作能力、问题分析能力有帮助，更让我们深切体会到自己所学的知识是有意义、有价值的，知识就是力量！

疫情下社区党组织开展心理疏导情况调查
——以上海、长沙、合肥、盐城为例

作者：沈心怡　张屿　顾锦宜　董瑶
指导老师：王桂青

一、引言

2019 年发现的新冠肺炎是近百年来人类面临的时间最长、范围最广、影响最大的全球性大流行病，对全世界人们生命安全及心理健康造成严重威胁。为抗击这场突如其来、来势汹汹的灾难，中国政府果断采取一系列措施，把人民生命健康放在第一位，步步规划、层层推进，形成了从国家政府到城乡社区的疫情防控体系，囊括社会各界，分工明确、齐心协力打好疫情防控攻坚战。2022 年，全国疫情已得到控制，正式迈入后疫情时代，大部分地区转入常态化管理。然而，疫情于 3 月突然席卷上海，全国防控局势再次发生变化。疫情不断反复，对民众生活影响越来越大，为防止民众产生种种心理问题，社区开展心理疏导已经变得刻不容缓。社区作为防疫系统重要的一环，应该根据人民的需求采取针对性措施。基于此，小组成员分别在上海、湖南长沙、安徽合肥、江苏盐城四个具有一定代表性的地区开展社区防疫工作调研，并着重调查社区党组织开展居民心理疏导活动的情况。

二、调查实施

（一）调查对象基本情况

直辖市和省内大环境：2022 年 7 月 15 日 0—24 时，上海新增本土新冠肺炎确诊病例 5 例和无症状感染者 28 例，均在隔离管控中发现。新增境外输入性新冠肺炎确诊病例 6 例和无症状感染者 5 例，均在闭环管控中发现。

2022 年 7 月 15 日 0—24 时，湖南省报告新冠肺炎确诊病例 2 例，其中本土病例 0 例，境外输入病例 2 例。新增无症状感染者 1 例，其中本土 0 例，境外输入 1 例。当日转确诊病例 0 例，当日解除隔离 0 例，尚在医学观察5例（境外输入5例）。

2022年7月15日0—24时，安徽省报告新增本土确诊病例16例（蚌埠市怀远县15例、禹会区1例），新增本土无症状感染者139例（蚌埠市怀远县135例、禹会区4例）。

2022年7月15日0—24时，江苏省新增本土确诊病例1例（无锡市报告，在定点医院隔离治疗），新增本土无症状感染者4例（无锡市3例、连云港市1例，均在定点医院接受隔离医学管理）。新增境外输入确诊病例2例，新增境外输入无症状感染者1例。

具体地点：上海市青浦区赵巷镇；江苏省盐城市大丰区西团镇；湖南省长沙市岳麓区银盆岭街道；安徽省合肥市蜀山区琥珀街道。

（二）调查过程

1. 湖南省长沙市岳麓区银盆岭街道

2022年7月11日，张屿同学前往银盆岭街道社区卫生服务中心调查疫情防控情况。我们了解到，社区对辖区划片包干，实施网格化管理，在有疫情发生时，全面摸清底数，精准掌握疫情动态。街道工作人员下沉到联点社区，指导和开展疫情防控、核酸采样工作，督促企业、商超、门店等严格落实戴口罩、测体温、场所扫码等措施，提醒广大居民群众做好健康监测和个人防护。此外疫情相关信息可通过“长沙本地宝”微信公众号查询，包括长沙隔离政策、各区核酸采样地点时间等。社区也建有相关街道卫生服务中心公众号，针对社区疫情报备、核酸采样、社区人员疫苗接种等工作进行推送宣传。

7月12日，张屿同学前往该社区居民家中与物业管理处获取民意反馈。该居民在社区与社区外工地往返工作，在无疫情常态化管理下无核酸采样要求，而当途经地区确定有疫情发生时，工地统一组织48小时核酸采样，个人无须承担核酸检测费用，因疫情而额外产生的负担较小。但也有居民反映此前因核酸检测费用问题带来了一定经济负担和心理压力。除此以外，我们还从社区内小区物业了解到，当市内出现疫情需要多区域核酸检测时，本社区以小区为单位，物业管家代为通知每家每户，统一到附近临时搭建区域排队进行核酸采样。核酸采样时统一扫描湖南省居民健康卡，核酸检测结果会在采样结束后六至八小时内显示在健康卡下方，社区居民采样结束后就可离开，无须等待纸质核酸检测报告，简化了核酸检测流程。而在这一过程中，总会出现一些不能熟练运用智能设备的老年人错过疫情防控信息和核酸检测信息的情况，而且，即使没有常态化的核酸要求，疫情防控工作还是为居民带来一定心理压力和负担。

2. 江苏省盐城市大丰区西团镇

2022年7月8日，调研组前往江苏省盐城市大丰区西团镇西团村三组党服务中心防疫办公室调查疫情防控情况。我们了解到，他们线下以微网格划分管理地区，并配备一名联络员和多名志愿者进行疫情防控。同时社区建有微信群，通过群信息交流，提供核酸检测消息以及疫情防控政策的通知等。疫情防控程序的制度化，帮助居民更好地了解防控要求，缓解了居民因防控导致生活不便带来的焦虑紧张等心理压力，提供了居民了解信息反馈生活问题的渠道。此外，还可获取外地人员到该地区所需相关证明及报备方式等信息，其过程虽不烦琐，但需多方报备。报备人需多次向不同方面人员阐述同一信息，对其造成不必要精力的消耗，产生紧张压抑的心理情绪。返回人员的心理状况应当引起重视。

7月15日，调研组前往该社区居民家中获取民意反馈。社区每周会定时进行全员核酸检测，从社区方面对居民进行心理疏导，使得居民充分了解防控措施，安心听从防控安排。但是核酸时间安排及一些突发的核酸检测，造成外出工作人员种种不便，给一部分居民带来心理问题。同时老年人因不善使用“我的盐城”App从而担忧日常生活。面对这些情况，该社区也积极采取措施，帮助老年人学习使用App，或者通过其他渠道解决其日常生活问题。

7月18日，调研组再次前往防疫办公室调研，了解到社区党组织成员并未开展大型心理疏导工作，防控人员认为社区内无须开展心理疏导，居民大多通过社区联络员来反馈生活问题或联络员采取走访居民等间接手段宣传疏导，暂无直接心理疏导的活动。

3. 上海市青浦区赵巷镇

首先，在明确调研地点和对象后，沈心怡同学通过电话与赵巷居委会取得联系。初步调研了赵巷地区在上海此次大规模疫情中的防控情况。据了解，赵巷疫情情况一直处于稳定状态，在上海疫情严重时期，感染人数也不多，一旦出现感染，一般是先封控小区内有疫情状况的一栋楼，如果疫情继续加重，才会封控整个小区。

其次，调研了疫情期间当地的食品供应情况。食品供应情况可以说是疫情期间导致心理问题的重要原因之一。经了解后发现各小区都有自己的团购群，在疫情期间也有工作人员一直坚守岗位，吃住都在社区，为居民解决问题。疫情稍缓后，超市也有序开放，并未出现恐慌现象。

最后，调研了社区党组织成员是否开展心理疏导工作。通过交流，了解到赵巷社区党组织并未开展过相关工作，但疫情期间寻求心理咨询和心理热线帮助的人次有所增加，主要表现的心理状态是焦虑、抑郁、失眠、恐慌、无助、愤怒。面对咨询，社区工作人员也都会提供相关建议来缓解这些负面情绪。

通过调研，了解到心理疏导活动在当地的实施有待完善提高。例如，社区存在居民无法正常工作、无法开展线上办公、不会使用智能设备、生活遇到较大困难等问题，较好的缓解方法是，了解到他们的情况后，定期询问开导，提供适当的援助和关心，在疫情好转时开展相关心理疏导活动，让他们能更好地从疫情带来的心理问题中走出来。

4. 安徽省合肥市蜀山区琥珀街道

2022 年 7 月 10 日，小组成员顾锦宜同学电话连线了安徽省合肥市蜀山区琥珀社区办公室，成功采访了吴主任。在交流中，就疫情防控情况，吴主任介绍道，该区一直属于低风险地区，但区域外仍时有病例，一直没有放松警惕，建议居民们非必要不四处走动。关于突发公共事件下的心理疏导工作，小组成员了解到，许多家庭的子女在外地上学或工作，因疫情无法返乡，导致家长长期过度焦虑牵挂。基于此，社区志愿者上门了解情况，针对“留守”居民心理状态、心理问题、心理需求，进行一对一心理辅导。与此同时，志愿者精心准备解暑甜品、新鲜果盘等，为老年人因疫情而失彩的日常生活带来社区人文关怀的光亮。

不仅如此，在 7 月 13 日的线下采访中，顾锦宜同学通过志愿者莫小姐的介绍了解到：除了心理帮扶子女在外的老年人，社区工作者还会定期组织活动，专门为暑期被迫“宅家”的小朋友放松身心，以免单一环境导致他们心理状态不佳。例如，周末在小区空地搭建充气泳池城堡，志愿者发放泡泡机、小水枪并维持秩序保障安全，附近的家长带着小朋友们共同享受这场夏日泡沫嘉年华。欢声笑语使疫情笼罩的社区焕发出不一样的活力。

（三）改革历程及主要措施

1. 湖南省长沙市岳麓区银盆岭街道

因长沙长期处于低风险地区，仅在疫情发生的中高风险区进行封控管理，作为低风险区的被调查社区无常态化核酸要求，辖区内划片包干，实施网格化管理。同时采取线上线下相结合的方式，通过微信公众号、社区物业管理等途径提供便捷的疫情防控信息。社区居民若因工作等进行核酸检测需要自行前往社区内检测点自费检测。

针对因核酸检测费用产生的经济负担，给疫情防控下的居民带来的心理压力，湖南省医保局在2022年6月2日发布了《关于进一步降低新型冠状病毒检测价格的通知》，进一步下调省公立医疗机构、疾病预防控制机构新型冠状病毒核酸检测价格。单人单检最高限价统一调整为每人次16元，多人混检最高限价统一调整为每人次4元，对于政府组织的大规模筛查、常态化检测，多人混检按照不高于每人次3.5元的标准计费，检测机构仅提供样本转运及检测服务的，需进一步降低计费标准。该措施有效地缓解了疫情防控下核酸检测费用给居民带来的生活压力。

此外，为使老年群体更好地配合疫情防控工作，关爱老年人群体在疫情防控下的心理健康，社区及物业人员会进行走访调查，同时也以微信公众号消息形式提醒家中年轻人帮助老年人了解疫情防控信息，主题包括老年人新冠疫苗接种意义，区域核酸检测地点、时间通知等。

社区在节假日还经常组织一些集体活动来丰富居民生活，从而帮助居民释放一些心理压力。

2. 江苏省盐城市大丰区西团镇

由于盐城市疫情并不严重，属于低风险地区，居民被感染的概率并不高，所以在新冠疫情刚暴发时，居民的核酸检测大多是自愿的，少有集中检测。除外出需求，大多数人在区域内流动无需核酸报告。但基于2022年上半年疫情再次复发，盐城市逐渐将核酸检测及人员流动管理等制度化，派专人管理，通过网格化管理及配备联络员和志愿者，给居民以心理安慰，使得居民充分了解防控措施，安心听从防控安排。

由于居民获知疫情信息渠道并不完善，联络员以网格化划分为基础，建立微信群，向居民定时发布疫情防控相关信息，以及核酸检测活动的时间等，保证社区居民能够及时获取相关疫情信息。同时，因网格化管理缺乏工作人员，社区积极调动管理人员，招募志愿者。志愿者主要为高校学生，帮助联络员及疫情防控人员管理核验人员名单，辅助现场布置，安抚居民情绪，维持核酸检测秩序等。志愿者根据时长或有不同补贴，既解决了人员不足问题，也给由于疫情在家待业的居民以工作的机会，让他们既补贴了家用，也有事可干，不至于空闲在家徒生焦虑。

社区每周四会进行核酸检测，由于时间限制，经常会给居民造成时间上的压力，使其无法集中精力工作。针对这种情况，社区进行了调整，核酸检测时间由中午十二点至下午四点改为下午四点至晚上八点，使得在外工作的人员也能够在规定时间内进行核酸检测，便捷了居民生活。通过盐城 App 进行采样码采集，加快信息采集速度，每人还会发放一个印有社区公章的卡片以示证明，这样更能加强心理暗示，使得居民对防控安全更有信心。

为解决老年人不善使用 App 从而担忧日常生活问题，联络员和志愿者上门走访，教导老年人使用“我的盐城” App，还将常用二维码如采样码、场所码打印出来，给他们提供了很多便利，同时联络员告诉大家有事及时与防控工作者沟通、联系，不要羞于开口，那样既给自己带来心理压力，也给防控工作带来不便。联络员还积极向群内转发 App 使用、生活风险防范、防控工作者联络方式和心理疏导等方面的公众号。虽未开展心理疏导活动，但在很多方面进行了人性化的改善，也能够从侧面疏导居民的负面情绪。

3. 上海市青浦区赵巷镇

即使在上海疫情严重时期，青浦区赵巷镇也一直属于低风险地区，疫情情况较稳定。7 月上海疫情好转，但乘坐公共交通工具，进入商场、超市等人流量多的场所，需要扫场所码，提供 48 小时内的核酸阴性证明。这给居民工作或出行都带来了不便，赵巷镇为方便居民，设立多个核酸检测点，减轻居民排队压力，节省居民时间，缓解居民焦虑情绪。

由于上海严格且长时间的疫情封控，居民经常出现过度焦虑的情况，担心自己以及家人的身体，更有甚者会因为这种担心焦虑情绪而产生心理疾病。为此，赵巷社区升级疫苗接种服务，提供疫苗接种车，方便居民接种疫苗，从根源上减少居民对于感染的担心。

此外，在疫情好转后，有部分居民出现注意力涣散的心理健康问题。居民会过度关注疫情信息，过度关注抢菜买菜，不能集中精力做其他事，担心随时会被再度封控。针对这种情况，赵巷社区在每个小区都派遣了相关负责人员，提前通知大筛信息，告知疫情信息，让居民能够放下心来，将注意力集中在自己的工作和生活上，调节好心理状态。

4. 安徽省合肥市蜀山区琥珀街道

针对原有街道社区社会管理体制出现的问题，合肥市蜀山区琥珀街道严格按照“精街道、强社区、促服务”的总体思路，通过精简街道机构、分流工作人员、下沉服务职能，对社区区域、组织机构、职能职责、社工人员等四个要素重新划分和定位，将更多的人、财、物等资源投入社区，着力构建起了基层组织建设和社区管理新体系。致力于以规范化、系统化的社区管理，为居民带来安全感、舒适感、幸福感。

2022 年 7 月 14 日，街道党工委委员、办事处副主任尚中华主持召开琥珀山庄封闭管理工作推进会，街道社区建设部、琥珀潭社区、北苑村社区、和家物业和顺昌物业参会。会上，和家物业介绍封闭管理方案，随后各方就封闭管理方案进行讨论，并研究具体可落实的措施：一是进一步完善方案，做到精益求精；二是测算落实方案所需资金和人员，两个社区及物业做好对接；三是部门做好指导工作，及时跟进落实进度；四是各家通力合作，尽快完成封闭管理工作。目的是尽可能保障封闭管理时期居民们的多样需求，减少他们的心理压力、生活压力。

另外，为防范外来病例输入，要求街居上下落实辖区“五小”、商超等场所防疫措施，推进“20＋8＋N”重点人群管理及定期检测，做好数据核查及居家人员管控等相关工作。街道党工委副书记、办事处主任现场查看飞虹社区计生研所医院新设置的便民核酸采集舱施工情况，对下一轮全员核酸工作提出指导意见。将核酸检测常态化、便利化，减小居民核酸检测的经济压力与时间压力。

为关心爱护老年弱势群体，一是在防疫方面保障其生命健康，通过网格持续摸排宣传，琥珀潭社区、翠竹园社区组织辖区 60 岁以上未接种疫苗的老人前往接种点进行各项指标检查，对符合接种条件的老人进行接种；二是在生活方面关照其心理健康，由社区志愿者定期上门拜访独居老人，一对一帮助他们解决问题，陪他们聊天说话，为他们送去爱心慰问品。

（四）存在的问题

通过对四个不同社区的调查研究，我们发现了一些问题。首先，在疫情低风险地区，居民获取疫情防控信息渠道较为单一，以网络群聊传达为主。同时，居民如果想向管理场所提出建议寻求帮助，也主要通过网络联络员进行，缺少监督方确保联络员工作质量。核酸检测也较为散漫，主要利用居民自主性和联络员监督，但并没有确保措施。人员核对情况也主要由志愿者处理，具体信息也不得而知。而且外地人员报备方式较为烦琐，且无一确定报备人员，报备人员及相关工作之间信息传达不及时，需要报备人多次向不同方面人员阐述同一信息，且无具体措施将信息及时传达，实现高效化。

其次，在疫情防控较严的地区，还存在对于老年人群体关注不够的问题，现有的走访和网络关爱方式效果有限，且没有适用于老年人群体的反馈意见渠道，走访调查老年人群体的形式太过被动，缺乏有组织的专业心理疏导活动。就目前调查来看，社区活动不能够很好地解决居民因疫情防控产生的心理需求，缺少相关专业组织和工作人员参与。

由此可见，疫情期间抑或是疫情过后的心理疏导情况不容乐观。小组调查的四个社区都未开展相关活动，社区方面大多是通过间接手段而非直接干预手段进行心理疏导，对于此方面活动并未给予很高的重视。同时，居民对于心理问题的认知存在误区。大多居民对一般心理问题、严重心理问题及心理疾病的认识存在误区，存在遇到心理问题不敢说、不能说、不愿说的现象，或并不重视自身心理健康，出现了问题习惯“憋在心里”。另外居民需求多元化。疫情大环境下，人们活动受限，心理压力较大，对心理指导、文娱活动需求增大且趋于多元，也为社区服务带来压力。

（五）解决对策及改进方案

针对疫情低风险地区存在疫情消息获取渠道单一、核酸检测散漫等问题，当地社区需要增加相关工作人员，及时提供疫情防控消息，加强在疫情防控问题上的宣传措施。而在疫情期间，要更关注居家的老年人群，定时定点打电话关照或提供上门帮助都是必不可少的。

对于我们小组调查的重点，也就是疫情下党组织开展心理疏导活动的调查结果不容乐观。社区应逐步推进相关活动的进行，切不可操之过急。因为很多居民会对所谓的心理疏导产生误解，拒绝承认自己心理出现问题，会有抗拒情绪。社区可以先从宣传入手，让居民了解疫情后产生心理问题是普遍且正常的情况，并提供相关电话热线，鼓励居民正面面对心理问题，定期将咨询过相关问题的居民召集起来开展心理疏导活动，以此实现良性循环，让心理活动的开展变得越来越自然而有效。在活动步入正轨后，社区更要做到多渠道、多方法面向全体居民进行心理健康教育。第一，针对疫情引发的心理问题对居民开展专题讲座。例如，正确处理疫情期间情绪焦虑、注意力分散、失眠等问题。第二，注重活动的多样性，例如开展心理影片的鉴赏、有关心理健康的知识大赛等活动，调动居民参加活动的积极性。第三，拓宽心理沟通渠道，及时有效地疏导心理问题。可以通过开通“社区通”、互助群等，有效地利用现代化手段加强对居民的心理问题疏导。

三、调查总结

经调查，上海、长沙、合肥、盐城四个城市疫情防控均已进入常态化管理。尽管各区防控局面、防控要求各不相同，对居民的生活影响也不尽相似，但经我们调查，对群众在疫情防控下存在的心理问题，社区开展的心理疏导活动却存在着相似问题。

湖南仅在中高风险地区进行严格封控管理，作为低风险地区的长沙市岳麓区银盆岭街道社区无常态化核酸要求，核酸费用对长沙居民有一定压力，对居民心理有一定影响。江苏盐城市也属于低风险地区，虽有外地人员不断归乡，居民感染概率却很低，但防控要求毫不放松，核酸检测由社区定期免费安排，居民主要的心理问题是定时定点的核酸检测对外出工作和出行的限制。安徽合肥市严格按照社会管理体制进行防控，但对不同社区都有封闭管理的方案及措施，主要是由各家合作保障封闭管理时期居民生活的多方需求。社区居民主要心理问题在于疫情封闭期间，情绪焦虑，心理压抑，工作生活受限制较强以及核酸检测带来的经济与时间压力，老年弱势群体有接种疫苗以及生活方面的心理问题。上海疫情严重，青浦区赵巷镇一直属于低风险地区，疫情稳定，但是公交、商场、超市等人流量密集场所需要扫场所码、提供48小时核酸阴性报告的要求给居民生活带来不便，居民排队造成压力。同时，在疫情好转后，会有部分居民出现注意力涣散，过度关注疫情信息，过度抢菜买菜，不能集中精力工作，随时担心封控风险的心理问题。

从四地综合来看，社区的共性问题有：四地在疫情期间或疫情过后，心理疏导活动很少，大多是通过间接手段而非直接干预手段进行心理疏导，对此方面的活动也并未给予高度重视。社区的相关活动都不能很好地缓解居民因疫情防控产生的心理问题。社区也缺少相关专业组织和专业人员开展心理疏导、情绪缓解的活动。同时，居民对于心理问题也不太重视，还有人认为心理问题属于精神疾病，不宜谈及。

除上海地区由于疫情较为严重，出现居民注意力涣散、过度关注疫情信息、过度关注抢菜软件、不能集中工作外，其他三地并无较严重的心理健康问题。但我们认为，居民在疫情防控期间的心理问题依然不容忽视，例如，因为社区安排不当导致的心理焦虑、牢骚不满、逆反心理的问题；因为工作和核酸检测时间冲突产生的矛盾，外出时间要求以及疫情场所要求带来心理压力问题；封控期间长期压抑自己，导致心情抑郁焦躁烦闷问题；过度担心周围人感染风险，从而导致自己过度谨慎、不敢出门、害怕的心理问题；等等。这些都应该属于社区工作中需要解决的问题。

也许有人认为，以上问题是疫情防控期间出现的正常问题，但我们认为，这些问题需要社区人员、专业人员加以重视并及时采取相关心理疏导措施。尤其是对于居家的空巢老人、留守儿童等弱势群体，不能正常执行封控要求的家庭，无法正常排解在封控状态下的负面情绪的人，都应该给予重视并提供帮助，针对心理方面对他们施以援手。

我们建议，在疫情防控下，针对居民对于心理疏导产生的误解，党组织可以从宣传入手开展心理疏导活动。在向居民进行科普后，使他们能放下包袱，接受心理疏导，并提供给他们相关的服务热线、公众号以及专业人员的联系方式，鼓励居民直面心理问题。同时社区工作人员定期咨询专业人士、走访居民以及联合开展社区心理疏导活动，以改善社区居民心理状态。

四、调查感悟与收获

从调查过程来看，此次调查活动小组采取四位小组成员各自独立调查走访的方式，在如何确定调查具体地点、与调查相关人员获取联络、走入调查地区采访调查等问题上，通过线上会议沟通，以及各自努力推进调查进度，提高了小组成员团队合作沟通与社会实践调查能力。尤其是在联络社区工作人员与相关人员进行采访调查的环节上，因存在各自社区工作的不同且社区工作人员难以对接沟通，以及社区对心理疏导活动缺少专业的划分管理的情况，小组成员在走访调查中遇到了难题。这一部分超出了我们初期对于调查实践活动的设想，使我们切身体会到了社会实践的困难。但是小组成员及时沟通，共同探寻联络方法并彼此给出建议，如通过查找社区微信公众号了解社区工作内容、寻求家中长辈帮助获取社区工作人员联络电话、自行走访社区拜访社区防疫人员和居民等，有效地化解了难题，团队合作的默契度上升，小组成员的联络沟通能力在调查过程中不断增强。

从调查内容来看，小组成员围绕疫情下社区党组织开展心理疏导活动的主题各自进行了有针对性的调查。小组成员的调查内容具有个性，不同社区存在差异性，张屿同学所调查社区居民出现的心理问题为核酸费用带来的心理负担，董瑶同学所调查社区从高校学生中招募志愿者助力社区疫情防控服务，沈心怡同学所调查社区因此前疫情防控形势紧张，居民出现了严峻防控后意志力涣散的心理问题，顾锦宜同学所调查社区侧重于做好基层组织建设和社区管理，打好社区疫情防控服务的基础。除此之外，疫情防控信息通知、核酸检测改革服务、关爱老年人群体等则是我们调查内容的共性问题。为总结调查情况，我们针对调查内容的个性与共性问题进行了探讨分析，比较地方社区工作差异，关注共性问题下社区工作开展情况，并从中找出不足，对社区工作提出建议。在整个过程中，对社区现有工作情况的持续关注无疑拉近了我们与社区的距离，认识到了当前社会社区疫情防控工作的困难与辛苦，也意识到现有社区心理疏导工作还需大家共同关注、付出努力，摆脱了仅从书面活动了解社区的局限，体会到了作为社区生活中的一员助力社区疫情防控工作的责任，感受到了社区间的人文关怀。同时，一系列调查内容的工作总结也锻炼了我们社会实践调查的思维方式，如分工调查后如何提炼调查内容找出差异和共性，如何从提炼内容中分析不足给出建设性建议等，小组成员的社会实践调查经验不断丰富，为之后的实践调查活动奠定良好基础。

总的来说，此次实践调查活动，我们虽然遇到了一些困难，但努力通过分工协作化解了难题，认识到了团队合作在社会实践调查活动中的重要性，并增长了团队合作经验。此外，小组成员的社会实践调查能力也在此次活动中得到提高，通过社会实践调查走进社会生活，切身了解了社区疫情防控工作的难处和心理疏导工作还需得到社会重视与关注，丰富了社会实践经验，提高了社会实践调查活动的兴趣，相信这些收获都会为我们未来的学习和社会实践活动中提供有效的帮助。

疫情“桥头堡”
——疫情下城市社区党组织为服务群众、凝聚人心发挥的作用

作者：王可心　姚李皎月　代偃茜　陈跃明
吕楚怡　吕继朵　杨玙瑆　王卫军
指导老师：秦淑娟

一、引言

新冠疫情突如其来，让我们措手不及，严重影响了人们的衣食住行。在这个过程中，城市社区党组织发挥了重要作用。为此，我们决定主要调研新时代以来城市社区党组织服务群众及凝聚人心功能、维护稳定功能，分析该领域的发展现状和发展路径，并结合自身专业总结和提出发展的成功经验与问题的解决对策。通过对社区居民和基层干部的采访，具体研究在疫情下城市社区党组织的工作内容、目的和为服务群众、凝聚人心发挥的作用，以及人民群众的反馈情况。了解了党组织为疫情所做的工作后，我们想进一步了解全国各地的情况和基层党组织的工作，了解从群众到党员对于疫情的看法以及在疫情下的防控措施和生活改变等。

调研小组分为前期、中期、后期三个阶段进行调研。前期，小组按照原先投标书上的行程计划，分别到上海、杭州、攀枝花三地进行实地走访调研。中期，自上而下（从党组织到人民群众）围绕调研主题进行采访，切实了解疫情下党组织发挥的服务群众及凝聚人心功能、维护稳定功能。后期，总结调研成果，并分配撰写任务，然后进行修改，形成调研报告。调研采用的方法是访谈法、实地考察法、抽样调研法和个案调研法。调研录音及拍照的工具是手机。

二、调研过程

团队成员吕楚怡与吕继朵同学于 7 月 17 日进行实地线下采访。由于 2022 年全国各地疫情频发，疫情防控已经常态化，特别是常态化开展核酸检测。因此，此次访谈我们选择了杭州市富阳区的某街道，对来往行人进

行调研。我们的采访人员分别对社区党组织对常态化核酸检测工作的态度、疫情期间社区便民的举措和建设以及居民对社区防疫工作的评价进行访谈。经采访，群众对常态化核酸检测工作大力支持，同时对社区党组织的工作给予了高度评价，可见社区党组织积极响应国家政策，切实为群众服务。同时，各个社区常态化核酸点的建设，更是一项重大的便民服务，让群众做核酸不必再特地赶往医院，更方便快捷，而且场所码的设置让群众的出行生活都更放心。最终的采访更是提到了社区疫情三年以来的重要转变，从手足无措到从容不迫，从一言不合就封到采取多种便民利民措施，社区党组织真正秉持了为人民服务的宗旨。

另一小组成员杨玙瑆则前往四川省攀枝花市东区青年路社区采访社区工作人员和社区志愿者，从工作人员的角度探寻社区工作本质，挖掘社区工作者的工作初心和服务精神。分别采访了社区工作人员袁阿姨和社区志愿者小秦，一个负责登记社区人员流动信息，一个帮忙测量体温，查看健康码和行程卡，都是需要耐心和热情的工作。采访过程中，社区工作人员袁阿姨对我们的采访非常配合，会耐心回答我们的问题。通过袁阿姨的描述我们了解到，其实有很多居民是不太理解她们的工作的，觉得戴口罩、扫个码再进超市是一件很麻烦且没有必要的事情。在这个时候，社区工作人员就需要耐心地去劝导和解释这件事情，让居民真正意识到做好疫情防控的重要性。面对不理解和随时的加班加点，这些社区工作人员从不计较个人得失，牢记“全心全意为人民服务”的宗旨。她表示，做社区工作就是需要顺应民心民意，不断调整工作举措，提升服务质量，让居民有更多获得感、幸福感、安全感。小秦则认为作为大学生有能力也应当有义务为疫情防控提供帮助。经过此次深入基层的调研，我们发现了社区组织在疫情下工作的尽心尽力。作为新时代的青年，我们需要“动起来”，积极主动地掌握和理解党中央各种防疫政策，尽自己所能劝导身边人，共同遵守各项防疫政策，为社区工作人员减轻负担。

王卫军同学则跟随马克思主义学院暑期社会实践小分队走入华庭翠院社区，在社区居民党建活动中心开展座谈会。通过党总书记孙悦介绍小区抗击疫情的难忘回忆，深切感受到基层党组织在疫情防卫攻坚战中付出的巨大努力，正是社区基层党组织齐心协力，防疫工作才能有序开展，居民的健康才能得以保障！同时还随机对社区居民进行采访，得知社区基层党组织在垃圾分类、停车位改造等方面也做出巨大努力，从而形成良好的生活秩序。从对93岁的肖爷爷的采访中得知社团基层党组织对老年群体的优待和重视，肖爷爷称自己时时刻刻都能在社区党员志愿者的无私帮助中感受到社区生活的温情与善良。经调研发现，社区基层党建工作者用多种方法推动传统文化进社区。从车棚的剪纸到大门口的石刻，都是传统文化进社区的表现。

三、调研结论

调研小组成员在不同地区如浙江杭州、上海松江、四川攀枝花进行调研活动，主要从社区党员工作人员和居民两个角度出发，探究疫情常态化管理下社区党组织功能，具体体现为：

1. 基层党组织发挥组织领导作用

全面准确地了解基层情况，是我们党做好各项工作的前提和基础。各级党组织特别是基层党组织，在疫情防控常态化条件下密切与群众的联系，切实深入群众之中了解群众的利益诉求，进而结合本地区本单位抗疫斗争和恢复经济社会运行秩序的实际情况研判本地区本单位亟须解决的突出问题，及时全面向上级党组织反映情况，为上级党组织作出科学决策提供精准依据。调研小队通过对不同地域的社区党建中心进行调研后，深入理解了新时代城市社区党组织功能的重要性，尤其是疫情的特殊时段，更需要街道党委发挥其组织领导作用，也需要党员发挥其先锋模范作用。在疫情常态化管控下，基层党组织明晰了自己的职能，通过调研和分析，建立了完备的管理体系，通过社区骨干执行落实条例，大大坚定了群众的抗疫信念，为群众办实事、谋福利，从而渡过了难关。

2. 党员发挥先锋模范作用

在新冠疫情灾难面前，基层党组织的工作极难展开，许多热心群众积极投身于党组织的工作中，成为志愿者，或在日常的工作中伸出援手，许多党员也在群众身边领导着群众积极配合党组织开展工作或者提供援助，这更让我们看到了党员的先锋模范作用无时无刻不感染着更多人，也让我们看到了在困难面前，党组织与群众亲如一家。只有这样的相互支持、相互理解和相互协作才能让大家在紧要关头爆发出坚韧力量来渡过封控期间的各种难关。

3. 上级领导的指导与帮助

更重要的是，基层党组织工作的顺利开展离不开上级领导的指示与帮助。许多居民的需求与困难若仅依靠基层社区的党组织是很难解决的，有些物资需要跨社区甚至是跨区进行协调合作，而这就离不开上级组织对基层党组织的帮助与重视。上级组织通过提供力所能及的便利和帮助，让社区更好地协调相关工作，同时也会让基层党组织更有底气和自信，顺利开展相关工作并渡过难关。可见，在疫情常态化管理下，并不只是基层党组织和党员在发挥作用，背后默默付出的群众和提供支援的上级组织也值得我们牢记，只有这样相互支撑，三位一体地紧密联结才能跨过疫情的重重阻碍，而三者也在这样的合作下更加深入了解，为以后的工作乃至正常化的社区管理提供更多的经验，进行更高效、更便民、更亲密的社区管理。

四、调研感悟

疫情在全球范围内的蔓延速度很快，对我们的生活产生了很大的影响。疫情如令，责任如山，在对抗疫情的斗争当中，中国人民的团结和责任感发挥了不可或缺的作用。社区工作者牺牲小我，成就大我，他们虽逆风而行，却向阳而生、绽放光彩，心系万家冷暖，情牵百姓安危。基层党组织对于疫情防控的基本措施，从各个方面体现了对群众的关怀。疫情期间城市基层党建组织发挥了沟通人民群众，协调社会力量，提升治理能力的作用，探究城市基层党建组织应对风险情境的危机处置方式，对于维护社会稳定发展，提高人民群众的生活水平有着显著作用。

通过对群众的采访，我们了解到，社区工作人员在疫情期间做过很多有关防疫措施的宣传；附近核酸点比较多，群众可以迅速找到并且不用等待很长的时间，对比之前只能到医院做核酸方便了很多；通过手机支付宝上的小程序可以清晰知道核酸点的开放时间和排队人数，也可以有效分散人群。同时，在疫情期间许多居民通过当志愿者或者承担各种工作，和其他居民逐渐熟络了起来，大家互帮互助，感情逐渐升温。

这次实践活动让我们认识到“全心全意为人民服务”的宗旨并不是空泛的口号，也不是在书本上看到的冷冰冰的一句话，而是实实在在地落到实处，尤其是在疫情期间给群众送去温暖和健康的保障。同时我们也真切感受到了党员工作的琐碎和不易，即使疫情正在慢慢好转，社区工作人员也没有松懈，没有因为安逸而忽视其他地区紧张的局势，反而是居安思危，确保社区正常核酸检测。

经过此次社会实践调研，我们清楚地了解了疫情期间社区基层党组织为社区疫情防控做出的巨大贡献，从诸如测体温的小事到常态化核酸点建立的大事，社区党组织工作者尽心尽力。我们深切体会到如今的疫情防控成果来之不易，同时也看到了疫情防控期间“普通人”所起的关键作用，除此之外，我们还深入地了解了基层社区党组织的工作内容以及他们在疫情防控期间所付出的巨大努力！

疫情暴发以来，各级党组织和广大党员主动承担责任，各级领导坚守岗位，带头维护社会稳定，引导群众坚定信心，科学防控，确保各项疫情防控工作落实到位。基层党组织坚决筑牢疫情防线。有使命讲担当，无数党组织成员坚守第一线，筑牢铜墙铁壁，重在争分夺秒。全心全意为人民服务，保卫人民，把群众安全放在首位。生命安全重于泰山，关键时刻共担使命。维持秩序，没有让疫情击垮群众信心，舍小我为大家。疫情防控并不是一个人的事情，需要大家共同参与共同执行，共同的事业、共同的斗争，可以使人们产生忍受一切的力量。肩负责任担当，传递信心力量，守护生命希望。打赢这场战役，我们每个人都不是局外人，病毒无情，人间有爱，愿破晓曙光驱散阴霾，短暂的冷清换来长久安宁。国家有希望，民族有力量，人民有信仰。一代代中国共产党员经历一次又一次艰难险阻，书写一次又一次传奇。

打造党建特色，凝聚抗疫力量
——以上海市、郑州市、柳州市和长治市基层党建为考察中心

作者：梁珂晨　姜涵　黄张杰　肖懿　和柯欣
指导老师：张国义

一、调研基本情况

（一）调研信息

（1）调研地点：河南省郑州市二七区京广路办事处天擎社区、广西壮族自治区柳州市鱼峰区凤起新都社区、山西省长治市长子县南漳镇漳河神村和上海市上海对外经贸大学学生社区。

（2）调研时间：2022 年 7 月 15 日至 8 月 10 日。

（3）调研对象：在校大学生、社区党员干部、身边党员。

（4）调研方法：问卷调查法、访问调查法、实地调查法。

（二）调研背景

基层强则国家强。回顾全球新冠疫情发生以来的中国防控实践，最重要的一条，就是党建引领夯实联防联控、群防群控的基层基础防线，这也是推进社会治理体系和治理能力现代化建设的一个重要标志。

1. 现实背景

（1）新冠疫情防控方案不断优化改进。

（2）基层治理体系不断升级。

（3）基层党建应对突发公共卫生事件的实践更规范更科学。

2. 文献综述

自新冠疫情暴发至今，我国一直采取的是严厉性、常态化控制策略，并将其作为国内最大的一起公共卫生安全事件进行处理。疫情期间，人民群众在以习近平同志为核心的党中央的正确领导下，万众一心，积极响应国家号召，坚决打赢疫情攻坚战。就目前来说，新冠疫情已经得到有效控制，各行各业已经逐渐步入正常运行轨道，但是国外疫情形势依然严峻，

在维持中外交流的情况下，国内疫情防控依然任务繁重。

哪里任务险重，哪里就要彰显党组织的战斗堡垒作用，哪里就要体现出基层党组织的先锋模范作用。疫情防控工作进入常态化，基层党组织突出防控重点，坚持问题导向，强化全链条闭环式管控，使疫情防控各项工作有力落实并圆满完成运营维修保障等工作，取得了实实在在的成效。

鉴于此，在夯实疫情防控的基础上，不断向基层聚集、加快补齐基层治理体系的短板弱项是不可忽视的任务。尤其需要聚焦基层组织的“最小单元”，即基层治理“最后一公里”、服务群众“最后一米”，依托党建引领，从不同层面、多个方面畅通激活基层组织的神经末梢，强化平战转化，推动组织体系与联防联控体系深度融合，有效提升基层应对突发公共卫生事件的规范化、科学化水平。

做实党建引领的首要问题在于明确基层党组织的职责定位。城市基层党组织是党在城市全部工作和战斗力的基础，是领导城市基层治理的核心力量。在社区防疫中，村（居）党组织从思想、组织、机制、服务、创新等方面进行全方位的引领，有效调动各方力量共同参与抗疫。党组织的引领主要可以体现在5个方面：引导方向、制定规则、创新体制、整合力量、凝聚人心①。通过党的政治优势和组织优势，充分发挥基层党组织的领导力，在引领社区发展方向、理顺体制机制、团结凝聚一切力量方面发挥积极作用。比如，引导区域内各类主体树立平等意识、责任意识、合作意识、法治意识、共享意识等共同治理理念，达成治理共识。通过体制机制的优化，调动各方力量实现跨部门合作，把更多资源汇集到基层。总之，将党建工作全面融入基层治理之中，需要在合作共治的框架下，明确各自的职责边界，做到职能上的互补，不缺位不越位。

做实基层党建引领的核心在于及时回应群众的需求。党建引领的目的是把党的群众路线贯穿到基层治理的全过程，因此，做实基层党建引领的核心是贯彻以人民为中心的思想，突出以人为本，及时回应群众的需求。随着物质生活水平的提升，群众的需求不仅仅是被动接受服务，还表现为为他人提供服务。一方面，基层党组织要推动为民服务提质增效。坚持社会治理为了人民，把为民服务落到实处。疫情防控期间浦东各基层党组织的实践表明，要赢得群众的认可，需要做到如下三点：一是细致服务群众。要熟悉和了解群众的需求，关注不同人群的需求特点，要引导群众开展自我管理、邻里互助，把服务工作做细致、做深入。二是快速回应需求。对

① 坚决筑牢疫情防控社区防线[EB/OL]. https://newsyouthcn/gn/202010/t20201021_12539755. htm.

群众的诉求要快速回应，尤其在突发事件中，要建立快速处理和反馈机制。三是创新工作方式。服务群众需要有智慧，要多用新方法，多想新点子。只有真正从群众的需求出发，切实办好群众家门口的事，才能赢得群众的口碑，提升党组织的影响力和感召力。另一方面，要搭建平台激发群众的力量，让群众参与到社区治理中去①。完善多样化的参与机制，形成多主体参与的社会氛围，开拓群众参与基层社会治理的制度化渠道，最大限度调动人民群众参与的积极性、主动性和创造性，让群众在参与社会治理中增强获得感。

做实基层党建引领的关键在于构建社会治理共同体。疫情防控取得成效的关键在于在基层党组织的统筹协调之下，各类组织冲破了相互间原有的壁垒，实现协同作战。通过基层党建引领，可以发挥党组织穿透体制、隶属、级别等束缚的优势，加速各类要素在各类交界区内顺畅流动，促进单位之间的协同联动，从而形成“一核多元”的治理模式②。党的十九届四中全会提出，要建设人人有责、人人尽责、人人享有的社会治理共同体。形成社会治理共同体的核心问题是构建动力机制，提升多元主体参与的持久力和向心力，通过搭建协作平台、拓宽协作渠道、创新协作方式，形成优势互补、资源共享、协同互益的社会治理格局。社会治理共同体的形成离不开党建引领，党组织要通过构建党建共同体来推动社会治理共同体的形成，从而重塑基层治理的格局。

做实基层党建引领的基础在于建设能力过硬的专职党建工作者队伍。基层党建工作者是党和政府的代言人。基层治理现代化对治理理念、治理体系、治理能力、治理方式、治理过程、治理结果都提出了新的要求。要扬优势、补短板、强弱项，就需要党员干部牢牢把握时代要求，在与时俱进中守正创新。从基层工作的要求来看，基层党建工作者需要加强 5 种能力：宣传引导的能力、组织动员的能力、协商议事的能力、化解矛盾的能力和智慧治理的能力。同时，基层党建工作者要善于运用新思维、新技术思考治理新路径。比如，借用互联网技术和科技力量提升基层治理的效能；通过大数据技术，找准群众关心的难点、堵点、痛点，科学掌握群众需求。因此，建立一支符合时代要求、能力过硬的专职党建工作者队伍，是实现

① 唐燕．重大肺炎疫情风险防控中的社区治理挑战应对：基于城乡规划与公共卫生视角[J]．南京社会科学，2020(3)：8－14.

② 于洋，吴茸茸，等．平疫结合的城市韧性社区建设与规划应对[J]．规划师，2020，36(6)：94－97.

党建引领的重要基础和保障①。

（三）项目目标

我队此次暑期社会实践以“走社区，看党建”为宗旨开展深入体会习近平新时代中国特色社会主义思想和党的十九届六中全会精神的学习行动，聚焦于不同防疫风险区的党建水平，挖掘其背后党建和防疫之间的深层关系，总结基层党建对防疫工作的引领作用，为其他防疫区提供经验借鉴，具有现实意义。

党建是党在不同时代、不同情况下的工作与活动，具体的党建工作主要是宣传和组织工作。宣传工作，比如组织政策学习之类。组织工作，主要是发展党员等。在当今疫情暴发的大背景下，防疫是党建工作的一大内容。在疫情下的党建更能突出党领导的重要性和独特性。明晰不同地区的特色党建如何与当地防疫政策结合已经成为当下的迫切要求。

本次活动，我们小队旨在探索“特色党建”对防疫政策的执行力，研究不同经济水平、不同地区的基层组织如何发挥党建引领作用来进行有效抗疫，考察上海、郑州、柳州、长治四个不同地区城市的社区党建在常态化防疫中所发挥的作用。我们通过实地走访调查各地的基层党建水平，分析基层党建对于防疫成效的影响力，并对比各地举措，对各地党建在疫情防控中的成效进行评估，总结具有普遍性的经验，进行各种线上线下的宣传，并针对可改进之处提出相应的对策建议。

在本次实践调研中，我队成员以普通社区成员、学校调研小队成员、大学生等不同的身份走访调查，得出不同视角下的观察结论，切身感受基层党组织在社区疫情防控中的核心作用。通过走访调研，也让我们更能感受到党的领导，对我们深入学习习近平新时代中国特色社会主义思想和党的十九届六中全会精神具有现实意义，让我们能更好地理解党的指导思想，为个体日后的发展奠定坚实的思想基础。与此同时也使得我们能够更好地适应社会发展，利用所学知识为国家谋发展。

此次的研究成果将通过自媒体、公众号等方式传播，每个地区由一个负责人与自己社区的党建负责人分享其他三个地区的经验。相互借鉴、相互提升，在一定程度上有利于各地相互学习，提升大家对于基层党建的认识水平，也有利于我们对于防疫政策的理解和执行。

---

① 刘佳燕．新型冠状病毒肺炎疫情背景下社区防疫规划和治理体系研究[J]．规划师，2020，36(6)：86－89.

我们作为大学生，实际考察基层党建，了解防疫防控措施，与社区党组织负责人沟通，分析基层党建与防疫成效之间的关系，更深刻理解了加强基层党建的意义；通过采访社区居民、社会人士等对党建与防疫之间关系的理解，发挥了宣传效果，有利于在社区中形成积极的舆论氛围，扩大影响力，对防疫政策的落实也有一定的现实意义。

“走社区，看党建”能够敏锐地发现社会问题，能更好地贯彻落实党的十九届六中全会精神和习近平中国特色社会主义思想，紧扣热点。同时立足于新冠疫情仍处于高位的现实背景，以大学生的独特视角和线上线下多种调研方式，增强我们的思想觉悟与实干精神。以党建为切入点，转到防控政策，回应时代的需求，也是符合国家政策需求、社会舆论需求、疫情防控需求、人民精神需求的极具价值和意义的暑期社会实践主题。

二、线上调研

1. 被访谈人群介绍

第一阶段：为探究党员对于基层党建的了解度与参与度，对于党建与防疫结合的看法、建议与意见，我们选择的访谈对象为社区志愿者党员，从他们身上我们能够由点及面，推断归纳出基层党员对于党建和防疫结合意义的看法与意见。

第二阶段：采访街道办、社区党委书记，以基层党组织视角来看如何让党旗高高飘扬在疫情防控的第一线，如何坚决守护好人民群众生命健康。

2. 访谈内容以及访谈分析

（1）第一阶段访谈

提问者：黄张杰、梁珂晨

被访谈者：郑州市二七区京广路办事处天擎社区党员志愿者

康明超，51 岁，党员志愿者。他说：“全国疫情防控战役打响，而我作为一名共产党员，必须冲锋在前。”前期出现新冠本土病例后，社区出现密接者，康明超得知情况后主动深入一线，通宵上门通知群众进行核酸检测，扎实抓好重点人员排查追踪、密切接触者管理、舆情应对及防疫宣传工作，提高居民对疫情防控以及创建“无疫示范社区”的知晓率和参与度，并在核酸检测完成后，主动回复居民疑问，正确引导舆论方向。

除了处理突发事件，其余时间康明超坚持每天在疫苗接种点位进行门岗值守，每日 8 小时值守从未缺席，同时还组织成立了天擎社区邻里守望志愿者服务队，现已从最初的 10 名队员发展到 50 名固定队员 + 20 名流动队员。

黎爱华，49 岁，天擎社区党支部党员，在疫情防控中积极参与疫情宣发、门岗值守、人员排查、车辆登记、聚众劝导工作。每个防疫工作站点都留下了他的身影，风雪无阻。他以一名党员的担当冲锋在前，以实际行动践行着一名普通党员的初心和使命。

疫情就是命令，防控就是责任。为坚决打赢疫情防控阻击战，天擎社区党支部全面激发和调动辖区居民群众的积极性、主动性和创造性，群策群力，加速推进工作，积极创建“无疫社区”。辖区党员志愿者积极协助社区工作，筑牢“防疫墙”，积小稳为大稳。“加入志愿者服务行列，这是一个党员应尽的义务和责任。我们将继续按照社区要求，严防死守，为打赢新冠肺炎阻击战贡献自己的一份力量。”从黎爱华的话语中，我们切实感受到了一名党员同志的责任与担当。

（2）第二阶段访谈

提问者：黄张杰、梁珂晨

被访谈者：郑州市二七区京广路办事处天擎社区书记、柳州市麒麟街道办事处书记

问：各级党组织之间怎么做好上传下达？

答：对于重大问题，市委会发布红头文件作为防疫的执行标准，在日常的防疫过程或者经验分析中，各级之间定时召开线下会议，回顾前期工作并总结经验教训，在平时也有线上的群聊，进行经验分享。

问：街道办之间有什么互通的经验措施？

答：城区之间经验措施的分享是有的，如柳州市城中区为了积极应对严峻的疫情形势，第一时间成立以区委书记、区长任组长的新型冠状病毒感染的肺炎疫情联防联控工作领导小组，同时全区所有街道党工委都召开疫情联防联控工作部署会，制定了防控工作方案，组建了专兼职结合的工作队伍，在辖区实施网格化、地毯式宣传、排查、管理，全面压实疫情防控主体责任，之后鱼峰区等也逐渐实行相应措施。

问：基层党建改革之后与之前的差别，以及成效如何？

答：基层是党的执政之基、力量之源。我们以提升基层党组织的组织力和执行力为主线，以“人民群众满意、社会和谐稳定、工作推进有力”为目标，聚焦“人、治、物、效”，大力推进党组织“有形覆盖”和“有效覆盖”，提高政治领导力、思想引领力、群众组织力、社会号召力，充分发挥基层党组织的战斗堡垒作用，让群众满意、促社会和谐，确保平时管用、关键时刻够用，切实把党的组织优势转变为治理效能、转化为推进中心工

作的强大合力。要坚持党建为引领统筹各方资源和力量，整合推动“多格合一”，实现“一格统管、一格统治、一格统服”，打造网格化、网络化、智能化、现代化一体协同的市域社会治理体系，不断提升基层精细化治理、精准化服务水平。要从实际出发，注意分类推进、分类考核，确保网格化和基层党建的各项举措落到实处、见到实效。

问：基层党组织如何在疫情防控中发挥作用?

答：基层党组织发挥着战斗堡垒与根据地的作用，是党的全部工作和战斗力的基础，因为基层是疫情防控的第一线，党组织教育引导党员干部勇敢地站在抗击疫情的最前线，在斗争中经受住考验，在磨砺中践行初心使命。党组织从大局出发，认真履行职责，积极发挥作用，为一线逆行者解除后顾之忧。千千万万个基层组织发挥出应有的作用，才能更好地把党组织的政治优势、组织优势和密切联系群众的优势转化为疫情防控的工作优势，把党员干部和群众组织起来、动员起来，才能遏制疫情蔓延势头，从而打赢疫情防控阻击战。

问：党员在疫情防控中扮演着什么样的角色?

答：党员在疫情防控中发挥先锋模范作用，带头奋战在防控一线，充分展示了共产党员的英雄本色，一个党组织就是一座堡垒，一名党员就是一面旗帜。堡垒无言，却能凝聚强大力量；旗帜无声，却能鼓舞磅礴斗志，党员带头联系服务群众，着力解决重点人群的实际困难，是与人民最近的“接头人”。

3. 访谈结论（意见建议）

从访谈中我们可以总结出，为筑牢社区第一防线，京广路街道天擎社区精准施策、科学防控，坚持党建引领，以创建“无疫社区”为抓手，绷紧一根弦，织起一张网，形成一个环，严格落实各项防控举措，推动闭环管理、精准管理落到实处，切实保障群众生命健康安全。

为完善防疫常态化工作，麒麟街道凤起新都小区坚持党的领导和党建引领，将党组织力量运用到防疫的政策与措施中。坚持常态化精准防控和局部应急处置相结合，按照“及时发现、快速处置、精准管控、有效救治”的工作要求，切实维护人民群众生命安全和身体健康。

面对来势汹汹的新冠疫情，各地基层党组织不断优化党建引领的基层疫情防控体系，充分发挥基层党组织和广大党员的战斗堡垒作用和先锋模范作用，处处都有逆行的身影，初心写在行动上、使命落实在岗位中，鲜红的党旗始终高高飘扬在疫情防控第一线，构筑起党建引领群防群治的

“红色防线”。

三、实地调研

（一）调研目标选择

本次暑期社会实践调研分为三个模块：小队成员实地参观郑州、柳州、长治等地社区的党建成果和防疫成果，采访防疫负责人如何将党建和防疫结合起来，思考他们如何有效按照上级党组织部署，同时因地制宜按照社区实际来发挥党建作用。

我们小队旨在探索“特色党建”对防疫政策的影响力，通过研究不同经济水平、不同地区的基层如何发挥党建引领作用来进行有效抗疫。通过研究上海、郑州、柳州、长治四个不同地区城市的社区在出现疫情时的党建领导作用和常态化防疫时期的党建领导作用，相互比对，总结经验。最后总结什么样的党建才能在抗疫工作中取得显著成效。

（二）调研内容

1. 上海对外经贸大学

新冠疫情叠加风雨向上海袭来。“疫情就是命令，防控就是责任。”学校师生党员志愿者主动请缨、快速聚集、逆行抗疫。其中有国际经贸学院团委书记、21 级本科生辅导员傅豪老师，始终坚守在校园防“疫”一线，甘当学生社区“守夜人”，织密重点楼栋防护网，以高度的责任感和使命感，投入学校疫情防控工作，用实际行动诠释着共产党员的初心与使命，用实际行动践行着共产党员对防疫工作的责任心和行动力。越是关键时刻，越是见初心；越是紧要关头，越能显本色。面对严峻复杂的疫情形势，学校陆续启动线上教学，进入（准）封闭管理模式。傅豪作为社区工作专班党员老师冲锋在前，积极投身学生社区抗“疫”第一线，承担 84 号楼学生的集中核酸检测、三餐配送分发等任务。

他带着志愿者深入各个寝室摸排人数、安抚学生情绪，保证留寝人数准确、人人配合检测。每次核酸检测前，他都会上楼提醒并组织学生排队。每次配送三餐，他都用心“多退少补”，确保学生既吃得饱，又不浪费。

有困难吗？当然有。封闭楼宇通知刚出，学生便呼喊着要出楼宇，配送三餐后学生不按时领取进餐，这些都是他曾遇到过的困难。但他没有退缩，坚守在学生身边。学生需要饮用水，他在教育超市采购好送到寝室楼下。

他用人文关怀彰显党员温度，以逆行者姿态诠释党员担当，切实将党史学习教育成效转化为攻坚克难的强大动力，让党徽在一线闪闪发光。辅导员作为党在高校开展思想政治工作的一线力量和骨干力量，始终遵循“围绕学生、关照学生、服务学生”的理念，敢于担当、善于担当。踔厉奋发启新程，笃行不怠向未来。从学校开展疫情防控工作以来，傅豪严格执行学校的各项决定，及时召开线上班会解答学生疑问，动员学生积极主动配合学校各项防控工作。

经贸21级大多数外省市学生选择留在社区。傅豪老师一方面做好辅导员的本职工作，关心学生身心健康，每日分时段敦促学生及时完成健康打卡，做好疫情防控台账，保证底数清；另一方面积极发挥兼职组织员的作用，报送疫情期间的支部先进事迹，指导学生支部完成团推优工作，做好组织生活会和民主评议党员等工作。

傅豪老师努力做到疫情防控与其他重点工作两手抓、两促进，始终用实际行动践行初心使命，笃行不怠，完成组织交办的每一项任务。在学校封闭管理期间，他和同事们奔波在各一线岗位，肩负起党员责任，贡献着自己的力量。他说：“虽然我们身处逆境，但每个人就像是黑暗中的一个光点，汇聚起来足以照亮我们的世界。”

国际经贸学院社区临时党支部聚焦志愿服务、特殊关怀、朋辈帮扶等重点工作，建立党员联系服务群众机制，打造强化党员教育的有效载体，组织党员深入开展学生社区疫情防控管理、防控宣传、志愿服务、后勤保障、思想引导等工作。支部党员战斗在一线，筑牢学生社区疫情防控“红色堡垒”，有力推动学院疫情防控各项措施落到实处。

2. 郑州市二七区京广路办事处天擎社区

经过小队实地调研了解，为有效应对当前严峻复杂的疫情形势，京广路街道天擎社区严格落实疫情防控各项措施，坚持系统谋划、科学组织，确保各项防控措施落实无死角、无遗漏、全覆盖，全面筑牢疫情防控屏障。

紧盯“一条”主线，画好疫情防控“同心圆”。天擎社区辖区面积0.86平方千米，划分7个三级网格，服务5个居民楼院、3495户、13530余居民，2家公共单位，1266家企业和商户。聚焦当前疫情防控工作重点，社区紧紧围绕“网格化”管理有关要求，创新实行“街道机关干部与社区干部、社区工作者与热心志愿者、社区书记与片警片医”相结合的方式混合编组，捆绑作战，切实担负起“网格长”“网格员”与“三人小组”职责，形成三级联动网格化工作体系。近25名各级“网格化”成员主动承担起各自的工作任务，充分展现党员的先锋模范作用，随时准备进入战“疫”状态，与广大居民群众心往一处想、劲往一处使，织密“横向到边、纵向到底”的疫情防控网，凝聚起防疫战疫的强大合力，形成最大“同心圆”①。

突出“舆论”引导，做好疫情防控“常态化”。天擎社区充分利用“线上+线下”的模式，开展疫情防控舆论引导工作，线上借助微信群、朋友圈等新媒体及时发布疫情防控公告、通告及进展举措；线下依托辖区内LED大屏幕、条幅、“小喇叭”等方式宣传各类防护措施和注意事项。同时，充分发挥网格化优势，各级网格成员根据所包楼院，以电话、微信及入户走访等方式，加大排查力度和频次，做好跟踪管理和台账档案，及时报送各类信息，做到可知可控、精准管控。

发挥“核心”作用，凝聚疫情防控“向心力”。全员核酸检测任务中，天擎社区严格按照疫情防控群防群控体系有关要求，以“网格化”体系为核心，二级网格长李合书记第一时间带领7名三级网格长及14名网格员闻令而动，一键启动，以惊人的速度投入核酸工作中，并根据辖区楼院实际情况，分析研判，提前部署，在天擎花园、联创佳苑、都市住宅、御景台设置核酸检测点位4个，设立“党员先锋岗”4个，组织党员志愿者成立“党员突击队”4支，35余名党员干部冲锋在疫情防控一线，凝聚起疫情防控的“红色力量 ”，确保高质量高标准完成核酸检测任务②。

跑出战疫加速度，化身疫情防控“全能手”。在网格长的带领下，各网格员严格督促辖区餐饮、商超、酒店等人流密集场所落实疫情防控要求（进出人员信息登记、查验三码，从业人员一周做一次核酸等）；对不规范的企业和商户进行整改，并不定时“回头看”；对不理解、不支持、不配合疫情防控工作的群众，开展思想引导工作，同时加强宣传引导，全方位开展疫情防控政策和知识宣传，引导居民科学应对疫情。

精准管控重点人员，打造疫情防控“排查网”。在重点人员管理方面，社区不仅责任到人、建立台账，还根据实际情况，将疫情重点监测人群划分成了五种类别——集中隔离户、居家隔离户、外地来郑户、未离郑无状况户、房屋空置户，紧盯流动和重点人员，实现了每户居民状况一目了然，为管得实、控得准提供可靠依据③。

---

① 代璐遥．社区建设在重大疫情中的作用研究——以基层社区在2020年新冠疫情阶段的表现为例[J]．攀枝花学院学报，2020，37(6)：6－11.

② 王改红．论社区在新冠疫情防控中的阻击作用及发挥[J]．潍坊工程职业学院学报，2020，33(4)：68－73.

③ 郭伟和．新冠肺炎疫情中的社区治理模式、优势与短板[J]．社会治理，2020(3)：32－37.

面对严峻复杂的疫情防控形势，天擎社区始终做好基层的一颗小小螺丝钉，用连续作战的韧劲和为民服务的高度责任感，以“网格力量”守护着辖区每一个居民的健康和安全。

3. 广西壮族自治区柳州市麒麟街道办事处

虽然当前柳州仍为低风险地区，且无感染人员，但防疫的常态化工作仍是重中之重。以第九版防控方案为总纲，坚持以党为中心，党委统筹兼顾点线面，坚持党建引领，将党的力量运用到防疫的政策与措施中。坚持常态化精准防控和局部应急处置相结合，按照“及时发现、快速处置、精准管控、有效救治”的工作要求，全面做好疫情常态化防控。

加强疫情管控，筑起返岗复工“稳心墙”，成立城区防控巡逻队，全面加强排查管控力度，当地住建局督促各个物业公司和业主管委会进行逐户排查，将防疫对象精确到个人。压实党建责任，筑实企业发展总基调，实行“一企一策”，每个重点企业成立由 1 名县处级领导带队组成的服务企业复工复产疫情防控工作组，63 个县直单位党组织分头包三大园区企业，357 名机关党员干部分别包 114 家规模以上工业企业，强化监督检查、严格安全防范、加大政策扶持，为企业复工复产提供保障①。

坚持党旗领航，筑牢春耕春产“进行曲”，整合工作力量，将农村防疫一线 760 支“党群防控工作组”和 134 支“党员突击队”改成“助农服务队”，共同承担果蔬销售服务任务，让党旗在田间地头高高飘扬。切实解决疫情下的民生问题，在疫情下民生显得格外重要，努力实现“三个覆盖”，扎实做好群众路线教育实践活动准备工作，走访调研全覆盖，全面摸清群众工作的现实情况。

近期，鱼峰区深入开展机关在职党员干部走基层活动，落实三项任务：一是倾听群众心声。通过上门走访、问卷调查、召开院落会议等形式了解群众所想所盼，掌握群众最迫切、最需要解决的困难和问题。二是感知群众冷暖。到生产一线同群众一起劳动，全方位体会群众生产生活中的快乐和艰辛，增强以群众视角思考问题的意识。三是收集群众意见。通过设立意见箱、开通“民情热线”等多种方式，查找党员干部在工作和服务中存在的不足，搜集群众对党风廉政建设、服务型政府建设等方面的意见和建议。截至目前，共走访群众 2300 余人次，发放调研问卷 1500 余份，征集到

① 张霄艳，孙枫华，方鹏骞．城市社区在“新冠肺炎”疫情防控中的基础作用与思考[J]．中国卫生事业管理，2020，37(5)：321－324.

对开展好教育实践活动的意见建议56条。此次调研访谈活动的开展，为即将开展的党的群众路线教育实践活动打下了良好的工作基础，也为党建与防疫工作的开展提供了积极条件。

近几日柳州柳江区出现了阳性人员，虽然立即妥善处理，但是在当晚，全城各个小区精确到户，精准核酸，将这场疫情风波扼杀在了摇篮里，这离不开基层党建的扎实工作。日后的防疫形势仍然严峻，不能松懈，但是以党建引领防疫工作、民生工作是党交给群众的最好答卷。

4. 山西省长治市长子县南漳镇漳河神村

山西省长治市长子县南漳镇漳河神村严格落实党中央和省、市地方政府的决策部署，迅速行动，全面加强疫情防控措施，筑牢联防联控、群防群控坚固防线，坚决守护全村人民群众生命安全和身体健康。

市里党员带头，放弃休假坚守岗位，奋战在抗疫一线，严格做好上传下达；依托“网格化党组织”等基层党建创新机制，为疫情防控助力；选派年轻干部到疫情防控一线，当好“支援队”“观察员”“情报员”；号召区直机关事业单位、党员干部、青年志愿者下沉一线服务疫情防控；各个村社区共享抗疫经验。除此之外，党支部组织党员设立排查登记组、宣传巡逻组、应急处置组、重点防控组，科学有序开展防控工作。

该村党支部严格实行网格化管理，每位党员负责6~7户村民，掌握每位村民的核酸和健康状况，并及时关注所负责村民的核酸检测有效时间，提醒其提前进行核酸检测。提醒村民注意保留乘车、购物、餐饮等发票或支付信息，为疫情处理或食源性疾病溯源调查等工作提供准确信息。该村持续推进疫苗接种工作，教育引导群众积极主动接种，统筹安排不同年龄段人群接种，做到应接尽接、应种必种、安全接种，加快构筑全民免疫屏障；加大宣传力度，普及个人防护知识，积极引导群众规范佩戴口罩、保持社交距离、避免人员聚集，切实保护好自身健康安全。压紧压实“四方责任”，强化监督检查，对不作为、慢作为导致疫情防控不力的，要严肃追责问责，确保疫情防控各项措施落实到位，不断巩固疫情防控成果，为全方位推动高质量发展奠定坚实基础。

当前正值暑期，人员流动性增大。该村要求村民在外出旅行时服从景区疫情防控工作管理，持续坚持戴口罩、勤洗手、保持社交距离“三件套”；遵守预约、限流规定；配合公共场所测温、验码（健康码、行程卡、场所码）、戴口罩疫情防控“三要素”；查验5日内核酸检测证明措施。对于聚集性活动，按照“非必要不举办、谁举办谁负责、谁提供场地谁负责”的原则，严格聚集性活动管控。提倡“喜事缓办，丧事简办，宴会不办”。确需举办的50人以上的活动，制定防控方案，并报属地疫情防控办批准①。

当前疫情防控形势复杂严峻，漳河神村认真学习贯彻中央和省、市委关于疫情防控的重要决策部署，进一步提高政治站位，坚决克服麻痹思想、厌战情绪、侥幸心理、松劲心态，时刻绷紧疫情防控这根弦，严格落实“四早”要求，压实“四方责任”，堵塞防控漏洞，全面从严从紧从实抓好疫情防控工作，坚决守住疫情输入底线。

（三）感悟

在总结多地党建的疫情防控经验后，社会实践小队受益匪浅，向中国共产党坚定不移发挥战斗堡垒作用、带领人民群众齐心抗疫致以深切敬意，并通过线上腾讯会议的方式，向本校同学尤其是共青团员及入党积极分子分享实践成果和感悟。

此次社会实践证明，各地党支部都能临危不惧，因地制宜地开展疫情防控工作，践行了一个支部就是一个坚强的堡垒，一名党员就是一面不倒的旗帜。不仅带头严格履行职责，还不断宣扬正能量，做好思想引导和政治建设。真正做到在防疫攻坚的关键阶段，提升民众的信心和士气，形成众志成城、合力攻坚的局面。同学们对我们的实践感悟分享会表现出浓厚的兴趣，在讨论区积极发言，并分享各地党建的疫情防控经验，进一步对比总结，对本次实践的内容进行了扩充，对党建的成果进行了积极评价。

本次分享会，实现了各地抗疫经验的互通，弘扬了中国共产党作为中国人民和中华民族的先锋队，在面临重大事件时挺身而出，领导民众一致抗疫的精神，使实践成果得以输出和巩固。

（四）实践可操作性以及可持续性分析

对于此次实践活动，四个实践地的反响都比较热烈，在初期准备工作时，所选择地区的基层党组织对于我们的采访都表现出了极大的欢迎，十分重视我们的采访工作，对于我们提出的问题也尽可能做出了详细回答，帮助我们的实践顺利完成。我们后期整理出的调研报告与成果都得到了实践地的认可，让我们深刻感受到了这次项目具有可持续性，值得跟踪调查。

此次实践恰逢实践地之一河南省郑州市基层党建改革元年，天擎社区书记热情地欢迎实践队明年再次前往，到那时基层党建将引领统筹各方资

---

① 唐燕．新冠肺炎疫情防控中的社区治理挑战应对——基于城乡规划与公共卫生视角[J]．南京社会科学,2020(3):8－14,27.

源和力量，整合推动“多格合一”，实现“一格统管、一格统治、一格统服”，打造网格化、网络化、智能化、现代化一体协同的市域社会治理体系，不断提升基层精细化治理、精准化服务水平！

四、结论与建议

（一）基层党建对疫情防控的重要性

基层党建与疫情防控，在统筹兼顾、协调推进的具体实践中，存在高度的平衡点。基层党组织是党全部工作和战斗力的基础，是基层疫情防控的“最先一公里”，能够充分发挥党统揽全局、协调各方的作用，广泛联系社会基层组织和人民群众，将党的政治优势、组织优势转化为基层疫情防控治理优势。

新冠疫情能在短时间内取得阶段性胜利，一个关键原因就是坚持党的领导和发挥基层党建的引领作用。习近平总书记高度重视基层党建工作，指出要把基层党组织建设成为宣传党的主张、贯彻党的决定、领导基层治理、团结动员群众、推动改革发展的坚强战斗堡垒。党中央对基层党建进行了系统部署，例如，2017 年全国城市基层党建工作座谈会以来，各地普遍推进“以街道社区党组织为核心，有机联结单位、行业及各领域党组织，实现组织共建、资源共享、机制衔接、功能优化的系统建设和整体建设”。由于基层党组织经过长期发展，形成上下贯通、执行有力的组织体系，疫情防控工作才能迅速动员部署，动作坚强有力。实践证明，基层党建强，基层治理就强，应对各类突发事件的能力就越强。作为一项长期艰巨的任务，将常态化疫情防控融入基层党的建设，以更好地运用基层党组织的组织优势、组织功能、组织力量，最大限度提升整体联动效应，凝聚起疫情防控的强大合力。

在疫情常态化阶段，基层党组织是疫情防控的指挥调度中枢，社区是实施落实主体，承担了大量工作。疫情的源头往往是由于隔离酒店、居家监测、外来人员、工作环境等管理环节出现真空薄弱地带导致的。常态化阶段疫情防控目标应为最大限度早发现、早治疗、早处置，坚决防止出现疫情在社区持续传播，即尽量防感染，坚决防反弹，因此基层党组织是人民群众的第一道防线，也是发挥关键作用的保护伞，应对常态化阶段的防控机制措施持续巩固健全。

医疗救治和检疫工作主要以各级卫生健康部门为主，其他工作则较多由基层各主体承担实施。由于基层集政治、行政、社会等功能于一体，在没有出现本土病例时，往往是疫情防控政策的最终执行层。因此，基层防疫落实方式与基层党组织的组织体系、人员配合、职责使命等存在高度重合。例如，街道主要负责人员统筹物资调配、评估风险、隔离点管理等行政性工作，社区主要开展疫情排查、收集数据、物资供应等群众性工作①。由基层党组织统筹安排，将疫情防控融于职责、纳入日常，从制度机制上形成常态化举措，推动各项政策举措落实、落细、落到位，将基层建设成疫情防控的坚强战斗堡垒。

坚持党建引领疫情防控，基层党组织领导干部要率先垂范——越是关键时刻越能检验初心使命，越是勇毅担当越能看出党性成色。每名党员干部都是一面旗帜，都要自觉弘扬党的宗旨，以上率下，吃苦在前，担当在肩，带头到一线，带头解难题。只要基层党员干部在疫情防控中冲在前、干在前，就会形成示范效应，带动群众、感召群众、鼓舞群众，形成团结奋斗、众志成城的合力，夺取疫情防控的全面胜利②。

新冠疫情是对国家治理的重大考验，要强化党建引领，保障基层治理，始终不渝坚持人民立场、维护人民根本利益，在城市乡镇现代化进程中，将疫情防控融入城市治理各个环节，提升基层应对疫情防控的能力，切实把党中央决策部署落到实处，切实增强广大人民群众的幸福感、安全感、获得感，以实实在在的防控成果形成中国特色，巩固中国优势，为实现中华民族伟大复兴积聚磅礴力量③。

综上所述，在常态化疫情防控阶段，健全完善的基层防控网，主要由党委领导、政府负责、多元主体参与三个维度构成。开展疫情防控的组织结构、覆盖范围、方式手段与基层党建相互融合、相互促进。因此，持续推进疫情防控规范化精准化的过程，也是基层治理体系和治理能力不断提升、共建共治共享的社会治理格局不断形成的过程。

（二）基层疫情防控目前存在的问题

1. 反应机制不够灵活

社区处于最基层，工作涉及多个方面，由多个部门管辖。发生疫情时，上报层级过多、响应速度慢，导致无法在第一时间实行管控措施，容易造

① 赵滟．新型冠状病毒肺炎疫情风险防控与社区健康档案管理水平提升研究[J]．北京档案，2020(6):28-30.

② 赵婷．上海红色文化资源与大学生爱国主义教育研究[D]．上海师范大学,2018.

③ 何雪松,李佳薇．数据化时代社区信息治理体系的重构:基于重大肺炎疫情社区防控的反思[J]．湖北大学学报(哲学社会科学版),2020,47(3):14-20.

成疫情的扩散。在疫情防控时，由于没有规章制度明确社区是执法机构，导致一些居民不愿配合信息登记以及社区管控，甚至无理顶撞社区防疫人员，发生肢体冲突。因此，需要明确社区在疫情发生时的地位，授予社区进行紧急处置的权力。

2. 社区医院发展尚不均衡

社区医院是面向居民最基层的卫生医疗场所。如今我国医疗机构呈现倒三角配置，山西省长治市经济较为落后，社区医院人力也最为匮乏，仅能诊治常见的疾病，医疗设备短缺，对于重症、危重症病人处置能力差，造成群众只信任大医院，不相信社区医院。在面对疫情防控时物资更是少之又少。所以，在发生疫情时呈现出省市级医院隔离病房“人满为患”，社区医院却空无一人的景象。

3. 社区工作人员专业能力不足

突发性事件是检验工作人员的重要时刻。在社区出现疫情时，所有居民必须待在家中，任何原因都不准出门，导致许多需要肾透析的患者受阻在家，耽误了治疗，这是社区工作人员的懒政所造成的。还有一些地方社区工作人员与居民发生冲突屡见不鲜。因此，加强社区工作人员的能力尤为重要。在平时要加强对社区居民进行走访交流，树立社区工作人员在居民中的良好形象；建立社区应急处置机制，在发生疫情时做到井然有序。

4. 社区工作者人数不足

在河南、山西等中部大省，一个社区有几千人到上万人不等，而社区工作人员仅十几名，一些社区人口流动基数大，平时摸排不到位，信息掌握不够完善，在发生疫情时很难做到人员普遍筛查。某社区在疫情发生时，确诊患者需要 2 名工作人员陪同与医院进行交接，其余人员还要承担物资采购、环境消杀、摸排登记等任务，以致部分住户没有及时拿到生活物资。虽然可发动居民参与社区志愿者工作，但是前期工作还是需要由专业的工作人员来完成。

5. 缺少专业的社区志愿者

前文也讲到志愿者服务，但是河南省郑州市疫情突然暴发，致使社区社会组织无法对志愿者进行系统培训，由此造成很多志愿者拥有服务热情却缺乏服务技能的问题，尤其是与居民沟通不畅引发服务困境，在与居民沟通时缺乏沟通技巧，常常使志愿服务难以顺利开展，服务效率无法保证。

（三）对基层党建引领下的疫情防控的建议

1. 因地制宜采取社区网格化管理并建立规范的网格化管理系统

郑州市网格化管理自试行开始，就建立了一套综合绩效评价管理系统——郑州市网格化管理系统，但是该评价体系主要是为保证网格化管理系统能够正常运转，以及对系统内各个环节的人与事进行监督、管理，相当于一般的政府绩效考核，缺乏对具体在某一区域应用的管理效能的整体考量。因此，我们小队认为，在防疫过程中，社区应借助“2 + N”城乡社区网格治理模式，进一步织密织牢网格，细化网格责任分工，做到社区精细化防控。如实行“党员楼长制”，每幢楼一个单元推选 1 名党员做楼长，亮出“党员”身份，发挥先锋模范作用，带动网格员、楼组长以及热心居民参与疫情防控；建立以“专职网格员为主，兼职网格员为辅”的网格工作队伍，在网格区内牵头组织联防网格志愿者、服务队等做好疫情防控各项工作；精细网格配置，构建“街道—社区—楼宇—楼梯”四级网格联动体系，做到社区精细化、动态化服务管理。

2. 定期对社区工作人员进行必要培训

相比目前的上海市、郑州市，柳州市和长治市疫情发生频率较低，但基层党组织对疫情防控的工作始终没有松懈，定期会对社区工作人员进行必要培训，我们小队认为，这是值得学习借鉴的经验。社区工作者除需要培养日常工作技能外，还应该培养更多其他技能。疫情期间，居民封闭在家，情绪波动较大，与社区防疫人员的冲突时有发生，日常工作中还会有居民不配合工作人员完成任务的情况。首先，社区工作者要提高自身职业素质，掌握与居民沟通的技巧，在发生冲突时，第一时间进行劝导、解释，对居民进行情绪疏导，将冲突控制在可控范围之内。社区工作者也应了解更多法律和政策，不但可在劝导过程中为自己提供有力依据，也可为社区居民谋得更多的福利。社区工作者还应掌握心理学相关的知识，以便及时了解社区内住户的心理状况。最为重要的是，要经常深入到居民群众中去，了解居民需求，听取居民建议，加强与居民联系。只有做好这些工作，才能将住户与社区组织之间可能的冲突降到最低。

3. 成立社区应急预备队

新冠疫情的严峻复杂形势不容小觑，我们小队了解到，即使在相关地区没有新增病例的情况下，各地为预防疫情扩散，也会成立社区应急预备队。社区工作岗位是固定的，从发生此次疫情可看出社区人手不足，上级部门委派人员协助工作时，因不了解情况也无法立刻投入工作当中。社区组织应从本社区居民当中招募有责任心、能力强的人员，邀请其参与到社区日常的行政工作中，令其熟悉社区办公流程、居民情况、注意事项，帮助打下深厚的群众基础。在发生重大事故时，志愿者可立刻投入工作之中，维持社区秩序，保障居民基本生活需求。

4. 建设更加完善的疾病监测报告系统和突发公共卫生事件报告系统

认真收集相关疫情信息，工作日 4 次、节假日 2 次对辖区内传染病报告情况进行浏览，及时通知有关单位对报告不规范、审核不及时的卡片进行核实、订正、审核。

5. 每天对网络直播的传染病个案进行病例聚集性分析

发现聚集性病例等异常疫情报告时，立即通知有关县市区疾控机构进行调查核实，同时报告单位主管领导并通知相关疾控科室。

6. 每周、月、年对传染病疫情信息和突发公共卫生事件相关信息进行动态监测分析

发现重大疫情时，应随时进行专题分析。疫情分析结果以简报形式向市政府、市卫生局和省疾控中心报告，向县市区卫生局、疾控机构反馈。认真做好疫情信息、疫情调查处理等资料的归档整理工作。每年进行汇编，永久保存①。

7. 认真做好疫情发生时初始、进程、终结各阶段的报告，为预防和控制疫情提供翔实的资料

发挥传递好党的声音和倾听群众意见的桥梁作用。一方面，充分发挥公众号、网格群等新媒体阵地优势，及时推送疫情防控权威通告和防控知识、疫情防控工作纪实、典型事迹等，使广大干部群众及时了解相关情况，鼓励居民坚定抗疫信心，激发群众自治活力；另一方面，在将党的声音传播出去的同时，还要认真倾听群众的声音，要特别留意群众意见比较集中的“槽点”。

8. 强化基层党组织、社区志愿者队伍

在常态化防控阶段，仍有大量基础防疫工作需要依靠基层党组织、各级文明办、共青团等团体发挥组织功能，打造适应多种需求的社区志愿者队伍。结合在职党员回社区报到、党员双向任职等制度，有规划、分专业

---

① 朱海龙．加强社区智慧化建设　提升重大疫情防控能力［J］．杭州师范大学学报（社会科学版），2020，42（2）：23－28．

做好志愿者储备，定期组织开展采购食品、环境消毒等志愿活动。发挥社区能人作用，为社区防疫提供专业技术，因地制宜充当“心理咨询师”“政策宣传员”等，主动为社区提供各类服务，倡导健康文明生活方式，让防控既有力度又有温度[①]。

五、调研的困难与不足

（一）访谈样本多样性不足

由于社区工作人员资源有限以及时间原因，本次访谈没有获得一个足够庞大的样本基数，导致所得结论的可信度以及支撑力有所欠缺。

（二）疫情原因导致的线下实践困难

疫情期间，许多线下调研被迫取消，小组原计划采访郑州市高新区枫杨街道办事处（高风险地区）不能如期进行，只能在已有调研基础上更改地区与调研方向，选择其他地区进行调研。

（三）经费困难

由于差旅费高昂，我们小组没有充足的经费一起合作调研，所以根据各自调研成果进行总结分析成效欠缺，但我们期待有机会继续实践。

（四）调研小组未能亲身参与党建引领疫情防控

由于年龄问题，小队各成员仍是共青团员与入党积极分子，未能以党员身份参与疫情防控实践，仅以旁观者视角来记录与调研，但我们期待日后能够加入党组织，为疫情防控出一份力。

附件一：小组分工

组长：梁珂晨

组员：肖懿、姜涵、和柯欣、黄张杰

任务时间	项目内容	实施人员
5月20日至6月1日	确定项目主题、撰写投标书	全体组员

① 董幼鸿．精细化治理与特大城市社区疫情防控机制建设：以上海基层社区疫情防控为例[J]．社会科学辑刊，2020(3)：192－200.

续表

任务时间	项目内容	实施人员
7 月 30 日	撰写访谈问题	全体组员
8 月 1—10 日	线下调研	梁珂晨、和柯欣、黄张杰
8 月 12—22 日	制作推送	姜涵
	线上采访	肖懿
	简报撰写	梁珂晨、和柯欣、黄张杰
8 月 12 日	访谈分析	梁珂晨、黄张杰
8 月 22—25 日	总结、撰写报告	全体组员

“红色引擎”如何推动兴边富民
——以崇左市龙州县为例看基层党建

作者：黄子茵
指导老师：胡永中

一、引言

2022年是进入全面建设社会主义现代化国家、向第二个百年奋斗目标进军新征程的重要一年，也是中央和国家机关党的建设“巩固深化年”。2022年中央和国家机关党的建设主要有七项，而在锻造坚强有力的基层党组织这一项中就包括要提高基层党组织建设质量、深化“四强”党支部创造、加强分类指导、强化党员教育管理监督这四个方面。

在2022年暑期，我们走进中国南门——广西崇左市龙州县，探寻龙州县基层党建情况，结合实际情况研究党建如何助力兴边富民，并提出建议。

二、龙州县基层党建基本情况

龙州县位于桂西南边陲，辖12个乡镇134个行政村（社区），其中5个乡镇17个行政村59个自然村（屯）与越南接壤，边境线长184千米。近年来，龙州县立足于“边”的特色，做足“边”的文章，通过创新党建体制机制，引领助力兴边富民强边固边，取得了良好成效。龙州县创新实施抵边自然村（屯）“四个一”工程（即一屯一党支部、一屯一产业项目、一屯一基层治理机制、一村一爱国主义教育基地），切实解决党组织引领力不强、阵地建设相对滞后等困难和问题，有力促进了强基固边、兴边富民工作。

“一屯一党支部”工程。采取多种形式建强红色堡垒，调整优化基层党组织设置形式，采取单独设立、下派组建、军地共建模式，全县59个抵边屯党组织100%全覆盖。建成抵边自然村（屯）党群服务中心55个，每年落实59个抵边自然村（屯）党支部活动经费，解决了屯级党支部服务边民“最后一公里”问题。

“一屯一产业项目”工程。目前已累计组建抵边农民专业合作社59个，发展“种养贸游工”特色优势产业项目86个；成立边贸合作社35个、边民互助组231个，引领2.6万边民参与互市贸易申报、运输、装卸等促增收。

“一屯一基层治理”机制。按照“支部引领、党员带头、群众参与”总体思路，推行抵边自然村（屯）重大事项由党员首议、党群理事会共议、村民代表大会决议的村民自治“三步法”，形成具有边境特色的“一屯一基层治理机制”自治管理模式。

“一村一爱国主义教育基地”工程。在这一模式下，群众参与制定村规民约，将爱护国旗、守护界碑、文明习俗、环境整洁等内容固化，自觉养成爱国爱家的文明风尚。按照有教育基地、有真实故事、有爱国行动、有精神传承“四有”标准，实施抵边行政村“一村一爱国主义教育基地”工程，挖掘边境线87处战争遗址，建设为爱国主义教育基地，并完善相关长效机制，真正把红色故事讲好，让拥军爱国优良传统在边民中代代相传。

三、党建助力社会治理与经济发展

（一）社会治理方面

1. 党建引领网格化管理

自新冠疫情发生以来，龙州县聚集基层党组织的领导力、组织力、执行力、号召力、服务力，推行网格化管理“143”模式，即以党建引领为一核心；精准化、信息化、社会化、人性化为“四化”；做严一线、做实二线、做强全线为“三线”，进一步发挥基层党建的引领作用，从严从实从细落实疫情防控等各项工作要求，推动疫情防控常态化、精准化。

龙州县坚持党建引领，实施县、乡、村、屯“3+1级”网格管理，县委书记、县长为一级网格长，乡镇书记、乡镇长为二级网格长，村（社区）支书、主任为三级网格长，精准划分1418个网格片区和273个疫情防控卡点，明确县乡镇主要领导、村屯、社区和1441名网格员责任，其中设置43个临时党支部和1418个党员先锋岗。

为进一步发挥网格作用，龙州县将网格化服务管理与基层社会“微治理”相融合，按照“党建引领、单位认领、干部带领”的工作模式，以“住户相邻、邻里守望”为原则，在三级网格的基础上再细分四级网格，每十户、十铺为一个“微”网格，建立“十户信息卡”和“十户日志”，并推选联户长，由联户长对所包联户开展更为精准化、信息化、社会化、人性化的网格服务管理工作，扎实扎细网格“微口袋”，有效激活疫情防控的

“神经末梢”，深化基层社会治理。

在网格精准化方面，针对居民核酸筛查、疫苗接种、人员行程等问题实施“敲门行动”，地毯式入户排查网格内家庭所有成员的情况，2021年到2022年初累计排查来（返）龙州人员67032人次。

在网格信息化方面，自2021年以来共建立1435个“网格微信群”、310个楼栋住户群，精准为群众处理各类事务3000余件。群发宣传疫情防控政策、日常防疫知识、组织人员核酸大筛查等，确保网格内情况清明、管控到位，真正做到网格内人员底数清楚、重点明确、动态掌控。

在网格社会化方面，龙州县推行“1+1+N”模式，即一名党员+一名网格员+N个网络服务志愿者，组织青年大学生志愿者、街道社区志愿者、社会志愿者等累计超600名参与卡点值守值班、上门宣传、核酸点采样工作等疫情防控常态化下的各项工作。

2. 网格巩固拓展脱贫攻坚成果

2022年是实现巩固拓展脱贫攻坚成果同乡村振兴有效衔接的深化之年，乡村振兴的前提是巩固脱贫攻坚成果，龙州县始终坚持把巩固拓展脱贫攻坚成果作为首要任务来抓，全面强化防止返贫监测和帮扶工作落实，着力强化网格化监测，优化防返贫监测网格队伍，织密织牢“防贫网”。

在“网格+”的基础上，切实发挥党建引领网格化管理作用，充分发挥网格员和驻村工作队等人员的作用，建立健全防返贫动态监测和帮扶网格员队伍，常态化做好防返贫动态监测和帮扶工作。截至目前，全县共优化调整基层网格2871个，落实防返贫监测网格员2871人。

龙州县共成立5个排查指导小组，分别对12个乡镇和3个易地安置点进行督促工作。按照“不落一村、一户、一人、一项”要求，对脱贫不稳定户、边缘易致贫户、严重困难户开展全面排查，实施常态化监测、动态化管理，重点关注其收支情况及“两不愁三保障”等。

目前全县集中排查农村人口56787户217428人，纳入监测对象39户128人，其中脱贫不稳定户5户12人，边缘易致贫户8户27人，突发严重困难户26户89人，消除风险户20户76人。

（二）经济发展方面

1. 党建助推国有企业高质量发展

龙州县国有企业党支部聚焦服务中心、提质增效、打造品牌等工作，打好党建引领发展、融入中心、提升能力“组合拳”。

以龙州县龙北农垦公司为例，其党支部实施“党建领航、红色堡垒、先锋强垦、素质提升”四大工程，组建“党员先锋队”“党员志愿队”，发挥机关科室党员职能作用，紧扣项目建设、土地管理、产业结构调整等重要节点，开展“党建+生产经营活动”“党建+服务产业发展”主题党日、志愿者服务活动18场次，全面推进党建与中心工作深度融合，为企业高质量发展赋能续航。

2. 党建助力乡村产业振兴

龙州县依托边境红色旅游景区、喀斯特地貌特色景区的开发建设等，坚持把促进农民增收作为实施乡村振兴战略的重要任务，把项目建设和农民增收有机结合，拓展增收渠道，增加农民收入，促进农民收入再上新台阶。

通过打造特色旅游路线促进农村经济发展。龙州县探索打造“红八军纪念馆—上龙水陇甫茶红军路景区—逐卜陇亨观鸟基地—响水发现弄岗—南华纸业”为主线的“一红一绿一产业”党建示范带，打造“水口边贸—下冻抵边村屯爱国主义教育基地—彬桥坚果产业”为主线的“边贸经济+爱国主义教育+产业发展”“边境走廊”党建示范带。

通过推动乡村产业高质量发展促进农民增收。上金乡进明村通过抓好糖蔗料种植，种植糖蔗料4190多亩，全村糖蔗料收入1090多万元。抓好土地流转增加收入，全村共流转土地1490多亩，每年土地流转租金110多万元。金龙镇通过创建生态稻米种植合作社，在各级农业部门专家和粤桂扶贫协作的帮助下，建起了稻米种植示范田、购买了先进的生产设备，统一品种、统一插秧规格、统一施肥、统一供水、统一病虫害防治措施。通过指定品种、高价收购的方式，金龙镇双蒙村种植了250亩的富硒水稻，覆盖附近184家农户，每季产大米10多万斤，每年销量在20万斤左右，产值达100万元以上，有效带动了农户增收致富。

3. 党建助力经济发展

龙州县围绕“增强农村自身造血功能，发展壮大村级集体经济”目标，坚持问题导向，推行“一村一公司”发展模式，推动全县集体经济持续稳定发展。龙州县政府鼓励有条件的村（社区）通过入股等方式成立公司，积极推动村民合作社转向实体公司运营，承接项目工程建设、资产资源经营、农业生产和旅游服务等业务。

金龙镇通过村企联营、村户联结的方式，线下积极参加各级各类展销活动，和广东鹤山塔百奇公司及崇左市县工会谈合作，线上参加广西电视台举办的直播带货节目，推动产业联带、资源联管，带动群众、村集体、企业三方受益，通了销路，旺了产业，富了村民。

逐卜乡万象生态农业科技有限责任公司成立后，预计 2022 年实现农村生产经营、旅游服务、劳务派遣、生活垃圾清运等收入 10 万元左右，进一步增加村民收入；响水镇鸣凤村成立响旺基础建设有限责任公司后，承接基础设施项目建设，为村集体创收 35 万元；彬桥乡清明村成立兴桂农资有限责任公司，以经营化肥等农资为主；下冻镇下冻社区成立星耀投资有限公司，以承接各类酒席为主；上降乡永恒村上将红食品有限公司以发展九吉上将红米酒、上将红酒糟酸菜，为村民就业创业、增收致富探索出一条新路径。

目前，已向全县“十三五”脱贫村、易地扶贫搬迁安置社区、抵边村、软弱涣散村、乡村振兴重点村等派驻村第一书记 77 名、工作队员 164 名。坚持“一乡一业”“一村一品”模式，打造集体经济 + 坚果种植 + 加工厂、集体经济商铺 + 快餐服务 + 垃圾清运管理、米酒酿造 + 酒糟酸菜 + 种植水稻及芥菜等产业集群，成立 12 个村级集体经济公司，推动全县村级集体经济发展提质增效。

四、以县城四大社区为例看基层党建

（一）社区党群服务中心建设情况

龙州镇内分为四个基层社区，分别是城东社区、城北社区、城南社区及新华社区，其中，城东社区是县城内服务范围最大、服务中心建设最好的社区，城北和城南社区服务的主要为易地搬迁安置区，新华社区服务的则是较为破旧的老城区。

社区党群服务中心主要设立民政服务、社保服务、党群服务、卫计服务、法律服务五个服务窗口，并设立年度党务、居务、财务公开栏，针对不同的服务人群也会设立不同的特色窗口和服务机制。

社区党员认真贯彻落实“五基三化两创”“三会一课”“第一议题”等多项党建要求，定期开展不同主题党日活动，积极团结党员，加深党员与群众间的联系。因疫情需要，边境县要求两天一检，在全县进行核酸大筛查时，党员永远冲在一线，每位党员都参与到核酸检测的工作中，包括日常的边境守卡，也会安排党员先锋岗，要求党员上岗参与边境关卡检查。

在服务群众及凝聚人心功能上，社区主要开展理论宣传、市民教育、科普活动、健身活动、文化活动五大服务活动。理论宣传包括党员上党课、党史教育学习、学习习近平总书记重要讲话等；市民教育包括毒品安全教育宣讲、民警与社区工作人员入户开展安全宣传；科普活动包括组织群众观看疫情防控及创城工作专题电视夜校、组织家庭观看防溺水宣传视频等；健身活动包括组织开展小区排球比赛、篮球比赛，区域单位企业排球篮球联赛、乒乓球比赛等；文化活动包括开展节日庆典活动、主题服务系列活动。

城市社区党建联建机制构建方面。社区联合区域内各单位党支部开展党员合作。“党建＋医疗”，针对因特殊情况无法自行核酸检测的家庭实际情况安排医护人员上门进行核酸检测，真正做到不漏一人。“党建＋银行”，银行党支部开展特色主题党日，通过金融知识下乡，实地深入基层，入户宣传金融知识、开展“金融反诈”宣传活动，帮助居民树立理财观念、帮助居民做好钱财防护工作，助力形成“全民反诈”的社会氛围。“党建＋学校”，龙州县高级中学利用本校校友参加抗法、抗日、抗美援朝的英雄事迹等红色资源打造“红色龙高、人文龙高”的品牌；龙州县民族中学依托天琴传承基地，推出“弹起天琴听党课”主题党日；龙州镇城南小学开展“脱贫感党恩，奋进新起点”龙州县青少年党史学习教育讲故事（演讲）比赛、“永远跟党走　阅读促成长”读书分享会、“诵红色经典，品诗韵中国”经典诗文朗诵比赛以及各校开展的《红色传奇》进校园系列活动等，切实打造有影响力的特色品牌，以形式突亮点，以亮点强效果，进一步提升党建品牌的品质。

城市社区党建人才建设方面。在走访社区的过程中，最直观的感受就是——缺人。事情太多，而人太少。尤其是负责老城区、旧城区的新华社区，党员队伍中年轻党员特别少，几乎只有老党员。而在时代的快速发展下，许多工作需要使用电脑、智能手机，而这些都是老党员所不擅长的。因此，在这方面的工作中，年轻党员任务繁重，但又苦于没有新鲜血液注入，只能通过不断地招收志愿者缓解压力。党员培训方面，围绕习近平总书记关于乡村振兴工作重要论述，龙州县开展领导干部乡村振兴能力、农村党员群众技能、乡村振兴特色教育等专题培训 5 期，培训党员干部 674 人次。在任人唯贤方面，注重选配懂农业、爱农村、爱农民的干部进入乡镇领导班子，聚焦乡村振兴一线选用干部，2022 年以来，共调整干部 7 批 86 人次，其中提拔重用 8 人，岗位交流 11 人，免职 19 人，挂兼职 7 人。公开招录公务员 28 个岗位 30 人、事业编制人员 60 个岗位 63 人。持续推行“干部一线培养锻炼”机制，选派 27 名选调生全部到党组织软弱涣散村、集体经济薄弱村、乡村振兴重点村等担任村党组织书记助理或村委会主任助理，直接参与乡村振兴、基层治理、服务群众、产业发展、项目推进等一线工作。

城市社区党建软硬件建设方面。城东社区软硬件建设最好，其次是城南社区、新华社区，最后是城北社区。城东社区作为最新、服务范围最大的党群服务中心，设施配备更齐全、更完善；城南社区则是因为几个扶贫车间、网红带货直播中心的加持而得以改善；新华社区历史较为久远，设施也较老旧；而城北社区作为易地扶贫搬迁的党群活动中心，目前只能维持最基本的办公室、扶贫车间的运作，像书屋、就业办公室则受到场地、人员的限制，无法开展。

1. 城东社区

城东社区作为龙州镇唯一的三星级党群服务中心，也是四个社区中面积最大、人员配备最多的社区，所承载的功能更多、服务范围更广。大楼除设立基本的服务窗口外，还设立了儿童家园、退役军人服务点、青年之家、党代表活动室等，承接龙州县城内各单位党员活动、共青团活动、各类知识宣传活动。

2. 新华社区

新华社区位于龙州县城西南，主要服务区域为老城区、旧城区。在社区服务方面最具特色的是 2022 年老城区自建房排查。《全国自建房安全专项整治工作方案》通过以来，作为自建房最多、年份最久的西南城区任务繁重。2022 年政府牵头，以社区内党员为主力，组织社区内工作人员共同参与龙州县内自建房排查，实地排查每条街道每户自建房的基本情况、建设情况、管理情况、整治情况，不放过任何一个违法扩建、改建、加建的潜在安全威胁。

3. 城南社区

城南社区为幸福家园易地扶贫搬迁安置点，建设有 5 栋 9 单元 568 套房，共安置全县 12 个乡镇搬迁群众 551 户 2343 人。针对社区内脱贫户多、村民多、老弱病残多的特点，城南社区设立了残疾人之家、儿童之家、老人活动中心，还在小区内开展“粤桂扶贫协作订单式劳务输出”活动，创建壮锦加工等手工类扶贫车间和残疾人爱心车间，增加居民就业机会和公益性岗位、提高居民收入，让居民实现“在家门口就业”。

壮锦世家就业帮扶车间。2020 年龙州县政府通过引进李素英民间工艺品制作专业合作社进驻城南易地搬迁安置点，建成龙州县壮锦世家就业帮扶车间，车间内共有 14 台织布机、5 台缝纫机，已开展壮锦技艺培训 40 人，其中包括脱贫户 37 人，车间根据织工空闲时间灵活安排工作，利用闲散时间从事壮锦生产，可以实现每年增收3500元以上。目前，车间主要以订单式生产为主，织工们承接壮锦订单，共同完成订单，参与订单分成，真正做到帮助更多脱贫户增加收益，防止易地搬迁人员因疫情、因失业返贫。

居家灯饰加工坊就业帮扶车间。车间主要加工室内装饰灯、挂件灯饰，可提供100个就业岗位，带动就业人数累计超160人，工作时间灵活，工资以计件方式结算，员工每日最高工资有253元，单月最高工资可达3956元，2020年加工总量为110万件，发放工资达60多万元；2021年，订单多达230万件，发放工资超100万元，有效增加了易地搬迁点居民的务工收入。

辅助性就业爱心车间。城南社区现有残疾人110人，政府成立了城南社区残疾人协会，与社区居委会联合办公。社区组织残疾人就地就近就业，开展就业创业技能培训。在爱心车间，他们培训后上岗，通过接收“钻画”“十字绣”订单获得报酬，增加收入。

4. 城北社区

龙州县城北社区主要服务对象为龙州县城北幸福家园易地扶贫搬迁安置点，紧靠国际建材市场、农贸市场，地理位置优越，交通便利，该安置点坚持把移民搬迁与城镇建设发展相结合，高起点规划、高标准建设、高效能管理，确保了易地搬迁与城镇建设、产业发展整体协调推进。

城北社区规模较小，甚至是租用商业铺面作为党群活动服务中心。但还是尽可能地将设施配置齐全。目前，城北社区也设有就业保障服务中心、零工超市、农家书屋、卫生计生服务室、粤桂协作灵活就业扶贫车间。

（二）党建引领易地扶贫搬迁安置

在易地扶贫搬迁安置点后续帮扶工作重点上，城北社区与城南社区主要有以下9个工作重点：①教育保障；②医疗保障；③社会保障；④社区服务；⑤产业扶持；⑥就业帮扶；⑦文化服务；⑧组织建设；⑨平安建设。

其中在第8项组织建设中，两个社区坚持以“易地扶贫搬迁安置工作推进到哪里，党的基层组织就建到哪里”的原则，根据安置点的位置、搬迁人数、党员人数等实际情况，制定易地扶贫搬迁安置点党组织成立方案，确保易地扶贫搬迁安置点有党组织，构建起“横向到边，纵向到底”的组织体系。同时坚持向社区驻扎了基层党组织第一书记，采取乡镇包点工作组+第一书记、驻村工作队+社区“两委”，建立起了规范的社区党组织。

五、结论

（一）红色引领筑堡垒

推动高质量发展，党建引领是关键。近年来，龙州县坚持“围绕中心抓党建、抓好党建促发展”，强化抓激励促干部担当、抓提质促基础提升、抓人才促“双招双引”，把党建优势转化为发展优势，推动全县经济社会高质量发展。

抓发展首先必须强党建，抓好党建是最大的政绩。龙州县未来还需要牢固树立大抓基层鲜明导向，将“五基三化两创”攻坚年行动作为总抓手，在全县启动基层党建“提质聚力”工作，充分发挥党建的示范引领作用，以党建聚合力，以党建促发展。

（二）基层党建锻造强力引擎

龙州县着力抓实党建促乡村振兴“六大行动”，切实把党的政治优势、组织优势和群众优势转化为助推乡村振兴的强力“引擎”，以高质量党建引领巩固拓展脱贫攻坚成果。

（三）基层党建巩固脱贫成果

全面巩固脱贫攻坚成果就必须发挥基层党组织的战斗堡垒作用和党员先锋模范作用，真正把城乡基层党组织建设成带领群众脱贫致富的坚实力量。要始终坚持把基层党组织作为巩固脱贫成效和实施乡村振兴的中枢核心，通过开展群众工作、加强阵地建设等，使基层党组织成为巩固脱贫攻坚成效、稳步推进乡村振兴的“主心骨”和坚实基础。

（四）基层党建重在服务群众

社区党群服务中心始终立足于群众的根本需求，始终站在群众的立场想问题、做决策、办事情。针对扶贫易地搬迁户需要就地就业、提高收入水平的需求，城北、城南社区有效联合其他部门，开辟扶贫车间、辅助性就业车间等，最大程度满足了人民群众就业的需求。

六、建议

（一）推进党支部规范化建设，提高党建引领基层治理水平

要建立党委书记和班子成员党支部工作联系点制度，强化党组织书记

“领航”作用，推进“书记领办党建项目”，实施“书记进党校”行动培训计划、深化农村“领头雁”培养工程和“学历提升”工程，开展实用技术技能培训，提升村（社区）党组织书记文化程度、工作水平、发展产业和带领致富能力。

（二）创新招才引智

不断抓实“引才育才提优”的行动，制定、修改高层次人才引进和管理方法，开展专业技术拔尖人才及优秀青年专业人才等评选。增加人才奖励专项经费，用于奖励优秀人才，不断铸造“留得住人”的良好环境。立足特色产业发展优势，聚焦本土人才回流和人才培养，通畅回流渠道，健全回流政策。

在人员分配方面，要注意年轻党员、老党员的配比，也要注意符合负责街区的特点。

（三）加大对基层党建的财政支持

针对部分党群服务中心“破、旧、小”现状，因地制宜地更新党群服务中心，不断加强软硬件设施建设，加大各级财政对基层组织运转经费的投入，可以通过党费划拨、基层单位筹集、部门支持、社会赞助等途径，筹措城乡党建专项工作经费，强化基层党建的经费保障。

（四）建立健全联系群众的机制

在党建引领的过程中仍然有群众的部分呼声没有被听到，组织群众、引导群众和服务群众的能力仍需要提高。未来，仍需要建立健全联系群众的机制，确保每一户都能与党员取得联系，确保群众能够随时找党员干部反映问题、寻求帮助。可以通过搭建便民服务平台、拓宽民意反映渠道保证民意畅通无阻。

七、感悟

为群众服务的工作既忙碌又充实。在这段时间里，我已经实地走访调研了四个社区、两个乡村。在对这些地方的调研中，我真正感受到了党建引领下的重大发展。在对四个社区的走访调研过程中，社区工作不可谓不忙碌：全县核酸检测、来咨询养老金发放的老人、安排需要上门做核酸检测的居民、从外地返乡人员的报备、疫苗接种情况、社区基本日常工作等，事务繁杂。尽管事情很多，但在党建引领的作用下，分工明确，有组织、有纪律，能够及时上下沟通，尽量让群众“只跑一趟”。

群众的需求被看到，被满足。在对四个社区的调研过程中，我都不同程度地参与了社区的志愿者服务。在对负责扶贫易地搬迁的城南社区进行调研时，受到了很大的冲击。在城南社区有许多空巢老人，他们大多来自乡村，在陌生的地方，有一个专门的场地让他们能像在乡村里那样高谈阔论、闲谈娱乐，十分难得，在我调研的午后，几位老人聚在一起打扑克，或三三两两聚在一起闲聊，场景十分温馨。

疫情之下生活困难，但有了党组织的帮助，群众仍有乐观积极的生活态度。城南社区因残疾人多，设有残疾人中心，又设有残疾人爱心车间。在爱心车间里，我遇到了受伤被截肢无法行走的李阿姨。在交流的过程中，我问她这些手工艺品能赚多少钱时，她有些难过地告诉我，因为疫情的影响，爱心车间已经很久没有订单了，她手上的这一份订单是一幅长达 2 米的十字绣，还是上一年客人迟迟没有结清的订单。不过她又有些乐观地告诉我，一切都会好的，虽然现在没有订单，但是政府有补助，社区有爱心食堂，他们也过得很开心。

这些城区的发展，离不开党建的引领作用，站在社区服务一线的也都是党员或预备党员。城南社区的苏书记并不是龙州人，但现在他几乎将城南社区党群服务中心当成了自己的家，每天第一个来，最后一个走。对待任何群众的需求、问题都十分热心，耐心解答。我在走访社区居民的过程中，听到最多的就是对这位书记的称赞。在与他交谈的过程中，我也感受到了这位党员与生俱来的责任感、使命感，让我十分动容。

这一次的调研活动，让我明白了基层党建的重要性和必要性，让我明白了，如果想要步伐一致、统一行动、共同发展，就需要一个强有力的组织领导，需要有先锋模范的带领。

社区党组织引领旧区改造的成果调研
——以黄浦区外滩街道宝兴居委会为例

作者：曹嘉懿　俞佳诚　欧阳恺俪　陈佳妮　曹颖　沈茹怡　陈思懿
指导老师：张朋林

一、引言

国家"十四五"规划纲要提出，要加快转变城市发展方式，统筹城市规划建设管理，实施城市更新行动，推动城市空间结构优化和品质提升。老旧小区改造是城市更新的重要组成部分，其工作量占城市更新工作30%至50%的比重①。近年来，由地方基层党组织牵头并推动的旧区改造工作取得了卓越的进展。与此同时，为深入学习贯彻习近平新时代中国特色社会主义思想和党的十九届六中全会精神，推动思政课小课堂与社会大课堂相结合，进一步增强师生对中国特色社会主义的道路自信、理论自信、制度自信和文化自信，本课题组以城市社区党组织功能发挥为切入点，对社区党组织引领旧区改造的成果进行调查研究。

上海市黄浦区因其厚重的历史积淀，现存有大量历史文化街区亟须修缮。因此，为切实保护优秀历史建筑，提升居住类历史建筑品质，提升房屋使用能级，黄浦区实行旧区改造与历史保护并行的策略。从人文生活角度来看，旧区改造实现居民从物质满足到精神丰盈；从城市发展角度来看，旧区改造盘活土地价值，为城市挖掘发展空间。旧区改造完善了社会基础设施建设，丰盈了物质成果，改善了人民生活质量。

因此，小组选取上海市黄浦区外滩街道宝兴居委会作为研究对象，将重点聚焦于黄浦区宝兴居委会在旧区改造中对历史文化街区与建筑的整体保护。通过线上问卷调研与资料查阅，以及线下实地走访的形式，深入调研社区基层党组织引领旧区改造成果，并为其后续发展提出可行建议。

---

① 刘珺，郑欣欣．发挥党建引领作用　加快老旧小区改造[N]．青岛日报，2021－08－06.

二、宝兴里旧改基本情况简述

（一）宝兴里基本情况及调研方法

1. 建立与发展过程

宝兴里，位于上海市黄浦区外滩街道，是上海开埠之初建造较早的石库门弄堂之一，曾是我国独创的城市基层群众自治组织——居民委员会的诞生地之一。

上海自开埠以来，房荒、贫困与犯罪、传统社会关系严重断裂等都市问题日益加剧，在靠近外滩、大世界繁华商业中心的宝兴里，近代历史上是一个藏污纳垢、光怪陆离的地方，里面的环境、卫生、治安等矛盾问题积蓄已久。

中国共产党在这里发动群众、依靠群众，建立起“申城第一居委”，推出一系列治理新举措。在共产党人的发动下，大家满怀热情、艰苦奋斗，让曾经脏乱差的宝兴里换了新面貌。宝兴居委会的诞生与发展，是人民群众在新中国真正当家做主的体现，也为上海乃至全国基层群众性自治组织积累了宝贵经验。宝兴里等上海里弄的变化，也彻底击碎了西方世界对“从中国西北窑洞里走出来的共产党人”是否有城市治理能力的质疑，兑现了中国共产党“让人民当家做主”的承诺。

很多年后，当城市迈进新的发展阶段，上海的人口与空间问题又演化出“二元对立”新表征——市中心黄金地段，一面是高楼大厦，一面是陋巷简屋。宝兴里就是后者的代表。尽管政府也在不断修缮，但终不能彻底改善居民的生活。时尚街区背后的局促生活，制约了老弄堂里居民的获得感、幸福感。

2. 现实发展情况

从2019年起，上海市委主要领导以宝兴居民区为联系点，多次造访展开旧改调研，同时指出“要通过解剖麻雀、以点带面，形成旧改调研成果”，“要顺势而为、乘势而上，下更大决心、花更大力气，更快更好推进全市旧改工作，争取早日完成全市旧改任务”。

在不到半年时间里，金陵东路地块旧改项目接连创造了黄浦区旧改居民参与度、一轮征询赞成率、二轮征询首日签约率、二轮征询居民签约速度、搬迁率等“五个第一”的纪录，最终实现了大规模地块的“零强迁”。

如今的宝兴里，发生了很大变化。在金陵东路上，刻着“宝兴里”大字的里弄大门紧锁着，临街的里弄房屋也被木板封着。旧改完成后，居民陆续搬去了新居。不过，从大门的缝隙间，还是能窥见里弄中的场景：虽然人去楼空，但近百年的老弄堂，依旧干净整洁。

3. 调查研究基本内容

（1）运用方法。

问卷调查法：前期，我们通过发放问卷，收集广大市民对旧区改造的了解程度、了解途径等相关情况。

文献调查法：我们搜集了各种有关宝兴里历史的文献资料、摘取有用信息，加深对宝兴里的史实了解。

实地观察法：我们实地走访外滩街道宝兴社区，观察旧改进程。

访问调查法：前期，我们联系到宝兴居委会基层党组织工作人员，了解旧改征收的详细信息。

（2）调查过程。

为配合当前上海疫情防控形势，我们通过线上线下结合的形式展开活动。前期我们通过问卷、查阅文献搜集了大量宝兴里历史发展、旧改情况、居民生活状况、居委工作等资料；后期小组成员分批线下走访、实地考察，了解宝兴里目前旧改工作的进程，采访社区党组织如何解决好人民群众关心期盼、反映强烈的民生难题。可以发现，旧改之下的宝兴里，仍延续着中华人民共和国成立以来上海里弄空间共生共融的党群关系，基层党组织、基层干部与居民之间有碰撞、有沟通，进而是理解和支持。

（二）宝兴里旧改基本情况

1. 改革的历程

2019 年下半年，上海市黄浦区外滩街道宝兴里旧改计划正式启动。

2020 年 1 月 6 日，金陵东路北侧旧改项目正式签约，首日签约率就达到 99.20%，创造了当时黄浦区旧改首日签约率的新纪录。

2020 年 1 月 24 日，新冠疫情突袭，上海启动突发公共卫生事件一级响应机制，宝兴里的旧改陷入停滞。

2020 年 2—4 月，黄浦区在区级层面形成“党建联席会议 + 临时党支部”的党建工作架构。各委办局、街道工作人员和律师、公信人士共同设立了 6 个专项小组，直接面对居民，扛住疫情重压，努力推进旧改工作。

2020 年 4 月 26 日，宝兴里板块 1136 证居民全部完成签约。

2020 年 6 月 26 日，历时 172 天，宝兴里板块居民全部完成搬迁，创造了黄浦区大体量旧改项目居民签约和搬离完成时间的新纪录。

2020 年 7 月 13 日，宝兴里板块企事业单位全部完成搬迁。

2020 年 12 月 25 日，最后 3 户居民全部完成搬离，宝兴里所在金陵东路北侧旧改项目圆满结束。

宝兴里旧改只用 172 天就实现了居民 100% 自主签约、居民 100% 自主搬离的旧改“奇迹”，创造了申城大体量旧改项目当年启动、当年收尾、当年交地的新纪录。

2. 采取的主要措施

（1）基层党组织牵头，发挥联建聚合效应。

宝兴里旧改，首次在区级层面形成“党建联席会议 + 临时党支部”的党建工作架构。各委办局、街道工作人员和律师、公信人士共同设立了 6 个专项小组，直接面对居民，发挥党建联建的聚合效应。有了组织保障，宝兴里旧改进一步优化流程，细化第二轮签约前的各项基础准备，严丝合缝提速增效，保障居民群众获得感。

同时，宝兴里街道也建立起了街道旧改临时党委、三个临时党支部、八个党小组三层基层党组织，把参与旧改征收各部门、各单位的党组织和党员纳入统一体系，以党建联组织、聚资源、强合力，坚持党员干部“三个带头”，即街道党员干部带头包干、临时党组织党员带头服务、社区骨干党员带头签约，从而切实发挥基层党建对旧改工作的引领、支撑和推动作用，发挥旧改最大“向心力”。

（2）深入听取民意，精准解决痛点。

宝兴里旧改项目共有居民 2119 证、单位 143 证——大体量的旧改基数意味着时常出现实际诉求与政策补偿相差较大，或者家庭成员结构复杂、内部矛盾突出等问题，最终导致签约搬迁进度迟缓。在社区党组织和基层干部的带领下，宝兴里旧改采用群众工作“十法”，精心制定多套安置方案，细致周到为居民寻找适配房源，妥善解决居住、就医等实际问题。

黄浦区外滩街道党工委副书记许金武说：“‘十法’具体是什么不重要，可以是精准排摸法、平等交流法、钉钉子法等。‘十法’的精髓在于，要采用不同的方法，深入听取民意，挨家挨户解决问题。”他坦言，居民有抱怨甚至有骂声并不可怕，说明居民想倾诉也敢倾诉，心里有什么诉求，说出来才知道，才好对症下药，这是社区党组织治理能力在现实生活中的生动实践，社区党组织必须勇担责任使命，深入听取民意。

（3）引入律师专业服务，直面群众深度诉求。

“旧区改造与百姓民生息息相关。必须全程依法征收、依程序办事，引导居民合情合理合法主张权益，才能让居民感受到‘一碗水端平、一竿子到底’。”外滩街道党工委书记丁琦宁说，法治保障绝不是一句空话，引入律师的专业服务是最有效的办法。

经过层层遴选，一支专业的律师队伍成为这个项目的法律保障团队。面对纷繁复杂的历史遗留问题，他们查清来龙去脉，厘清各种法律条款，然后协助征收单位制定征收规定、任务清单和工作流程等。

普通居民缺少相关法律背景，处于弱势地位，在旧改中，可能存在的信息传递误差也是居民不信任、不愿配合旧改工作的一大重要原因。在外滩街道宝兴居委会，基层党组织与律师团队一起，结合实际情况依法制定征收补偿方案，使居民心中有数、手中有招。

3. 目前取得的成绩

2019 年下半年，宝兴里正式启动旧改。在“申城第一居委”的努力下，宝兴里只用了 354 天，就创造了上海市大体量旧改当年启动、当年收尾、当年交地的新纪录——1136 证居民 100% 自主签约、100% 自主搬迁，宝兴里也由此创下了上海中心城区大体量旧改地块推进的新纪录。

作为上海旧改任务最重的城区，黄浦区始终将旧改工作作为最大的民生工程推进。5 年来，黄浦区旧改让超过 6 万户居民受益。

三、宝兴里旧改存在的问题及原因分析

（一）实际诉求与政策补偿相差较大

由于宝兴里特殊的历史问题与地理条件，导致旧改过程中遇到了居民的实际诉求与政策补偿相差较大的问题。宝兴里建于 1916—1944 年，是历史风貌保护街坊；旧改前，居民 1833 户，户籍人口 6430 人，实有人口 4643 人，这其中老年人口多、外来人口多、困难人群多，户均居住面积仅 12.6 平方米，不到全市的 1/7。虽地处市中心黄金地段，旁有气派的上海音乐厅和热闹的上海大世界，宝兴里却自成一个孤立的世界。住在里面的居民有人每天出门倒两次痰盂，有人打了几十年地铺，有人使了一辈子公用厨房，有人从没见过阳光照进窗台……正因一直挣扎于最基本的生存环境中，居民对于旧改的诉求极度强调“寸土不让”。由于居住面积有限，许多居民住在阁楼里，但根据宝兴里旧改征收政策，如果房卡记载的阁楼高度高于 1.2 米，不足 1.7 米，征收认定面积按照记载面积的 2/3 计算。虽说政策“一把

尺子走到底”，但对于阁楼面积比实际房屋还要大的居民来说，却是“真金白银”的损失，因此产生了矛盾与冲突。

（二）家庭成员结构复杂、内部矛盾突出

旧区改造意味着居民要直面小家内外各种隐藏的矛盾，与手足、亲属涉及利益的纠葛。有居民家庭矛盾多，清官难断；有居民依恋老宅，割舍不下。旧改征收让家庭内部矛盾暴露出来，很多家庭因征收补偿款或其他征收利益分配不均产生矛盾。由于宝兴里是新中国上海第一个居委会，居民大多是七八十岁的老人，他们大多有好几个孩子，旧改时易导致孩子之间产生利益冲突。

四、问题的解决与改进

旧区改造与百姓民生息息相关。必须全程依法征收、依程序办事，引导居民合情合理合法主张权益，才能让居民感受到“一碗水端平、一竿子到底”。因此，引入律师的专业服务是最有效的办法。经过层层筛选，一支专业的律师队伍成为这个项目的法律保障团队。面对纷繁复杂的历史遗留问题，他们查清来龙去脉，厘清各种法律条款，然后协助征收单位制定征收规定、任务清单和工作流程等。

同时社区还成立了由老党员、社工、社区志愿者、律师广泛参与的多个工作小组，在社区干部的带领下，首先从面上排摸和汇总可能存在的隐藏风险和法律风险，然后进行评估制定对策，逐一化解。其中，最关键的是对意见比较集中的问题召开听证会，广泛听取被征收居民的意见，结合实际情况依法制定征收补偿方案，从顶层设计和宏观层面上引领旧改工作依法依规进行，做到心中有数、手中有招。

宝兴里到外滩步行 10 分钟，到南京路步行 10 分钟，到仁济医院步行 10 分钟，可以说是钻石地段。面对在这里住了大半辈子的居民所关心的问题，居委会干部不断走访街坊邻居，了解居民想法，宣传政策法规，成为大家的“连心桥”。

旧改的政策要专业，专业的话要让居民能听懂，态度也要好。“宝兴里旧改征收，阿拉遇见的经办人，态度好，有水平！”居民吉凤宝说。黄浦区第四征收事务所的经办人贺文斌联系他，第一次上门见面，他还是蛮抵触的，小贺自我介绍说是党员，有问题有困难尽管提，征收就是要明明白白。吉凤宝搬家那天，小贺和同事们上门帮忙，顺利搬场。其实，这样的“搬家待遇”，不止吉凤宝一家，宝兴里所有居民都一样。

宝兴里旧改，坚持党建引领，让群众得实惠，首次在区级层面形成“党建联席会议＋临时党支部”的党建工作架构。

党建联席会议平台，做点啥？“区领导担任召集人，委办局、外滩街道、相关企业党组织组成党建联席会议，整合联动。”宝兴居民区党总支书记徐丽华说，各委办局、街道工作人员和律师、公信人士共同设立了6个专项小组——政策咨询解答、信访矛盾调解、居民问题解决、人民调解、结对帮扶、宣传发动，直接面对居民，发挥党建联建的聚合效应。同时，居民区、征收事务所、街道、公房管理企业等部门的党员组成临时党支部，建立党员先锋队，尽快尽早解决居民诉求，确保征收顺利推进。

有了组织保障，宝兴里旧改进一步优化流程，细化第二轮签约前的各项基础准备，严丝合缝提速增效，保障居民群众获得感。一个目标是，要让旧改居民切实感受到——人搬走了，情留下来！

五、调查结论

习近平总书记曾在扎实推进长三角一体化发展座谈会上指出，旧区改造涉及群众切身利益和城市长远发展，再难也要想办法解决。而在上海市黄浦区内，存在大量与城市历史风貌保护区高度重叠的旧区，旧区改造任务与历史建筑保护任务需双管齐下，挑战更为严峻。因此，黄浦区各社区党组织积极响应中央号召，贯彻落实旧改工作，立足百姓所需，坚持实践、实干、实效，做到“旧改工作推进到哪里，党群服务就跟进到哪里”。旧改工作不仅全面改善了老百姓的居住条件，解决了群众“急难愁盼”的问题，而且，在旧改中守护了城市历史文化、传承了城市文脉。

通过对以黄浦区外滩街道宝兴居委会为例的社区党组织引领旧区改造的成果调研，结合线上问卷调查和线下实地采访，社会实践小队充分学习认识到社区党组织在旧改中起到的推动作用，以及党建引领旧区改造的组织架构与工作模式，同时进一步了解新时代上海基层党建推动人民城市建设的丰硕成果，从而在信仰上、思想上、行动上更好地向党组织靠拢。

宝兴里在旧改中采取的主要措施为：基层党组织牵头，发挥联建聚合效应；深入听取民意，精准解决痛点；引入律师专业服务，直面群众深度诉求。宝兴居委社区党组织引领旧区改造成果为：面对复杂问题与困难，宝兴里旧改工作保质保量如期完成。宝兴里旧改项目共有居民2119证、单位143证——大体量的旧改基数意味着时常出现实际诉求与政策补偿相差较大，或者家庭成员结构复杂、内部矛盾突出等问题，最终导致签约搬迁进度迟缓。在社区党组织和基层干部的带领下，宝兴里旧改采用群众工作

“十法”，精心制定多套安置方案，细致周到为居民寻找适配房源，妥善解决居住、就医等实际问题。同时，我们也询问了当地居民，他们纷纷表示在此次旧改中生活质量有一定程度提高。

旧区改造与历史建筑保护应学习宝兴里居委会建立三层基层党组织，把参与旧改征收各部门各单位的党组织和党员纳入统一体系，以党建联组织、聚资源、强合力，坚持党员干部“三个带头”，即街道党员干部带头包干、临时党组织党员带头服务、社区骨干党员带头签约，从而切实发挥基层党建对旧改工作的引领、支撑和推动作用，发挥旧改最大“向心力”。

旧改正是在这样的迎难而上、披荆斩棘下，一块块“硬骨头”被啃下、一户户家庭圆了安居梦，市民群众“住有所居”更有保障、更可持续，上海这座“人民城市”也更有温度、更具风范。

六、学生调研后的收获与感悟

此次的社会实践活动，我们阅读了大量资料，并且进行了实地探访，对老旧社区的更新改造有了进一步的认识。宝兴里的旧区改造并不是一蹴而就、一帆风顺的。2020 年由于疫情的打击，旧改陷入停滞。为打破瓶颈，宝兴街道建立了新型党建工作框架以及多个基础党组织，发挥了对旧改工作的引领、支撑和推动作用。宝兴里创造的旧改“奇迹”，凝聚了基层党组织、街道工作人员、专业律师团队的力量。此次成功离不开旧改居民们的积极配合，更离不开基层党组织的群策群力。未来的宝兴里将会打造商务、消费、文旅、居住功能为一体的“海派金陵路、活力新走廊”。通过此次对旧改的深入调查，我们小组充分学习了基层党组织在旧改中起到的引领性作用。同时，作为大学生，我们也应肩负起新时代青年人的责任意识，坚定理想信念，勇挑使命担当。

城市社区党建软硬件基础设施与基层党组织发展协同关系

作者：赵辉武　喻石　徐思源　石靖德
张华健　蔡依萍　张媛媛　石文娉
指导老师：许军

一、引言

本次课题的研究方向是城市社区党建软硬件基础设施建设与基层党组织发展的协同关系。

党的十九大报告指出，新时代中国共产党的历史使命就是进行伟大斗争，建设伟大工程，推进伟大事业，实现伟大梦想。加强党建软硬件基础设施建设是基层党组织完成各项任务、促进全面发展的重要保证。这项工程有利于促进社会稳定发展，提高广大人民的生活水平和质量，维护党在群众中的形象，巩固党的执政地位，有利于全面建成小康社会。可见，加强党建软硬件基础设施建设是促进基层党组织全面发展的重要途径。

由此，我们决定以城市社区党建软硬件基础设施与基层党组织发展的协同关系为本次的调研方向。本次调研过程总共选取了 4 个小区——地方天园小区、上海知音苑、大华清水湾花园和鸿凯湾绿苑。

二、调研情况

（一）大华清水湾花园

党的十九大以来，习近平总书记高度重视城市基层工作，到社区、进小区、访居民，在不同场合对基层党建、基层治理作出一系列重要指示批示，为城市基层党建工作提供了根本遵循、指明了前进方向。

各地各部门认真落实习近平总书记重要指示精神，坚持系统建设、整体建设，作出工作部署，完善制度规范，明确重点任务。中央组织部召开全国城市基层党建工作经验交流座谈会，出台《关于加强和改进城市基层党的建设工作的意见》《关于深化城市基层党建引领基层治理的若干措施

(试行)》等，推动城市基层党建各项任务落实落地。经过不懈努力，党在城市基层的组织基础不断夯实，群众获得感不断提升，新型社会治理蓝图在全国各地徐徐展开。

大华清水湾花园社区党支部年初就对社区党建工作和居委会工作进行党务居务工作指导，并落实党员工作责任制，从抓班子入手，用党建带社建，加强党支部的战斗堡垒作用，有效提高了班子的凝聚力、战斗力，形成强有力的领导核心。

为提高多套班子成员的素质，适应新形势下社区工作需要，社区加大了对班子的训练力度，认真参加各级党校培训和社区内部自我培训，加强科学文化知识和业务学习，加强对外交流，学习先进经验。切实加强社区党员干部对政治理论和知识的学习，切实抓好农村党员干部对科技文化和市场经济等知识的学习教育，不断提高社区党员干部的自身素质和工作能力，努力使社区党员干部成为政策明白、技术多面、信息灵活的社区经济发展带头人。

加强党员队伍的建设。认真做好预备党员发展教育工作，制定好党员发展计划，严把党员的“入口关”。社区党支部2022年发展了两名新党员。要深入学习党章，搞好形势任务教育。积极开展“创先争优”及党员结对帮扶活动。

解决群众困难、为群众办实事，大华清水湾花园社区上半年办理了低保户三户，对社区贫困户、低保户进行了全面调查。

根据走访调查，我们查出社区党建工作仍有需要加强的地方。

问题一：社区是疫情防控任务最重、工作量最大的重要“战场”。在快速应对紧急通知的小区封控、按时保质保量完成万人核酸筛查、做好居民封控在家的服务等方面，志愿者团队在社区防疫工作中做得很好。疫情期间的防疫志愿者团队的框架能否对党建有启示？党建目前都是以社区为最小单位，如何把党建推进到楼栋甚至楼层？

方法一：党建+微网格引领小区治理。从上海市普陀区宜川路街道中远两湾城通过“分点位、分楼栋、分时段”三分法，采用小网格管理模式，探索微信群接龙与现场登记两结合、“特别通道”与“机动时段”相结合的社区抗疫工作方法，可衍生出社区“党建+微网格”项目。

激发党建活力，精耕细作微网格。社区可将辖区划分为几个由支部书记牵头管理的片区网格。网格党支部在充分发挥人员熟、情况熟的优势下，组织党员、群众成立小区自治委员会，形成网格党支部—楼栋长—微网格长的治理体系，实现党建引领下的网格化治理与精细化服务。社区可进一步将片区网格划分为多个微网格，搭建微网格、微平台、微民情、微架构、微服务“五微”平台，围绕“政策宣传、民情收集、和谐稳定”三项基础任务，以及“文明倡导、文体引领、特殊帮教、法律宣传”四项自选动作开展工作。在充分发挥党员、志愿者、栋长、微网格长等各方力量在小区网格治理中的积极作用的同时，优化、整合区域化党组织的社会资源，共学党史、共谋发展、共同开展服务居民的志愿服务活动，争取做到全覆盖、无盲点服务居民群众，推进社区治理和党建。

问题二：党建软件上，党建的后备军团的力量不够强。上海普陀区委组织部对居村党组织的统计数据显示，282 名居民区和村党组织书记，“80 后”“90 后”占比超过 1/4，大学及以上学历者 139 人，占比近一半。对于不少刚刚走上岗位的年轻书记们来说，社区工作千头万绪，充满挑战，需要的远不只一腔热忱。

方法二：首先在增强青年干部的工作能力上，可以建立传帮带机制，让有经验的基层干部成为带教老师，帮助青年干部尽快熟悉、了解并投入工作，与青年书记们共同为群众办好民生实事。其次在巩固甚至加大青年干部人数的基础上，要给青年干部营造好环境、提供政策保障，能够以事业、待遇、情感、荣誉将青年人才留在社区党组织。除此之外，还能采用党建带团建、党团共建的方法促进发展。党建带团建聚焦于青年成长、青年服务和青年团结，开展党史、国史及社会主义核心价值观教育，同时发挥青少年的所学所长为社区居民服务，在实践中践行青年团员的使命和担当，帮助居民群众一起共建美好生活。同时，在青少年心里播下一颗青年干部的种子，扩大基层党组织的后备军。

（二）上海知音苑

基层党组织是党全部工作和战斗力的基础，承担着推动党的路线方针政策在基层落地生根的重要责任。可如何抓基层打基础，具体落实，具体操作，推动基层党建工作不断取得新的成效，却是我们需要长期思考的问题。尤其是现在我们处于发达的信息时代，更需把党建工作做好。本次暑期社会实践中，我们对上海多个小区进行走访调研，从而对基层党建工作进行深入了解。

通过对上海知音苑小区的探访，我们发现，上海知音苑小区有完善的基础设施，居委会区域分隔明确，有供党员学习的地方，也有工作的地方，为工作人员提供了极大的便利，也提高了党员的工作效率。其小区内还建设有供居民及党员使用的健身器材，使党员工作之余、居民茶余饭后能放松身心，既利于群众之间的交流，也有利于党员对党的思想的宣传以及群众学习党章，更有利于党民一家亲，便于党建工作，党建引领。党建引领，就是要统一思想认识，让基层党组织成为凝聚党员群众的“主心骨”；党建引领，就是要示范带动，让党员干部成为助推社会发展的“领头羊”；党建引领，就是要动员群众，让各界力量成为参与公共治理的“生力军”。始终把抓好党的建设作为最大政绩，在加快三大板块建设、打造长株潭融城核心的进程中，以新思路、新机制、新手段谋划和推进基层党建工作，推动基层党建工作与中心工作、日常工作有机融合，让党旗始终在基层阵地高高飘扬。党的十九大报告首次把党的政治建设纳入党的建设总体布局，凸显了党的政治建设的极端重要性。知音苑以政治建设为统领，深入学习贯彻习近平新时代中国特色社会主义思想和党的十九大精神。成立了深入学习宣传贯彻党的十九大精神工作领导小组，按照“一学二听三论四访五干”的步骤，促使习近平新时代中国特色社会主义思想和党的十九大精神在知音苑落实落地，并且在小区内举行党建活动，在小区中宣传党的思想以及党建的重要性。

通过本次调研，我们深切感受到党建基础设施的完善度越高，基层党组织的发展就越有保障。无论是硬件还是软件，哪一方面的落后甚至是缺失对于基层党组织的发展都是巨大的阻碍。原因在于没有先进、完善的党建基础设施，党组织无法有效地组织活动，无法让组织成员开阔自身视野、提升思想维度，无法让组织保证先进性，无法得到有效的发展。正是因为党建基础设施对于基层党组织的发展有着重要意义，所以加强党建基础设施的软硬件升级是我们必须重视的。在调研过程中，让我印象深刻的是在上海疫情暴发阶段，上海知音苑所处的长寿路街道是疫情的“重灾区”，但正是因为党建软件的完善，在党组织的领导下，有序地组织起了志愿者团队，让居民在特殊时期也能保证正常生活。但与此同时，我们也发现了上海知音苑党组织党建工作中的弊端。上海知音苑的党建硬件设施的维护目前是缺失的，据了解并没有固定的维护、检查陈列的要求，这样可能存在硬件设施养护不及时、陈列不符合规定未能及时改正的情况。

本次调研让我们醍醐灌顶。通过走访、向居民进行了解，我们进一步深入基层的党建工作，也深切感受到滴水汇泉的道理和科学党建的成果。在这次普通的走访后，我们感受到了中国共产党保持先进性的决心和实践。作为最基层的党组织，依然能按要求完成党建基础设施的软硬件建设，我们看到了党组织的执行力。作为人民，在此次调研后我们对于党的认识更加深切，我们能被这样的党领导让我们深感荣幸，也加强了我们拥护共产党的决心和信心。我们相信，透过基层我们可以看到顶层，也可以看到每一层，基层的党组织在党建工作中取得的优秀成果也让我们相信中国共产党从上到下都能拿出党建工作优秀的成绩单。我们坚信，在党的正确领导下，中华民族终会实现伟大复兴。

（三）鸿凯湾绿苑

对华阳路街道的党建软硬件设施进行调研，将鸿凯湾绿苑作为线下调研场所进行实地调查。

1. 建立与发展过程

第一阶段——1992—1996 年访贫问苦的“送温暖工程”。

第二阶段——1997—1999 年心系群众的“实事工程”。

第三阶段——2000—2003 年凝聚社会的“民心工程”。

2. 现实情况

华阳路街道位于长宁区东北部，面积 2.04 平方千米，东起长宁路曹家渡，与普陀、静安两区接壤，西至凯旋路轻轨线，南抵延安西路高架，北临苏州河。下辖 21 个居民区，2.7 万户，人口 6.6 万人，实有人口 7.7 万人左右，有党总支 16 个，党支部 152 个，党员 4624 人。辖区内有教育机构 10 家，医疗卫生机构 8 家，科研院所 3 家，体育健身场所 62 处，商务楼宇 36 幢，驻区单位 3115 家。街道办事处设在定西路 1289 号，硬件设施完备。鸿凯湾绿苑所在的华阳路街道在落实意识形态工作责任制方面做到了分工明确，特色鲜明，多点创新；在意识形态风险防范方面基础扎实，成效明显；在党的思想理论教育方面深入人心，生动鲜活。社区软件设施完备，党建基础设施较为完善，基层党组织深入群众。在硬件设施完善的情况下，开展了“初心讲堂”“砥砺百年路，奋进新征程”等诸多活动。

3. 调查研究法

问卷调研、电话调研、实地调研。

4. 采取的措施、取得的成绩

华阳街道“凝聚力工程”建设从“串百家门、知百家情、解百家难、暖百家心”起步，坚持“了解人、关心人、凝聚人”的工作内容，实践全心全意为人民服务的宗旨，始终扎根于社区群众之中，始终坚持与时俱进、深化拓展。

立足当前社区的现状，着眼社区未来的发展趋势，华阳街道以党的十八大精神引领“凝聚力工程”新发展。紧紧围绕着“人”，在社会领域内做“人”的工作，进一步深化“凝聚力工程”的内涵，拓展“凝聚力工程”的外延，控制和解决社会问题，最大限度满足社会主体需求，不断创造社会机会，着眼社区转型发展，探索“问百家需、解百家忧、聚百家力、圆百家梦”的“新四百”精神，创新社区治理模式，推动社区党建向社会党建发展，夯实党在基层社区的组织基础。

5. 存在的问题

（1）少数党支部党建工作实效不强。部分机关党支部党员数量较多、活动场地不足、活动设施匮乏等问题，客观上制约了基层党建工作开展。

（2）党员教育“虚化”。部分基层党组织不能很好地落实党员教育制度，在组织党员学习时，只是传达文件、读报刊，讲业务工作多，学党的理论知识少，没有把自身的实际情况和党员的思想认识结合起来。

（3）制度执行落实方面还有差距。由于基层工作量大面广，脱贫攻坚、单位业务等方面的工作任务相对繁重。

（4）党建工作考评缺乏有效抓手，奖惩机制不完善。党委在党建制度落实监督方面，缺乏持之以恒的韧劲，有些虽然落实了，但落实还不到位、不够严格。

（5）对党建工作中遇到的新情况，不能创新性地解决。

6. 存在问题的原因分析

（1）导向不明造成动力不足。绩效考核的分值设置不够科学。某些地方对招商引资、产业发展等经济工作极为重视，其考核分值在绩效考核总分中的占比较大，给予的物质奖励也较重；而基层党建工作则有表面上越来越重视、实际上被边缘化的趋势。导向不明最终造成党组织书记抓基层党建工作动力不足、兴趣不浓。

（2）谋划不精造成落实不力。在工作谋划上，由于调研不够细致、思考不够充分、措施不够细化等原因造成许多党建工作停留在口号上、表面上，缺乏针对性、吸引力、硬措施和强手段。有些地方开展基层党建工作创造性不够，热衷于按照上级政策“依葫芦画瓢”，造成政策规定与基层实际脱节；有些地方不注重深入基层调研，全凭“一把手”主观臆断，造成许多工作设想因阻力过大而中途流产。工作部署安排上的不足造成基层党建工作推进滞后。

（3）党建工作能力不强。党员和党务工作者面临的最大挑战是能力挑战，最大危机是本领危机，最大恐慌是知识恐慌。一些党组织领导成员不注重学习培训，面对新问题、新要求时束手无策。在执行任务中，一些党组织抓不住主要矛盾和矛盾的主要方面，缺乏工作思路，找不到解决问题的路径。

7. 解决办法

（1）选优配强基层党组织干部。注重人才选拔。选派第一书记要严把质量关，确保可用管用。实际工作上，讲业务工作多，党风建设少，党内开展批评与自我批评不够严厉。部分党员在工作中较多地充当执行者，对部门工作或党建工作较少提出工作建议和创新想法，仅局限在执行者层面，缺少先锋带头作用。

（2）端正导向，催生动力。基层党组织的管理及领导体制上的特殊性，决定只有通过完善用人机制和绩效考核评价机制，才能引导党组织自觉地围绕中心任务开展工作，提高服务发展、服务基层、服务群众的能力。各级党组织要转变观念、端正用人导向，把党组织书记抓党建工作的成效作为提拔使用的重要依据；要进一步完善绩效考核评价机制，提高基层党建工作在绩效考核中的权重。通过树立重党建的用人导向和工作导向，提升基层党建工作在党员领导干部心目中的地位。

（3）要着重加强制度建设。建立健全基层党支部的组织生活制度和工作制度，切实提高“三会一课”特别是民主生活会的质量，严格执行民主生活会的程序和要求。要完善党员教育管理。根据各个不同时期的形势和任务，从实际出发，有针对性地开展教育和管理，着力引导党员干部发挥好带头作用、骨干作用、桥梁作用。要注重提升党员能力。营造党员干部带头学技能、带领大家学技能的氛围，以此来推进各项经济社会事业又好又快发展。

（4）党支部全体党员在服务群众工作中基本到位。但是群众观念仍需加强，部分同志对群众反映的问题关注不够，与群众的期盼仍有差距。尤其应该发挥好党员的先锋模范作用，让群众感受到党员的强大力量，让党员同志更好发挥在群众中的榜样力量。

（5）利用“互联网 +”创新党建活动方式。要适应信息技术飞速发展的大趋势，积极运用现代科技手段，把“互联网 +”作为提高党建工作效能的重要途径。探索建立动态管理服务机制，创新党建工作流程和方式，丰富网络党支部，开展沟通交流、党务公开等非涉密党建工作。

8. 调查结论

本次对鸿凯湾绿苑的党建设施调研，明晰了该社区党软硬件基础设施与基层党组织发展的协同关系，发现了目前所存在的优缺点，为未来进一步发展提供最基本的依据。华阳路街道党建社区服务建设还处于探索阶段，面临着诸多问题，但只要各级领导高度重视，社会各界大力支持，党员干部积极管理，华阳路街道党建服务的软硬件设施会更加促进社区党建服务发展。

9. 小组感悟

社会实践作为思想政治教育的一个重要环节，对我们了解国情、增强社会责任感具有重要作用。作为当代大学生，学习远不是读几本书、看几条新闻就足够的，这次的社会实践为我了解社区的党建活动打开一扇窗口。在短暂的实践过程中，我深深地感觉到自己所学知识的肤浅和在实际运用中的专业知识的匮乏，这时才真正领悟到“学无止境”的含义。每天坚守在我们的实践岗位、艳阳天下，尽管辛苦，但我们始终没有放弃。我们一起探讨，一起实践，一起总结，一起反思，努力得到最真实的结果。“千里之行，始于足下”，这短暂而又充实的实践，对我走向社会起到了桥梁的作用。如何与人相处是现代社会的一个最基本的问题。在这次实践中，我们需要和华阳路街道的党建部门进行联系，需要到线下与小区的居民进行沟通。从一开始的紧张胆怯到后来的如鱼得水，从一开始的毫无头绪到一起完成课题的调查研究、一起讨论行程安排、一起研究调研结果，虽然有时候也会有很多争论，但是整个活动过程中团队精神的展现让我终身难忘，或许我永远也忘不了这个夏天我们一起在外奔波的日子。

在炎炎夏日，我和我的队员们穿着志愿者服装奔走在大街小巷，一起用汗水浇灌青春。因为社会实践，我们的暑假没有虚度；因为社会实践，我们的阅历更加丰富！

（四）地方天园小区

党的十九大报告指出，新时代中国共产党的历史使命就是进行伟大斗争，建设伟大工程，推进伟大事业，实现伟大梦想。加强党建软硬件基础设施建设是基层党组织完成各项任务、促进全面发展的重要保证。这项工程有利于促进社会稳定发展，提高广大人民的生活水平和质量，维护党在群众中的形象，巩固党的执政地位，有利于全面建成小康社会。由此可见，加强党建软硬件基础设施建设是促进基层党组织全面发展的重要途径。为了更加深刻地了解基层党建设施，我们调查了上海市普陀区东新路335弄的地方天园小区的党建设施。

通过对地方天园小区的走访，我们发现，地方天园小区不仅有良好的基础设施，同时充分利用空间，将党员学习场地搬到房间以及走廊等公共区域，建立了“党员教室”宣传阵地，不但方便了党员，更有利于党员日常多元化的学习教育，更能让群众参与到学习当中。当然，这里不仅有利于学习的地方，也有对大众开放的健身区域，知识要跟上，身体也要保持健康状态。通过询问工作人员，我们得知许多人选择在此强身健体。同时旁边还配备营养补给站。这一系列设施都说明了基层对于党建设施的建设是比较到位的。

纵观其党建设施的发展，一共有三个阶段。

一是调整加强阶段。党的十二大党章在党的八大党章的基础上，凸显了“改革开放”和“以经济建设为中心”对基层党组织提出的新要求。1986年2月，为适应农村基层政权组织的变化，调整农村基层党组织设置形式，在乡建立乡党委，在村建立党支部，农村党支部组织形式也由原来按照生产大队设置改为按行政村设置。同年9月，党中央对企业党支部的功能定位、职责任务和工作方法等作出全面规范，有力推动了企业改革发展和我国经济体制改革。改革开放初期，我们党就开始探索如何在“三资”企业中建立党的组织并开展党的活动。这一时期，建立了深圳特区第一家合营企业党组织——竹园宾馆党组织，其成功经验获得党中央高度肯定。1987年，党的十三大第一次以党内法规形式确定了企事业单位党支部的职能定位，规定农村党的基层组织按乡、镇、村三级来设置。1988年，党中央印发《关于建立民主评议党员制度的意见》，规范了支部民主评议党员工作，成为我们党在新的历史条件下加强基层党组织制度建设的一次重要探索和尝试。

二是全面发展阶段。从党的十三届四中全会至党的十八大前，我们党适应改革开放和社会主义市场经济发展的全面展开，建立和完善党支部领导体制和工作机制，探索推进新兴领域党支部建设。1989年，党中央明确提出加强党的建设首先要加强基层党组织特别是党支部建设这一重大任务，强调要充分发挥党支部的政治优势和核心作用。1992年，党的十四大党章明确“党的基层组织是党在社会基层组织中的战斗堡垒，是党的全部工作和战斗力的基础”。1994年，党的十四届四中全会讨论通过《中共中央关于加强党的建设几个重大问题的决定》，标志着党在探索市场经济条件下如何加强和改进以党支部为重点的党的基层组织建设战略思想基本形成。这一时期，伴随着改革开放和市场经济的全面发展，“外企”基层党建工作迎来新发展。全国近3万个外商投资企业中，有31%的企业建立党委、党总支和支部。与此同时，党中央加大在社会组织、个体和私营等非公有制经济组织以及街道、社区中建立基层党组织的工作力度，规定凡有正式党员3名以上的，都应建立党的基层组织，极大地促进了这些领域党组织的建设和发展。党的十六大明确提出“围绕中心、服务大局、拓宽领域、强化功能”这一基层党组织建设的十六字方针。党的十七大强调“充分发挥基层党组织推动发展、服务群众、凝聚人心、促进和谐的作用”，赋予包括党支部在内的基层党组织战斗堡垒作用以新的内涵。

三是深化提升阶段。党的十八大以来，党中央高度重视党支部建设，要求树立党的一切工作到支部的鲜明导向，把全面从严治党落实到每个支部、每名党员，推动全党形成大抓基层、大抓支部的良好态势。党的十八大提出“要以服务群众、做群众工作为主要任务，加强基层服务型党组织建设”。中央办公厅专门印发《关于加强基层服务型党组织建设的意见》。党的十八届五中全会要求“强化基层党组织的整体功能”。党的十八届六中全会提出“基层党组织要严格履行监督职责”。2013 年以来，在全党先后开展的党的群众路线教育实践活动、“三严三实”专题教育和“两学一做”学习教育中，中央要求“把抓好党建作为最大政绩”“树立大抓基层的鲜明导向，推动基层建设全面进步、全面过硬”以及“要把全面从严治党落实到每个支部、每名党员”“把党支部建设作为最重要的基本建设”。党的十九大党章赋予党组“领导机关和直属单位党组织的工作”的职责，这是加强机关党建的重大举措。党的十九大报告首次提出“要以提升组织力为重点，突出政治功能”，把基层党组织建设成为“坚强战斗堡垒”。强调“党支部要担负好直接教育党员、管理党员、监督党员和组织群众、宣传群众、凝聚群众、服务群众的职责”。2018 年 7 月，中央对推进中央和国家机关党的政治建设提出新的要求，强调“中央和国家机关首先是政治机关”，要“带头维护党中央权威和集中统一领导”“建设让党中央放心、让人民群众满意的模范机关”“开创中央和国家机关党的建设和各项事业新局面”。同时，中央召开全国组织工作会议，首次提出“新时代党的组织路线”，明确要求“以组织体系建设为重点”，还特别强调“加强党的基层组织建设，关键是从严抓好落实”。经过近几年的努力，党支部建设质量不断提升，创造力、凝聚力、战斗力显著增强。2018 年 9 月，中央政治局又召开会议，审议《中国共产党支部工作条例（试行）》，这是推动全面从严治党向基层延伸的重要举措，是党支部建设史上一个新的里程碑，具有十分重要的意义。

那么如何优化目前党建设施所存在的问题呢？我们经过一番探讨，认为应做到以下五点。

一是优化领导抓落实。不断延伸社区党建工作触角，建立横向到边、纵向到底的社区党建工作网络，进一步增强社区党建针对性。区委建立社区党建工作领导小组，街道建立社区党组织代表会议制度，社区建立社区党组织联系制度，定期研究、协调、部署社区党建工作。立足抓早抓紧抓主动，在开展调研摸清情况的基础上，精心组织，周密安排，稳步推进社区党组织换届选举。

二是优化组织夯基础。以优化党组织设置为抓手，从龙湖实际出发，对符合条件的社区党支部进行优化设置，一次性优化设置到位。实施激发社区党员活力先锋工程，着力抓好“设岗定责、分类定教、评星定级、亮纪定规”四个关键环节，进一步激发社区党员活力。引导先进社区党组织结合实际创建社区特色党建品牌，不断提高社区党建工作的品牌化水平。

三是优化服务增活力。把服务党员、服务群众、服务社区贯穿始终，着力创建服务型党组织，不断提高社区党组织的治理能力和服务水平。着力建设两支过硬队伍，即建设一支具有模范带头作用的党员队伍，积极开展创先争优活动，落实社区党员联系社区事务、联系居民户责任，建立社区党员责任区、社区党员联系户制度，积极开展“党的宗旨进社区”“一个党员一面旗帜”“奉献在社区”等主题活动，使党员自觉参与社区服务，维护社区稳定，促进社区发展；建设一支高素质的社区志愿者服务队，积极动员机关、事业单位、学校、企业等驻社区单位的干部、党员、职工参加所在社区的志愿者队伍，鼓励广大社区党员群众奉献爱心、才能和时间，服务困难群众，参与社会公益活动。

四是优化资源促共建。深化社区党组织代表会议制度，在总结实践经验的基础上，进一步理顺条块关系，建立长效机制，形成以街道党工委为核心、社区党支部为基础、社区党员为主体、驻区单位党组织共同参与的社区党建工作新格局，实现党的资源、党的活动社区化。

五是优化机制强保障。加大投入，构筑社区党建保障线，确保社区组织规范稳定运作。构筑社区办公经费保障线，提高社区办公经费标准。

三、结论

城市社区是市民治理的基层基础，只有基础坚牢，才能大厦稳固。社区党建是贯彻党和政府方针政策、完成上情下达与下情上传的重要保障，在日常社会生活中发挥着极其重要的稳定器、放大器的作用。社区党建要保证硬件建设，更要保证软件建设，形成两手都要抓、都要硬的协同效果，倾听居民声音，解决居民困难，化解居民冲突，缓和社会矛盾，凝聚居民人心，用细致工作与人文关怀扎牢社会治理的基础篱笆，把党的温暖、社群温暖播洒到社区每一位居民身上。社区党建软硬件基础设施完善的小区，群众满意度高，社会治理情况明显完善。上海是全国经济建设、文化建设的领军城市，上海社区党建基础设施建设与基层党组织发展协同关系的良好运作与宝贵经验，对全国各城市社区党建工作有着良好的示范效应。

调研工作帮助我们年轻大学生真正走入基层，深入社区，了解基层工作的具体运作和种种不易。我们到居民家中与他们面对面交流，倾听他们的呼声，了解他们的关切，并尝试通过基层组织各个渠道帮助他们。我们走入社区各个基层组织，学习他们的党建经验，总结他们的工作效果，思考未来的社会治理模式。暑期调研的时间虽然短暂，但却深刻培养了我们年轻大学生走出书斋、走入社会的超前意识，培养了我们为人民服务的扎实品格和奉献意识，培养了我们扎根基层的务实态度。感谢马克思主义学院坚持举办暑期社会调研，一代代学子必将获益匪浅！

党建引领　以民为本　服务至上

——以贵阳市观山湖区世纪城街道下辖社区为例

作者：余庆伟　江秋雨　穆婉睿　黄梦天　陈秋艳　郑言

指导老师：孙益波

一、引言

在党的第二十次全国代表大会即将召开之际以及防疫工作常态化的当下，为深入学习贯彻习近平新时代中国特色社会主义思想和党的十九届六中全会精神，推动思政课小课堂与社会大课堂相结合，进一步增强师生对中国特色社会主义的道路自信、理论自信、制度自信和文化自信的学习理解，我们实践小组在2022年7月10日至8月21日期间于贵阳市观山湖区世纪城街道龙泉社区走访调查，并且多次前往龙泉苑社区居委会，了解了当地社区党组织概况、工作、功能等详细信息。并通过贵阳市党建网、国务院客户端等线上渠道对社区防疫政策、世纪城街道下辖社区党组织工作情况进行了解，分析社区党组织功能。通过本次调查研究，我们实践小组围绕新时代以来城市社区党组织功能发挥，充分调研分析了其发展现状和发展路径，并结合自身专业提出了一些发展的成功经验与面临问题的解决对策。

二、调研内容

本次暑期社会实践过程中，我们小组以贵州省贵阳市观山湖区世纪城街道下辖社区为调研对象，从疫情下社区防疫工作及社区日常工作入手，深入研究基层社区党组织功能发挥的情况。调研过程中，我们以世纪城街道龙泉社区居委会为主，多次前往当地居委会进行调研。与此同时，我们借助互联网的便利，通过贵阳市党建网、国务院客户端等线上渠道对社区防疫政策、世纪城街道下辖社区党组织工作情况进行了解，分析社区党组织功能。

（一）社区组织概况

我国社区居民委员会作为社区居民会议或社区成员代表会议的执行机构，在社区党组织的领导下，行使社区管理、服务、教育和监督的职能。社区党组织在街道党工委的领导下，按照中国共产党章程进行工作，发挥在社区的领导核心作用，支持和保证社区居民委员会履行职责，依法自治。

龙泉社区居委会现有19位成员，包括16位居委会在职工作人员，5位党支部成员。其中，居委会主任兼任党支部书记，监委会委员兼任党支部委员。

（二）社区党建工作

1. 聚焦民生，狠抓落实——社区党建活动

（1）龙泉社区：2022年龙泉社区不断推进“双报道”工作。社区“双报道”工作包括“一”与“双121”两部分。“一”即每年根据走访群众情况，滚动梳理更新一份社区需求清单，确定志愿服务岗位。“双121”即报道党组织每年签订一份共建协议书、至少参与2次党建联席会议、为群众领办1件实事；报道党员每年签订1份志愿服务承诺书、至少参与2次社区志愿服务活动、向所属党组织反馈1次报道工作开展情况。

上半年，龙泉社区共滚动更新社区需求清单2件，确定志愿服务岗位11个；党组织签订共建协议书1份，参与党建联席会1次，领办实事1件；党员签志愿服务承诺书101份，参与志愿服务活动25次。

（2）龙吉社区：6月30日下午，世纪城街道龙吉社区居委会到贵阳华侨中学附属小学（原百花湖小学）开展了社区爱心助学捐赠活动。龙吉社区居委会希望通过此次捐赠活动的开展，使孩子们深刻感受到“奉献爱心、团结互助”精神的珍贵和美好。

8月10日，观山湖区世纪城街道龙吉社区，20余名小朋友组成志愿服务队，在辖区开展社区卫生大清理志愿服务，为打造更美好的社区家园贡献力量。2022年以来，该社区已开展志愿服务活动70余次。“接下来，龙吉社区将发动更多居民加入志愿服务队伍中来，并以暑期为契机，通过喜闻乐见、多种多样的志愿服务，丰富未成年人假期生活，为‘双减’政策、社区建设添砖加瓦。”龙吉社区有关负责人说。

（3）龙凯社区：8月14日上午，龙凯东苑社区联合颐和物业与龙凯苑诚信商家在苑区广场开展治安打击整治“百日行动”宣传活动，重拳打击突出违法犯罪现象，大力整治社会治安问题，攻坚化解各类安全隐患，努

力为党的二十大胜利召开营造安全稳定的政治社会环境。

（4）龙贤社区：4 月 15 日，世纪城街道龙贤社区开展“15 分钟生活圈”坝坝会议，察民情问民意。构建“15 分钟生活圈”是贵阳增进民生福祉、建设“三感社区”的重要举措，切实提升了居民的获得感、幸福感、安全感，把便民工作做细做实。“15 分钟生活圈”聚焦居民关注的“教业文卫体、老幼食住行”方面，旨在切实提升居民幸福感。通过此次坝坝会议面对面、心连心的交流，收集民情民意，确保“15 分钟生活圈”建设工作在辖区有序推进。

（5）各党支部：2 月，为弘扬社会文明新风尚，深入推进移风易俗工作，充分发挥基层党组织党员先锋模范作用，世纪城街道各党支部开展了“党建引领移风易俗”2 月主题党日活动。龙泉村党支部通过学习贯彻移风易俗相关文件精神、组织党员签订《文明节俭操办婚丧喜庆事宜承诺书》的形式开展主题党日活动，倡导大家以身作则，助推移风易俗工作。

龙贤社区党支部和龙泉社区党支部开展了“移风易俗”主题党日宣传活动，支部党员、志愿者共同参与，向居民群众发出倡议，积极解读移风易俗、勤俭节约、廉洁自律、文明和谐等内容，让居民切实明白破旧俗、树新风的重要性，让移风易俗之风深入人心。

世纪城街道机关党支部、龙泽、嘉禧、龙吉、龙盛、龙耀、睿力上城等社区党支部通过组织学习传达文件精神、观看短片等形式深入开展学习活动，号召党员干部发挥示范引领作用，强化责任担当，争做移风易俗的积极倡导者、主动宣传者和自觉实践者。

2. 云上互联，助力党建——互联网 + 党建

当地社区党建工作依托于贵阳市“互联网 + 党建”工程，形成独特党建风格。早在 2016 年 5 月，贵阳市就依托大数据的先发优势，启动党建大数据云平台——“党建红云”工程建设，探索大数据助推党员教育管理的方法路径，有效提升了全市党建工作的科学化水平。

2020 年贵阳市又开启新的尝试和探索，并于 7 月 1 日正式推出新板“筑红云”平台。“筑红云”升级了以“筑学习”为核心的党员教育系列板块，新增以“红云播客”为代表的党建宣教功能，丰富了以“筑固工程”为主打的党务助手板块，努力为各级党组织和党员提供更有吸引力、感染力和推动力的教育管理服务。

“‘筑红云’主要破解‘互联网 + 党建’融合不深、党员教育管理质量不高等难题。”贵阳市远程办负责人说，“我们开发了‘三会一课’模块，通过线上督导、线下做实的方式，真正推动党内政治生活正常起来、严肃起来。”

3. 党员教育，“两学一做”——“三会一课”学习

社区党支部坚持“三会一课”制度，运用该制度对党员进行经常性的教育管理。该制度包括党支部党员大会、党支部委员会会议、党小组会及党课，突出政治学习和教育，突出党性锻炼，以“两学一做”为主要内容，结合党员思想和工作实际，确定主题和具体方式，做到形式多样，氛围庄重。

在“两学一做”学习教育中，贵阳市通过开发运用“两学一做”学习教育手机App，实施“网上辅导”“云上指导”“数据督导”“组织引导”等，运用信息化、大数据手段为全市各级党组织和党员开展“两学一做”学习教育提供服务并实施管理。

该App设置了“权威发布、学习动态、学习问答、‘三会一课’、身边好党员、学习资料库”6个模块，每天及时准确传递中央、省委关于“两学一做”学习教育的最新部署和各地开展学习教育的情况，立体报道学习教育取得的成效，生动反映学习教育的典型经验，提供权威可靠、形式丰富的学习教育资料，吸引党员积极参与、方便党员学习交流。

（三）龙泉社区2022年上半年主要工作

1. 聚焦民生，为民服务——工程维修改造工作

（1）完成社区垃圾分类点位扩建30余处；

（2）龙泉苑五栋散水坡维修完成，道路维修7处约20平方米；

（3）龙泉苑三栋消防管漏水维修共三处，商业漏水改管14米；

（4）龙泉苑七栋二单元污水管断裂改管8米；

（5）拆除楼层空鼓化砖140余块，粘贴玻化砖470块；

（6）苑区楼层照明灯更换723个，维修高杆灯300余次，增加高杆灯4盏；

（7）对龙泉苑六栋居住楼一楼大厅、负一楼大厅通道凌乱线路整理完成，更换维修安全指示牌172次；

（8）累计维修监控摄像头53台次，更换监控摄像头6只，更换监控视频线200余米，维修门禁315台次，更换门禁主机4台，焊接维修门禁3个；

（9）主楼排水管疏通12处，新增龙泉苑20栋楼旁护栏50余米。

2. 争当先锋，保障生活——安全防范工作

（1）组织安保部防汛和消防实操培训演练工作已完成；

（2）每天检查苑区的消防供水并保障供水正常；

（3）做好外来人员以及疫情防范登记工作。

3. 绿色生活，宜居社区——绿化方面工作

（1）苑区树木喷洒农药完成；

（2）对龙泉苑部分区域补种苗木，对草坪全面梳理维护三次；

（3）对枯枝、死树及杂草全面清理，花坛整改七处。

4. 有求必应，回应关切——社区服务工作

（1）开展清明节、“五一”节假日期间安全巡视，防火防盗温馨提醒及各项微信宣传工作并完成；

（2）每日对楼宇进行巡视检查，发现问题及时维修并跟进处理；

（3）每天监督保洁日常卫生工作，提升现场品质；

（4）组织的公益活动圆满完成；

（5）监督好保洁每天垃圾分类及清运工作。

（四）龙泉社区党组织疫情防控工作

1. 疫情下龙泉社区党组织党建工作

（1）广泛动员群众，建立健全基层组织体系；

（2）创新机制，筑牢群防群控严密防线；

（3）重心下移，切实加强组织领导。

2. 社区党组织在疫情防控工作中发挥的作用

社区党组织在疫情防控工作中充分发挥党组织战斗堡垒作用，密切跟踪疫情发展趋势，广泛动员群众、组织群众、凝聚群众，将联防联控措施全面落实到位，构筑群防群治的严密防线。发挥党群共建作用，确保人人参与。疫情防控是头等大事、重中之重，没有旁观者，每个人都是参与者。

3. 党员在疫情防控工作中的贡献

（1）积极主动安排疫情防控工作。在防疫工作中，党组织充分发挥领导核心作用，党员充当抗疫先锋模范，有条不紊地保障社区居民在疫情中的稳定生活。

（2）充当疫情防控工作志愿者。2022 年上半年，龙泉社区党支部共确立 11 个志愿服务岗位，党员干部累计参与 25 次志愿服务活动，活跃在抗疫

一线，尽职尽责，为社区安全贡献力量。

（3）加大宣传，提升民众防控意识。面对群众对防疫工作的不理解，党员干部积极对群众进行教育，推动防疫工作落实，提高群众防疫意识。

4. 加强党建工作对推动疫情防控工作的影响

（1）推动党组织的建设，提高了党组织的效率，对疫情防控工作安排更加全面，落实更加到位；

（2）完善各项职能与分工，有明确的工作安排。

5. 疫情防控中社区志愿服务情况及作用

在2020年初疫情最严重时，龙泉社区党组织号召辖区党员组成志愿服务队伍开展以下工作：

（1）信息统计，通过电话、微信及上门走访等方式，做好疫情防控期间社区居民摸排及需求统计工作；

（2）进行每日进出社区人员信息登记和体温测量及消毒工作，对社区进行封闭式管理，在规定的出入口对人员进行信息登记、体温测量和酒精消毒；

（3）为居家隔离的居民采买生活必需用品，并送上门等。

6. 疫情防控工作中存在的困难及问题

（1）数据下发不准确，有时一个居民的信息要核实好几遍；

（2）有些居民不理解，外省回来不报备，核实信息时，居民不肯提供信息，让做核酸检测不去做，到最后健康码变色后就打投诉电话投诉等。

（五）社区党组织主要功能

社区党组织是党在社区的基层组织，是社区各项工作的领导核心。它的主要职责是：

（1）宣传和执行党的路线、方针、政策，宣传和执行党中央、上级党组织和本组织的决议，团结、组织党员和群众，努力完成社区各项任务。

（2）讨论决定本社区的建设、管理中的重要问题。

（3）领导社区居民自治组织，支持和保证其依法充分行使职权，完善公开办事制度，推进社区居民自治；领导社区群众组织，支持和保证其依照各自的章程开展工作。

（4）联系群众、服务群众、宣传群众、教育群众，反映群众的意见和要求，化解社会矛盾，维护社会稳定。

（5）组织党员和群众参加社区建设。

（6）加强社区党组织自身建设，做好党员的教育、管理、监督、服务和发展党员工作。

（7）协调驻区单位开展共驻共建。

（六）社区居民感受

在调研中我们收集了当地居民对社区服务的评价及感受：

（1）社区有一些有耐心、有劳动力、有技术的志愿者，他们提供代收房租、水电、燃气费，代管车辆存放，代售废旧物品等代购代销性服务，这些便民服务给社区带来很大的好处。

（2）希望社区可以完善法律宣传，解答常见法律问题咨询，也宣传一些新能量新思想。

（3）社区的环境维护很好，施行了垃圾分类政策，科普垃圾分类知识，对乱扔垃圾者提出警告或处罚，同时治理了宠物随地大小便问题，禁止运输车辆随意进出小区。

（4）希望社区加强安全防范，优化警力配置，规范警务活动。社区保安及门卫都应接受正规的培训，号召居民积极参与群防群治活动，使安全网络覆盖社区。

（5）希望社区能够多多组织捐赠活动，形成邻里互助的氛围，为居家的老人、体弱多病的孩童提供帮助。

（七）社区党组织工作中存在的问题与解决措施

（1）存在的问题：社区党组织与社区居民交流渠道不畅通，居民缺乏快速有效联络社区党组织、表达诉求的渠道；社区党组织缺少实时听取群众意见及公布政令的渠道，从防疫工作中居民不配合即可见一斑。

（2）解决措施：借鉴“互联网＋党建”、微博、贴吧等互联网应用，构建社区党组织与群众交流平台，实现社区党组织与群众之间快速信息交流。群众及时表达诉求、意见，党组织快速反馈，实现信息公开透明。

三、调查结论

在我国，社区党组织发挥着对社区工作的领导核心作用，支持和保证社区居民委员会履行职责，依法自治。通过多样化的党建活动，社区党组织在教育管理及服务监督党员、服务群众、凝聚人心以及利益整合、维护稳定等诸多方面发挥着重要功能。

社区党组织践行宣传和执行党的路线、方针、政策，宣传和执行党中央、上级党组织和本组织的决议，团结、组织党员和群众，努力完成社区各项任务；讨论决定本社区的建设、管理中的重要问题；领导社区居民自治组织，支持和保证其依法充分行使职权，完善公开办事制度，推进社区居民自治；领导社区群众组织，支持和保证其依照各自的章程开展工作；联系群众、服务群众、宣传群众、教育群众，反映群众的意见和要求，化解社会矛盾，维护社会稳定；组织党员和群众参加社区建设；加强社区党组织自身建设，承担好党员的教育、管理、监督、服务和发展党员工作等职责。

在日常工作中，存在着居民疫情防控工作数据核实及居民对社区工作不理解等问题，亟须畅通党群交流渠道以保障政通人和。

四、感想与收获

通过本次对贵州省贵阳市观山湖区世纪城街道下辖社区的调研，我们对当地居委会的党组织建设有了更为深入的了解——龙吉社区居委会开展的社区爱心助学捐赠等活动，充分体现以人为本，让我们看到了基层党组织服务群众的“温度”和“深度”；我们小组成员深刻认识到社区是社会有机体最基本的内容，是宏观社会的缩影，社区工作的开展对整个社会的发展有着直接重大的影响。而作为社区基层工作者，接触的是居民大大小小最琐碎的事，社区虽小，但职责却不小，社区基层工作者承担了太多的工作，小到居民的家长里短，大到国家方针政策的落实，事无巨细，也正是因为他们的付出，社区党组织的功能得以最大化发挥。疫情之下，也正是因为社区党组织在疫情防控工作中充分发挥了党组织的战斗堡垒作用，将联防联控措施全面落实到位，同时发挥党群共建作用，构筑了群防群治的严密防线，人民群众的安全才得以保障。与此同时，“筑红云”平台通过“互联网＋党建”模式，畅通了民意反映渠道，体现了社区党组织为群众诚心诚意办实事的决心。此次调研让我们更加体会到社区基层工作人员的责任和担当与社区党组织的核心领导力量，坚定了将所学知识应用于实践中的决心和使命感。

党组织建设下城市社区老年大学的发展路径探究
——基于南宁、贺州老年大学的走访

作者：韦森林　叶芝伶　梁源　钟景原　施子琪　苏宇晖
指导老师：朱丹

一、引言

为深入学习贯彻习近平新时代中国特色社会主义思想和党的十九届六中全会精神，推动思政课小课堂与社会大课堂相结合，进一步增强师生对中国特色社会主义的道路自信、理论自信、制度自信和文化自信，在党的第二十次全国代表大会召开之际，围绕新时代以来城市社区党组织功能发挥、党建联建机制构建、党建人才建设以及党建软硬件建设等领域，调研分析城市社区党组织的发展现状和发展路径，并结合自身专业提出城市社区党组织发展的成功经验与面临问题的解决对策。

受疫情管控影响，我们小组成员无法聚集完成此次任务，经小组讨论，我们决定采用线下分组行动的方式，并辅以线上调研、问卷的方法，对南宁、贺州的老年大学的教学内容安排、基础设施建设、生态环境、教师质量、学员反馈等进行实地探察，并对教学管理人员进行访谈，进一步多维度了解南宁、贺州老年大学的发展现状，对问卷进行多角度分析，最终得出南宁、贺州老年大学发展状况及其特色，为当代城市社区的党建工作提供更多可行建议，并探索南宁、贺州老年大学发展新路径。

二、调研概况

（一）调查背景

《中国共产党章程》中提到：“党的组织建设，是指党的组织制度、党的中央组织、党的地方组织、党的基层组织、党的干部、党的纪律、党的纪律检查机关、党组等内容。主要包括民主集中制建设、党的基层组织建设、干部队伍建设和党员队伍建设等内容。党的组织体系是依据党的纲领和章程，按照民主集中制的原则，自下而上组织起来的统一整体。党要实现各个历史时期的政治任务，必须始终把加强党的组织建设摆在突出位置。”

坚持和完善党的领导、坚持和发展中国特色社会主义，是新时代党的组织路线的出发点和落脚点，是组织建设的根本目的和价值取向。百年来，我国始终十分重视党的组织建设。而同时，《新常态下老年大学党建工作困境分析及推进路径思考》这篇文章中提到：“随着我国老龄人口急剧增加，老龄化将成为我国社会发展的新常态。老年大学作为老年教育的社会基层组织，是老龄人口也是离退休党员主要学习、活动阵地。因此如何在‘加强党的建设’与‘人口老龄化’两个新常态下加强与推进老年大学党建工作。不仅是当前基层党组织建设，也是老年教育的重要课题。”

近年来，广西多地成立了与政策相适应的老年教育机构，即老年大学。广西南宁市青秀区滨湖社区老年大学与贺州八步区老年大学作为广西两所著名的老年教育机构，办学规模不断扩大。针对这一情况，各地老年大学党支部，充分发挥退休老党员的特长和作用，以“老年大学”作为探索老年群体党建的实践突破口，进行大胆的创新与发展，不断探索老人群体党建新模式。

（二）调查目标

截至2022年，我国的老龄化在世界已处于中上水平。而随着本年度婴儿潮的进一步到来，我国以前所未有的速度进入老龄化社会。胡锦涛同志曾经深刻地指出：“尊重老年人就是尊重人生和社会发展的规律，就是尊重历史。”加强党的组织建设，从而有效应对老龄化社会的到来，事关我国发展全局与人民福祉，对于建设社会主义现代化国家具有重要意义。近年来，广西老年大学的成立，适应了我国社会的老龄化发展，对建设终身教育和学习型社会有着巨大的促进作用，但同时也存在发展的滞塞与困难。本小组尝试通过对南宁老年大学与贺州八步区老年大学的调研，进一步了解党组织建设在城市社区老年大学的发展路径，提升青少年应有的爱党敬老情怀。与此同时，在调研过程中我们试图更多地了解老年大学目前的发展困境，探索新常态下老年大学发展的新蓝图。

（三）调查时间

2022年7月15日至8月15日。

（四）调查地点

南宁市老年大学（广西壮族自治区南宁市青秀区滨湖路）。

贺州市八步区老年大学（广西壮族自治区贺州市八步区灵峰北路2号）。

（五）调查方法

实地调研法、访问调研法、问卷调研法。

（六）调查概况

7月15日，韦森林、梁源、钟景原同学前往南宁老年大学。

7月22日，叶芝伶、苏宇晖、施子琪同学前往贺州老年大学。

8月6日，韦森林、梁源、钟景原、叶芝伶、苏宇晖、施子琪同学前往当地老年大学社区党建相关单位。

（七）相关文献

（1）2016年，国务院办公厅印发了《老年教育发展规划（2016—2020年）》（以下简称《规划》），指出：老年教育是我国教育事业和老龄事业的重要组成部分。要坚持“保障权益、机会均等，政府主导、市场调节，优化布局、面向基层，开放便利、灵活多样，因地制宜、特色发展”的原则，到2020年，基本形成覆盖广泛、灵活多样、特色鲜明、规范有序的老年教育新格局。老年教育法规制度逐步健全，职责明确、主体多元、平等参与、管办分离的管理体制和运行机制得到完善。老年教育基础能力有较大幅度提升，教育内容不断丰富，形式更加多样。各类老年教育机构服务能力进一步提升，全社会关注支持老年教育、参与举办老年教育的积极性显著提高。以各种形式经常性参与教育活动的老年人占老年人口总数的比例达到20%以上。

《规划》提出了发展老年教育的五项主要任务：

一是扩大老年教育资源供给。优先发展城乡社区老年教育，促进各级各类学校开展老年教育，推动老年大学面向社会办学。

二是拓展老年教育发展路径。丰富老年教育内容和形式，探索养教结合新模式，积极开发老年人力资源。

三是加强老年教育支持服务。运用信息技术服务老年教育，整合文化体育科技资源服务老年教育。

四是创新老年教育发展机制。鼓励社会力量参与老年教育，促进老年教育与相关产业联动。

五是促进老年教育可持续发展。加强学科建设与人才培养培训，加强理论与政策研究，加强国际交流合作。《规划》提出，将组织实施社会主义核心价值观培育、老年教育机构基础能力提升、学习资源建设整合、远程老年教育、老有所为行动等重点推进计划。

《规划》强调，要建立健全党委领导、政府统筹，教育、组织、民政、文化、老龄部门密切配合，其他相关部门共同参与的老年教育管理体制。推动相关法规制度建设，研究完善涉及老年教育的相关制度。加强队伍建设，鼓励普通高校、职业院校相关专业毕业生及相关行业优秀人才到老年教育机构工作，鼓励教师和专业社工等参与老年教育工作。完善经费投入机制，采取多种方式努力增加对老年教育的投入，切实拓宽老年教育经费投入渠道，形成政府、市场、社会组织和学习者等多主体分担和筹措老年教育经费的机制。营造良好氛围，努力使全社会关心、支持和参与老年教育的氛围更加浓厚。

（2）2019 年，中共中央、国务院印发《国家积极应对人口老龄化中长期规划》，提出：到 2022 年，我国积极应对人口老龄化的制度框架初步建立；到 2035 年，积极应对人口老龄化的制度安排更加科学有效；到 21 世纪中叶，与社会主义现代化强国相适应的应对人口老龄化制度安排成熟完备。

同时指出：通过提高出生人口素质、提升新增劳动力质量、构建老有所学的终身学习体系，提高我国人力资源整体素质。推进人力资源开发利用，实现更高质量和更加充分就业，确保积极应对人口老龄化的人力资源总量足、素质高。

打造高质量的为老服务和产品供给体系。积极推进健康中国建设，建立和完善包括健康教育、预防保健、疾病诊治、康复护理、长期照护、安宁疗护的综合、连续的老年健康服务体系。

（3）2020 年 10 月，十九届五中全会明确提出，“实施积极应对人口老龄化国家战略”。

2020 年，教育部关于印发《国家开放大学综合改革方案》的通知指出：不断满足社会需求，大力开展非学历教育，加大短期灵活教育，加强与社区教育、老年教育的对接、融合，拓展社区教育、扩大社会培训、办好老年教育，使社区教育成为国民学习新渠道、社会培训成为开放教育新品牌、老年教育成为教育领域新亮点。

（4）2021 年，《教育部办公厅关于广泛开展老年人运用智能技术教育培训的通知》指出：充分发挥教育培训在帮助老年人运用智能技术中的作用，通过广泛开展惠及老年人的智能技术应用培训，促进老年人更新观念，提高老年人运用智能技术能力，助力解决老年人在出行、就医、消费等日常生活中遇到的实际困难，使老年人愿用、能用、乐用智能技术，为老年人跨越“数字鸿沟”提供教育支持服务，共享智慧社会带来的便利性、快捷性和智能性，不断增强老年人的获得感、幸福感和安全感。

同年11月18日，《中共中央 国务院关于加强新时代老龄工作的意见》指出：加快建设适应新时代老龄工作需要的专业技术、社会服务、经营管理、科学研究人才和志愿者队伍。用人单位要切实保障养老服务人员工资待遇，建立基于岗位价值、能力素质、业绩贡献的工资分配机制，提升养老服务岗位吸引力。大力发展相关职业教育，开展养老服务、护理人员培养培训行动。对在养老机构举办的医疗机构中工作的医务人员，可参照执行基层医务人员相关激励政策。

（5）2022年，《国务院关于印发“十四五”国家老龄事业发展和养老服务体系规划的通知》指出：完善健康教育和健康管理。开发老年健康教育科普教材，通过老年健康宣传周等多种活动，利用多种传播媒介普及健康知识和健康生活方式，提高老年人健康素养。

加快发展城乡社区老年教育，支持各类有条件的学校举办老年大学（学校）、参与老年教育。鼓励养教结合创新实践，支持社区养老服务机构建设学习点。发挥社区教育办学网络的作用，办好家门口的老年教育。依托国家开放大学筹建国家老年大学，搭建全国老年教育资源共享和公共服务平台。推动各地开放大学举办“老年开放大学”，鼓励老年教育机构开展在线老年教育。创新机制，推动部门、行业企业、高校举办的老年大学面向社会开放办学。

三、实践访谈及分析

（一）访谈人群介绍

为探究党组织工作人员，以及老年大学受众对于老年大学的了解情况、接受程度，对于新型老年大学建设的看法、建议以及意见，我们选择访谈的对象为老年大学的工作者、老年大学学员及其亲人朋友、未参加老年大学课程的老人。从他们的身上我们可以详细地了解老年大学的建设和发展现状及其未来的发展规划。

（二）访谈内容介绍

初期访谈：从初期的调研和访谈中我们得知，基于城市社区党组织建设的发展和完善、人民生活水平的逐步提高，很多基层党员、群众对老年大学的创办有着良好的认知，很多受访者表示自己的亲戚朋友或者本人就正在参与老年大学的课程活动。

多位受访者表示，老年大学的创办益处多多。参加老年大学课程可以充实自己，刚退休时，没有了繁忙的工作，会轻松自在，惬意满满。可时间一长，就会感觉没有了上班时的充实和规律。随着乏味的生活日复一日，心情也会变得焦躁而抑郁，感觉退休后无所事事，日子也变得了无生趣。如果有条件去上老年大学，学些自己以前想学却没有时间学的特长，比如书法、绘画、乐器、唱歌等，不但可以充实自己，使生活变得丰富多彩，而且有益身心健康。同时，在老年大学学到了一技之长，有了文艺爱好，还能通过各种文艺汇演以及才艺大赛展现自己的才华，让退休后的自己重新拥有自信，更好地面对老年生活。最重要的一点是，在老年大学学习，不仅可以学到专业知识，而且可以提升生活理念，思想跟上时代的步伐，有利于帮助儿女带孩子，在教育上也会缩减理念上的差距，消除代沟，减少两代人因教育孩子的观念不同而产生的矛盾。很多老人年轻的时候，就有一个求学梦，但是为了生活，只好放弃自己的理想。好不容易等到退休，他们有了大把可以自己支配的时间，再加上每个月都有稳定的养老金，所以有更充足的条件去追求年轻时的理想和兴趣爱好。除了琴棋书画外，还有一些知识类的课程，例如语言、写作等课程可供大家选择，只要自己还有梦想，就可以借助这样的平台和方式得以实现。

虽然南宁、贺州的老年大学如今已经取得不错的发展，并且随着时代进步不断更新，近些年来也逐步走入大众视野，被更多人发现和重视，但大学社区的党建仍有创新和发展的空间。

关于大学社区的党组织建设，受访者所给出的建议是希望更多年轻党员、志愿者和积极分子投身其中，为党的城市社区建设带来更多元、更有活力的元素，让更多人知晓党的城市社区建设的重要性，提升老年大学的知名度，不让老人与时代脱轨。

（三）访谈问题总结

从上述访谈可以总结出，党的城市社区建设，南宁、贺州老年大学的开发已经取得长足的成效，但仍然存在许多问题。

主要表现在：一是重视程度不够。我国当前教育发展重点在于基础教育和高等教育，因此，老年大学事实上处于教育的边缘地位，这种地位导致其管理体制存在较多问题。如广西壮族自治区老年大学，与区老干部活动中心一体化办公，尚没有独立的人员编制，从而无法确定固定的工作人员。另外，人们对老年教育认识还不统一，真正能够参与到老年大学中的老年人多数还是文化层次比较高的离退休干部等教育对象。

二是经费投入不足。发展老年教育事业，兴办老年大学和学校，需要一定的资金作保证。目前广西壮族自治区部分乡镇老年大学，由于镇财政投入相对不足，学校难以改善教学环境、增加教学设备、提高教学质量，也难以聘请到高水平的教师，造成老年大学难以扩大规模，满足不了农村老年学员的学习需求。

三是服务水平不高。由于教育对象的特殊性，在日常教育教学上必然要有更高要求的服务水平。目前区老年大学在专业设置、教学管理、师资建设等方面与老年学员的需求还有一定差距，个性化服务还不够细致。老年学员对老年大学建设上水平、上档次的意愿和要求十分迫切。

四是理论研究滞后。目前老年教育工作是实践先于理论。由于人口老龄化提前到来，发展老年教育还没有做好理论上的必要准备。从当前情况看，老年教育是在摸索中前行，研究老年教育的主要是老年学校的工作人员，专业研究老年教育的人员还不多，老年问题涉及的方面很广泛，需要多个学科的专门人才，比如说老年学、教育学、心理学、人口学、社会学等。

（四）对策与建议

人口老龄化的加速给当前老年教育发展带来的影响是多方面的，对此，我们必须多加分析，消除那些非积极因素，抓住老年教育发展的时机，积极探索有效的对策，使全区老年教育事业得到健康、快速和规范的发展。

提高认识，增强做好老年教育工作的责任感。要明确普及老年教育在全面建设小康社会、实现健康老龄化中的地位和作用，特别是各级领导要对办好老年教育的重要性、必要性有足够的认识。思想上要真正重视老年教育工作，多为老年学校办实事。每年帮助解决一两个实际问题，诸如班子配备、落实校舍、经费预算等问题。在人力、物力、财力各方面给予实质性支持，确保老年大学得到健康发展。

加大投入，实现老年大学规范化发展。各级财政应按照老年人口基数，尽量以成人教育经费定额拨给老年教育使用。同时，注意调动社会、个人办学积极性，促进老年大学办学主体的多样化；要运用市场力量，多渠道筹集教育资金，形成多元的投资格局；要推行老年大学办学自主，增强老年大学的自我发展能力，吸引更多关心老年教育的有识之士参与到教育实践中。

强化服务，实现教学管理人性化。一是在课程设置上，要继续根据老年人的需求来合理确定学科专业，制订符合老年人实际的教学计划。对于书画、声乐、电子琴等适合老年人长期学习的课程，可以办提高班、研究班。二是在队伍建设上，抓好教师队伍和工作人员队伍的建设。要注意选聘那些热心于老年教育事业，有高尚的师德，有高超的学术造诣的队伍。

搭建平台，满足老年学员服务社会、展示自我的需要。老年人不仅有求知求乐的需求，还有服务社会、展示自我的强烈愿望。老年大学要积极开展第二课堂，组织学员参与社会活动，为老年人展示自我、体现自身价值搭建平台。可组织老年大学送文化到基层，深入农村、学校、工厂等基层单位，为群众写对联、演文艺节目，为学生作革命传统教育报告，组织老年学员为全区经济建设建言献策等，充分发挥他们的自身优势，体现他们的人生价值，唤起老年学员的成就感。

四、实地考察分析

在本次暑期社会实践活动中，本小组分两批队伍，分别探访了广西南宁老年大学与贺州市八步区老年大学。鉴于当前疫情形势及与各老年大学管理人员的沟通申请结果，探访南宁老年大学的队伍遵从了工作人员的管理，仅由队长一人进入老年大学内部进行参观探访。在广西贺州八步区探访老年大学的一队则在取得该单位领导许可后，提前预约并在相关领导及工作人员陪同下赴老年大学进行了较为深入的考察。

（一）功能齐全，离退休干部活动开展的“主心骨”

南宁市老年大学创建于1989年4月，2016年8月根据南宁市机构编制委员会《关于同意调整南宁市老干部活动中心机构编制有关事宜的批复》（南编〔2016〕73号）文件精神，南宁市老干部活动中心加挂南宁市老年大学、中国共产党南宁市委员会老干部党校两块牌子，实行“一套人员、三块牌子”的管理模式。主要职责是组织开展南宁市本级离退休干部文体活动、承担南宁市本级离退休干部的老年教育工作及南宁市本级离退休干部党员骨干培训工作。市老干部活动中心（市老年大学、市委老干部党校）内设办公室、教务科（党员教育科）、活动科、学员科四个科室。

学校现有本部校区（青秀区滨湖路）、南宁市妇女活动中心分校（西乡塘区大学路）、南宁市兴宁区分校（兴宁区共和路）。本部校区位于滨湖路北段风景秀丽的南湖之滨，在南宁市老干部活动中心内，占地面积共18325平方米，总建筑面积8240平方米，教学场所面积3000多平方米。校园为园林式庭院，拥有15间专业教室和1间阶梯教室及多功能厅等。教学设备配置完善，每个教室都按照教学功能进行配备，实现了老年教学设施现代化。

校园除了教学区，还设有室内舞厅、乒乓球室、桌球室、麻将室、棋牌室、阅览室、健身室以及室外门球场、网球场、羽毛球场等，同时还有休闲区和餐厅、诊疗中心，为广大老同志提供了一个全方位服务的高品质学习环境。

目前，学校设立近60个专业、181个教学班级、2022年春季注册在校学员5200人（次）。建校近三十年来，南宁市老年大学秉承“增长知识、陶冶情操、丰富生活、促进健康、服务社会”的办学宗旨，坚持“政治立校、平安建校、特色兴校”的办学原则和“两个服务”的办学方向，积极服务老年同志、服务社会。以人为本，以学员为本，按照“师生互动、学员互动、分类指导、分层推进、面向全体、全面提高、耐心教学、寓教于乐、强化巩固”的教学模式，努力满足广大离退休干部的多样化需求。多年来，学校建立了一支较为稳定的、老中青相结合的教师队伍，现有教师58名，行政管理人员19名。学校自建校以来，先后成立了校学联会、系学联会、班委会，并在学校的指导下，学员实行自我管理、自我服务。现有书画研究会、诗词研究会、摄影协会、合唱艺术团、舞蹈艺术团、器乐演奏团、戏剧团以及乒乓球俱乐部、门球俱乐部、桌球俱乐部等10个社团活动组织，登记办证老干部近1600余人，日均参加活动及学习人数约3000人次。

据了解，贺州市八步区老年大学的运营模式也与南宁老年大学基本相同，仅在办学规模、开设课程种类与聘用人员数量上因城市规模、服务范围而存在相应差异。

为实施积极应对人口老龄化国家战略，推动老龄事业和产业协同发展，构建和完善兜底性、普惠型、多样化的养老服务体系，不断满足老年人日益增长的多层次、高品质健康养老需求，2021年，国家出台了《“十四五”国家老龄事业发展和养老服务体系规划》。其中第八条指出，要践行积极老龄观。创新发展老年教育。加快发展城乡社区老年教育，支持各类有条件的学校举办老年大学（学校）、参与老年教育。鼓励养教结合创新实践，支持社区养老服务机构建设学习点。发挥社区教育办学网络的作用，办好家门口的老年教育。依托国家开放大学筹建国家老年大学，搭建全国老年教育资源共享和公共服务平台。推动各地开放大学举办“老年开放大学”，鼓励老年教育机构开展在线老年教育。创新机制，推动部门、行业企业、高校举办的老年大学面向社会开放办学。丰富老年人文体休闲生活。扩大老年文化服务供给，改扩建或新建一批老年公共文体活动场所，鼓励编辑出版适合老年人的大字本图书，加强弘扬孝亲敬老美德的艺术作品创作，在广播电视和互联网播放平台增加播出，推出养老相关公益广告。搭建老年文化活动交流展示平台，支持老年文化团体和演出队伍登上乡村、社区舞台。在这之中，老年大学承担的职能越发重要，是离退休干部乃至老年人开展活动的主要场所，发挥着“主心骨”的作用。

（二）党建引领融合创新，“金秋家园”熠熠生辉

当队伍来到贺州市八步区老年大学，在参观完主要活动教室与办公室后，同行的老年大学老校长与主管老年大学党建工作的陆女士带领我们前往老年大学内的“金秋家园”教育基地参观。

这是八步区离退休干部志愿服务站、新时代文明实践所、八步区机关党员共享先锋站与银发人才工作站。它能够发挥基层党组织作用，加强基层老年协会党建工作，改善基层老年协会活动设施和条件，加强骨干培训和活动指导。

目前，全区独立设置的离退休干部职工党支部21个，全区1902名离退休干部职工党员全部纳入组织管理。开展离退休干部职工党支部达标创优工作，树立了八步街道、区发改局、区水利局、区人社局4个离退休干部党建先进典型。整合资源，打造“一校一厅一园”新平台，探索离退休干部职工党员政治教育模式。强化老年大学主渠道作用，与中国老年大学协会官网合作建设5G智慧校园，成立老年大学临时党支部，分班设置党小组，不断增强政治教育吸引力。在莲塘镇“广西关心下一代党史国史教育基地”打造全市首个“VR”线上展厅，在贺街镇龙业鼐纪念馆建立“八步区关心下一代党史国史教育基地”。截至目前，两个基地已接待1万多人接受红色教育。在区老干部活动中心打造全市首个共享式党建活动阵地“金秋家园”，为老干部提供了一个政治学习场所和畅谈发展阵地。

“金秋家园”教育基地建设宗旨是“党建引领，凝心聚力”，它的功能定位是始终坚持以党的政治建设为统领，进一步加强离退休干部党员离岗不离党、退休不褪色，坚持用习近平新时代中国特色社会主义思想武装头脑，牢固树立“四个意识”，自觉坚定“四个自信”，坚决做到“两个维护”。鼓励老年人发挥余热，并组建了一批以离退休老年人为主的夕阳红志愿者团队，促进老年人在社会各方面的参与度。

截至2021年底，学校有学员1200余人，其中党员374人，占学员总数的31.17%。这些党员学员具有党性强、素质高、才艺广、资源多等优势，从工作岗位上退下来以后，仍有继续为党、为国家、为社会、为人民发挥余热的真诚愿望和满腔热情。但多数党员学员受兴趣爱好、身体状况、家庭情况等影响，在校时间相对不够稳定，流动性较大，且党组织关系多在

原单位或居住社区，开展党组织活动和党员管理比较困难。随着学习和活动的开展，这些党员学员与学校的联系日益增强，普遍希望在学校找到组织上的归属，对学校建立党组织和开展活动，大多支持，也愿意参加。为此，成立学校党组织，加强党建引领，能够有效把党员学员凝聚起来、组织起来、团结起来，充分发挥党员学员在教学管理和活动开展中的先锋模范作用，促进学员实现自我管理、自我服务、自我教育、自我发展，这对新时代加强学校党建工作、推进学校高质量发展意义重大。

在城东街道碧桂园党群服务中心建立八步区老年大学分校暨寿城离退休干部职工休闲娱乐服务点，让离退休干部职工就近学习、就近活动、就近得到关心照顾、就近发挥作用，真正实现老有所去、老有所学、老有所乐、老有所为。在小区建立离退休干部职工服务站、“八步金秋”工作室，引导广大离退休干部职工“戴党徽、亮身份、树形象”，协助小区综合治理管理，为城市社区基层治理添砖加瓦。以“一团一队”为载体。“一团”即“八步金秋”宣讲团，挑选15名政治素质高、党性强、热情高、有一定理论功底和写作能力的老干部组建宣讲团，将各类宣讲活动送进机关、学校、农村、社区和企业。2021年以来，开展党史等宣讲活动28场次，受教育人数达7000多人次。“一队”即“党旗辉映夕阳红”志愿服务队，设立8支“志愿分队”，全部志愿分队共有180人，积极倡导志愿服务精神，在老年教育、青少年教育、乡村振兴、社会治理、疫情防控上凝聚正能量，发挥余热。

习近平总书记强调，离退休干部党员队伍是我们党执政兴国的重要基础、重要资源。要引导老年人保持老骥伏枥、老当益壮的健康心态和进取精神，发挥正能量，做出新贡献。在全社会倡导积极老龄观，引导老年人根据自身情况，积极参与家庭、社区和社会发展。积极开展“银龄行动”，支持老年人参与文明实践、公益慈善、志愿服务、科教文卫等事业。建设高层次老年人才智库，在调查研究、咨询建言等方面发挥作用。我们要努力让离退休干部党建“活”起来，展现“金秋”风采。

五、问卷分析

（一）问卷设置背景

2013年12月26日，中国社会科学院及社会科学文献出版社联合在京发布了《社会蓝皮书：2014年中国社会形势分析与预测》。该蓝皮书指出，2013年中国60岁及以上老年人口数量突破2亿大关，达到2.02亿，老龄化水平达到了14.8%，由此可见，我国人口老龄化已进入快速发展期。而作为社会组织的高等院校，其离退休教职工也在不断增加。

老年教育是在老年人再次社会化过程中实施的教育，是以老年人的生活为直接目的的教育，是实现老年人价值的教育。广义老年教育包括老年学校教育、老年远程教育、老年社会教育；狭义老年教育仅指老年学校教育。因而老年大学是中国老年教育的主要形式。老年大学（学校）教育是对进入老年大学学习的离退休老人的晚年生活（即休闲生活）进行的完善素质、提高生命生活质量、适应时代要求、参与社会发展的一项有目的、有组织、有计划的教育活动；另外，也是进入老年大学（学校）学习的离退休老人自觉、自愿、自由、自主学习，积极进取与“学、乐、为”相结合的自主教育与自我完善的社会活动。因此，老年大学（学校）教育是完整意义上的“以人为本”的教育活动。

（二）问卷调查内容及分析

由于本次实地调研活动受到疫情影响，小组成员不便赴当地考察，我们决定采用线上发布调查问卷的方式进行考察。此次主要采用《关于老年大学的调查问卷》（以下简称“调查问卷”）进行测量。此次问卷调查于2022年7月进行，收回有效问卷97份。该问卷主要面向大学生群体，目的是通过大学生群体视角了解目前社会面对于老年大学和相关政策的了解，并针对问卷调查结果提出一些思考点。

在本次问卷中，我们设计了三十个问题，主要涉及大学生群体对于老年大学及相关政策的了解情况、所在地区是否开设老年大学、对老年大学现状及前景的看法等问题。问卷数据显示，50%的人基本了解老年大学以及相关的老龄化方针，并且了解到所在城市设有老年大学。仅有20%的人表示自己身边的人有参加老年大学的经历，及大多数人认为老年大学仅仅是一个“面向老年人的娱乐休闲场所”。这就可以看出，老年大学在群众中的普及率不高，大多数人对老年大学存在着错误认识。80%的人认为现在的老年大学在满足老百姓的养老需求方面起到作用，并且老年大学的存在很有意义。超半数的人认为设置老年大学的意义在于老年人可以在其中丰富生活内容、提高文化知识、学习一技之长、结识朋友，也有少数人认为老年大学的意义仅在于消磨时间。关于现阶段老年大学的不足，多数人认为有师资不足、经费来源单一、课程设置偏娱乐化、管理混乱等问题，应当提升师资力量、教学设备、交通设施、医疗设施、运动设施、饮食配置等方面的水平。对于设置相关课程的问题，文化艺术类、科学保健类、体育健身类几个课程的选择人数最多。会支持父母进入老年大学学习的人数高达

97%，理由主要有让老人的晚年生活丰富、拓展老人的交际面、让父母在晚年保有知识满足感三个方面。近 70% 的人认为老年大学的发展前景基本稳定，过半数的人认为政府、社会对老年人继续学习有帮助，但仍需要进一步加大力度。

（三）相关思考

通过本次问卷调查，我们得出以下一些观点：

第一，开展老年教育宣传，提高退休老人的参与意识。一方面要加大对老年教育和老年大学的宣传，纠正社会对老年教育就是单纯的“休闲教育”的片面认识；另一方面要提高老年大学的知名度，从而提高老年人对老年教育的兴趣和参与热情。

第二，完善老年教育政策，保障老年教育事业的健康发展。政府部门在兴办老年教育的过程中要明确职责，制定正确的发展方向、办学原则和办学标准，从而实现依法办学、依法治教。

第三，加大办学投入力度，提高办学资源利用率。鼓励有志于老年教育事业、甘于奉献、学有专长的社会各界人士加入，推动老年教育事业的持续健康发展。加强与学校、企业的合作，解决办学场地缺乏的问题，提高场地利用率，为兴办老年大学提供物质保障。

六、调研困难

这次暑假实践活动并不是一帆风顺的，过程充满了曲折。在刚选题时大家就各执己见，久久不能确定主题。主题是否能开展调研、主题关注的范围是否太宽泛、主题是否具有现实意义都是大家关注的重点。不过通过各位小组成员头脑风暴，积极交流，并向拥有优秀成果的前辈和老师寻求帮助，顺利地选定了这次实践的主题。

在进行线下调查时，在广西贺州八步区探访老年大学的队伍较为顺利，但探访南宁老年大学的队伍却因为疫情的原因而屡屡受挫，小组成员起初并不能进入老年大学进行实地考察。对方要求我们要有相关通行证，询问该大学的学员得知，此通行证需要在官网放出课程报名信息时抢先报名才会获得，也就是说我们要成为和退休老年人一样的学员身份，这明显是与我们调查研究的意图相偏离了。在队长不断的努力下，通过积极地与工作人员和领导进行沟通和交流，表明了我们在校大学生的身份和进入学校的目的，最终老年大学批准了我们的进入。但遗憾的是只有一名成员可以进行实地考察，并不是所有成员都能体验。

尽管如此，大家还是对这次实践充满了热情，通过线下调查加线上查询资料的形式，最终完成调查。进行线上问卷调查的时候，起初遇上了宣传力度不够而收到的问卷份数较少的情况，较低的数量明显不利于进行数据分析。成员面对如此情况很快做出响应，开始私聊发问卷给自己的朋友们，希望他们进行转发，构建一个更大的关系网络以扩大宣传从而达到我们获得更多数据的目的。最终在大家不懈努力下这次实践顺利完成。

七、队员感悟

钟景原：

此次社会实践的地点，位于我的家乡广西壮族自治区南宁市的南宁老年大学。作为家乡的一员，我积极地参与此次活动，并且在实践过程中收获了许多有意义的知识和宝贵的经验。由于疫情影响，我和队友们未能全体进入老年大学，共同进行线下社会实践，但是团结的我们选择了在线上进行讨论。虽然最后主要以线上的形式进行，但我们的成果依然精彩和优秀。我和队友们都兢兢业业地查找资料，通过各种资料和渠道了解到了老年大学开展的各项活动和党的建设，这些课程让我们耳目一新，并且使我们对党有了更深刻的认识。我和队友们都希望能通过此次调查，让更多的人对社区老年大学党的建设有进一步的了解。

施子琪：

本次暑假调研对我来说是充满意义的。尽管由于疫情的影响，本人没能够切实地参加每一个调研项目，但是在参与调研的过程里，我们小组成员的协同合作让我学到了很多。通过本次对于南宁、贺州两地的老年大学的调研，我深刻地了解到了两地的民生现状，并由此展开了对我国社会老龄化加剧的思考。在查询与老年教育相关的文献资料时，不难发现我国对于老年群体具有深沉关切，针对社会发展趋势不断地出台新的规划与政策，其丰富与细致程度让我感叹不已。我与队友在进行走访调研时，都希望能够通过本次调研更深入感受党组织建设在我们生活中发挥的重要作用，提升当地人民对党组织建设重要性的认识。同时，我们也怀抱着党的组织建设推动社区老年大学建设越发向好的愿望进行了问卷调查与采访，在充分了解老年群体的意愿后，延伸出关于老年群体福祉更深层次的思考。总之，这次实践活动虽然有一定的遗憾，但是却让我的生活与思想都充实了许多。

叶芝伶：

这一次的实践活动，或许正是印证了“实践出真知”这个道理。在本次暑期实践活动之前，我对于党建这个概念的印象比较模糊，是更侧重于党内建设还是党员建设还是党群建设，我没有概念。通过本次活动，我才了解到原来党建涵盖多方面的内容和涉及这么多区域和群体。加深了解后，我还对党建管理有了更深的领悟。也明白了，无论何时何地，处于什么年龄，作为一名中国共产党员，都需要发挥党员的先锋模范作用，走在服务人民的最前线。目前我还不是一名中国共产党员，希望在未来大学三年，我能通过努力，让党组织看到我的表现，成为一名光荣的共产党员，为人民服务。

韦森林：

本次社会实践可谓是一路坎坷，主要还是体现在进入老年大学的过程中，可能是疫情或者避免麻烦的缘故，初始进入老年大学进行调研是不被允许的，门卫阻拦，工作人员不理睬，但在我们不懈的努力与坚持下，终于说服了工作人员让我们进行参观和采访，属实不易。社会实践为我们提供了一个锻炼的平台，作为一名大学生，我认为参加社会实践是我一生中非常重要的一件事，通过这次社会实践，我学到了很多，也收获了很多，不但了解了更多社会的知识与经验，而且明白了许多人生的道理。这次的社会实践是我真真正正与社会亲密接触的一次活动，作为众多社会实践队伍中的一支社会调研队伍，我们的使命就是要切切实实走入社会中，与各式各样的人接触，与不同年龄的人交流，我们不仅完成了调研任务，也对社会有了进一步的了解。

苏宇晖：

通过这次在老年大学的社会实践调查，我学到了很多，也了解了一些平日里接触不到的知识。我明白了老年人的一些心理诉求和老年大学在终身教育方面所起到的积极作用，更能体会到那些老人平时的所思所感。每个人都会变老，我们也不会例外。而在我们步入晚年之时，也希望能有如今的老年大学一样的平台让我们追求平生的抱负。晚年是人生的最后一个阶段，我们希望不留遗憾地走完这一生。这次社会实践的经历我会铭记，这将成为我人生中一笔宝贵的财富。

梁源：

老有所依、老有所养不仅是我们每一个人的心愿，更是构建和谐社会的目标。老子的《道德经》有云：为民上者，躬行节位，力尽孝慈，为天下先。信奉中庸之道的中国，弘扬中华民族尊老、敬老的传统美德，努力营造社会和谐的良好氛围贯穿于我们的成长。在当代社会中，不仅要老有所养，老年人的精神需求更应重视，老年社区的建设同样与党建密不可分。所以今年大学暑假的社会实践活动，我们选择了这个方向。

在这次的社会实践活动中，我们多维度地了解了南宁、贺州老年大学的发展现状，并通过问卷进行多角度分析，最终通过实践得出南宁、贺州老年大学发展状况及其特色，对于老龄化政策和老年社区的相关党建有了进一步了解，收获颇丰，是一次非常难得的经历。

附件一：调查问卷

关于老年大学的调查问卷

第 1 题　您的性别是？［单选题］

选项	小计	比例
男	54	46.15%
女	63	53.85%
本题有效填写人次	117	

第 2 题　您的学历是？［单选题］

选项	小计	比例
大一	30	25.64%
大二	39	33.33%
大三	24	20.51%
大四	12	10.26%
研究生及以上	12	10.26%
本题有效填写人次	117	

第 3 题　您目前的经济状况是？［单选题］

选项	小计	比例
贫困	12	10.26%
一般	63	53.85%
小康	39	33.33%
富裕	3	2.56%
本题有效填写人次	117	

第 4 题　您了解老龄化方针吗？［单选题］

选项	小计	比例
非常了解	0	0%

续表

选项	小计	比例
较为了解	18	15.38%
一般了解	60	51.28%
不太了解	21	17.95%
完全不了解	18	15.38%
本题有效填写人次	117	

第5题 您所在的城市是： [填空题]

填空题数据请通过下载详细数据获取。

第6题 您所在的城市是否设有老年大学？[单选题]

选项	小计	比例
是	63	53.85%
否	54	46.15%
本题有效填写人次	117	

第7题 您所知的身边人有参加老年大学或授课的经历吗？[单选题]

选项	小计	比例
有	24	20.51%
无	93	79.49%
本题有效填写人次	117	

第8题 您对老年大学的初印象是？[多选题]

选项	小计	比例
类似于本科大学的教育机构	66	56.41%
面向老年群体的娱乐场所	84	71.79%
用于营利的一种手段	12	10.26%
本题有效填写人次	117	

第9题 您认为现在的老年大学在满足老百姓的养老需求方面是否起到作用？[单选题]

选项	小计	比例
是	90	76.92%
否	27	23.08%

续表

选项	小计	比例
本题有效填写人次	117	

第 10 题　您认为老年大学是否有其存在的意义？[单选题]

选项	小计	比例
很有意义	102	87. 18%
没什么意义	12	10. 26%
完全没有意义	3	2. 56%
本题有效填写人次	117	

第 11 题　您认为参加老年大学的好处有哪些？[多选题]

选项	小计	比例
丰富生活内容	105	89. 74%
提高文化知识	75	64. 1%
学习一技之长	75	66. 67%
结识朋友	105	89. 74%
辅导下一代	21	17. 95%
消磨时间	63	53. 85%
其他	0	0%
本题有效填写人次	117	

第 12 题　您认为现阶段老年大学有哪些不足？[多选题]

选项	小计	比例
师资不足	75	64. 1%
经费来源单一	57	48. 72%
课程设置偏娱乐化	66	56. 41%
管理混乱	48	41. 03%
其他	18	15. 38%
本题有效填写人次	117	

第 13 题　您认为老年大学应带给老年人什么？[多选题]

选项	小计	比例
物质生活的提高	66	56. 41%

续表

选项	小计	比例
精神满足不空虚	66	84.62%
知识技能的提升	93	79.49%
人际交往的扩大	87	74.36%
其他	3	2.56%
本题有效填写人次	117	

第 14 题　您对老年大学提供的什么类型的设施比较关心?[多选题]

选项	小计	比例
师资力量	78	66.67%
教学设备	81	69.23%
交通设施	66	56.41%
医疗设施	90	76.92%
运动设施	90	76.92%
饮食配置	69	58.97%
其他	6	5.13%
本题有效填写人次	117	

第 15 题　您认为老年大学的学费贵吗?[单选题]

选项	小计	比例
贵	15	12.82%
一般	24	20.51%
便宜	12	10.26%
不清楚	66	56.41%
本题有效填写人次	117	

第 16 题　您认为老年大学的收费标准应该是多少?[单选题]

选项	小计	比例
1000~2000 元每学期	63	53.85%
2000~3000 元每学期	39	33.33%
1000 元以下每学期	15	12.82%
其他	0	0%
本题有效填写人次	117	

第 17 题　您认为应在老年大学开设的专业课程类别有什么？［多选题］

选项	小计	比例
语言文学类	69	58.97%
文化艺术类	87	74.36%
医学保健类	93	79.49%
计算机应用类	42	35.9%
体育健身类	90	76.92%
综合类	57	48.72%
其他	6	5.13%
本题有效填写人次	117	

第 18 题　您是否会想让您的父母进入老年大学？［单选题］

选项	小计	比例
是	39	33.33%
否	0	0%
看父母兴趣	78	66.67%
本题有效填写人次	117	

第 19 题　如果您的父母想要进入老年大学，您是否会支持？［单选题］

选项	小计	比例
是，会全力支持	114	97.44%
否，并不希望父母参加老年大学	3	2.56%
本题有效填写人次	117	

第 20 题　您会同意的原因是什么？［多选题］

选项	小计	比例
让老人的晚年生活丰富	114	97.44%
拓展老人的交际面	105	89.74%
让父母在晚年保有知识满足感	105	89.74%
其他	0	0%
本题有效填写人次	117	

第 21 题　您不同意的理由是什么？［多选题］

选项	小计	比例
对此类机构不信任	42	35.9%
认为老年大学并没有教育功能	15	12.82%
此类大学的学制不清晰	48	46.15%
其他	9	7.69%
（空）	36	30.77%
本题有效填写人次	117	

第 22 题　您认为当前老年大学的前景如何［单选题］

选项	小计	比例
前景一片光明	27	23.08%
基本稳定发展	78	66.67%
不太看好	12	10.26%
本题有效填写人次	117	

第 23 题　您认为政府、社会对老年人继续学习的帮助和扶持的力度大吗？［单选题］

选项	小计	比例
很大	12	10.26%
有帮助，但是还有很大的提升空间	66	56.41%
不大	18	15.38%
不了解	21	17.95%
本题有效填写人次	117	

第 24 题　在未来，您是否愿意进入老年大学？［单选题］

选项	小计	比例
是	54	46.15%
否	21	17.95%
还不清楚	42	35.9%
本题有效填写人次	117	

附件二：小组分工

组长：韦森林　组员：钟景原、叶芝伶、苏宇晖、施子琪、梁源

任务时间	项目内容	实施人员
7.15—8.12	线下老年大学调研	韦森林、钟景原、叶芝伶、苏宇晖、施子琪、梁源
7.17—8.23	撰写问卷、访谈问题	施子琪、梁源
	线下采访	韦森林、钟景原、叶芝伶、苏宇晖
7.12—8.12	备课	韦森林、钟景原、叶芝伶、苏宇晖、施子琪、梁源
8.13—8.25	问卷数据分析	梁源
	线下访谈	叶芝伶、苏宇晖
	访谈分析	叶芝伶、苏宇晖
	报告整合	韦森林

关爱老弱群体　共筑疫情屏障
——疫情背景下上海市社区党组织作用发挥情况的调研

作者：徐灵艺　张颖　姚菲尔　潘懋昕
指导老师：李欣

一、引言

党的十九大报告提出要打造共建共治共享的社会治理格局，基层党组织在这一格局中的职能定位应该体现在领导、协调、保障、激励这四个方面。[①] 领导，一方面要体现党在社会治理格局中的核心地位，即基层党组织是凝聚其他治理主体的牵头人，其主要职能在于团结各参与主体形成合力；另一方面体现在基层党组织对社会治理各项工作的掌控中。协调，意在实现基层党组织与各参与主体的沟通与协作，在“共建共治”中实现“共享”。保障，就是保证执政党对基层社会的控制力、影响力和凝聚力。保障职能的发挥体现在三个层面：一是在领导决策层面，二是在信息反馈层面，三是在应急管理层面。激励，一方面，基层党组织可以充分发挥广大党员干部的带头示范作用，以榜样的力量激励其他主体参与社会治理；另一方面，也可以通过主导者的身份将各方面的社会力量凝聚在党组织周围，在共建共治共享格局下激发其他社会主体的活力，实现社会治理模式、机制、手段的创新。[②]

而疫情背景下，老弱群体成为社区最脆弱、最易感和高危的群体，他们面临种种困难，例如生存（饮食起居）、就医买药、核酸检测、数字鸿沟等，解决其困难，保障其安全，才能筑牢疫情防控的安全屏障。关爱老弱群体，体现着一个城市的治理水平、人文关怀，也彰显出社会主义制度的优越性。这就对社区党组织提出了严峻的挑战。本课题通过实地走访上海部分社区党组织、发放调查问卷、个别访谈等形式，调研本次疫情背景下

① 曹扬，李效东．共建共治共享社会治理格局下城市基层党组织的职能定位与路径选择[J]．北京交通大学学报(社会科学版)，2018，17(2)：147－152.

② 罗平．基层党组织在社区治理中的职能作用研究[D]．南宁：广西大学，2016.

社区党组织关爱帮扶老弱群体的实践现状，总结其成功经验，揭示其面临的问题和遇到的困难，并尝试提出解决方案，探讨疫情常态化背景下，社区党组织如何更好地发挥服务群众、组织领导群众共同抗击疫情的功能职责。

二、主体

（一）调研对象概述

2022 年 2 月 28 日上海新冠疫情暴发，3 月 1 日下午，上海市举行了疫情防控工作新闻发布会，会上通报了 3 月 1 日新增 1 例本土病例，表示此病例为 56 岁女性退休人员，在 28 日下午因发热前往同济医院发热门诊就诊，新冠病毒核酸检测结果为阳性，在 3 月 1 日上海市疾控中心复核为新冠病毒核酸检测阳性，即时就对此感染者居住的普陀区志丹路 155 号西部名都花园进行了管控，并将普陀区石泉街道宁强路 33 号石泉社区文化活动中心列为中风险地区，上海市其他区域风险等级不变。

分析这次的上海疫情，本土新增无症状感染者数目众多，这样的传播更隐蔽。3 月份以来，上海的新冠肺炎确诊案例如洪水般疯狂增长，截至 4 月底单日新增本土确诊病例连续 12 天超 1000 例，单日新增本土无症状感染者连续 20 天超 10000 例。

在年轻人纷纷戴上口罩、采取防护措施的同时，中老年人更该重点预防。根据《中华流行病学杂志》中的数据统计，新冠肺炎的死亡病例都是以老弱群体为主，其中 60 岁以上死亡人数占 80%，50 岁以上死亡数占 94%，由此可见在疫情当下老弱群体是最脆弱的一环，值得整个社会更多地关注。

已有死亡案例的典型特征，是患病者整体年龄较大，而造成他们死亡的原因，除了新冠肺炎的危险性，还与他们本身的基础疾病有关。

在我们走访调研的四个社区中，九茂社区、赵巷和睦村、汇民锦苑的老弱群体占比稍微高一些，而汇郡海棠苑的占比较低。例如，九茂社区包含了八个小区，2600 多户人口即 6500 多人，而 60 岁以上人口的占比接近 30%；汇郡海棠苑的人口则是在 2500 人左右，其中老弱群体多以独居为主，但是占比不到 10%。

从调研中我们了解到，这些社区基层党组织在疫情期间加强宣传，建立微信群，通过多种渠道向包括老龄群体在内的居民做好防疫常识的宣传引导，营造不信谣、不传谣的社会氛围，做好防传谣、信谣的教育引导；

积极发动党员和志愿者，通过组织团购、帮助派送、代为配药、一对一帮扶等措施，关爱老弱群体，满足他们的生活就医需要，较好地发挥了基层党组织的领导、协调、保障、激励作用，为防控疫情建立了坚固的屏障，但在此过程中，也存在着一些制约基层党组织充分发挥作用的因素和问题。

（二）调查方法与调查过程

1. 调查方法

我们实地走访了几个小区，由于疫情影响，后期活动我们无法实际到场，本次实践活动主要采用访谈调查法、文献调查法以及走访调查法。

（1）访谈调查法

通过我们的前期联系，社区党组织的书记及工作人员都积极配合我们小组进行了采访询问，由于疫情影响，我们分别进行了线上和线下的采访，主要了解了在疫情期间社区党组织面对老弱群体所遇到的困难采取的解决措施，以及疫情缓解后对于老弱群体的关怀举措。

同时我们走访了四个小区，在社区内采访了居民，询问他们在疫情期间对社区党组织的工作表现的评价，采访的居民也都以老弱群体为主体，收集到了他们对社区党组织的一些好评和建议。

（2）文献调查法

我们小组在活动的前、中期从网络上了解到了 2022 年上海疫情的暴发情况、时间线、严重程度等相关情况，我们也查询了文献，了解了基层党组织的基本职能，进而确定了在疫情期间社区党组织对老弱群体关怀的调查方向。

2. 调查过程

本次暑期社会实践活动时间为 2022 年 6 月 27 日至 7 月 31 日。

6 月 27—30 日，准备访谈提纲，并进行完善。

7 月 1 日，前往上海市普陀区九茂社区总支部委员会，采访了书记并走访了当地居民。

7 月 2—3 日，对第一次访谈收集到的相关信息进行梳理分析。

7 月 20—26 日，分别进行了线上和线下的采访：对赵巷和睦村、汇民锦苑党组织和居民进行了线下走访；对汇郡海棠苑党组织进行了线上采访。

7 月 27—28 日，对第二次访谈收集到的相关信息进行梳理分析。

7 月 31 日，通过线上会议对之前采集到的数据和资料进行共享，分享了在采访中的收获与感悟。

（三）基本举措和取得的成绩

3 月份以来，上海本土疫情呈现多点散发、多链并行、隐匿传播的特点，形势严峻。在长达两个月的封闭管理中，一系列问题也慢慢浮现，疫情背景下，老弱群体成为社区最脆弱、最易感的高危群体，他们面临种种困难，如生存（饮食起居）、就医买药、核酸检测、数字鸿沟等。

从调研中我们了解到，面对这些困难，上海市社区党组织积极发挥作用，采取有效举措，获得了居民的认可与好评。

1. 协助集体采购物资，保障日常饮食供给

上海封控居家的两个月，居民的生活节奏被打乱了，每天定好闹钟早早起床，在各大线上平台抢菜成为新的日常。

对于老弱群体，尤其是双独居和独居老人来说，由于不能熟练使用智能手机、行动不便、身体不适等多种原因，购置物资、保障日常饮食仍是一大难题。针对这一现象，社区党组织积极帮助居民排忧解难，协助集体采购物资，保障日常需求。

以上海市普陀区九茂社区为例，疫情封控期间，社区党组织联系相关单位，帮助老弱群体订送盒饭。盒饭订好后会统一送到居委会，由志愿者上门发放。在居民访谈中，我们采访了居民仇奶奶，她对小区党组织表示非常满意，给出很高的评价。虽然物资很紧缺，但是小区党组织会组织团体购菜，为大家争取更多的物资。

以上海市浦东新区汇郡海棠苑社区为例，老年群体普遍没有智能手机或不会使用智能手机，因此，网上购买蔬菜和生活物资困难。为此，社区党组织统一去外面采购物资，合理分类打包后发放给无法购置物资的老弱群体。

2. 由党员、各社区志愿者组成的小分队对老弱群体进行一对一帮扶，时刻关注老弱群体的需求

伴随着上海老龄化程度的增长，各个社区常住人口的老年比例也在增加。老弱群体一直是社区党组织最关心和爱护的群体。在疫情期间，基层党组织召集社区党员、呼吁志愿者组成小分队，对社区内的老弱群体进行一对一帮扶，时刻关注老弱群体的需求。

以上海市普陀区九茂社区为例，居委会有专门关爱老弱群体的负责人，党员积极发挥先锋模范作用，了解老弱群体的困难及需求，小困难直接帮忙解决，大困难则向居委会汇报，由居委会帮忙处理，尽力做好一对一帮

扶工作。在居民访谈中，我们采访了一位党员奶奶朱素英，她表示对疫情期间小区党组织的工作非常满意。她本人也参与了疫情期间的志愿者服务，参与分配物资、关心老人、安排志愿者送物资上门。在抗疫期间，朱素英奶奶为小区做出很多贡献，她和小区党组织都受到了普陀区党委组织部的表扬。

以上海市青浦区和睦村为例，在了解辖区范围内老弱群体人员情况后，班子成员、村民组长、志愿者骨干等会与老弱群体进行一对一联系，每日问候，进行“特殊关爱”专项行动一对一帮扶，关心爱护老弱群体，为他们提供便利，解决实际困难。

3. 通过多种形式帮助老弱群体克服数字鸿沟

疫情期间，为尽早使社会面基本清零，各社区根据要求坚持采取全域静态管理、全员检测筛查、全面流调排查、全民清洁消杀、全程查漏补缺等综合防控措施。老弱群体因没有或不会使用智能手机，无法使用核酸码检测，这给社区常态化核酸检测工作提出了一个难题，基层党组织坚持从群众中来、到群众中去，充分发挥广大党员干部的带头示范作用，为老弱群体排忧解难。

以上海市浦东新区汇郡海棠苑社区和上海市普陀区九茂社区为例，一方面，对于身边无人照料，没有智能手机或不会使用智能手机的老弱群体，社区党组织会帮助他们学会运用与疫情防控相关的智能手机功能。例如，核酸检测扫码时，志愿者会帮助他们找出核酸码，也会教老弱群体使用随申码等。若没有核酸码，社区党组织允许他们使用身份证或帮助他们打印核酸码进行核酸检测。另一方面，社区党委坚持党建引领聚合力，加大疫情防控的宣传。社区将《致社区居民的一封信》等疫情防控知识、政策编写成通俗易懂的防疫宣传语，通过手持小喇叭、移动小音箱在小区门口、巷道播放，让宣传内容入脑入心，形成全民防疫的强大合力。社区党组织还在小区的出入口、垃圾房附近张贴横幅及宣传标语，提醒居民注意日常防护，做好科学应对，教育引导居民提高文明素质和自我防护意识，让老弱群体在了解防疫政策和防疫要求的同时，掌握基本的防疫常识。

4. 对于行动不便的老弱群体，安排上门核酸服务

核酸检测常态化是当前疫情防控的重要环节，而老弱群体按规定时段出门完成核酸检测较为困难。为满足老年弱势群体多层次、多样化服务需求，基层党组织科学谋划、精心组织，不断增强弱势群体的获得感、幸福感、安全感。

以上海市浦东新区汇民锦苑为例，对于一些行动不便的独居老人，东大居委会组织志愿者上门帮助老人下楼做采样，尽量减轻医生爬楼工作负担。对于一些卧床的老弱群体，志愿者会带领医生上门进行核酸采样。每次抗原检测，遇到高龄、行动不便的老人不会操作，抗原小分队也会上门帮忙。

以上海市青浦区和睦村为例，如果平时老人行动不便，社区会提供上门核酸服务，关心老弱群体，及时解决实际困难。

5. 帮助满足老弱群体的日常药物需求以及疫情期间的看病需求

老弱群体在封控期间面临的最主要的问题是就医买药和物资保障。老年人患有慢性病很常见，需要经常服用药物，但长时间封控，会导致药物紧缺，就医困难。为此，社区党组织积极采取措施，帮助满足老弱群体的日常药物需求及看病需求。

以上海市普陀区九茂社区为例，社区党组织在每栋楼张贴了配药需求联系电话，如有需要可拨打电话，居委会或志愿者会上门记录药物需求，标记姓名和指定医院。随后，社区党组织会将病历卡委托志愿者或第三方进行配药并送到患者家中。

以上海市青浦区和睦村为例，和睦村党总支成立了工作专班，老弱群体可以将自己的药物需求反映给村民组长或帮扶志愿者，由专人进行统计并区分医院，每天安排志愿者进行配药，及时解决老弱群体的日常购药问题。如果有看病需求，在做好登记后，根据防疫流程，安排专车进行接送。

6. 组织党员、志愿者发放物资和快递以减少人员流动

疫情防控下，减少人员流动对防范病毒传播尤为重要。社区基层党组织充分发挥职能，采取有力措施，减少人员流动。

以上海市浦东新区汇民锦苑为例，疫情期间快递只能送至小区门口，东大居委组织居民组长关怀各自包干区域的人员，了解他们的生活物资需求，并把情况上报给居委会，组织党员、志愿者帮忙发放物资和快递。一般物资和快递是送至楼下，请居民下楼拿，对于老弱群体会进行特殊关照，志愿者会送至他们手中，社会捐助物资或政府发放物资也会优先考虑给老弱群体，切实为群众办实事解难题。

以上海市青浦区和睦村为例，考虑到物资紧缺以及“团长暴利”问题，党总支书记联系保供超市帮村民购买猪肉和鸡蛋，依靠党员和志愿者发放物资，按需分配，尽可能保障居民最基本的营养。

（四）存在的问题及原因分析

在对上海社区党组织的抽样调研中，我们也发现了上海市社区党组织在发挥作用的过程中存在的一些问题。

1. 小组织和大社区之间的矛盾

基层党组织受人员编制和预算等诸多限制，其工作人员数量有限。然而，基层组织要服务的对象数量远超其内部人员数量，导致一个小组织要面对一个大型社区或多个小区的诸多问题。以九茂社区为例，九茂社区的居民共计6500多人，老年人口数量在2000人左右。3月以来，上海已有逾70万党员向社区报到，但即便社区党组织积极发动小区内的党员组成志愿者团队，实际参与社区服务且空闲时间较多的退休党员及志愿者数量也仅在200人左右，能全天候为老年人提供帮扶服务的数量就更少。这也就意味着1名志愿者需要承担10人甚至更多的老年人帮扶工作，从中可见社区基层党组织力量和社区实际需求缺口间的矛盾。

人员力量的局限在日常工作中已有体现。据居民反映，日常工作中，居委会对于居民的诉求不能做到有问必答、有诉立答，开具证明、联络社会组织协同治理社区等工作上还需多次催促后方有回音。上半年又恰逢新冠疫情，基层群众提交的诉求数量激增，其中又以老弱群体的呼声最急切紧迫，最需要社区党组织迅速组织各方力量解决其生活难题，力量不足导致了基层党组织发挥作用时力不从心。

2. 基层权责不对等导致的治理困境

社区党组织常年耕耘基层，从性质上来说就是以“居民的‘头’”而存在的。然而，基层社区作为治理体系末梢，在实际工作中，常常沦为区政府和街道的“脚”，面临事多、权小、责任大的二律背反，造成了基层工作的本末倒置。在疫情中，这一矛盾更暴露了基层权责不对等导致的治理困难。

采访中，九茂社区指出，政府在养老工作方面的缺位导致了特殊时期居委会对老年人群服务的压力增大。而汇郡海棠苑则在群众工作中遇到了老人不理解的情况，只得在之后的服务中修改工作方式。上海疫情初期，各社区出现了物资采购困难、平价物资购买渠道难寻的问题，汇郡海棠苑在疫情期间为不便网上购物的老人提供了统一配送服务。但统一采购和分发物资后，部分老年居民反应激烈：自己掏钱却买不到喜欢的商品，与其让居委会代购，还不如让子女代替自己参与社区团购。以居委会为代表的基层党组织虽有服务居民之责，却无法随意更改由区政府和街道指定的保供单位，也无法提供充足的人力财力来完全根据居民需求进行采购。对此，汇郡海棠苑的居委会在权力范围内采取了协商解决的办法，挨家挨户上门统计需求，在能力范围内尽可能满足居民的诉求。疫情期间，安全、平价、高质、可信，且合乎老人心意的商品供应渠道实在难得，社区党组织既要满足居民的多样化利益诉求，又要完成各类防疫任务，被夹在上下两级之间，其工作之难可想而知。

3. 社会力量介入的困难

社区党组织受各类条件限制，在疫情期间完成基本工作存在困难。对此，社区党组织挖掘社会力量参与特殊群体的日常治理，其中以志愿者和养老助老机构为主。只是，社会力量固然可以协助治理，但由于群众的不理解和市场经济的自主性等困境，不能从根本上解决特殊时期特殊群体的所有问题。

调研中，九茂社区遭遇了养老社区建设难的窘境。部分老人对离家前往养老院存在抵触心理，养老社区建设资源分配不均，导致党组织对老弱群体服务压力增大，资源供给捉襟见肘。同样地，九茂社区和赵巷和睦村在发掘社区内部志愿者力量时，也遭遇了养老服务难题。前者的居委会内部虽有志愿者主动参与为老助老工作，但无法做到让各志愿者跟踪每位独居老人。后者在为老人提供疫情期间代配药服务时，遇到了老人表述不清导致配错药物的问题。对此，错买的药品只能麻烦代配药的志愿者多跑一次去退货退款，或由志愿者自己出钱“消化”。长此以往，受挫的不仅是志愿者服务的热情，也有老人们对居委会和社区党组织的信赖。同时，党员居民、社会力量和居委会的“救急”定位和居民对日常生活秩序的要求间的矛盾催生了更大的社会矛盾。老弱群体需要的是长期稳定的看护和照顾，而疫情当中，党员居民、志愿者、居委会和参与协同治理的社会力量忙于防疫工作，对老弱群体提供的服务也是以应急服务为主。若要求非职业的志愿者长期和老弱群体一一“绑定”，势必影响志愿者的日常工作和生活。而居委会如需请求社会力量协助，其购买服务的费用要从哪里拨出、能否拨出又是一个亟须解决的问题。可见，由第三组织长期参与和协助社区党组织工作的设想要变为现实，社区治理主体仍有很长的一段路要走。

（五）解决方案及改进建议

1. 注重基层党组织成员架构多元化，呼吁更多年轻人加入基层党组织的建设中

（1）背景以及初步设想

表 1　我国部分地区居委年龄、文化程度构成　　单位：%

性别	男	16.8	年龄层	18～30 岁	13.5
	女	83.2		31～40 岁	34.1
				41～50 岁	42.8
				51 岁及以上	9.6
在职时间	3 年以下	14.4	文化层度	初中及以下	1.9
	3～9 年	23.1		高中或中专	32.2
	10～15 年	37.5		本科或大专	54.4
	15 年以上	25.0		本科以上	11.1

由表 1 可知，中年人在居民委员会以及基层党组织的工作者中占比最大，因此可能导致管理模式单一、固化；而招募更多在社会服务、医疗、科技工程方面有一定学科基础和创新能力的青年，可以加速社区管理服务体系的创新与改革，减少基层党组织医疗、软硬件创新等专业工作的人员缺口。

此外，中年群体在社区服务方面的实践经验也可以为青年工作者提供一定的指导，二者各取所长，共同建设更加顺应时代浪潮、提供更优服务的基层党组织。

（2）推广方案：各大高校达成合作关系

高等院校是青年人才高度集中的地方，基层党组织与各大高校达成合作关系，可以确保人才的多元化和稳定来源。

与此同时，要制定合适的选拔机制，并向青年人才说明薪酬福利、未来的发展方向以及晋升空间，努力提升基层党组织的工作环境，使有意向的青年人才对社区工作者的岗位抱有坚定决心与信念。

2. 明责赋权，增加基层党组织与居民之间的协商互动，注重有效参与倾听基层呼声，缓解基层权责不对等导致的治理困境

针对上文中提到的基层权责不对等的治理现状，明责赋权以及增加与群众的协商互动可以有效缓解这一困境。

（1）明责赋权

明责赋权可以有效保障基层工作的运行。权责一致原则对于基层工作有效运行意义重大，“责大权小”必然会导致工作运行不畅。为基层赋权增能一方面可以积极推进权责统一的制度执行机制，赋予基层执行政策的灵活性、自主性以及实现目标的相应权限。同时也要精准赋权，保证与基层的适配度。另一方面，基层机构设置与职能划分要明确，机构设置要避免职能交叉，确保职责清晰、权责一致、运转高效。此外，健全制度的责任边界和责任清单也很重要。建立职责到人的制度，确保制度的责任边界清晰，防止层层推卸责任、无原则地属地化。同时加强对相关制度的系统性培训，提高基层负责人依制办事的能力和水平。

（2）增加协商互动

协商互动在基层治理中是不可缺少的一部分，可以为基层工作有效运行提供“活力源泉”。为更好地了解基层民众的需求，基层工作者一定要加大深入调研的力度，摸透实情，主动听取基层声音并提供有针对性的政策支持，制定切实可行的执行方案，避免工作一刀切和层层加码。同时也需要激励群众主动参与，积极引导社会组织和公众通过民主协商表达利益诉求、参与决策，激发基层社会活力。

3. 建立基层党组织与社会医疗、养老机构合作关系，增加社会力量的介入，科技赋能老弱关怀，缓解人力、物力资源难题

（1）背景以及初步设想

目前，我国康养呈现“9073”格局，即90%居家康养，7%社区康养，3%集中式的机构康养。[①] 而采取基层党组织与社会医疗、养老机构合作的措施，即构建“政府监管 + 居家康养服务 + 社区康养服务 + 机构康养服务”四位一体康养服务模式，打造面向社区居民的康养平台，可以在一定程度上有效解决社区内居民委员会、基层党组织对于老弱群体的管理、关怀难题，并且使科技服务于老弱群体，而非该群体生活质量提高的阻碍。面向社区场景，二者合作可实现信息服务关怀、基础体检、慢病复查等基础保障。

以各级社区作为主体，以老弱群体日间照料、生活护理、家政服务和精神慰藉为主要内容，依托科技力量作为媒介，面向该群体提供多元化的医养信息服务，如健康提醒等；依托智能感知硬件和平台，可在社区内建

① 高琪．消除数字鸿沟，开启“老有颐养”新时代[J]．大数据时代，2022(7)：55－80.

设“健康小屋”，在行动不便的老弱群体家中配备居家健康检测系统，实现基础体检、慢病患者复诊检测和二级预防的功能，并远程负责老弱群体的体征数据采集，这样即便在疫情封控管理期间，患者也不会因无法及时就医而耽误病情。

（2）经济与社会效益预测与评价

建立基层党组织与社会医疗、养老机构合作关系，在增加社会力量介入社区老弱群体生活保障的同时，也在一定程度上倒逼了市面上医养机构的科技、硬件设备发展，并且也初步解决了小组织和大社区之间的矛盾，缓解了人力、物力资源难题；以科技赋能老弱关怀，也有效地解决了“数字鸿沟”的问题，使科技在提升老弱群体的生活质量方面更大地发挥其作用。

三、调查结论与总结

本次活动期间，我们通过对疫情背景下，社区党组织关爱老弱群体举措成效的调研，收集第一手资料，翔实了解疫情背景下社区党组织功能发挥的现状，形成文字、数据分析，多媒体结合的研究报告和成果，从中可知，社区基层党组织在疫情期间关爱老弱群体，做了大量有效的举措，例如协助集体采购物资，保障日常饮食；由党员、各社区志愿者组成的小分队对老弱群体进行一对一帮扶，时刻关注老弱群体的需求；通过多种形式帮助老弱群体，克服“数字鸿沟”的不便；对于行动不便的老弱群体，安排上门核酸服务；帮助满足老弱群体的日常药物需求以及疫情期间的看病需求；组织党员、志愿者发放物资和快递以减少人员流动等。这些措施为老弱群体顺利度过此次疫情提供了坚实的保障，也为疫情防控筑起了一道坚实的屏障。其成功经验可为未来社区在党组织的领导和组织下应对突发情况，做好服务和疫情防控工作提供借鉴。

本次调查研究也发现了基层党组织发挥作用时存在的一些问题，如小组织和大社区之间的矛盾、基层权责不对等导致的治理困境、特殊群体服务的被动困境、社会力量介入的困难等。经过查阅文献并讨论、思考，我们尝试运用所学提出应对建议，如注重基层党组织成员架构多元化，呼吁更多年轻人加入基层党组织的建设中；明责赋权，增加基层党组织与居民之间的协商互动，注重有效参与倾听基层呼声，缓解基层权责不对等导致的治理困境；建立基层党组织与社会医疗、养老机构合作关系，增加社会力量的介入，科技赋能老弱关怀，缓解人力、物力资源难题等，可供基层党组织参考，从而更好地推进其党建工作，更好地发挥其服务群众、关爱老弱群体、组织领导群众共同抗击疫情的功能职责。

四、学生调查后的收获与感悟

本次社会实践活动，使我们对疫情背景下上海社区党组织关爱帮扶老弱群体的工作现状有了更加深刻详细的认识。首先，通过实地走访上海部分社区党组织、发放调查问卷、个别访谈等形式，我们对于基层党组织如何应对疫情封控期间的挑战、如何对需要特殊关怀的老弱群体进行帮扶，以及如何解决“数字鸿沟”对于老年群体造成的阻碍有了更多的了解。而所抽样调查的社区党组织在不断的摸索中，在落实自身功能职责方面有了新的探索，取得了一定的成效，这对于社区党组织在未来突发状况下如何保障老弱群体的生活质量有借鉴意义。

其次，我们也认识到了创新改革、吸纳多元化人才，以及科技赋能社区服务的重要性。科技可以是老弱群体生活质量提升的阻碍，也可以是助力更加完善的基层社区建设的催化剂，而如何使科技发挥出最大的优势，需要社会各界力量以及青年群体的共同加入。

除此之外，这次实践活动显著提升了我们团队合作能力及克服困难的能力。一次次的小组会议，我们讨论如何分工，分享各自的想法并一起加以改善，分组进行采访，对调查问卷提出建议……在这样的过程里，我们提升了团队合作能力，学会了如何进行调查问卷、公众号的制作，如何进行采访等技能。此外，调研增进了我们团队成员对当下社会问题的关注度和参与意识，提升了我们的社会责任感和使命担当意识。

当然，这次调研也存在局限性和一些不足之处。由于样本数量不是特别充足，从覆盖的全面性、结论的代表性来说也稍微会有所欠缺。但总体来说调研结果还是符合预期的，我们期待下次的调研能够在这方面更加完善。

党建引领，走访无疫社区，共筑社区防疫

作者：芮雪　杨诗睿　徐静如　宋雪颖
李佳扬　梁诗怡　杨乐伊　郭鑫娜
指导老师：周霞

一、引言

新冠疫情期间，城市居民社区党总支如何带领骨干志愿者，发挥党员群众自治共治、互助互爱，守好疫情防控一线阵地，牢固建立外防输入、内防扩散的最有效防线，推进“无疫社区”创建，切实保障一方群众生命健康安全，是一个值得研究的课题。我们社会实践小组通过对无疫小区的走访调研，发现“无疫小区”背后的“秘密”，为其他小区的防疫提供思路；同时通过先锋模范的示范作用，希望更多志愿者加入社区服务，特别是让学生青年队加入进来，成为属地战役力量；研究如何服务好小区里的特殊人群，如何发挥党建引领基层治理机制优势，联合多方力量，为居民排忧解难。

二、主体

本次实践活动旨在调查上海无疫社区背后党建工作发挥的积极作用，为此本小组选取了上海石湖荡镇恬润新苑与上海西门居民区两个“无疫小区”作为主要切入点。

在疫情防控中，社区规模越大、居住人口越多，意味着面临的防控压力越大。上海本轮疫情暴发以来，石湖荡镇的万人社区恬润新苑做到了零感染，获评松江区首批“无疫小区”。恬润新苑是一个动迁安置小区，小区内有 140 幢楼房、477 个楼道，居住着近万人，规模之大在全区居民区中少有，且小区 68% 为出租户，疫情防控面临人口多、人员结构复杂、老年人和流动人口多等挑战。恬润新苑社区党总支书记俞翠凤表示，坚持党建引领是建设“无疫社区”的关键。凝聚和依靠各方力量，落实网格管理责任，成立各司其职的多支志愿者小分队，暖心服务居民……这些共同筑起了社区疫情防控的坚实堡垒。

因疫情防控要求，此次社会调研改为线上进行，因此我们也改变了调查方法与行程安排。原定的面对面采访计划改为电话联系；问卷调查按照原本计划进行，辅以网上搜索的资料来帮助完善调查。

以下为调查过程：

2022 年 7 月 9 日，小队成员联系了社区志愿者并商定了采访时间与具体内容。

7 月 10 日，与志愿者接通电话并进行采访，采访对象为志愿者闫嘉文同学，作为大学生的她在 3 月份疫情开始时就第一时间响应党的号召，积极地参与抗疫有关的志愿者活动，并收获了许多。以下为采访记录：

问：你是什么时候加入志愿者的？契机是什么？

闫嘉文：封控刚开始的时候，一个志愿者姐姐就召集大家，让每个楼栋都出两个志愿者，这样可以互相照应一下，有人组织的话能够更加有秩序，也能方便居民们。时间大概就是 3 月初疫情刚刚开始的时候。

问：做志愿者的时候有遇到什么困难吗，例如有人不配合之类的，你们是怎么解决的呢？

闫嘉文：我一开始做的工作是组织小区居民做核酸采样，但是因为刚刚开始做，很多人没有经验，加之我们小区很大，导致第一天的时候场面非常混乱，队伍从居委会一直快排到大门那个位置，就有少数人不愿意排队，在核酸检测点旁边与其他志愿者起了争执，效率非常低。第二次做核酸大筛的时候我们志愿者联系了居委会，和党员制订了详细的计划，短短一天时间就建起微信群，分楼栋、分时间段通知各支弄，错峰做核酸，大大缓解了做核酸的压力。

问：会不会担心在做志愿者的时候被感染呢？

闫嘉文：老实说确实会有这个担心，在我做志愿者期间，我们楼栋就出现了三个阳性。平时的消杀工作都是由志愿者做，我们就建立了微信群，有消息就在微信群里面沟通，做好个人防护，物资都是直接放在门外，回家后再对自己消一下毒也就结束了。

问：在出现阳性的时候有没有想过不做志愿者了呢？

闫嘉文：这倒没有，这些事情总得有人来做，对于大学生来说在家上网课，会比其他人多出许多时间，我也想利用这些时间为别人做一些事情。

问：最后分享一下你做志愿者的收获。

闫嘉文：这次疫情大大拉近了邻里关系，我认识了好多邻居，住在同一栋楼里面好几年都没见过面的人在这次疫情中都熟悉了起来，这就是所谓的有失必有得吧。

7 月 16 日，小队成员设计并分发问卷在网上进行有关无疫小区的调查。

改革的历程：2022 年 4 月 11 日，上海宣布启动“无疫小区”创建活动。凡近 14 天内无新增阳性感染者，且第 13 天区域内所有人员核酸检测均为阴性的居民小区，可申报创建。在 2022 年这轮疫情中，上海广大居民社区充分发挥了基层党组织的战斗堡垒和党员引领作用，调动了居民群众和社会各方力量的抗疫积极性，形成“社区是我家，抗疫靠大家”的良好氛围。

在这样的背景下，上海根据国家“无疫小区”的创建要求，根据自身的特色，启动开展“共同守沪，创无疫小区”为主题的创建活动。它的目的就是推动各个居民小区进一步在基层党组织的领导下，实现更加充分动员广大居民发挥主体作用，从而夯实群防群控的基础，持续提升整个社区的疫情防控效能。

简而言之，“无疫小区”创建的主要标准可以概括为“六个规范，三个强化”。

六个规范包括：规范入口管理；规范健康监测；规范个人防护；规范快递管理，快递和外卖实行无接触配送；规范清洁消毒，尤其是针对电梯、楼道等重点区域的清洁消毒工作；规范垃圾处置，如何在疫情下实现必要的分类处理与日产日清。

三个强化包括：强化信息的宣传，普及健康知识与及时发布防疫消息；强化服务保障，特别是对特殊困难人群应实现托底保障，以及百姓配药就医等刚需服务；强化物资的储备，对志愿者、工作人员的防疫物资保障是否到位。

同时，社区党建引领、自治互助、居民参与社区活动的主动性等方面也是创建的重要指标。

上海根据国家创建“无疫小区”的工作部署，正在推进创建工作。创建是以上海各区为主体，自愿申报为原则，通过街镇审核，凡近 14 天内无新增阳性感染者，且第 13 天区域内所有人员核酸检测均为阴性的居民小区，可申报创建。

值得注意的是，“无疫小区”管控方式还是按照上海当下实施的“三区模式”来实施。“无疫小区”的创建是抗疫的一部分，它体现了社区携手抗疫取得的成果。同时，创建是动态更新的，一旦社区出现新冠病例，这一称号也会被暂时取消，需要重新创建后获得。

因此，社区获得这份殊荣实属不易，而要长久保持则更有挑战，需要社区全体成员的通力协作才能实现。

采取的主要措施：以其中一个无疫小区为例，小区居民和物业自2020年疫情暴发以来养成的严格消杀意识，在本轮上海疫情期间起到了很大作用。两年来，小区按照住宅小区预防性消毒提示，严格做好每天的电梯轿厢、按钮，小区公共区域、楼宇对讲机和垃圾箱房的消毒。近期新设的户外快递架，则按照每日3～4次的频率进行消杀。快递外包装消毒后均需要静置30分钟以上，才可由业主下楼领取。

居委会、物业、业委会“三驾马车”在党建引领下，从居民实际需求出发，在发放政府物资之外有序引导居民自主发起团购。每一笔团购均向业委会登记备案后开团，并由业委会每日发布当天的“发货海报”和“采购海报”，让居民对物资到货进度一目了然。“多个团同时抵达小区，我们就发完一个团再发下一个，避免人员扎堆；快递送到后要经过缓冲区、消杀区，最后才能在领取区取货。”在江苏路街道华山花园小区，小区志愿者中有一对来自埃及的母女，女儿正在复旦大学就读，由于封控期间要上网课，与志愿者日程安排有冲突，她的母亲便主动接过了任务。记者了解到，通过楼组长动员、微信群接龙报名，华山花园已累计招募中外志愿者40余人，与物业管理人员整编成一支“华山花园防疫志愿服务队”，并细分为大楼封控管理、外卖快递投送、生活垃圾收集、组织核酸检测等四个工作小组，积极推进“无疫小区”创建。

居民“限时外出”：非必要不外出，尽量不到室内区域。据悉，目前周家桥街道正在为虹桥河滨花园等“无疫小区”协调安装数字哨兵，外卖、快递配送员抵达小区大门后，只要扫描场所码，就能收到语音自动播报的体温、健康码、48小时核酸阴性报告等信息，方便小区安保人员及时登记，减少相互间接触。

天山路街道仙霞居民区党总支书记齐义红介绍，小区虽然只有280余位居民，但每个楼道均配有2名至3名志愿者，负责本楼的垃圾收取、物资发放、配药送药等工作。这一居民“自主管理、自主服务、自主监督”的自治模式延续至今，目前已拓展到为独居或瘫痪老人提供每日送餐服务、为情绪焦虑的困境儿童提供心理疏导，从线上线下持续关爱特殊困难群体，保障他们的日常生活所需，为“无疫小区”创建做好坚实的民生保障。

目前取得的成绩：上海加快推进“无疫小区”创建，充分动员广大居民群众积极参与疫情防控工作。截至2022年5月21日，全市16个区总计创建“无疫小区（村组）”14863个，较5月1日增加8070个，全市平均创建率为49%，其中，金山区、崇明区、奉贤区的创建率最高，分别为100%、95%和90%。青浦、宝山、嘉定、金山、奉贤、崇明等区已连续开展了3轮以上创建工作。通过“无疫小区”创建，社区防疫成果持续巩固，典型示范效应持续显现，群防群控氛围更加浓厚，形成了由点及线、连线扩面的良好态势。

此次上海疫情期间产生了不少“粮食供应不足”“慢性病拿药困难”等问题。其基本原因如下：

第一，各地政府在防控政策上层层加码，形成了目前各自封闭的情况；各地之间各自为政，缺乏信息共享。公路交通承担着全社会70%以上的货运量和客运量，是支撑经济社会发展的“大动脉”，是服务畅通国内国际双循环的重要纽带和基础支撑，也是做好疫情防控工作的重要环节。但各地市一些防疫检查站执行的政策不统一，甚至层层加码，部分地方还是简单以货车车籍地作为限制通行的依据，对于车籍地为中高风险地区的一些货车司机一律劝返等，导致一些货车的通行受堵，受捐物资无法抵达上海。且疫情发展速度快，相应的医疗物资、生活物资供应紧张。另外，有通行证也不让下高速，货车司机半个月跑不成一单，如此情况并非个例，自3月底，仅上海外高桥区域港建路一带，高峰期就有七八百名司机停留于此，导致即使开出“天价”运费，仍然没有司机愿意跑上海，物资无法发运。

第二，有不法分子无视国法，破坏疫情防控民生、物资保障，扰乱市场经济秩序，试图发“疫情财”。2022年3月以后，上海市疫情形势严峻，实行分区管控措施，市民居家隔离增多，配送生鲜食品等民生物资保障需求激增。个别商家哄抬物价，严重威胁食品供应安全、扰乱市场秩序；有的在区域管控的情况下，利用社区团购这一新型网购方式和特殊时期人们迫切购买物资的心理，假借“社区团购”之名实施诈骗犯罪。

第三，疫情期间，人手短缺、干部失职。配送人员如司机和外卖小哥，保障居民的基本生活需求，是应对疫情的关键，买不到菜的尴尬，使得人们每天早上6点钟起床在手机App上抢菜；居委会和社区志愿者主要是协助社区工作，上海人口老龄化比较严重，帮助社区老弱病残核酸检测、就医看病、发放防疫物资和生活必需品等，都需要人手。部分干部在疫情防控工作中不服从组织安排，拒绝承担工作任务，在发放保供物资过程中存在失职渎职问题，未及时发放蔬菜礼包导致部分腐烂毁损，倒卖蔬菜礼包，将不合格猪肉产品发放给社区居民，造成严重不良影响。

第四，新冠疫情封锁期间，人们体育锻炼减少。这一方面导致部分慢性病病人病情加剧，另一方面导致慢性疾病激增，封闭小区内病人就医没有相应的配套措施。同时，新冠疫情加重卫生系统的负担，迫使医疗卫生资源向疫情倾斜，导致慢性病人得不到及时有效的医疗和护理，医疗需求得不到满足。上海的部分居委会只能帮居民到俗称“社区医院”的社区卫生服务中心配药，但很多常见病药物难觅踪影，病人只能每天数药吃、减量吃，医务人员配置不足，看病难，配药也难。

针对以上上海疫情期间所遇到的问题及原因分析，我们可以“对症下药”，从而实现“药到病除”。

首先，针对防疫政策导致的信息共享途径的缺乏，受捐物资无法快速有效抵达上海，政府开辟专用疫情物资通道是最好的选择。早在3月份，同时发生疫情的福建在省政府的决策下，开辟应急物资专用通道，累计成功向多个疫情发生地运输应急物资9793吨。参考福建省政府的决断，由上海市交通运输厅统筹做好全市应急运输协调调度。在公路运输方面，对涉及民生运输的堵点问题，按照“一事一协调”原则，精准快速打通堵点，由省交通运输厅针对不同疫情防控重点区域，分门别类，畅通物资运输，从而保障企业生产平稳有序。在水路运输方面，实行“一船一策、一企一策”协调调度，全力保障重点物资水路运输通道畅通。对运输粮食等重点物资船舶，实行优先引航、优先停泊、优先作业。

其次，对于不法商家无视国法、擅自在疫情期间抬高商品价格的，应当严厉执行《新型冠状病毒感染肺炎疫情防控期间查处哄抬价格违法行为的指导意见》。同时，根据《价格法》第四十条、《价格违法行为行政处罚规定》第六条的规定，对于哄抬价格违法行为，有违法所得的，应当处以违法所得5倍以下罚款；没有违法所得的，则直接给予一定数额的罚款。而对一些由居民自己成团采购物资中存在垄断、抬高价格行为的，应当从小区内部进行管制。可以鼓励实名举报的行为，同样根据《哄抬价格的指导意见》以及《价格法》进行严格制裁，让良心团长拥有更多的渠道，从而共建良好的团购环境。

最后，面对疫情期间人手短缺、干部失职的问题，则是要细分成多个小问题逐个解决。如果是普通小区普遍缺乏志愿者，尤其是疫情初期缺乏专业的医护人员进行核算检测，那么首先需要确保志愿者及医护人员的人身安全，以及生活需求能够得到满足，给予足够的福利待遇，才能吸引更多人才投入抗疫事业当中。而老旧小区缺乏物业管理人员，且老人居多、民众自治率差，属于无物业、无业委会、无管理人员、无封闭门岗的脱管小区，在新型冠状病毒感染的肺炎防控中还存在一些薄弱环节，容易出现人员漏管、漏控和管理不严格、不到位等现象，是疫情防控的风险点、关键点。要做好疫情防控措施则需要做到以下四个方面：

第一，完善联防联控机制。要想疫情攻坚战取得胜利，重在全民参与。

主要策略当采取因地制宜、靶向施策，建立健全街道干部、社区干部、物业管理公司/网格员、业委会/居民小组长、小区居民的五级联动机制，广泛动员一切力量参与疫情防控工作。对疫情重点区域返乡人员，重点疫区人员到所在地出差、探亲访友，在疫情重点区域有旅游史、经停史以及与重点疫区人员有接触史的五类人员，要五级联动，逐家逐户、逐人逐车排查、追踪，要户户见面、人人建档，确保不漏一户、一人和一车。要广泛张贴疫情告知书，提供街道、社区等单位、部门联系电话号码，发动小区居民参与五类人员来往线索提供或直接报告，严防少数五类人员故意隐瞒，不主动报告、不及时登记，失管、失控；严防居民出现发热、乏力、干咳等传染病症状，就诊就医不及时；严禁部分五类人员不严格居家观察，擅自外出，甚至参加聚餐聚会等活动，脱离社区管控。

第二，加大宣传引导力度。组织街道和社区干部、网格员、居民小组长、民兵、党员突击队、退役军人义务队、志愿者、小区临时党支部成员、楼栋长等，采取“1 + N”入户、网格员上门宣传告知、电话问询、微信联系、短信提示、推送微视频、悬挂标语横幅、发放宣传资料、张贴公示公告、LED 显示屏滚动播放、出动宣传车等形式，大力度、全方位开展宣传，实现防控宣传铺天盖地，确保政策法规、防护知识、告示倡议、疫情通告等家喻户晓、妇孺皆知。采取便携式小音箱随人走、小喇叭分时段播放、干部上门送宣传资料等方式，努力实现人人都知晓、全民都参与，严防死守、联防联控。宣传方式应“土洋结合”，采用“土话”“顺口溜”等群众喜闻乐见的形式，让居民听得懂、听得进、记得住。

第三，严格老旧小区管理。对脱管小区，采取发放临时出入卡、人员车辆出入登记、人员进出测量体温等措施加强管理（非本小区的居民和车辆严禁入内，严禁不佩戴口罩人员外出）；同时，落实专人开展小区公共区域、垃圾池、垃圾箱、电梯、单元门把手的消毒工作，坚决阻断可能存在的新冠病毒源头，最大程度遏制疫情扩散。对属于集资建房的老旧小区，由集资单位牵头，抽调单位党员、干部和属地街道干部、社区干部、网格员、居民小组长、选派的楼栋长，包干负责小区管理。属于无物业管理公司的老旧小区，具备封闭条件的居民小区，采取打围封路等措施，将多余进出口临时封闭，只留 1 ~ 2 个进出口，将小小区变成大小区，便于人员车辆进出管理。由所在的街道统一调配街道、社区干部和网格员、居民小组长、楼栋长、志愿者、民兵、党员突击队、退役军人义务队等，根据小区居民情况，统筹安排人员包干负责，严管值守，最大程度遏制疫情扩散。

第四，人员监控到位。排查出的辖区内疫情重点区域五类人员及密切接触人员，应明确管控责任领导、直接责任人和具体的管控措施，通过晓之以理、动之以情、明之以义，反复做他们的思想动员工作，确保居家观察人员不外出，全都自觉居家隔离；在社区管控中，居家隔离观察人员，实现应观察尽观察，无一人遗漏。在加大五类人员管控的同时，街道、社区等应竭尽所能给予人文关怀。对辖区内出现发热、咳嗽等传染病症状的家庭困难疑似病人，及时安排专用车辆送到发热门诊诊治就医；对居家观察的五类人员，街道、社区干部和网管员，要每天发送短信或通过微信聊天给予提醒提示、关心问候，并落实社区干部帮助代购生活必需品，医务人员亲自上门测量体温、宣传防控政策和知识等。

三、调查结论与总结

自新冠疫情防控工作开始以来，我国近400万基层医疗卫生机构医务人员做到了全出动、齐上阵，在疫情防控中发挥了重要而独特的积极作用。基层医疗卫生机构，包括城市的社区卫生服务中心和社区卫生服务站，也包括农村的乡镇卫生院和村卫生室，基层医务人员还包适144万在村卫生室工作人员，都积极投入抗疫工作中。

我们小组采用线上结合线下双支线、大数据助推调研活动的方式进行实地调研走访活动。利用调研结果客观理智剖析上海“无疫社区”背后党建工作发挥的作用，研究上海“无疫社区”如何守好疫情防控阵地，牢固建立外防输入、内防扩散的最有效防线，同建村党总支带领骨干志愿者，发挥党员群众自治共建、互助互爱，推进“无疫社区”创建，切实保障一方群众生命健康安全的有效方案。

我们着重研究了上海的两个无疫社区，松江区恬润新苑社区和西门居民区社区。在这段时间内，我们一步一步了解了两个社区的情况。首先了解了恬润新苑社区的情况，在疫情防控中，社区规模越大、居住人口越多，意味着面临的防控压力越大。上海本轮疫情暴发以来，石湖荡镇的万人社区恬润新苑做到了零感染，日前获评松江区首批“无疫小区”。大型社区如何打好防疫战？在恬润新苑社区党总支书记俞翠凤看来，坚持党建引领，凝聚和依靠各方力量，落实网格管理责任，成立各司其职的多支志愿者小分队，暖心服务居民……这些共同筑起了社区疫情防控的坚实堡垒。调查中显示党支部组织起到了积极且重要的作用。

在实践调查中，我们发现恬润新苑是一个动迁安置小区，小区内有140幢楼、477个楼道，居住着近万人，规模之大在全区居民区中少有，且小区68%的人口为出租户，疫情防控面临人口多、人员结构复杂、老年人和流动人口多等挑战。作为社区疫情防控的“主心骨”，总支书记俞翠凤靠前指挥，3 月中旬以来，她和社区工作者吃住在社区。俞翠凤说：“我们坚持党建引领，以网格化管理为抓手，紧紧依靠网格长、下沉社区干部、物业服务人员、社区居民、党员志愿者、社区志愿者等各方力量，共同参与社区保卫战。”他们认为切断新冠病毒传播链，既要守好小区出入口，还要规范快递管理。恬润新苑安排人员 24 小时值守出入口，设置“测温验码区”“临时隔离区”，加强人员和车辆进出管理。对于进出小区的居民，认真查看“通行证”，确保一户一天一人使用。

调查中发现，快递、团购是封闭管理期间小区居民的生活必需，如何解决这个问题也是建立无疫社区的关键。而恬润新苑在这方面树立了一个良好的榜样，他们设置指定区域摆放外来物资，进行消杀后才能领取并静置 30 分钟以上。为了减少病毒传播隐患，小区里的物资采购志愿者积极和保供单位对接，为居民及时提供油盐酱醋、米肉禽蛋等物资的采购配送，让居民购买放心物资。做到了真正守牢健康门、温暖居民心。

同时，疫情以来，西门居民区充分动员辖区广大党员干部群众积极参与到疫情防控工作中，在镇党委的领导下，通过夯实基础保障、落细防疫措施、提升服务质量等途径，不断巩固防疫成果，成功创建“无疫小区”，全力打赢了大上海抗疫保卫战。这个事例也证明了在疫情期间，建立无疫情小区，党支部在其中发挥了重要的作用。疫情以来，西门居民区始终坚持党建引领，统筹协调封闭式小区和开放式小区宣传动员、核酸采样、环境消杀、管理服务等各项防疫工作，调查中发现西门居民区充分发挥好“红色阵地”作用，设置居民区常态化核酸采样点，进一步强化疫情“早发现”机制。在党群服务站设置接种点，由班子人员带队，精准动员老年群体疫苗接种，让出行不便的老年人能够实现“家门口”接种，不断提高疫苗接种率，进一步筑牢老年群体免疫屏障。

疫情防控期间，西门居民区充分发挥社区党员能人作用，以精准服务，齐心合力守护辖区居民健康安全，每个人都发挥着自己的作用，问卷中显示，李勇芳调解工作室负责人老李，带领调解志愿者小分队，调解了家犬咬人事件引发的邻里纠纷、来沪人员不肯配合做核酸和抗原引发的吵闹事件、居家期间夫妻关系不和引起的打架事件等，促进社区和谐的同时也确保疫情防控下无舆情、舆论发生；在上海石化发生火情后，居民小组长陆军等人带领骨干志愿者，挨家挨户上门安抚居民情绪及询问家中受损情况，并统一汇总、上报；在党支部的领导下，封控期间安抚好居民的情绪，解决居民碰到的生活问题，等等。目前，疫情虽已进入常态化防控阶段，但仍需把好小区“入口关”。

疫情期间，社区党委迅速响应以社区防控为主的综合防控措施，充分发挥社区动员能力，实施网格化、地毯式管理，群防群控、稳防稳控，防止疫情输入、蔓延、输出，形成建立一个组织体系、管住四个重点环节、紧扣三个工作标准的“一四三”工作法。社区党委成立疫情防控领导小组，负责整体统筹、调度社区疫情防控工作。领导小组由街道包片领导牵头，社区党委书记、居委会主任担任组长，统筹社区卫生服务中心、物业公司、包片民警等专业力量，整合社区全体居委会干部、街道包片科室人员、区职能部门下沉社区人员、党员志愿者等力量，根据工作重点成立四个工作小组，即摸排防控组、入口管理组、重点人跟进组、数据统计组。如此清晰的组织体系，大大提升了防疫效率。

疫情防控是一场全民战争。社区是疫情联防联控的第一线，也是外防输入、内防扩散最有效的防线。社区作为疫情防控阻击战的“桥头堡”，是预防内源式传染的“最坚强力量”。自疫情防控启动以来，县社区党组织和党员干部舍小家为大家，以党心聚民心，守土有责、众志成城，打了一场漂亮的疫情防控阻击战。党群一心，其利断金，战“疫”看的就是组织力和凝聚力。

通过调查，我们小组了解了上海无疫社区的创建情况，正是因为有了党正确的领导，有了党员积极投身于防疫事业中的无私无畏的精神，有了社区相关人员的积极配合以及支持，才能在当时上海疫情日益严峻的情况下成功创建无疫社区。疫情无情，人间有情，正是因为有了这些恪尽职守的人员，党员干部深入一线当先锋的勇气，基层党员干部舍小家顾大家，坚守岗位，只为筑牢社区第一道防线，以及党员班子的正确带领，落实部署了疫情防控工作的各个细则要求，我们才能在这场没有硝烟的疫情保卫战中取得最后的胜利。

党员干部和广大群众的积极配合精神、互相信任的浓厚氛围，都是防疫成功，创建无疫小区的“主心骨”力量。党员干部充分发挥了对于广大人民群众的向心力、凝聚力、战斗力，引导“分散作战”转变为“集体作战”，真正在党旗下凝聚起力量共用、信息共享、齐抓共管的联防联控、群防群治强大合力，铸就疫情防控防控“铜墙铁壁”。

四、学生收获

少年强则国强，在当前的世界形势下，中国正一步步走向世界舞台中心，这意味着中国青年已经向着外面的世界更近了一步，这需要当代青年有更大的担当与志向，并为之不懈奋斗。“心之所向，无远弗届，穷山距海，不能限也”。同时需要青年广泛地学习，扩充自己的眼界。疫情这段时间，正是大学生认真审视自己并提升自己的时候，而我们很庆幸自己能够有所收获。

毛主席曾经说过，只有人们的社会实践，才是人们对于外界认识的真理性的标准，真理的标准只能是社会的实践。作为有担当、有责任、心向中华民族伟大复兴的当代大学生，我们更需要通过社会实践来对自身进行完善，通过社会实践来对外界进行认识。疫情暴发的时候，为了防止疫情扩散，不仅前线医护人员没日没夜地工作，全国各地也都有志愿者积极参与当地疫情防控，其中不乏许多青年大学生，正是在这种社会实践中，他们提升、完善自身。在这次社会实践活动中，我们收获颇丰，我们的课题研究也取得了显著的进展。我们深入了解了上海无疫小区是如何守好疫情防控一线阵地，牢固建立外防输入、内防扩散最有效防线，同建立党总支带领骨干志愿者推进无疫社区创建的。

本次实践活动充分调查了上海无疫社区背后党建工作发挥的积极作用，并且也得到了积极的结论：上海疫情发生以来，抓党建、带队伍，同向发力一股劲。调查中发现相关无疫社区党总支充分发挥党组织的战斗堡垒和党建引领作用，带领党员奋力而为，做实“疫”线部署，积极动员居民群众参与；做细“疫”线方案，灵活运用志愿服务；做优“疫”线关爱，实现党组织筑堡垒聚力、党员作表率发力、群众齐心助力，持续筑牢基层疫情防控坚强防线，凝聚群防群控抗疫合力，在战疫一线将“无疫小区”创建工作抓细抓实。本次调研活动的开展有利于让人们更加了解无疫社区是如何建立的，背后的党建是如何发挥作用的。通过“无疫小区”的创建，社区防疫成果持续巩固，典型示范效应持续显现，群防群控氛围更加浓厚，形成了由点及线、连线扩面的良好态势。这次实践活动也有利于无疫社区党建工作的宣传，为有疫社区做良好的示范。无疫社区的创建是积小胜为大胜的有效策略，是各级党组织以党建为引领，凝聚各方力量，精细化治理得到的结果。

附件

1. 你对小区疫情防控工作了解吗？

A. 非常了解　　B. 大致知道

C. 知道一点　　D. 不太清楚

E. 没关注过　　F. 一点也不了解

2. 您对“无疫小区”这个概念了解吗？

A. 非常了解　　B. 比较了解

C. 一般　　D. 不太了解

E. 没听说过

3. 您的社区或街道是否出现过确诊病例？

A. 是　　B. 否

4. 请问疫情发生以来，您所在的社区采取过以下哪些措施？【多选题】

A. 没有及时采取防控措施

B. 及时发布疫情防控工作队伍名单

C. 及时发布动员居（村）民志愿者参与疫情防控工作的信息

D. 告知居（村）民及时购买口罩、酒精等物资

E. 通知大家出门必戴口罩，力劝未戴口罩居民戴口罩

F. 开展健康教育，宣传防疫知识

G. 及时发布社区（村）内疫情相关信息（如返程人数及其健康状况等）

H. 对社区公共场所进行清洗、消毒和通风

I. 限制人员出入，出入人员进行登记

J. 一人一码，电子出行

K. 不清楚

L. 其他

5. 在社区被封之时，您认为以下哪项对您影响最大？【多选题】

A. 物资补给不足　　B. 紧急之事无法即时完成

C. 产生焦虑、不安、恐慌等情绪　　D. 日常活动无法正常进行

E. 几乎没影响　　F. 其他

6. 社区解封之后，疫情防控管理如何？

A. 加强了管理　　B. 无明显变化

C. 管理较散漫

7. 您小区的疫情防控管理如何？

A. 一直严格管理　　B. 时而严格时而松懈

C. 管理较松懈

8. 您的小区是否有核酸检测点？

A. 有　　B. 无

9. 您大概多长时间做一次核酸？

A. 每天都做　　　　　　　　B. 两天到三天做一次

C. 三天以上做一次　　　　　D. 出门前一天才做

10. 您认为能成为“无疫情小区”，与以下哪些因素有关？【多选题】

A. 距离商圈、娱乐场所较远

B. 社区内群众的防疫意识强

C. 社区的消杀、排查、防疫工作做得到位

D. 小区的流动人口比较少

E. 小区的人口密度较低

F. 小区规模较小

G. 其他

人才建设与城市党建
——来自西安市高新区五星街道的探索

作者：尚文晶　徐卓群　郝婉辰　杨森森
指导老师：袁则文

一、引言

党建引领是城市基层推动事业发展的重要机制。党建引领需要人才支撑，人才建设关乎城市基层党建成效，深刻地影响着城市基层党建引领机制作用的发挥和事业发展。因此，近年来各地基层党建都在努力加强人才建设。西安高新区是1991年3月国务院首批批准成立的国家高新区，经过30年的创新探索，现今已成为西部地区最具科创活力的高新技术产业高地、宜居宜业的产城融合新城和党建活力不断勃发的创新样板。因此，我们将此次小组社会实践活动的主要地点定于西安市高新区五星街道。立足于该街道，针对不同内容设置了不同的活动，力图以小见大，全方位了解该区的城市党建与人才引进的实际情况及其相互关系。

这次调研的方向主要是进一步了解和观察西安市高新区五星街道人才引进状况，聚焦于城市党建人才建设，了解"人才新政"以来城市党建人才的引入、留住和运用的成效与不足，并根据现有知识和经验提出具有实操性的解决方案。具体的活动内容包括调查西安市高新区历年党史及相关党建新闻、收集了解当地的相关人才引进政策、制作针对相关人群的调查问卷、对专业人士进行线上访谈等，有计划、有目的地展开此次社会实践活动。

二、调查对象基本情况简述

西安高新区是1991年3月国务院首批批准成立的国家级高新区之一，2006年被科技部确定为建设世界一流科技园区的六个试点园区之一，2015年8月，国务院正式批复同意西安高新区建设国家自主创新示范区。目前，西安高新区下辖党组织1316个，包括12个镇街党（工）委、13个直属党委、19个二级党委、55个党总支部和1217个党支部。其中，农村党（总）

支部156个，社区党（总）支部70个，非公企业党（总）支部903个，社会组织党（总）支部81个，管理党员30637人。

近年来，西安高新区实施创建全国一流党建示范区三年行动，全面构建“136”大党建格局，推动高质量党建与高质量发展相互促进、相得益彰。截至2021年底，西安高新区已聚集国家和省、市级高层次人才360余名，从业人员总量突破80万人，其中本科以上人才超过30万人，硕博人才超过7万人，海外人才约7000人，各类人才的竞相聚集为区域高质量发展提供强有力的支撑。在采取各种方法吸引高新技术人才的同时，基层党建人才引进也深受居民和政府关注。

为适应与引领高新区经济社会发展需要，高新区党工委不断加强基层党组织建设，引进了各类人才，开展了许多创新服务。在此次的小组活动中，让我们印象最深的一个名词就是“一核四化”。据了解，“一核四化”是西安高新区近年来大力引进各种人才，努力推动管理与服务创新，努力构建的一种城市基层治理机制，即指以党建引领为核心，推进基层社会治理网格化、监督指挥信息化、综合执法属地化以及便民服务就近化，是西安高新区结合自身发展实际探索创新的推进基层整合审批服务执法力量的有力举措。自推行“一核四化”基层治理机制以来，西安高新区对可下放到街镇、涉及基层治理的事项进行全面梳理，科学设置了一张群众身边的“全科网络”，并配备了一支强有力的网格员队伍，建立起系统化的网格工作运行机制，打通了联系服务群众的“最后一公里”。

如今，借助“一核四化”的机制优势和技术优势，“听民声解民忧”在西安高新区已成常态，将持续为提升基层治理水平、满足基层群众需求发挥重要作用。

三、调研流程

2022年6月14—17日搜集整理西安市历年来相关党建人才建设的资料，查阅了解当地的相关政策。

6月20—21日召开小组会议，汇报学习相关的情况，整理相关材料。

6月21—22日联系相关单位的工作人员及人才引进成员，以嘉宾座谈的形式学习当地党建人才引进先进思想，了解当地党建人才引进进展。

6月23—24日制作调查问卷，主要针对高学历人才这一群体，了解其对党建人才引进相关政策的反馈以及返乡建设家乡的意愿。

受疫情影响，以上活动内容均在线上进行。

四、西安市高新区党组织关于人才引进相关政策及具体内容与五星街道党组织人才建设情况及成就

党建引领是城市基层推动事业发展的重要机制。党建引领需要人才支撑，人才建设关乎城市基层党建成效。因此，近年来各地基层党建都在努力加强人才建设。西安市自然也不例外，上到市委下至基层党委都在制定和出台各种人才政策，努力引进各种创新人才，充实各级各类党政机关，加强基层党组织人才资源和制度机制建设，以便为推出各类创新服务、提高基层治理水平提供坚实的人才支撑。

“人才”始终只是一个宽泛的名词，人们往往不能因为“人才”一词准确定位一个人的工种、擅长的领域。当人们受困于自己属于哪一类人才，而无法准确择业享受相关人才引进优惠待遇时，西安市委人才工作领导小组办公室牵头组织并实施了高层次人才分级分类确认工作，主要用于在西安市创业及西安市用人单位新引进或新培养的高层次人才。西安市制定与出台了《西安市高层次人才分级分类确认实施细则》，从知识、能力、业绩及实际贡献三个方面，将高层次人才分为三个层次：国内外顶尖人才、国家及领军人才以及地方级领军人才。申请的人才必须具备一些基本条件：如有良好的道德品质，年龄在60周岁以下，身体健康无疾病，贡献突出或急需紧缺人才，年龄条件可以适当进行放宽等。

在基层，西安市高新区党组织对人才引进也相当重视，为不断强化人才队伍建设，满足各项工作需要，西安市管委会博士工作站自2017年起，连年发布招聘公告，陆续引进了主导产业（电子信息、汽车产业、装备制造、生物医药）、新兴产业（人工智能、5G技术、增材制造、机器人、大数据与云计算）、生产性服务业等方向，创新创业、金融科技、产业生态等方向，体制机制、产业政策等方向，产城融合、城市发展等方向，民生保障、基层治理等方向，乡村振兴、城乡一体等方向的专业人才共9人，为管委会建设健全工作内容做贡献。与此同时，西安高新区管委会按照《西安高新区管委会雇员管理暂行办法》，面向社会公开招聘雇员制工作人员，共招聘77人，涉及征地拆迁岗30人，招商岗10人，企业服务和产业促进岗20人，党建组织岗3人，法制工作岗2人，金融岗5人，环保岗5人，政策研究岗1人。

近几年开始，高新区管委会提高了对人才引进的要求，对人才引进的学历要求较高，即使普通岗位也需本科学历起步，获得大学本科学历学位者，须有三年以上工作经验；获得硕士研究生学历学位者，须有两年以上

工作经验；获得博士研究生学历学位者，不受工作年限限制。其中，党建组织岗要求应聘者有较高的政治素养，熟悉党组织成立、党员发展、党建宣传等党建相关工作，能独立组织开展党务培训、大型活动。具有农村、社区、非公企业、社会组织党建工作经验者优先。

近年来，五星街道坚持党建引领，为了强化基层党组织功能、提升基层治理水平，按照服务型党组织建设思路，推行“党建网格＋基层服务”，将基层党建各项工作纳入网格管理，实现党建工作全覆盖，积极响应上级各项要求，不断努力加强基层党组织人才建设，努力打造为辖区内群众、企业提供便捷、高效的便民事项办理，图书阅览、文化活动等融合式服务的党群服务中心项目。努力“通过党群服务中心这条纽带，把辖区党建、政务和社会服务等各种资源整合起来，把分散的社会力量凝聚起来，同时综合五星区位特点、人群特征、服务半径等因素，实现以党组织为核心、多组织介入与百姓需求无缝对接的基层工作业态，进一步凝聚党心、政心与民心”。在这一过程中，五星街道党工委大力加强人才建设、努力聚集人才资源，引进了马克思主义理论、政治学、社会学、管理学、经济学、计算机、网络工程等专业数十名研究生、本科生人才以充实和加强街道党务、组织、管理、服务、技术支撑等各项工作，多轮次加强了员工新知识技能培训以挖潜赋能。由此极大地改善了基层党建工作水平，充分发挥了基层党组织的战斗堡垒作用。

五、对相关专业人士的采访报告

（一）采访红星街道基层党组织建设分管负责人

Q1：社区街道对于高新区党建人才建设的看法是什么？

A：我们始终认为人才才是发展的第一动力。2020 年 8 月，西安市召开强化人才队伍建设及科技创新工作新闻发布会，提出由高新区试点建设“人才管理改革试验区”。党建人才是我国人才制度的政治优势，也是新时代人才强国战略的根本保证。实现产业升级、经济转型，必须充分发挥人才的带动支撑作用。西安高新区始终坚持党管人才原则，统筹推进各类人才队伍建设，不断加大高层次人才政治引领和政治吸纳，加快凝聚区域经济高质量发展合力。

Q2：为了保证党建人才不流失、进一步引进新的党建人才，社区都做出哪些规定？

A：我们社区始终坚持以提升社区基层党组织和为民服务能力为前提，

以建设服务型社区为目标。我们社区为了在原有的党建人才建设的基础上引进一些“新鲜血液”，从2022年3月开始推行包括“日常服务”“代理服务”“预约服务”“上门服务”“陪办服务”的“五服务”模式，不断地为了这个远大的目标早日实现，以及更加贴近居民生活、更加贴心化，确保把好事办实、实事办好，切实地把咱们党的温暖送到群众心坎上而努力奋斗。自从实行了这些规定以后，也取得了一些比较显著的成效。

Q3：您认为人才引进政策在实际操作中落实得到位吗？认可度与满意度怎么样？

A：西安作为人才引进的模范城市，较早推行了人才引进政策，待遇优渥，补贴高，对当地毕业的大学生或者外地学生来说条件是很可观的。我认为实际落实得比较到位，像我属于享受政策较早的一批人，目前来说我还是比较满意的。

Q4：对于即将到来的党的二十大，作为一名党员，可否分享一下您的心路历程，对党说出您的心里话？

A：作为一名党员，我将不忘初心，坚定信念，平时做好自己的工作，提高自身的思想觉悟，并伴随党的发展不断学习，做一名优秀的共产党员，为子女做好榜样。

Q5：随着人民日益增长对美好生活的需要，您对之后的人才引进政策有什么个人意见？

A：我对此有两点看法：一是希望在政策实行过程中不要重引进、轻落实，造成人才与地方发展不匹配的结果。二是适当考虑城市的承载能力，对城市配套措施加以完善，提高居民的幸福指数。

（二）对高新区居民TJ律师的采访

Q1：您对高新区的党的建设有什么看法？

TJ：从区域企业文化的角度来看，区域各类企业都能从企业形象建设上自觉引入各种党建活动宣传，能够把党的建设和企业发展相融合、相促进。

Q2：对于近五年来高新区党建人才建设您感受到的最明显的变化是什么？

TJ：党建人才对党建工作的发展起着重要支撑作用，五年来高新区各类组织主体不断加大党建人才的引进，在条件允许的情况下很多企业配置了专职人员负责党建工作，为改变全区党建工作提供了良好的组织基础。

Q3：关于高新区的党建人才引进您有什么看法及建议？

TJ：一是建议部分党员人数较少的企业单位相互间成立联合组织，共建党组织，共同开展教育学习，共同促进发展进步；二是利用新型信息技术，积极应用云党建，突破时空限制，尤其是在新冠疫情的影响下，这对做好当下时期的机关党建工作具有重要意义；三是把党建工作与高新区技术兴区的发展主线相结合，不断让党的先进性为区域发展增添新动能。

Q4：从日常生活中来看，您觉得西安市基层党建是否落到了实处？

TJ：作为西安市民，我觉得西安市基层党建落实到位，措施有力，从政府活动、社区活动、企业活动等多种不同类型主体活动中能够清晰看到党的活力，尤其在近两年防护疫情的大战役中，党员靠前行动，充分体现了党的先锋模范作用。

Q5：请您给年轻人选择工作城市提出一些建议。

TJ：产业为兴，我建议大学生就业首先选择具有成熟的产业环境的城市，比如上海、深圳、广州，其次再根据自己的专业去匹配新兴的、具有明确成长性的企业就业。

六、提出的问题及解决问题的对策

人才引进的最终目的是留住人才、用好人才，在调研过程中我们发现在政策落实中有以下问题需要解决：

第一，“重引进，轻落实”的现象普遍存在。在调研过程中，我们发现，在人才引进政策的吸引下，人才进入意愿大大增强，但由于前期准备不够充分，党建人才的安置和妥善运用成为大问题，人才闲置而不能发挥特长，不利于党组织建设。

第二，当下疫情已是长久之战，党建政策也要做出适当调整，如何在特殊时期继续落实党建，增强党的凝聚力，也是我们小组要讨论的重要问题。疫情初期，人心惶惶，党组织充分发挥先锋作用，迎难而上，攻克时艰，大家齐心协力，终于度过了最艰难的时期。疫情之下，群众的日常行动多少受到限制，再加上社会新闻和自然灾害的影响，长此以往不利于党组织和人民的凝聚。

对于以上问题，经过调研和讨论后，我们小组提出了一些针对性的建议：

第一，应当充分发挥区域优势，在党的建设方面，部分党员人数较少的企业单位相互间可以成立联合组织，利用新型信息技术，积极应用云党建，突破时空限制，做好当下时期的机关党建工作。

第二，坚持线上与线下的结合，利用5G、云计算等新技术打破不同领域党组织隶属限制和空间壁垒，建立智慧党建平台，不断提高各项工作的信息化水平，构建区域统筹、多方联动、全面融合的党建工作新格局。

第三，发挥科技企业优势，在党建智慧化上下功夫，准确掌握驻地企业和党员信息，打破组织隶属和行业壁垒，推动党建“一体化”。

第四，巨大的就业压力下，年轻人返乡意愿持续高涨，对此，党组织应该鼓励返乡人才投入党建工作，同时加强对党建人才的筛选工作，提高党建人才综合素质，做到人尽其才。科创人才从事党建创新工作，为党组织注入新鲜血液，思政人才从事党建宣传工作，各司其职，事半功倍，不能混淆。

第五，要把讲政治融入党建工作始终，积极开展党史宣传教育，重视媒体影视作品对群众的教育作用，用好媒体渠道，同时要让党员深入学校、社区等公共场所宣传黄文秀等先进人物事迹，加深人民对党组织的向往和信任。发挥楼宇党组织推动发展、服务群众、凝聚人心、促进和谐的政治核心作用，形成发展的强大合力，为企业和党员职工提供阵地服务。

第六，要积极拓宽便民渠道，广泛听取民众的声音，鼓励民众对党建工作提出见解，对于民众提出的问题不能敷衍，要尽快妥善处理，服务与教育相融合，着力筑牢责任共同体，以实际行动彰显社会价值。

第七，我们认为还应当加强法制教育，大力开展普法工作，通过案例讲解、情景演绎等生动有趣的方式进行普法，寓教于乐，让老百姓能知法懂法守法，进而做到学法用法。

以上就是我们小组以五星街道为中心，对高新区党建人才建设现状提出的一些意见和建议。时代在发展，党建人才建设也应当随时而变，年轻人才学习数十载，知识和想法都不欠缺，只要能正确运用，必然能让我党党建不断焕发出新的活力。

七、调查结论与总结

在此次的问卷调查中，我们共搜集了86份数据，有效数据80份。通过分析这些数据，我们得出了以下几点结论：

第一，调查对象100%为本科学历，问卷填写者80%为西安市及附近城市大学生，剩余20%为全国各地大学生；有50%对西安市高新区党的建设有部分了解。这些数据一方面表明了大学生对地区党的建设的关注度不够，另一方面表明了该区在党的建设过程中对外的宣传效果还不够明显。

第二，关于大学生对西安市高新区人才引进政策的了解程度，有37.5%的同学部分了解，37.5%的同学不太了解，25%的同学从未了解过。西安市高新区作为一个正在高速发展的新兴区，正是需要大量注入新鲜血液的时候，但大学生们对该区人才引进政策的了解却很少。由此，我们分析出了以下三点原因：一是没有想过自己会在一个较新的平台发展；二是对自己的能力不自信；三是还未开始做未来的规划。

第三，在“影响你选择一个城市工作的主要原因有哪些”这个问题中，“良好的发展前景”这一选项的选择率是100%。这项数据表明：同学们在未来的职业生涯中，还是希望能够在一个岗位发光发热，能够长久持续地稳定发展下去。

总结：此次的实践活动让我们意识到，想要做好人才引进工作，除了城市自身需要具备良好的发展前景、优厚的人才稳定待遇以及各行各业的工作岗位缺口之外，还需要加大城市的宣传力度，让人才都能看见这一优良选择。而高新区作为一个正在茁壮成长的新兴地区，不失为就业者考虑的优先选项。

八、调查后的收获或感悟

通过本次暑期社会实践，我们小组成员对西安高新区人才引进有了以下几点更深入的感悟。

第一，人才引进是地区发展的重要途径，留住人才，用好人才，是高新区党建人才建设的关键。

第二，“重引进，轻落实”容易造成人才与地区发展不匹配。将人才运用到实处，更有利于城市和个人的共同发展和进步。在疫情反复的当下，继续落实基层党建对任何地区来说都是一个不小的挑战。

第三，高新区之所以能作为党建人才建设的重点地区，不仅是由于政府领导和党建班子为了人才资源而优化政策，下属社区也在思考各种新颖的办法以及制定相应的规定，从而促使高新区人才建设更加顺利地进行。譬如，高新区在进行一些实践活动和思想教育的过程中，已经把强化政治引领、凝聚思想共识落在实处，积极引导广大人才与党同心同德，让党建人才“创新创业在高新、宜居宜业在高新”。

第四，在采访TJ先生的过程中，我们了解到选择在就业时起到的重要作用，TJ先生鼓励年轻人往大城市发展，在北上广深这样的一线城市选择自己的就业方向，同时也鼓励年轻大学生激流勇退，如果在一线城市面临巨大的竞争压力、生存压力，建议同学们选择往祖国的内陆走走，大好河山波澜壮阔，退居高速发展中的二线城市，比如西安、重庆，这一类有发展空间、对人才友好、无生存压力的新兴城市也不失为一个良好的选择。

第五，在资料的查找与总结中，我们了解到：人才引进离不开党建工作的支持。在疫情反复的当下，我们清晰地认识到党的先锋模范作用。没有党的带领，就无法实现中华民族伟大复兴。我们作为新时代青年，要紧跟党的步伐，提升自我，实现人生价值，不断为社会做出贡献。

附件

关于西安市高新区党建与人才引进相关调查问卷

1. 您的学历是什么？

A. 高中　　B. 本科

C. 硕士及以上

2. 您对您目前或未来的就业前景持什么态度？

A. 非常乐观　　B. 比较乐观

C. 迷茫/没有考虑过　　D. 不乐观

3. 您有来西安工作或者生活的意愿/计划吗？

A. 非常愿意　　B. 比较愿意

C. 一般/没有了解过　　D. 不愿意

4. 您对回家乡就业的意愿高吗？

A. 非常愿意　　B. 比较愿意

C. 一般/没有考虑过　　D. 不愿意

5. 以下哪一项更能提起您对工作的兴趣？

A. 优厚的薪资条件　　B. 良好的工作环境

C. 融洽的工作氛围　　D. 离家较近

6. 您对于党建人才建设了解多少？

A. 非常清楚　　B. 听说过，但不是很了解

C. 从未听说过

7. 您对所在社区基层党建落实情况是否关注？

A. 是　　B. 否

8. 您是否对所在社区基层党建落实情况满意？

A. 是　　B. 否

9. 毕业后您是否愿意回归社区参加党建人才建设？

A. 是　　B. 否

10. 您对西安市高新区党的建设的了解程度有多少？

A. 非常了解　　B. 部分了解

C. 不太了解　　D. 从未了解

11. 您对西安市高新区人才引进政策的了解程度有多少?

A. 非常了解　　B. 部分了解

C. 不太了解　　D. 从未了解

12. 在就业条件受到大环境限制的情况下，您是否愿意远离家人，去一座比较有就业前景但比较陌生的城市工作?

A. 是　　B. 否